Empirische Forschung und Theoriebildung

Norbert Dittmar

Empirische Forschung und Theoriebildung

Beiträge aus Soziolinguistik, Gesprochene-Sprache- und Zweitspracherwerbsforschung

Festschrift für Norbert Dittmar zum 65. Geburtstag

Herausgegeben von
Bernt Ahrenholz
Ursula Bredel
Wolfgang Klein
Martina Rost-Roth
Romuald Skiba

PETER LANG
Frankfurt am Main · Berlin · Bern · Bruxelles · New York · Oxford · Wien

Bibliografische Information der Deutschen Nationalbibliothek
Die Deutsche Nationalbibliothek verzeichnet diese Publikation
in der Deutschen Nationalbibliografie; detaillierte bibliografische
Daten sind im Internet über <http://www.d-nb.de> abrufbar.

Gedruckt auf alterungsbeständigem,
säurefreiem Papier.

ISBN 978-3-631-56930-6
© Peter Lang GmbH
Internationaler Verlag der Wissenschaften
Frankfurt am Main 2008
Alle Rechte vorbehalten.

Das Werk einschließlich aller seiner Teile ist urheberrechtlich
geschützt. Jede Verwertung außerhalb der engen Grenzen des
Urheberrechtsgesetzes ist ohne Zustimmung des Verlages
unzulässig und strafbar. Das gilt insbesondere für
Vervielfältigungen, Übersetzungen, Mikroverfilmungen und die
Einspeicherung und Verarbeitung in elektronischen Systemen.

Printed in Germany 1 2 3 4 5 7

www.peterlang.de

Vorwort

Der alte Brauch, einen bedeutenden Gelehrten durch eine Festschrift zu ehren, ist nicht unumstritten. Er will nicht recht in eine Zeit passen, in der die Wissenschaft nicht so sehr als ein ständiges, mühseliges und oft genug fehlschlagendes Streben nach Wahrheit und Erkenntnis verstanden wird, sondern als nach Prinzipien des kapitalistischen Wettbewerbs organisiertes Großunternehmen, dessen Wert nicht an der Tiefe der Einsichten, sondern an der Zahl der Veröffentlichungen, an Zitierhäufigkeit, Impaktfaktoren und der Gesamtsumme der eingeworbenen Drittmittel gemessen wird. Norbert Dittmar kann in all diesen Hinsichten punkten. Er hat seit fast 40 Jahren eine Fülle von Veröffentlichungen vorgelegt, viele davon in mehrere Sprachen übersetzt; er hat zahlreiche Projekt initiiert und geleitet, viele davon in internationalen Kontexten. Aber nicht dies ist der Grund, weshalb ihn Herausgeber, Beiträger und auch die vielen anderen, die sich in die Tabula gratulatoria eingetragen haben, zu seinem 65. Geburtstag mit diesem Buch ein wenig ehren wollen. Der Grund ist vielmehr, dass seine zahllosen Arbeiten auf dem Gebiet der Soziolinguistik, der Zweitsprachforschung, der Struktur und Funktion gesprochener Sprache uns und viele andere, die die Sprache verstehen wollen, belehrt und bereichert haben. Wir wissen jetzt mehr, und das ist das Ziel der Wissenschaft.

Die Herausgeber danken allen Beteiligten für ihre kooperative und unkomplizierte Mitwirkung.

Berlin, Köln, Nijmegen, im Januar 2008

Bernt Ahrenholz, Ursula Bredel, Wolfgang Klein, Martina Rost-Roth, Romuald Skiba

Tabula Gratulatoria

Bernt Ahrenholz (Ludwigsburg)

Cristina Allemann-Ghionda (Köln)

Karin Birkner (Freiburg)

Ursula Bredel (Köln)

Heidi Byrnes (Washington)

Marina Chini (Pavia)

Rainer Dietrich (Berlin)

Christine Dimroth (Nijmegen)

Csaba Földes (Vezprém)

Ad Foolen (Nijmegen)

Anna Giacalone Ramat (Pavia)

Wilhelm Grießhaber (Münster)

Hartmut Haberland (Roskilde)

Stephanie Haberzettl (Bremen)

Fumiya Hirataka (Fujisawa)

Peter Jordens (Amsterdam)

Rainer J. Kaus (Bonn)

Friederike Kern (Potsdam)

Kathrin Kirsch (Oldenburg)

Wolfgang Klein (Nijmegen)

Helga Kotthoff (Freiburg)

Ayumi Matsuo (Sheffield)

Ulrike Mosel (Kiel)

Clive Perdue (Paris)

Stefano Rastelli (Pavia)

Astrid Reich (Bochum)

Ruth Reiher (Berlin)

Martina Rost-Roth (Berlin)

Marita Roth (Berlin)

Peter Schlobinski (Hannover)

Karin Schmidt (Berlin)

Martina Schrader-Kniffki (Bremen)

Romuald Skiba (Nijmegen)

Ulrich Steinmüller (Berlin)

Christiane von Stutterheim (Heidelberg)

Roland Terborg (Mexico)

Massimo Vedovelli (Siena)

Virna Velázquez (Mexico)

Maik Walter (Berlin)

Heide Wegener (Potsdam)

Jürgen Weissenborn (Berlin)

Klaus Welke (Berlin)

Harald Weydt (Frankfurt/Oder)

Petra Wieler (Berlin)

Klaus Zimmermann (Bremen)

Inhaltsverzeichnis

1. Forschungsmethoden

CHRISTIANE VON STUTTERHEIM (HEIDELBERG)
Komplementäre Methoden in der Linguistik   11

ROMUALD SKIBA (NIJMEGEN)
Korpora in der Zweitspracherwerbsforschung. Internetzugang zu Daten des ungesteuerten Zweitspracherwerbs   21

MARITA ROTH (BERLIN)
Das narrative Interview als empirische Basis qualitativer Forschung   31

KLAUS ZIMMERMANN (BREMEN)
Kritische Diskursanalyse: engagierte, voreingenommene oder Angewandte Linguistik?   43

2. Soziolinguistik

RUTH REIHER (BERLIN)
Junge Dame aus gutem Hause wünscht charaktervollen, lebensfrohen Akademiker kennenzulernen. Kontaktanzeigen in der DDR   59

HARALD WEYDT (FRANKFURT/ODER)
Warum hinterließ die deutsche Teilung so geringe sprachliche Spuren?   71

FRIEDERIKE KERN (POTSDAM)
Die Darstellung von Kontrast im Türkendeutschen – Merkmal eines Stils oder Eigenschaft einer Varietät?   81

MASSIMO VEDOVELLI (SIENA)
L'italiano degli altri: lingua di contatto, lingua identitaria   91

ROLAND TERBORG & VIRNA VELÁZQUEZ (MEXICO)
Sprachverdrängung von Indianersprachen in Mexiko. Eine Analyse der negativen Spracheinstellungen zum Otomí   105

3. Gesprochene Sprache, Sprachstruktur und Sprachgebrauch

AD FOOLEN (NIJMEGEN)
New quotative markers in spoken discourse   117

URSULA BREDEL (KÖLN)
Deixis in Mündlichkeit und Schriftlichkeit   129

PETER SCHLOBINSKI (HANNOVER)
Mensch-Maschine-Interaktion im Praxistest   139

PETRA WIELER (BERLIN)
Literaturgespräche im Unterricht als Gegenstand der Deutschdidaktik   151

4. Zweitspracherwerbsforschung

BERNT AHRENHOLZ (LUDWIGSBURG)
Zum Erwerb zentraler Wortstellungsmuster   165

KARIN BIRKNER (FREIBURG)
Fremde Wörter lehren und lernen im Gespräch   179

HEIDI BYRNES (WASHINGTON)
Grammatical metaphor as a marker of evolving L2 advancedness:
Some conceptual and textual considerations   191

MARINA CHINI (PAVIA)
Individuazione del topic in testi di apprendenti, fra teoria e empiria   203

RAINER DIETRICH & JÜRGEN WEISSENBORN (BERLIN)
Erwerbsprozesse im Erstspracherwerb und Zweitspracherwerb   217

CHRISTINE DIMROTH & STEPHANIE HABERZETTL (NIJMEGEN, BREMEN)
Je älter desto besser: der Erwerb der Verbflexion im Kindesalter   227

ANNA GIACALONE RAMAT & STEFANO RASTELLI (PAVIA)
Learning actionality: an investigation of L2 Italian data   239

FUMIYA HIRATAKA (FUJISAWA)
Verwendung von Nachfragen bei japanischen Deutschlernenden – eine
empirische Analyse von Lernervarietäten vor und nach dem Aufenthalt
in Deutschland   251

PETER JORDENS, AYUMI MATSUO & CLIVE PERDUE
(AMSTERDAM, SHEFFIELD, PARIS)
Comparing the acquisition of finiteness. A cross-linguistic approach   261

KATHRIN KIRSCH (OLDENBURG)
Baustein ohne grammatikalische Funktion? Zur Bedeutung multifunktionaler
Elemente in Lernersprachen anhand des Gebrauchs von *das ist* bei russischen
Sprechern des Deutschen   277

WOLFGANG KLEIN (NIJMEGEN)
The topic situation   287

MARTINA ROST-ROTH (BERLIN)
Der zweitsprachliche Erwerb der Interrogation. Theoretische Implikationen
und empirische Befunde   307

ULRICH STEINMÜLLER (BERLIN)
Die Mutter ist die Schnecke, und die ist hier zur Hälfte aufgeschnitten.
Gesprochene Fachsprache im akademischen Unterricht   321

MAIK WALTER & KARIN, SCHMIDT (BERLIN)
Und das ist auch gut so! Der Gebrauch des satzinitialen *und* bei
fortgeschrittenen Lernern des Deutschen als Fremdsprache   331

HEIDE WEGENER (POTSDAM)
*Häsen und *Hünde. Irreguläre Pluralformen beim DaZ-Erwerb   343

Schriftenverzeichnis Norbert Dittmar   353

1. Forschungsmethoden

Christiane von Stutterheim
Ruprecht-Karls-Universität Heidelberg

Komplementäre Methoden in der Linguistik

1 Einführung

Wenn man die Geschichte der Sprachwissenschaft aus einer gewissen Distanz und in erheblicher Vergröberung betrachtet, so kann man sie in drei große Zeitabschnitte unterteilen:

A. Der erste dieser Abschnitte ist die Phase der spekulativen Beschäftigung mit Sprache und, damit eng zusammenhängend, Denken. Sie reicht von den alten Griechen bis zum Ende des 18. Jahrhunderts. Das Wort *Spekulation* sollte dabei durchaus nicht negativ gesehen werden; viele zentrale Begriffe, die auch heute noch unsere Vorstellungen von menschlicher Sprache bestimmen, sind in dieser Zeit entstanden. Es fehlte aber aus heutiger Sicht das *fundamentum in re*, das konkrete Wissen über Struktur und Funktion sprachlicher Systeme.

B. Die zweite Phase ist die große Zeit der Empirie, des Faktensammelns. Sie setzt Ende des 18. Jahrhunderts mit der Entstehung der Indogermanistik und der vergleichenden Sprachwissenschaft ein, erlebt ihre größte Blüte im 19. Jahrhundert und reicht bis in die Mitte des 20. Jahrhunderts.

C. Seit Ende des 19. Jahrhunderts verzeichnet man daneben zunehmend Bemühungen, die Fülle der beobachteten Fakten auf einige wenige Prinzipien zu bringen. Zu Beginn – etwa mit Hermann Paul („Principien der Sprachgeschichte") oder Saussure – liegt das Schwergewicht durchaus noch auf der empirischen Seite. Aber sie läuten die, wie man sagen könnte, theoretische Phase der Linguistik ein, die dann mit der generativen Grammatik ihre bislang deutlichste Ausprägung gefunden hat.

Dieses Bild ist natürlich zu einfach; schließlich gibt es auch im 19. Jahrhundert einen Wilhelm von Humboldt, und Arbeiten zu den strukturellen Besonderheiten einzelner Sprachen und Dialekte bilden bis heute quantitativ den größten Teil aller sprachwissenschaftlichen Veröffentlichungen. Wie Dittmar (1997: 48ff) ausführt, hat man sich damals bereits unterschiedlicher Methoden der Feldforschung bedient, wie beispielsweise Fragebogenerhebungen und Interviews. Allerdings galten diese Untersuchungen ausschließlich der Erfassung primärer Daten sprachlicher Variation, wobei man zunächst davon ausging, dass sich Dialekte ähnlich systematisch wie Sprachen verhalten und entsprechend zu beschreiben sind.

Wie stellt sich die Lage nun zu Beginn des dritten Jahrtausends dar? Und wie wird sie sich weiter entwickeln? Zunächst wird man sicher feststellen müssen, dass sich über die vergangenen Jahrzehnte eine starke Polarisierung zwischen ‚theoretischer Linguistik' und einer irgendwie gearteten ‚empirischen Linguistik' herausgebildet hat. Eine solche Unterscheidung findet sich durchaus auch in anderen Disziplinen. So sieht die theoretische Physik sich als Initiator der empirischen Physik, ist sich aber durchaus der Notwendigkeit der empirischen Forschung zur Generierung und Überprüfung von Hypothesen bewusst. In der Sprachwissenschaft wird Konvergenz im Resultat von beiden Seiten nur selten gesucht. Die sogenannte ‚Systemlinguistik' begnügt sich häufig mit der Entwicklung theoretischer Modelle, deren Bewährung an der Realität des tatsächlichen Sprachgebrauchs nicht weiter interessiert. Methodendiskussionen auf dieser Ebene beziehen sich auf Ansätze zur Formalisierung von Generalisierungen[1]. Seit einigen Jahren gibt es aber durchaus auch ernste Versuche von theoretischer Seite, hier aufeinander zuzugehen und vielleicht eine Situation zu erreichen, wie sie in den Naturwissenschaften üblich ist. Ein Beispiel ist etwa der Tübinger Sonderforschungsbereich *Datenstrukturen*.

Im Folgenden will ich aber nicht diese Diskussion aufgreifen und fortführen, sondern eher auf Voraussetzungen für eine zukünftige Konvergenz zu sprechen kommen, indem ich einige neuere methodische Entwicklungen in der empirischen Sprachwissenschaft im Hinblick darauf betrachte, ob sie einen Brückenschlag zwischen dem Jagen und Sammeln von Beobachtungen und deren Klassifikation einerseits und dem Erkennen von allgemeinen Prinzipien von Sprachsystemen andererseits ermöglichen.

2 Phasen der Methodendiskussion

Drei große Phasen kennzeichnen die Entwicklung der sprachwissenschaftlichen Methoden im 20. Jahrhundert. Hierzu ist viel geschrieben worden (vgl. Auroux et al. 2000, 2002), der Gang sei deshalb nur kurz nachgezeichnet.

2.1 ‚Sprache an sich' – Introspektion und die spekulative Linguistik

Am Beginn der modernen Sprachwissenschaft wird zunächst eine zentrale methodische Frage diskutiert (Saussure, 1913): soll man zur Erfassung sprachlicher Phänomene diachrone oder synchrone Analysen durchführen? Mit den Methoden sind unterschiedliche Gegenstandsbereiche verbunden, die leitenden Fragestellungen zielen jedoch gleichermaßen auf die Erfassung von Gesetzmäßigkeiten bzw. Regelhaftigkeiten, sei es bezüglich der historischen Entwicklung von sprachlichen Strukturen, sei es bezüglich eines jeweils einzelnen sprachlichen Systems. Beide methodischen Zugriffe auf Sprache bestehen bis heute, häufig in wechselseitiger Ergänzung auf einen sprachlichen Strukturbereich bezogen.

Der Schwerpunkt, der in der Epoche des Strukturalismus auf die synchrone Betrachtung sprachlicher Systeme gelegt wurde, brachte es mit sich, dass der so definierte Forschungsgegenstand in den Köpfen der jeweiligen Wissenschaftler vollständig gegeben war. Somit etablierte sich die Methode der Introspektion, die die Erfassung der sprachlichen Phänomene in der poststrukturalistischen theoretischen Linguistik kennzeichnete. Eine Methodendiskussion, die sich mit dem ange-

---

[1] Ein Beispiel für Methodenfragen in diesem Zusammenhang findet sich in dem Überblickswerk Carstensen et al. 2001, in dem unter dem Kapitel ‚Methoden' zur Semantik unterschiedliche theoretische Konzeptionen wie Montague-Semantik, Diskursrepräsentationstheorie oder Ansätze zur Unterspezifikation diskutiert werden.

messenen Zugriff auf die Ausformungen von Sprache auseinandersetzt, hat es nicht gegeben.

2.2 Sprache in ihrer vielfältigen Erscheinungsform – sozialwissenschaftliche Methoden und Regelinduktion

Eine neue Phase setzt in der Sprachwissenschaft mit der sogenannten *pragmatischen Wende* ein, die den Gegenstandsbereich der Sprachwissenschaft neu bestimmte und damit Erklärungen und Abstraktionen auf anderen Ebenen suchte. Gemeinsames Kennzeichen dieser neuen Positionen ist die Korrelation von sprachlichen Tatsachen mit außersprachlichen Faktoren, betrachtet im Rahmen von Kommunikationsprozessen. Diese können soziologische, psychologische oder ethnologische Faktoren sein. Ob individueller, kollektiver oder auch universaler Natur – gemeinsam ist ihnen, dass sie in systematischer Beziehung zum Sprachverhalten des Menschen stehen. Am fruchtbarsten zeigt sich dieser veränderte Blick zunächst auf dem Gebiet der Variationslinguistik. Wegweisend für die Entwicklung neuer Methoden sind hier die Arbeiten von W. Labov. Die Notwendigkeit authentische Sprachdaten in ihrer gesamten Variationsbreite zu gewinnen führt zur Entwicklung von differenzierten empirischen Erhebungsmethoden (vgl. zur Dokumentation mündlicher Sprache Dittmar 2004), die ihrerseits quantifizierende Auswertungsverfahren erfordern (vgl. z.B. Klein/Dittmar 1979, Dittmar 1988). Gleichzeitig sind die jeweils bestimmenden sozialen Faktoren zu erfassen und als Determinanten der Corpuserhebung heranzuziehen. Dittmar fasst die Position Labovs wie folgt zusammen:

> Zwei Gesichtspunkte sind für das Paradigma von Bedeutung: (a) die Korrelation sprachlicher Daten mit soziologischen Konstrukten wie ‚Schicht', ‚sozialer Status' etc. wird theoretisch durch die Möglichkeit der empirischen Replikation von Untersuchungen in ‚realer Zeit' nach expliziten formalen Kriterien gerechtfertigt; die Handlungsmaxime für die korrelationslinguistische Spielart der Soziolinguistik lautet daher: ‚synchrone Beschreibung von Variation im Dienste der systemlinguistischen Beschreibung und Erklärung von Sprachwandel....(b) Quantitative Instrumente sind die *conditio sine qua non* der Variationsbeschreibung. (Dittmar 1997: 55/56)

Zentral wird unter dieser Perspektive die methodische Frage der Belegbarkeit von sprachlichen Fakten. Es entwickeln sich unterschiedliche Schulen, die zwischen den beiden Polen ‚größtmögliche Natürlichkeit' und ‚größtmögliche Validität' anzuordnen sind (vgl. Ammon et al. 1988). Neue Techniken, die mit der Weiterentwicklung elektronischer Dokumentation, Annotations- und Extraktionsverfahren verbunden sind, haben die ‚Corpuslinguistik' auf ein neues methodisches Fundament gestellt. Die Erfassung und Dokumentation von sprachlichen Fakten auf der Grundlage systematischer, streng empirischer Beobachtung gerät unter den enormen technischen Möglichkeiten in Gefahr zum Selbstzweck zu werden – ein Grund für die Unvereinbarkeit, die oft zwischen empirischer und theoretischer Linguistik gesehen wird.[2]

---

2 Wie von soziolinguistischer Seite aus ein Brückenschlag zu Fragen der theoretischen Linguistik aussehen könnte, ist in dem folgenden Seminarprogramm von N. Dittmar formuliert:

Der Forschungsschub, der durch die sogenannte pragmatische Wende ausgelöst wurde, ist immens. Dies nachzuzeichnen ist hier nicht das Ziel, das ist an anderer Stelle umfassend geleistet worden (vgl. Ammon et al. 1987, 1988). Die Frage, die ich hier stellen möchte, betrifft die Möglichkeiten der Konvergenz von Ergebnissen nach der Aufspaltung der sprachwissenschaftlichen Forschung in Teildisziplinen mit jeweils unterschiedlichen methodischen Paradigmen. Das im Zitat oben formulierte Desiderat, ‚variationslinguistische Beschreibung im Dienste systemlinguistischer Erklärung', hat sich bisher nicht wirklich erfüllt. Die Befunde zur sprachlichen Variation und ihren jeweiligen Bedingungen ebenso wie Ergebnisse anderer funktionsbezogener Sprachanalysen haben kaum eine Rückkopplung zur sogenannten Systemlinguistik erfahren. Sie bestehen nebeneinander, bestimmt durch unterschiedliche Untersuchungsbereiche und unterschiedliche Methoden.

2.3 Sprache existiert als Wissen von Sprache – naturwissenschaftliche Methoden und Reduktion

In jüngerer Zeit hat die Sprachwissenschaft erneut durch die Rezeption von Methoden und Konstrukten anderer Disziplinen entscheidende Impulse erhalten. Ausgehend von der Annahme, dass das sprachliche System einen wesentlichen Teil der menschlichen Kognition darstellt, wurden linguistische Fragen unter Bezugnahme auf psychologische Ansätze und Methoden neu formuliert. Das, was man als *Kognitive Wende* bezeichnet, ist im Grunde nur eine konsequente, empirische Umsetzung dessen, was Saussure bereits formulierte: Die *langue* existiert in den Köpfen der Menschen als psychische Realität. Die kognitive Linguistik nimmt dieses Diktum ernst und entwickelt Methoden, um das sprachliche Wissen als empirische Tatsache zu erfassen. Da sich kognitive Strukturen und Prozesse der Introspektion weitgehend entziehen, sind Methoden heranzuziehen, die über eine kontrollierte Erhebung von Verhaltensdaten Einblicke in sprachliches Wissen und dessen Verarbeitung geben.

> Nur der gezielte Einsatz von experimentellen Methoden und diagnostischen Verfahren kann über die Repräsentation, Strukturierung und Verarbeitung sprachlicher Einheiten näheren Aufschluss geben. (Schwarz 1992:46)

Die Kognitive Linguistik erweitert damit den Forschungsbereich der Sprachwissenschaft von der Beschreibung des Systems als abstraktem Konstrukt auf die Prozesse des aktuellen Gebrauchs. Es kommt zur Herausbildung der bekannten Teildisziplinen der Psycholinguistik Sprachproduktions-, Sprachverstehens- und Spracherwerbsforschung, die methodisch auf dem Experiment als Erkenntnisweg beruhen. Experimentelle Methoden in der Psycholinguistik sind weitgehend aus der Psychologie sowie in jüngerer Zeit aus der Neurophysiologie übernommen. Zum

---

‚Auf der Folie des berlinspezifischen ‚Wendekorpus' gesprochener Sprache soll überprüft werden, welche der von Pasch et al. (2003) erfassten Konnektoren im mündlichen Diskurs benutzt werden und ob ihre Formen und Funktionen den Regeln des Handbuches entsprechen. Die unterschiedlichen pragmatischen Funktionen der Konnektoren sollen herausgearbeitet werden'. (Dittmar 2006/07)

Repertoire der psycholinguistischen Methoden gehören chronometrische Messungen der Verarbeitungsprozesse (Sprechanfangszeitmessung, Reaktionszeitmessung, Belastungsexperimente), in denen die Bedingungen der Sprachverarbeitung durch weitere Aufgabenstellungen erschwert werden (*multiple tasking*), Blickbewegungsmessung, die Korrelate für kognitive Verarbeitung liefert (vgl. hierzu u.a. Levelt 1989, Dietrich 2002:13ff.).

Die Untersuchungsgebiete der Psycholinguistik sind tatsächlich als neue zu verstehen, ebenso, wie in der jüngsten Zeit neurophysiologische Methoden zur Erfassung von Prozessen der Sprachproduktion und -rezeption die Entwicklung neuer Forschungsgegenstände möglich machen. Dies ist aber nur die eine Seite der Medaille. Ebenso wie wir es für die Soziolinguistik formuliert finden, erhebt auch die Kognitive Linguistik den Anspruch, durch die neuen Methoden zur Kernaufgabe der Sprachwissenschaft, der Erarbeitung einer Sprachtheorie, wesentlich Neues beitragen zu können (vgl. hierzu Schwarz 1992, Janssen/Redecker, Rickheit et al. 2002). Diese Verbindung ist jedoch bis heute kaum gelungen. In paralleler Entwicklung zur vorangegangenen pragmatischen Wende hat sich die Bestimmung von Sprache bzw. Sprachverwendung als empirischem Gegenstand und die Herausbildung entsprechender Erfassungs- und Messmethoden neben der in der Tradition des Rationalismus arbeitenden ‚Systemlinguistik' vollzogen. Die Frage, die sich nach wie vor stellt, ist die, inwiefern empirische Studien zur Sprachverwendung mit der in ihnen notwendig gegebenen Variation und Reduktion zur Modellierung sprachsystematischer Erkenntnisse beitragen können, ja sogar erforderlich sind.

Im Folgenden soll anhand von zwei Beispielen aus Heidelberger sprachvergleichenden Untersuchungen zur Sprachproduktion[3] ausgeführt werden, wie ein solcher Zusammenschluss aussehen kann.

3 Implikationen experimenteller Studien für die Beschreibung sprachsystematischer Aspekte: Untersuchungen zur Semantik von Aspektsystemen

Es gibt in der sprachsystematischen Beschreibung zahlreiche notorische Baustellen, die immer wieder neue Arbeiten herausfordern, die letztlich jedoch nicht wesentlich voranzukommen scheinen. Hier bietet es sich an, neue Wege zu suchen, um den Phänomenen von einer anderen Seite zu Leibe zu rücken. Ein solches theoretisches Problem stellt beispielsweise die Beschreibung von Aspektsystemen dar.

Die Literatur zu einzelnen Aspektsystemen sowie zu sprachvergleichenden Analysen auf diesem Gebiet füllt Bibliotheken. Kategorien wie perfektiv-imperfektiv, die Charakterisierung von Situationstypen, etc. mögen für einzelne Sprachsysteme angemessene Beschreibungen liefern, spätestens im Sprachvergleich erweist sich

---

[3] Die folgende Darstellung von Untersuchungsergebnissen stützt sich auf langjährige Forschung im Rahmen von DFG-geförderten Projekten zum Zusammenhang zwischen Konzeptualisierung und Sprachstruktur unter sprachvergleichender Perspektive (vgl. zur Übersicht: Carroll/v. Stutterheim/Nüse 2004). Wir danken der DFG für ihre Unterstützung.

dann ihre Unzulänglichkeit. Woran liegt es genau, dass sich das Imperfektiv des Russischen in manchen Kontexten mit dem Imperfektiv des Arabischen wiedergeben lässt, in anderen nicht? Wie lässt sich erklären, dass der angemessene Gebrauch aspektueller Formen eine kaum lösbare Lernaufgabe im Zweitspracherwerbsprozess darstellt? Warum kann keine noch so gute existierende Theorie dabei helfen, einen erwachsenen deutschen Lerner in die Lage zu versetzen, das englische Progressiv in muttersprachlich angemessener Weise zu verwenden?

Nimmt man die Perspektive des kompetenten Sprechers ein, so muss sein Sprachverhalten und das diesem vorausgesetzte Wissen die Gesamtheit der Eigenschaften und Prinzipien, die mit einer bestimmten grammatischen oder lexikalischen Form verbunden sind, widerspiegeln. Die systematische Erfassung dieses Wissens, das der Sprecher in den Produktionsprozess einbringt, bietet dann die Grundlage für eine Generalisierung und Abstraktion im Hinblick auf die semantischen bzw. syntaktischen Eigenschaften einer Form.

Aus den zahlreichen ungeklärten Fragen, die sich an die Beschreibung von Aspektsystemen knüpfen, greife ich zur Illustration unseres Vorgehens die Frage nach Sprachkontrasten und deren exakter Erfassung heraus. Wie bereits bemerkt, werden Aspektsysteme unterschiedlicher Sprachen in der Regel mit einem relativ allgemeinen Kategorieninventar beschrieben, was Formen, wie die folgenden

A boy is knitting a scarf
Een jonge is een sjaal aan het breien
Un ragazzo sta facendo una sciarpa
Un garçon est en train de tricôter une écharpe

gleichermaßen der Kategorie *progressiv* zuordnen würde. Die Tatsache, dass progressiv markierte Äußerungen in vielen Fällen nicht ineinander übersetzbar sind, zeigt, dass eine semantische Beschreibung – die Prinzipien kontextueller Lizensierung bzw. Beschränkungen mit umfassen muss – mit einem Begriff wie *progressiv* nicht hinreichend differenziert erfasst ist.

Zwei Fragen wurden in diesem Zusammenhang experimentell geprüft (vgl. Natale 2007; Carroll et al. in Vorbereitung):
- Welches sind die Bedingungen, unter denen die jeweiligen Formen gewählt werden, welche Faktoren ziehen die Form an?
- Welchen Status hat die Verbform in den einzelsprachlichen Systemen, anders gesagt, welcher Grammatikalisierungsgrad liegt vor?

Experiment 1[4]

Versuchspersonen unterschiedlicher Muttersprachen (je 20) sehen kurze Videoszenen aus der Alltagswelt, die sie dann versprachlichen. In diesen Videoszenen sind diejenigen Eigenschaften von Situationen systematisch variiert, die auf die Aspektwahl Einfluss nehmen: Grad der Abgeschlossenheit eines Geschehens, Art der

---

4 Diese Studie wurde für den mündlichen Sprachgebrauch durchgeführt (vgl. zur ausführlichen Darstellung der Ergebnisse Natale et al. 2006).

Abgeschlossenheit (effiziertes/affiziertes Objekt) Erkennbarkeit/Inferierbarkeit eines (potentiellen) Endpunktes/-zustandes, Spezifizität eines erreichten Endzustandes, Qualität des Geschehens im Hinblick auf Homogenität, reale Dauer des Geschehens. Die Sprachproduktionen der verschiedenen Gruppen werden transkribiert. Die morphologische Markierung der jeweiligen Verbformen wird erfasst und pro Sprachgruppe quantifiziert (Tabelle 1). In einem weiteren Auswertungsschritt wird die Verwendungshäufigkeit für bestimmte Situationstypen erfasst (Tabelle 2).

Tabelle 1. Verwendungshäufigkeit von progressivem Aspekt (40 Szenen)

Englisch	Italienisch	Französisch	Arabisch	Niederländisch
97.4	40.7	20.0	16.8	19.4
(20 Vp)	(40 Vp)	(20 Vp)	(20 Vp)	(20 Vp)

Tabelle 2. Verwendungshäufigkeit von progressivem Aspekt nach bestimmten Szenentypen

Dynamische Situationstypen	Englisch	Italienisch (40 Vp)	Französisch (20 Vp)	Arabisch (20 Vp)	Niederländisch (20 Vp)
Effiziertes Objekt, spez. Resultatzustand	100	77.1	43.9	34.5	52.4
Prozesse/Abbruch von Aktivitäten	100	37.4	16.4	18.3	19.6
Bewegung, Ortswechsel	100	21.6	3.4	11.1	2.1

Im Ergebnis zeigen sich die jeweils einzelsprachlich relevanten Situationseigenschaften, die Sprecher die Verlaufsform wählen lassen. Dabei wird zunächst die Erwartung bestätigt, dass die Verwendung des progressiven Aspektes in den Sprachen Englisch, Niederländisch, Italienisch, Französisch, Arabisch unterschiedlichen Beschränkungen unterliegt. Englisch weist für die Verwendung keine Beschränkungen durch den Situationstyp auf. Auch dies ist bekannt. Interessant ist jedoch, welche Präferenzmuster in den anderen Sprachen zu beobachten sind: welche sind die Situationen, die das Progressiv ‚anziehen'? Es zeigt sich, dass es für die hier vertretenen Sprachen im Prinzip dieselben Kriterien sind, die die Sprecher eine Progressivmarkierung wählen lassen. Unterschiede ergeben sich im Hinblick auf die Häufigkeit der Markierung. Auf der Grundlage der differenzierten Aufschlüsselung von Situationstypen und Perspektive lässt sich erkennen, welchen Weg die Aspektformen in das Sprachsystem nehmen. So zeigt diese Untersuchung nicht nur in differenzierter Weise, welche Situationstypen in der einzelnen Sprache einen progressiven Aspekt zulassen bzw. anziehen, es ergeben sich auch Einblicke in Prozesse des Sprachwandels, in diesem Falle der Grammatikalisierung von Aspektmarkierung (zur ausführlichen Darstellung der Ergebnisse: Natale 2007; Natale et al. 2006).

Experiment 2

An einem weiteren Beispiel soll erläutert werden, dass auch Experimente, die den Sprachproduktionsprozess in verschiedenen nicht sprachlichen Aspekten erfassen, geeignet sind, Einblicke in Systemeigenschaften zu geben. Ausgangspunkt dieser Studien bildet die Annahme, dass grammatikalisierte Kategorien hochgradig automatisiert sind, damit schneller verarbeitet werden als nicht grammatikalisierte und dass sie mit Aufmerksamkeitsmustern verbunden sind, die sich auch im Blickverhalten niederschlagen.

Um den Status der morphologischen Aspektmarkierung unter diesen Gesichtspunkten zu untersuchen wurden Experimente durchgeführt, bei denen Sprechern wiederum kurze Szenen (Videoclips) gezeigt wurden, die sie anschließend versprachlichen sollten. Die Hypothese war, dass Sprecher, die das Geschehen in Phasen zerlegen – wie es der progressive Aspekt erlaubt –, weniger an Endpunkten interessiert sind als solche, deren System holistische Ereignisdarstellungen kodiert – wie das Deutsche.[5]

Im Englischen ist der Aspekt so weitgehend grammatikalisiert, dass es keine substantiellen Beschränkungen für die Anwendung dieses Aspektes gibt. Enpunkte sind mit dem Gebrauch der Progressivform vereinbar (*two dogs are running to the greenhouse*). Das Niederländische ist auf dem Wege, ein Progressiv zu entwickeln. Dies schlägt sich in Gebrauchsbeschränkungen nieder, die aus den Eigenschaften der jeweiligen Situation resultieren. In dem Experiment wurden neben den Produktionsdaten die Blickbewegungen der Sprecher sowie die Sprechanfangzeiten erfasst.

Für die drei Sprachen Englisch (grammatikalisierter Aspekt), Niederländisch (auf dem Weg zum grammatikalisierten Aspekt), Deutsch (kein grammatikalisierter Aspekt) ergeben sich die folgenden signifikanten Unterschiede für die beiden Werte. Tabelle 3 zeigt Unterschiede in der visuellen Aufmerksamkeit. Die Werte lassen erkennen, dass die deutschen Sprecher am häufigsten und am frühesten auf potentielle Endpunkte eines Bewegungsereignisses blicken, englische Sprecher blicken erst, nachdem sie bereits zu sprechen begonnen haben, auf Endpunkte. Sie ‚benötigen' die Endpunkte nicht, können sie aber integrieren, da die Phasenzerlegung (inchoative, mittlere, terminative Phase) dies erlaubt (*two dogs are running/ along the path/ to the greenhouse*). Niederländische Sprecher weisen die geringste Frequenz auf. Sie können – wenn sie sich für eine Progressivform entschieden haben – Endpunkte nicht mehr sprachlich integrieren.

Tabelle 4 gibt die Werte für die Sprechanfangzeiten der drei Sprechergruppen für das gleiche Stimulusmaterial an. Hier zeigen sich ebenfalls signifikante Unterschiede. Deutsche Sprecher warten am längsten, bevor sie zu sprechen beginnen. Sie erfassen zunächst die Situation als Ganze, ehe sie sich für die Wahl der sprachlichen, insbesondere der verbalen Ausdrucksmittel entscheiden. Englische Sprecher

---

5 Zur ausführlichen Darstellung vgl. v. Stutterheim/Carroll (2006).

sind mit der Wahl einer Progressivform frei, den Abschluss des Geschehens zu kodieren. Sie können folglich früher mit der Sprachproduktion beginnen. Niederländische Sprecher ergeben in Bezug auf die Sprechanfangszeiten kein ganz klares Bild.

Tabelle 3. Fixationen von Endpunkten vor und nach Sprechanfangszeit

	Deutsch	Englisch	Niederländisch
Fixationen vor Sprechbeginn	6.9	2.9	4.06
Fixationen nach Sprechbeginn	9.5	8.5	5.59

Tabelle 4. Sprechanfangszeiten

Deutsch	Englisch	Niederländisch
4.6 sec	3.5 sec	4.0 sec

Es ist hier nicht der Ort, um die Ergebnisse im Einzelnen zu interpretieren. Halten wir lediglich fest, dass die Sprecher im Hinblick auf visuelle Aufmerksamkeit und Zeitverlauf in der Sprachproduktion erkennbar differieren. Diese Unterschiede korrelieren mit einem unterschiedlichen Status der jeweiligen Struktur innerhalb des sprachlichen Systems. Die Prozessdaten zeigen, dass sich der Status dieser Form im Wissen der Sprecher unterscheidet. Daraus können Rückschlüsse auf den Grad der Grammatikalisierung einer bestimmten Struktur gezogen werden.

Interessant sind in diesem Zusammenhang auch Untersuchungen von Zweitsprachensprechern. Experimente zum Zeitverlauf der Sprachverarbeitung können Einblicke geben, wie weitgehend automatisiert bestimmte Strukturen vom Lerner verwendet werden können. Möglicherweise lässt sich daraus ein Indikator für den Grad der Stabilität von sprachlichem Wissen in der L2 entwickeln.

4 Fazit

Das nur grob skizzierte Bild experimentellen Arbeitens in der Linguistik sollte vorführen, dass die augenblickliche Trennung in Systemlinguistik und unterschiedliche Ausprägungen empirischer Linguistik zum wechselseitigen Gewinn auf bestimmten Ebenen des Forschens aufgehoben werden kann. Die Komplementarität der Methoden anzuerkennen ist eine Forderung, die auch das gesamte Werk von N. Dittmar durchzieht (vgl. Dittmar 1988: 892) – die aber bisher nur in ersten Ansätzen eingelöst wurde.

Literatur

Ammon Ulrich/Dittmar Norbert/Mattheier Klaus J. (1987) (eds.): Soziolinguistik. Ein internationales Handbuch zur Wissenschaft von Sprache und Gesellschaft. (Handbücher zur Sprach- und Kommunikationswissenschaft HSK 3.1). Berlin, New York.

Auroux, Sylvain/Koerner, E.F.K./Niederehe, Hans-Josef/Versteegh, Kees. (2000, 2002): History of the Language Sciences/Geschichte der Sprachwissenschaften/Histoire des sciences du langage. HSK 18.1./18.2. Berlin/New York: Mouton de Gruyter.

Carroll, Mary/Natale, Silvia/Lambert, Monique/v.Stutterheim, Christiane (in Vorb.): Time pressure in language production as a measure of degree of grammaticalisation: a crosslinguistic experiment in the use of aspectual means. Universität Heidelberg.

Carroll, Mary/v. Stutterheim, Christiane/Nüse, Ralf (2004): The language and thought debate: a psycholinguistic approach. In: Habel, C./Pechmann, T.: Approaches to Language Production. Berlin: Mouton de Gruyter.

Carstensen, Kai-Uwe/Ebert, Christian/Endriss, Cornelia/Jekat, Susanne/Klabunde, Ralf/ Langer, Hagen (2001) (eds.): Computerlinguistik und Sprachtechnologie. Heidelberg, Berlin: Spektrum Akademischer Verlag.

Dietrich, Rainer (2002): Psycholinguistik. Stuttgart: Metzler.

Dittmar, Norbert (1988): Quantitative – qualitative Methoden. In: Ammon, U., Dittmar, N., Mattheier, K. J. (eds.): Soziolinguistik. Ein internationales Handbuch zur Wissenschaft von Sprache und Gesellschaft. (Handbücher zur Sprach- und Kommunikationswissenschaft HSK 3.1). Berlin, New York. 879-892.

Dittmar, Norbert (1997a): Grundlagen der Soziolinguistik - Ein Arbeitsbuch mit Aufgaben. Tübingen: Niemeyer.

Dittmar, Norbert/Rost-Roth, Martina (1997b) (eds.): Deutsch als Zweit- und Fremdsprache. Methoden und Perspektiven einer akademischen Disziplin. Frankfurt a.M.: P. Lang.

Dittmar, Norbert (2004): Transkription. Ein Leitfaden mit Aufgaben für Studenten, Forscher und Laien (2. Auflage). Opladen: Leske+Budrich.

Janssen, Theo/Redeker, Gisela (1999): Cognitive Linguistics. Foundations, scope, and methodology. Berlin, New York: Mouton de Gruyter.

Klein, Wolfgang/Dittmar, Norbert (1979): Developing grammars. Berlin: Springer.

Levelt, Willem J.M. (1989): Speaking. Cambridge: MIT Press.

Natale, Silvia (2007): Semantische Gebrauchsdeterminanten der Verbalperiphrase *stare* + gerundio. Eine datenbasierte Studie. Dissertation. Universität Heidelberg.

Natale, Silvia/Starren, Marianne/Carroll, Mary/Bouhaous, Abbassia (2006): Progressive Aspect in Italian, French, Dutch and Modern Standard Arabic. Vortrag: 39th Annual Meeting of the Societas Linguistica Europea on Relativism and Universalism in Linguistics. Universität Bremen.

Rickheit, Gert/Sichelschmidt, Lorenz/Strohner, Hans (2002): Psycholinguistik. Tübingen: Stauffenburg-Verlag.

de Saussure, Ferdinand (1913): Cours de Linguistique Générale. Edition critique préparée par Tullio De Mauro, Paris.

Schwarz, Monika (1992): Einführung in die Kognitive Linguistik. Tübingen: Francke.

von Stutterheim, Christiane/Carroll, Mary (2006): The impact of grammaticalised temporal categories on ultimate attainment in advanced L2-acquisition. In: Heidi Byrnes (ed.): Educating for advanced foreign language capacities: constructs, curriculum, instruction, assessment. Georgetown: Georgetown University Press, 40-53.

Romuald Skiba
Mac-Planck-Institut für Psycholinguistik Nijmegen

Korpora in der Zweitspracherwerbsforschung. Internetzugang zu Daten des ungesteuerten Zweitspracherwerbs

Man stelle sich folgendes Szenario vor: Ein Hochschullehrer im Bereich Linguistik macht im Rahmen der Vorbereitung seiner Lehrveranstaltungen zum Zweitspracherwerb (L2-Erwerb) eine Internet-Recherche, die zur Findung geeigneter Materialien dient. Er möchte seine Studenten nicht nur mit bestimmten Theorien vertraut machen, sondern ihnen auch Einsichten in die Eigenschaften der Primärdaten vermitteln, auf denen solche Theorien fußen. Er ist erfolgreich und findet Informationen, dass bereits transkribierte und teilweise analysierte Daten in einem Spracharchiv gespeichert, und via Internet zugänglich sind. Sie können direkt erreicht, d.h. angesehen bzw. heruntergeladen werden. An der gleichen Stelle finden sich auch alle relevanten Informationen über die Umstände und Zeitpunkte der Aufnahmen sowie über die Informanten (Alter, Kontaktdauer zur L2 etc.). Auch bereits publizierte Datenanalysen werden an dieser Stelle gelistet.

Dies ist kein Zukunftsszenario mehr, sondern eine bereits existierende Möglichkeit[1] für den Datenzugang via Internet. Die bereits in den 80-er Jahren erstellten multimedialen L2-Sprachkorpora, die im Internet zugänglich waren bzw. immer noch sind, waren mit den üblichen Web-Browsern (via Html-Kodes) erreichbar. Zu erwähnen sind in diesem Zusammenhang die CHILDES Datenbank[2] für Erst- und Zweitspracherwerbsdaten und die ESF-Datenbank[3] für Zweitspracherwerbsdaten. CHILDES' Daten und ihre Konzepte haben einen großen Einfluss auf die Spracherwerbsforschung ausgeübt und sind bis heute eine wichtige Quelle für Daten und Standards in der Spracherwerbsforschung (vgl. dazu Rutherford/ Thomas 2001 und Myles 2005). Die ESF-Daten wurden inzwischen in eine neue Umgebung (MPI-Archiv; s. weiter unten) übertragen. Die erwähnten Datensammlungen, die mit sehr viel Aufwand erstellt wurden, dienen bis heute der empirischen Zweitspracherwerbsforschung.

Die neue Korpusgeneration zeichnet sich dadurch aus, dass die Internet Browser, mit denen man auf die Daten zugreift, mit Java-Scripts[4] manipuliert werden. Dadurch ist die Benutzeroberfläche für den Zugang optimal an die Erfordernisse

---

1 Voraussetzung dafür sind allerdings die Zugangsrechte; manche Archivdaten sind mit Password gesichert. Man muss die zuständigen Wissenschaftler erst um Erlaubnis bitten, bevor man die Daten ansehen bzw. laden kann. Die Informationen **über** die Daten (sog. Metadaten) sind frei zugänglich.
2 Vgl McWhinney 1991: ix und http://childes.psy.cmu.edu/ [alle Internetaddressen in diesem Artikel beziehen sich auf den Stichtag 15.September 2007].
3 Vgl. Perdu (1993) und Perdu (1998).
4 JAVA ist eine Platform und Programmiersprache der SUN corporation, vgl. http://java.sun.com/.

der Benutzer angepasst. Die Funktionalität solcher Webseiten geht weit über die Möglichkeiten hinaus, die eine html-kodierte Seite bietet.

Der vorliegende Artikel stellt L2-Daten vor, die im MPI-Archiv gespeichert und verwaltet werden. Alle besprochenen Daten sind Teil des Medienarchivs am Max-Planck-Institut in Nijmegen, Niederlande (MPI-Korpus)[5]. Ihre Organisation und Zugangsmöglichkeiten werden hier präsentiert. Eine kurze Inhaltsangabe zu den einzelnen Archiven wird ebenfalls angehängt.

Außer Datensammlungen, die via Internet zugänglich sind, werden L2-Daten auf CD-ROMs[6] ausgetauscht. Eine unbekannte Anzahl von Daten befindet sich immer noch in den Schubladen von wissenschaftlichen Institutionen und wird über persönliche Kontakte vermittelt.[7] Diese Daten werden hier nicht behandelt.

MPI-Korpus: Standards und Technologien

Die neue Korpus-Generation für L2-Daten zeichnet sich dadurch aus, dass sie mit öffentlich zugänglichen Metadaten angereichert wurde, die online und frei zugänglich zur Verfügung[8] stehen.

Eine Trennung von Daten (Medien, Transkripte, Annotationen) und Metadaten bietet den Vorteil, dass man sich ausgiebig über die Daten informieren kann, bevor man sie herunterlädt. Diese Trennung bietet via Metadaten und Info-Dateien alle für eine Datenanalyse wichtigen Informationen, dient aber zugleich dem Datenschutz. Die Metadaten des MPI-Archivs sind strukturiert und können mit spezialisierten Suchmaschinen gefunden werden (vgl. Wittenburg/Broeder, 2002). So sind z.B. Suchkombinationen möglich, die die L1 und L2 miteinander kombinieren, andere Charakteristika der Lerner (wie Alter und Geschlecht) spezifizieren und nur nach bestimmten Datentypen (z.B. Instruktionen) suchen. Die Suche kann anschließend noch verfeinert werden, indem die Annotationen nach bestimmten Formen und Funktionen abgefragt werden.

Im MPI-Archiv werden Metadaten im sogenannten IMDI-Standard gespeichert (vgl. Broeder et al. 2001: 48ff.) und http://www.mpi.nl/ISLE). Linguistische Analyseeinheiten, genannt *sessions* (z.B. ein Interview, eine Nacherzählung oder ein thematisch abgeschlossener Teil eines Gesprächs) werden in speziellen Dateien als Metadaten gespeichert. Sie enthalten Informationen über die Medien und Annota-

---

5 Zur Darstellung des gesamten MPI-Korpus vgl. auch Wittenburg/Skiba/Trilsbeek (2004). Die MPI-Korpora sind zu erreichen unter: http://corpus1.mpi.nl/ds/imdi_browser/. Viele hier nicht erwähnte Artikel zu technischen und inhaltlichen Aspekten der Spracharchive sind zu finden unter http://www.lat-mpi.eu/papers.
6 Z.B. das Projekt RUSIL zum Erwerb des Hebräischen und Deutschen durch russische Migranten, (vgl. dazu: http://userpage.fu-berlin.de/~nordit/HP/Ditt_Korpora.html). Daten zum Erwerb des Italienischen sind unter http://lettere.unipv.it/diplinguistica/pagina.php?&id=17 zu bestellen.
7 Z.B. die ZISA-Daten werden durch persönliche Kontakte vermittelt (vgl Mika 2005: 13).
8 Auch die alten ESF-Formate und die CHAT-Formate enthalten Metadaten; sie sind jedoch Teil der Transkripte: Die sogenannten Transkriptionsköpfe enthalten Informationen über Sprecher, Ort, Datum und Thema der jeweiligen Aufnahmen/Transkriptionen.

tionsdateien, die zu einer *session* gehören, aber auch Informationen über Inhalte der *sessions*. Eine Metadateneinheit enthält also (xml-kodierte)[9] Informationen über:
- die verwendete(n) Sprache(n), Aufnahmeort und -datum der *session*,,
- den Inhalt der *session* (unter anderem Thema, Genre, Datenart),
- die Beteiligten (z.B. Sprecher und ihre Charakteristika, Projektinformationen),
- die Originalaufnahmen (Name und Aufbewahrungsort der Rohdaten) und die Medieneinheiten (Ton-, Bild-, Video- und Textdateien), die mit der *session* assoziiert werden.

Alle Metadaten können jederzeit mit neuen Informationen (z.B. Publikationsangaben, Annotationsdateien etc.) ergänzt werden. Es existiert auch ein Metadaten-Editor[10], mit dem die Metadaten eingegeben, validiert und gespeichert werden können. Zu sich wiederholenden Metadaten (z.B. zu Informanten, die in verschiedenen *sessions* auftreten, oder zur Projektbeschreibung) können Daten in assoziierten Dateien separat gespeichert und damit wieder verwendbar gemacht werden.

Eine Meta-Beschreibung fasst also alle linguistisch und technisch relevanten Informationen zusammen, die zu einer *session* gehören, und kann deshalb zum Aufbau eines gut beschriebenen Sprachkorpus verwendet werden. Die Korpusdaten werden auf diese Art leicht auffindbar.

Archivteile (Subkorpora) werden eingerichtet und verwaltet mit Hilfe eines Programms, mit dem Datenstrukturen (Datenbäume) definiert, und die Daten selbst in das Archiv geladen werden. Das Programm LAMUS[11] sorgt dafür, dass die Datenstrukturen erzeugt werden und die Daten an entsprechenden Plätzen gespeichert werden. Außerdem werden automatisch Sicherheitskopien der neuen Archivteile erstellt.

Das MPI Archiv arbeitet zusammen mit der DELAMaN-Organisation. Auf der Website von DELAMaN[12] findet man viele wertvolle Informationen zur Dokumentation von (bedrohten) Sprachen, zur Datensicherheit[13] und zu auf diesen Bereich spezialisierten Programmen. Die Organisation fördert die Zusammenarbeit von mehreren Spracharchiven und kümmert sich um die Einführung von Archivierungsstandards.

MPI-Korpus: Daten zum natürlichen Zweitspracherwerb

Wie oben bereits ausgeführt, sind zum Datenzugriff auf das MPI-Archiv lediglich eine Internetverbindung und ein üblicher Internet-Browser notwendig.

---

9 XML (Extensible Markup Language) ist eine Auszeichnungssprache zur Darstellung hierarchisch strukturierter Daten in Form von Textdateien. Mehr dazu unter http://www.w3.org/XML/.
10 Frei erhältlich unter http://www.mpi.nl/tg/j2se/jnlp/IMDI-BCTools/.
11 Vgl. dazu Broeder et al. (2006) und Berck et al. (2005).
12 The Digital Endangered Languages and Musics Archives Network gegründet im Jahre 2003. Projektwebsite unter: http://www.delaman.org/index.html.
13 Vgl. dazu Schüller (2004).

Die L2 - Daten sind unter der folgenden Adresse zu erreichen: http://corpus1.mpi.nl/ds/imdi_browser?openpath=MPI14765%23.
Das L2-Subkorpus enthält zur Zeit über 4000 *sessions* (d.h. Dateneinheiten, die aus Metadaten, Annotationen und Medien-Dateien bestehen).
Die bereits erwähnten Daten des **ESF**-Projekts sind bereits in das neue Archiv integriert. Das Korpus setzt sich zusammen aus L2-Daten zu folgenden Zielsprachen: Deutsch, Englisch, Französisch, Niederländisch und Schwedisch. Verschiedene Muttersprachen (L1) sind vertreten. Die Daten sind transkribiert und die meisten Mediendateien[14] wurden integriert. Der Zugang zum ESF-Korpus ist frei; die Daten sind zu erreichen unter: http://corpus1.mpi.nl/ds/imdi_browser/?openpath=MPI353844%23. Die wichtigsten Veröffentlichungen dazu sind: Dittmar/Klein (1979), Perdue (1993), Klein/Perdue (1992). Es handelt sich hierbei um ein Longitudinalkorpus.

Ebenfalls aus den 80-er Jahren stammen die Daten von **P-MoLL**[15]. Sie wurden nach dem Projektablauf in das MPI-Archiv integriert. Das Projekt untersuchte Zweitspracherwerb von polnischen und italienischen Lernern des Deutschen. Es handelt sich hierbei ebenfalls um Longitudinaldaten, die den ungesteuerten Zweitspracherwerb von acht Lernern über einen Zeitraum von zweieinhalb Jahren dokumentieren. Ergänzend wurden Kontrollaufnahmen von acht Muttersprachlern des Deutschen integriert. Die Daten sind mit einem Password gesichert. Die Informationen über die Zugangsmöglichkeiten sind integriert. Die Internet-Adresse lautet http://corpus1.mpi.nl/ds/imdi_browser/?openpath=MPI23961%23.

Die wichtigsten Publikationen zum Projekt sind: Dittmar/Terborg (1991), Dittmar/Reich (1993), Schumacher/Skiba (1992), Skiba/Dittmar (1992), Ahrenholz (1998), Dimroth/Dittmar (1998), Skiba et al. (im Druck), Rost-Roth (2003), Birkner et al. (1995). Alle anderen L2-Korpora im MPI-Archiv sind neueren Ursprungs.

Die **APN**-Daten[16] enthalten L2-Daten für Deutsch als Zweitsprache (L1-Polnisch) sowie Kindersprachwerbsdaten (Deutsch). Das Hauptanliegen[17] dieser Sammlung ist der Vergleich der Diskursaufbauprinzipien zwischen den L1-Kinderdaten in verschiedenen Altersgruppen (4, 7 und 11 Jahre) und den L2-Daten. Vergleichbare Daten zum Französischen (L1 and L2) wurden bereits erhoben und werden in naher Zukunft integriert. Korpusanalysen findet man in: Benazzo et al. (2004).

Das **BARBSCH**-Korpus[18] besteht hauptsächlich aus tschechischen L2-Daten aus einem Projekt zum Erwerb der Simultaneität. Relativ wenige L2-Deutsch- und

---

14 Da diese Daten älteren Ursprungs sind, konnten lediglich ca 90% der Mediendateien integriert werden. Die übrigen Daten sind als Transkripte vorhanden.
15 Genauere Informationen zum Projekt in Dittmar et al. (1990).
16 Die Daten sind zugänglich unter: http://corpus1.mpi.nl/ds/imdi_browser/?openpath=MPI521039%23.
17 Weitere Informationen zum APN-Korpus findet man unter : http://corpus1.mpi.nl/ds/imdi_browser?openpath=MPI521037%23.
18 http://corpus1.mpi.nl/ds/imdi_browser/?openpath=MPI516826%23.

L2-Englisch-Daten wurden mitgespeichert. Ergänzt wurde die Datensammlung durch Kontrolldaten von Muttersprachlern des Deutschen, Englischen und Tschechischen. Als Stimuli dienten dabei kurze Werbespots, die so ausgewählt wurden, dass dort mehrere Handlungen als parallel ablaufend dargestellt wurden. Die Informanten erzählen die Inhalte nach. Weitere Informationen dazu: Schmiedtová (2004).

DaZ-AF[19] ist ein Korpus, das zum Vergleich des Zweitspracherwerbs bei Kindern und Jugendlichen angelegt wurde. Die Erstsprache der Informanten ist Russisch. Die Zielsprache ist Deutsch. Die Longitudinalaufnahmen von zwei Lernerinnen erstrecken sich über einen Zeitraum von 1,5 Jahren. Inzwischen wurden mehrere Analysen des Korpus durchgeführt (vgl. z.B. Bast 2003, Dimroth 2007 und Pagonis 2007).

Das **Dimroth**-Korpus[20] enthält L2-Daten des Deutschen als Zweitsprache mit Erwachsenen der Ausgangssprachen Kroatisch, Russisch und Türkisch. Kontrollaufnahmen von Muttersprachlern des Deutschen ergänzen die Daten. Als Stimulus diente eine Bildergeschichte[21], die auf kontrollierte Art additive und kontrastive Information bereitstellt. Die Aufgabe der Informanten bestand darin, die Geschichte Bild für Bild nachzuerzählen (s. Dimroth 2002).

Finiteness and Scope[22] ist ein Korpus zum L2-Erwerb des Niederländischen mit den Erstsprachen Türkisch und Arabisch, und des Deutschen mit verschiedenen L1[23]. Die Daten wurden auf der Grundlage eines Videoclips erhoben, der darauf abzielt, Fokuspartikeln und die Negation in Äußerungen mit verschiedenen Informationsstrukturen zu elizitieren.

Im Aufbau befindet sich noch das **Julka**-Korpus[24], in dem der bilinguale Spracherwerb eines Mädchens (L1 Deutsch und Polnisch) dokumentiert wurde. Die Dichte der Datenaufnahmen sowie der frühe Startpunkt der Dokumentation sind einmalig: Begonnen wurden die monatlichen Aufnahmen als die Probandin ein Jahr und drei Monate alt war. Die longitudinalen Daten sind im familiären Kontext aufgenommen und nur wenig strukturiert. Es existieren noch keine Analysen dazu.

MPI-Tools: Datenauswertungsprogramme

Im Folgenden sollen kurz die Möglichkeiten der Exploration des **MPI**-Korpus dargestellt werden.[25]

---

19 Das Akronym steht für Deutsch als Zweitsprache-Altersfaktor. Zu erreichen sind die Daten unter: http://corpus1.mpi.nl/ds/imdi_browser/?openpath=MPI529832%23.
20 http://corpus1.mpi.nl/ds/imdi_browser?openpath=MPI27087%23.
21 ebd.
22 http://corpus1.mpi.nl/ds/imdi_browser/?openpath=MPI516911%23.
23 Die L1 sind: Arabisch, Egyptisch, Basaa, Englisch, French, French, Ife (Ana), Französisch, Igbo, Kabardinisch, Kenyang, Krio, Liberianisches Pidgin, Pinyin, Portugisisch und Yoruba.
24 http://corpus1.mpi.nl/ds/imdi_browser/?openpath=MPI519685%23.
25 Vgl. auch Wittenburg et al. (2004) und (2005).

Die Metadaten dienen, wie schon oben erwähnt, dem Auffinden von Daten, die bestimmte Kriterien erfüllen. Die Suche kann viele Kriterien berücksichtigen, wie Alter, Geschlecht, Sprachen (L1/L2) etc. Das Programm zur Erstellung von Metadaten ist der **IMDI-Editor**[26]. Die Suchroutinen für Metadaten sind über einen Webbrowser in die Archivseiten integriert.

ELAN[27] ist ein Annotationswerkzeug zum Transkribieren und Annotieren von digitalisierten Daten (Audio und/oder Video). ELAN erlaubt es, Annotationszeilen (*tiers*) zu definieren: Die wichtigste davon ist die Sprachwiedergabezeile. Sie ist für die weitere Verarbeitung der Daten von großer Bedeutung (deshalb die verbreitete Bezeichnung - *main tier*). Diese Zeile setz sich aus *tokens* zusammen und ist direkt mit dem Datenstrom verbunden (*time linking*). Die Annotationskodes in ELAN sind frei wählbar (möglich sind alle UTF-kodierten Zeichen, auch IPA.). ELAN verfügt außerdem über mehrere Konverter: So können z.b. CHAT-Dateien in ELAN verarbeitet werden, ohne ihre ursprünglichen Formate zu verlieren. Zu weiteren Möglichkeiten von ELAN vgl. Skiba (2006) und das ELAN-Handbuch (ebenfalls online). Das Programm verfügt auch über Möglichkeiten des Auswertens von Annotationen. Diverse Suchroutinen sind integriert; eine Suche über mehrere Dateien ist allerdings nicht möglich.

Annex ist eine webbasierte Suchmaschine und ein Viewer für Annotationen verschiedener Formate (z.b. CHAT, EAF). Annex ist in den Archiv-Daten-Browser[28] integriert. Es verfügt über elaborierte Suchmöglichkeiten. Es ist möglich, die Metadatensuche mit einer Annotationssuche zu kombinieren. So kann man z.b. zuerst im Browser nach Merkmalen von Metadaten (wie Sprache, Alter, Diskurstyp etc.) suchen, um danach eine Suche in den Annotationen selbst zu starten.

Bei Annex gestaltet man die Suche so, dass man die Annotationswerte aus der Transkriptionszeile (*tokens*) mit anderen Annotationszeilen (*tiers* mit Sprachanalyse, z.B. Annotationswerte, wie Wortart, Kasus) miteinander kombinieren kann. Die Suchmaschine von Annex kann auch sogenannte *regular expressions* interpretieren und ausführen. Das macht das Programm zu einem leistungsfähigen Analysewerkzeug[29].

Lexus[30] ist ebenfalls webbasiert. Es ist ein administratives Programm zur Erstellung und Verwaltung von Lexika. Lexus verfügt über Importmöglichkeiten von bereits erstellten Lexika, z.B. im CHAT-[31] oder shoebox-Format [32]. Es ist auch möglich, Medien in das Lexikon zu integrieren.

---

26 http://www.lat-mpi.eu/tools/imdi/editor/; dort auch das Handbuch.
27 Frei zu erhalten unter: http://www.lat-mpi.eu/tools/elan; dort auch das Handbuch.
28 Für die L2-Acquisition: http://corpus1.mpi.nl/ds/imdi_browser?openpath=MPI14765%23.
29 Vgl. dazu http://www.lat-mpi.eu/tools/annex.
30 Vgl. dazu http://www.lat-mpi.eu/tools/lexus/.
31 Vgl. McWhinney (1991).
32 *shoebox* is ein Annotationsprogramm, das in der ethnolinguistischen Forschung verbreitet ist. Vgl dazu http://www.ethnologue.com/tools_docs/shoebox.asp.

Schluss

Im Vergleich zu traditionellen Herangehensweisen der empirischen Linguistik (selbst aufnehmen und selbst transkribieren/kodieren von Sprachdaten) sind die Vorteile der online Datenbanken deutlich: Man kann mehr Zeit für die Analysen der Daten aufbringen.

Diese Möglichkeiten des Zugriffs auf vorbereitete Daten stehen auch Wissenschaftlern offen, die selbst keine Daten aufnehmen (können) bzw. denjenigen, die nach Vergleichsdaten für ihre Studien suchen.

Um Datenaustausch zwischen Zweitspracherwerbsforschern zu ermöglichen, ist diese Konzentration von Daten von Vorteil. Die Zukunft sieht vielleicht noch rosiger aus. Wittenburg et al. (2006: 1) führen aus: „A number of serious reasons will convince an increasing amount of researchers to store their relevant material in centers which we will call 'language resource archives'. They combine the duty of taking care of long-term preservation as well as the task to give access to their material to different user groups. Access here is meant in the sense that an active interaction with the data will be made possible to support the integration of new data, new versions or commentaries of all sorts."

In den letzten Jahren kommen auch Lernerkorpora aus dem Bereich des gesteuerten Zweitspracherwerbs hinzu. Sie dienen der angewandten Unterrichtsforschung, können aber auch zur Hypothesenüberprüfung der Zweitspracherwerbsforschung dienlich sein. Eine gute Übersicht dazu bieten z.B. Myles (2005) und Sinclair (2004).

Literatur

Ahrenholz, Bernt (1998): Modalität und Diskurs: Instruktionen auf deutsch und italienisch. Eine Untersuchung zum Zweitspracherwerb und zur Textlinguistik. Tübingen: Stauffenburg Verlag.
Bast, Conny (2003): Der Altersfaktor im Zweitspracherwerb. Die Entwicklung der grammatischen Kategorien Numerus, Genus und Kasus in der Nominalphrase im ungesteuerten Zweitspracherwerb des Deutschen bei russischen Lernerinnen. [http://kups.ub.uni-köln.de], Universität Köln.
Benazzo, Sandra/Dimroth, Christine/Perdue, Clive/Watorek, Marzena (2004): Le rôle des particules additives dans la construction de la cohésion discursive en langue maternelle et en langue étrangère. In: Langages, 155, 76-105.
Berck, Peter/Russel, Albert/Kemps-Snijders, Marc/Wittenburg, Peter (2005): Advanced Webbased Language Archive Exploitation and Enrichment [http://www.lat-mpi.eu/papers/papers-2005/ltc_070_BERCK_2.pdf].
Birkner, Karin/Dimroth, Christine/Dittmar, Norbert (1995): Der adversative Konnektor *aber* in den Lernervarietäten einer italienischen und zweier polnischer Lerner des Deutschen. In: Handwerker, B. (ed.) Fremde Sprache Deutsch: Grammatische Beschreibung – Erwerbsverläufe - Lehrmethodik, Tübingen: Narr, 65-118.
Broeder, Daan/Offenga, Freddy./Willems Don./Wittenburg, Peter (2001): The IMDI Metadata set, its Tools and accessible Linguistic Databases. In: Proceedings of the IRCS Workshop on Linguistic Databases, Philadelphia, 48-55 [http://www.ldc.upenn.edu/annotation/database/papers/Broeder_etal/32.3.broeder.pdf].

Broeder, Daan/Claus, Andreas/Offenga, Freddy/Skiba, Romuald/Trilsbeek, Paul/Wittenburg, Peter (2006): LAMUS: the Language Archive Management and Upload System. Proceedings of the 5th International Conference on Language Resources and Evaluation (LREC 2006) (pp. 2291-2294) [CD-ROM].

Dimroth, Christine (2002): Topics, assertions and additive words: how L2 learners get from information structure to target language syntax. In: Linguistics 40, 891-923.

Dimroth, Christine/Dittmar, Norbert (1998): Auf der Suche nach Steuerungsfaktoren für den Erwerb von Fokuspartikeln: Längsschnittbeobachtungen am Beispiel polnischer und italienischer Lerner des Deutschen. In: Wegener, H. (ed.): Eine zweite Sprache lernen. Empirische Untersuchungen zum Zweitspracherwerb. Tübingen: Narr, 217-241.

Dimroth, Christine (2007): Zweitspracherwerb bei Kindern und Jugendlichen. Gemeinsamkeiten und Unterschiede. In: Anstatt, T. (ed.): Mehrsprachigkeit bei Kindern und Erwachsenen. Tübingen: Narr-Francke.

Dittmar, Norbert/Reich, Astrid (eds.) (1993): Modality in Language Acquisition. Berlin: de Gruyter.

Dittmar, Norbert/Reich, Astrid/Schumacher, Magdalene/Skiba, Romuald/Terborg, Heiner (1990): Die Erlernung modaler Konzepte des Deutschen durch erwachsene polnische Migranten. Eine empirische Längsschnittstudie. In: Info DaF 17 (2) , 125-172.

Dittmar, Norbert/Terborg, Heiner (1991): Modality and second language learning: a challenge for linguistic theory. In: Hübner, T./Ferguson, C.A. (eds.): Crosscurrents in Second Language Acquisition and Linguistic Theories. Amsterdam: Benjamins, 347-384.

Klein, Wolfgang/Dittmar, Norbert (1979). Developing grammar: The acquisition of German syntax by foreign workers. Berlin: Springer.

Klein, Wolfgang/Perdue, Clive (1992): Utterance Structure. Developing grammars again. Amsterdam: Benjamins.

Klein, Wolfgang/Perdue, Clive (1997): The basic variety (or: couldn't natural languages be much simpler?). In: Second Language Research 13, 4, 301-347.

MacWhinney, Brian (1991): The CHILDES Project: tools for analyzing talk. Hillsdale, NJ [etc.]: Erlbaum.

Mika, Egmont (2005): Formeln und Routinen: Zum Genuserwerb italienischer, portugiesischer und spanischer Gastarbeiter mit Deutsch als Zweitsprache. In: Studia Germanistica Upsaliensia, 48. [http://www.diva-portal.org/diva/getDocument?urn_nbn_se_uu_diva-5801-2__fulltext.pdf].

Myles, Florence (2005): Interlanguage corpora and second language acquisition research. In: Second Language Research; 21; 373-391.

Pagonis, Giulio (2007): Der Einfluss des Alters auf den Spracherwerb. Eine empirische Fallstudie zum ungesteuerten Zweitspracherwerb des Deutschen durch russische Lerner unterschiedlichen Alters. Dissertation, Universität Heidelberg.

Perdue, Clive (1993): Adult Language Acquisition. Vol 1: Field Methods. Cambridge: University Press.

Rost-Roth, Martina (2003): Fragen - Nachfragen - Echofragen. Formen und Funktionen von Interrogationen im gesprochenen Deutsch. In: Linguistik online 13, 1/03 [http://www.linguistik-online.de/13_01/rostRoth.html].

Rutherford, William/Thomas, Margaret (2001): The child language data exchange system in research on second language acquisition. In: Second Language Research 17, 195–212.

Schmiedtová, Barbara (2004): At the same time: The expression of simultaneity in learner varieties. Berlin: Mouton de Gruyter.

Schumacher, Magdalene/Skiba, Romuald (1992): Prädikative und modale Ausdrucksmittel in den Lernervarietäten einer polnischen Migrantin. Eine Longitudinalstudie. Teil II. In: Linguistische Berichte. 142, 451-475.

Schüller, Dieter (2004): Safeguarding the Documentary Heritage of Cultural and Linguistic Diversity. In: Language Archives Newsletter, 5. 9-10. [http://www.mpi.nl/LAN/issues/lan_03.pdf].

Sinclair, John (2004): How to use corpora in language teaching. Amsterdam, Philadelphia: Benjamins.

Skiba, Romuald/Dittmar, Norbert (1992): Pragmatic, Semantic and Syntactic Constraints and Grammaticalisation: A Longitudinal Perspective. In: Studies in Second Language Acquisition, 14, 323-349.

Skiba, Romuald (2006): Computer Analysis. Corpus based language research. In: Amon, U./Dittmar, N./Mattheier, K./Trudgil, P. (eds.): Handbook "Sociolinguistics" (2nd edition). Berlin, New York: de Gruyter.

Skiba, Romuald/Dittmar, Norbert/Bressem, Jana (im Druck): Planning, collecting, exploring and archiving longitudinal data of naturalistic L2 acquisition: Experiences from the Berlin Project on Modality (P-MoLL). In: Ortega, L./Byrnes, H. (eds.): The Longitudinal Study of Advanced L2 Learning. Mahwah, NJ: Lawrence Erlbaum.

Wittenburg, Peter/Broeder, Daan (2002): Management of language resources with metadata. In: L. Romary, C. Galinski. N. Ide, & K.-S. Choi (eds.), Proceedings of the 3rd International Conference on Language Resources and Evaluation (LREC 2002). Workshop on International Standards of Terminology and Language Resources Management. (pp. 49-53). Paris: European Language Resources Association [http://www.mpi.nl/IMDI/documents/2002%20LREC/Management%20of%20Language%20Resources%20using%20Metadata.pdf].

Wittenburg, Peter/Broeder, Daan/Klein, Wolfgang/Levinson, Steven/Romary, Laurent (2006): Foundations of Modern Language Resource Archives. [http://www.lat-mpi.eu/papers/papers-2006/general-archive-paper-v4.pdf].

Wittenburg, Peter/Skiba, Romuald/Trilsbeek, Paul (2004): Technology and Tools for Language Documentation. In: Language Archives Newsletter, 5. 3-4 [http://www.mpi.nl/LAN/issues/lan_04.pdf].

Wittenburg, Peter/Skiba, Romuald/Trilsbeek, Paul (2005): The Language Archive at the MPI: Contents, Tools, and Technologies. In: Language Archives Newsletter, 5, 7-9 [http://www.mpi.nl/LAN/issues/lan_05.pdf].

Marita Roth
Freie Universität Berlin

Das narrative Interview als empirische Basis qualitativer Forschung

Der vorliegende Beitrag geht der Frage nach, welches Potenzial das narrative Interview als Instrument der Gesprochene-Sprache-Forschung hat. Wegen der herausragenden Rolle des Interviewers im narrativen Interview könnte man kritisch eine die Rede verfälschende Tendenz dieser Methode anführen. Anhand empirischer Beispiele wird jedoch deutlich, dass sprachliche Strategien des Interviewten, wie Einbeziehungs- und Abschwächungsstrategien, mit denen dieser seine Rede an den Interviewer flexibel anpasst, gerade die für die gesprochene Sprache kennzeichnende Dynamik sehr gut analysierbar macht.

1 Das narrative Interview

Das narrative Interview ist eine grundlegende Methode qualitativer Forschung. Im Unterschied zum Leitfadeninterview, dem offen formulierte Fragen zugrunde liegen, bleibt im narrativen Interview dem Sprecher die Strukturierung und Steuerung des Gesprächs selbst überlassen (Meyer 2002). Da hierdurch eine gewisse Natürlichkeit erreicht wird, zählt Schütte (2001) das narrative Interview sogar zu den Alltagsgesprächen. Wichtig ist das freie, spontane Formulieren. Nach einer erzählgenerierenden Eröffnungsfrage wirkt der Interviewer nur mit kurzen Kommunikationsbeiträgen gesprächsfördernd. Ziel ist die Rekapitulation eigener Erfahrungen durch die Befragten in der alltagsweltlichen face-to-face-Kommunikation (Lueger/Schmitz 1984).

Im deutschen Sprachraum wurde diese qualitative Methode vor allem durch Fritz Schütze vorangebracht. Er suchte den Zugang zu den für den Alltag konstitutiven Erfahrungen auf dem Weg der „Erzählung" als

> „ein soziales Erhebungsverfahren, welches den Informanten zu einer umfassenden und detaillierten Stegreiferzählung persönlicher Ereignisentwicklungen und entsprechender Erlebnisse im Themenbereich veranlasst". (Schütze 1987: 49)

Das Erzählen selbst erlebter Erfahrungen bedeutet die Rekonstruktion von eigenem Handeln und Erleben, da unzählige Einzelerlebnisse zu prozessualen Zusammenhängen zusammengefasst werden. Das Erzählen ist jedoch keine mimetische Abbildung der Welt sondern eine konstruktive Leistung des Erzählers. Durch eine „doppelte Zeitperspektive" (Lucius-Hoene/Deppermann 2002) – die Zeit der Erzählsituation und die der erzählten Situation – wird eine vergangene Erfahrung vergegenwärtigt und in die Jetzt-Zeit geholt. Jedoch verfügt der Erzähler beim Erzählen über eine grundlegend andere Erkenntnisperspektive als während des Erlebten, da er weiß, wie die Geschichte ausging. Bereits das Erinnern selbst stellt einen konstruktiven Prozess dar, da Vergangenes im Gedächtnis nie so abgespeichert wird, wie es ursprünglich erlebt wurde (geschweige denn geschehen ist). Stattdessen vollzieht sich Erinnerung als ein selektiver und gestaltender Prozess des Zugriffs auf Informationen, die bereits selektiv kodiert, partiell vergessen und vielfältig transformiert wurden. Die erzählte Geschichte ist wiederum nicht mit dem Erinnerten gleichzusetzen, da die Erinnerungen gemäß den Strukturierungsleistungen der Sprache, kommunikativen Regeln und vor allem den Anforderungen der Erzählsituationen entsprechend bearbeitet werden (Lucius-Hoene/Deppermann 2002: 29ff.)

Für die Übertragung von Geschehenem in Erzähltes ergibt sich also folgender Transformationsprozess, der auf jeder Stufe durch einen starken Umgestaltungsprozess geprägt ist:

> Geschehenes → Erlebtes → Erinnertes → Erzähltes

Eines der wichtigsten Untersuchungsobjekte des narrativen Interviews ist die Identität. Erzählen wird als Mittel der Herstellung und Darstellung einer bestimmten Identität betrachtet. Als eine Form der Selbstvergewisserung begründet es sich auf die reflexive Zuwendung zur eigenen Person, der narrativen Auffordnung der eigenen Erfahrungen und der Ausrichtung auf einen Hörer als soziale Ratifizierungsinstanz. Bei der Untersuchung des Erzählens gewinnt die Funktion der aktuellen Identitätsherstellung gegenüber dem Wirklichkeitsgehalt der Erlebnisse an Bedeutung: Es ist nicht wichtig, ob die vom Interviewten als Erzählendem angeführten Erlebnisse tatsächlich „objektiv"[1] dargestellt sind, sondern welche Erfahrungen er selbst als gültig veranschlagt.

2 Die narrativen Interviews des Berlin-Korpus'

Das Berlin Korpus, bestehend aus 31 narrativen Interviews mit Ostberliner und 25 mit Westberliner Sprechern, wurde in der Zeit vom Herbst 1993 bis Frühjahr 1996 an der Freien Universität Berlin erstellt. Diese Periode war besonders durch Konflikte zwischen Ost- und Westdeutschen geprägt. In einem Fortbildungsseminar für ostdeutsche Grundschullehrer und -lehrerinnen im Studienjahr 1993/1994 entstand die Idee, den sozialen Umbruch von 1989 und seine Folgen in Form von Erzählungen individueller Erfahrungen zu dokumentieren. Die Seminarteilnehmer und -teilnehmerinnen interviewten Bekannte als „Zeitzeugen" zu ihren Erlebnissen und Erfahrungen hinsichtlich der Entwicklungen seit dem 9. November 1989. Nach der Durchführung der Interviews mit Ostberliner Sprechern durch fast ausnahmslos Ostberliner Interviewer wurden von Linguistik-Studierenden der Freien Universität Berlin (West) nach den Kriterien Alter, Geschlecht und soziale Schicht korrespondierende Interviews mit Westberliner Sprechern durchgeführt. Die Interviewten wurden hier wie bei den Interviews mit den Ostberliner Sprechern auf dem Weg der privaten Netzwerke ausgewählt.

---

1 Dies ist aus oben genannten Gründen auch gar nicht möglich.

Um möglichst natürliche Gespräche zu erhalten, kannten sich Interviewer und Interviewte oft sehr gut. Die Interviewsituation wurde so informell wie möglich bei den Interviewten zu Hause oder an deren Arbeitsplatz durchgeführt. Den Interviewten wurden in Bezug auf die inhaltliche Steuerung des Gesprächs nur allgemeine Leitlinien zur Motivierung der Interviewten für das Gespräch gegeben. Als Einstig diente dabei stets die Frage nach einer Rekapitulierung der persönlichen Erfahrungen am 9. November 1989 und dessen Folgen bis in die heutige Zeit. Bei den Erhebungen wurde auf die gemeinsame Ost- bzw. Westzugehörigkeit der Interviewer und Befragten Wert gelegt. Gesprächsteilnehmer mit gemeinsamer Gruppenzugehörigkeit sind mit einem spezifischen, durch ihre jeweils gemeinsame Kommunikationsgeschichte habitualisierten sprachlichen Wissen darüber ausgestattet, welche Ausdrücke welche Präferenzen für die Interpretation eröffnen. Der Rückgriff auf gemeinsames Hintergrundwissen gibt den Sprechern eine gewisse Sicherheit. Laut Goffman (1986) unterscheiden sich Diskussionen in Ingroup-Situationen von denen in gemischten Gruppen durch eine entspanntere und unbefangenere Rede über eine andere Ethnie. Es finden sich verstärkt explizite Kategorisierungen und Zuschreibungen, da das Face-work weniger beachtet werden muss.

Durch die Auswahl der Interviewten auf dem Wege der privaten sozialen Netzwerke wurde eine überdurchschnittliche Anzahl von Sprechern mit einem Hochschulabschluss interviewt. Angehörige gebildeter Schichten drücken sich oft indirekter und subtiler aus, wenn sie beispielsweise nach negativen Eigenschaften und Verhaltensweisen von Outgroup-Mitgliedern gefragt werden. Sie verfolgen stärker Strategien einer positiven Selbstpräsentation. (van Dijk 1984: 1988). Dies erscheint umso wichtiger, als die Interviewten durch die Wahl der Methode des narrativen Interviews in dem, was sie versprachlichen und wie sie das tun, sehr frei sind.

3 Die Hörerorientierung beim narrativen Interview

Die Gesprächssituation und insbesondere der Interviewer als Gesprächspartner haben besonders beim narrativen Interview eine große Bedeutung, da die Gestaltung der Rede des Interviewten wie beim Alltagsgespräch sehr offen ist.

3.1 Abschwächungsstrategien im Sinne des Face work

Im Berlin-Korpus war die vergleichende Beschreibung von Ost- und Westdeutschen in ihren Charaktereigenschaften und Verhaltenweisen ein auffälliges Thema. Von Bedeutung ist, dass beim Gespräch über die andere soziale Gruppe der Sprecher als tolerant und offen erscheinen möchte. Negative Bewertungen von der Outgroup zugeschriebenen Verhaltensweisen (Stereotype) werden deshalb zwar verbalisiert, aber kommunikativ abgeschwächt (Roth 2005). Nach van Dijk (1984, 1988) ist die appellative Rhetorik im Gespräch über eine Outgroup wichtig. Dabei muss der Sprecher jedoch flexibel auf den Gesprächspartner, in diesem Fall den Interviewer, reagieren. So äußern sich Sprecher anfangs sehr vorsichtig, um sich zunächst ganz allgemein das Verständnis des Gesprächspartners zu sichern. Im Falle einer Zustimmung durch den Hörer kann der Sprecher dann seine Stereotype im Laufe des Gesprächs explizit ausbauen und die Ereignisse aus einer gruppenspezifischen Sichtweise rekonstruieren: „They (die Geschichten d.A.) are not I-stories but we-stories" (van Dijk 1984, 1988).

Wegen eines im gegebenen Rahmen anzunehmenden Toleranzgebotes ergeben sich Abschwächungsstrategien, mit denen der Sprecher sich als jemand darstellt, der keine Vorurteile hat. Im narrativen Interview sind vor allem die konversationellen Mittel und Verfahren, die der Sprecher im Gespräch mit dem Interviewer nutzt, interessant[2] (vgl. Roth 2005).

3.1.1 Das Einfordern von Hörerbestätigungen

Der Interviewte kann im Sinne einer Abschwächung vom Interviewer Hörerbestätigungen einfordern. Der Sprecher will, dass der Interviewer seine Auffassung versteht oder ihn möglicherweise sogar von seiner Auffassung überzeugen. Die Hörersignale des Interviewers auf der anderen Seite dienen vor allem der Kommentierung des Gesagten. Sie signalisieren die Aufmerksamkeit des Interviewers und fungieren als Antworten auf Rückversicherungssignale. Sie ändern zwar nichts an der Gesprächsrollenverteilung, haben jedoch eine starke projektiv themensteuernde Kraft. So kann das kleine Hörersignal *hm* in unterschiedlicher Intonation gänzlich verschiedene Aussagen haben. Nach Ehlich (1986: 54) werden vier Typen unterschieden, die sich prosodisch weiter ausdifferenzieren:

	Einfache Form	**Kurzform**	**Reduplizierte Form**
Typ I: fallend-steigend	*hm*↓↑ ‚einverstanden' Konvergenz		*hm*↓ *hm*↑ Konvergenz
Typ II: steigend	*hm*↑ ‚wieso das denn?' Divergenz	*hm*↑ ‚was sagst du da?' erhöhte Divergenz	
Typ III: gleichbleibend	*hm* ‚vielleicht aber' Prä-Divergenz		
Typ IV: fallend	*hm*↓ ‚das ist ja merkwürdig' Erstaunen	*hm*↓ ‚da haben wird den Salat' Ratlosigkeit	*hmhm*↓ Divergenz Überlegung

Auf diese Weise hat der Interviewer, auch wenn er sich nach den Regeln des narrativen Interviews kommunikativ beschränkt, unweigerlich einen starken Einfluss auf die Rede des Sprechers. Durch zahlreiche Rückversicherungssignale vergewissert

---

2 Es gibt außerdem diskursive, syntaktische und (wort-)semantische Mittel und Verfahren (vgl. Roth 2005: 256).

sich der Sprecher der Zustimmung des Hörers, wirbt um sie und steuert dessen Aufmerksamkeit. Dies ist vor allem bei beziehungssensitiven sprachlichen Ausdrucksformen wie Bewertungen (Holly 2001: 1389) der Fall. Der Hörer reagiert auf solche Bewertungen mit Zustimmung oder Divergenz, wobei Divergenz dispräferiert ist. Der gehäufte Gebrauch von Rückversicherungspartikel durch den Sprecher kann zeigen, dass er sich der Akzeptabilität seiner Darstellung unsicher ist und deshalb großen Wert auf Zustimmung legt. Deshalb findet man die Rückversicherungspartikel vor allem bei heiklen Themen (Lucius-Hoene/Deppermann 2002: 260 ff.). Ansteigende Tonhöhen und Pausen während des Sprechens können als implizite Aufforderungen an den Interviewer/Hörer dienen, seine Zustimmung zu geben.

In einem Beispiel des Berlin-Korpus' nimmt der westdeutsche Sprecher Aldi (B60w, 650ff.) die zurückhaltenden Hörersignale des Interviewers interpretierend auf und gestaltet seine folgende Rede entsprechend.

Aldi B60w, Z. 366ff.
01 A: und eh (.) dann hat man also gemerkt dass die (-) der
02   beLAStung nicht jewAchsen warn (.)
03   und natÜrlich nich dem DRUCK und dem TEMpo.
04 I: hm.
05 A: überHAUPT nich.
06 I: hm.
07 A: <<p> und fAchlich gesEhen warn die also (.) SCHLECHT.>
08 I: hm.
09 A: <<p> SEHR schlEcht muss ick sagn.>

Auf die Skepsis anzeigenden kurz und tief gesprochenen Hörersignale *hm.* (Z.04, 06, 08) hin, sieht der Sprecher sich jeweils dazu veranlasst, seine Aussage noch einmal zu verstärken (*überHAUPT nich.* Z.05; *SEHR schlecht* Z.09) und zu spezifizieren (*und fAchlich gesEhen warn die also (.) SCHLECHT.* Z.07).

3.1.2 Vermeidung

Sprecher tendieren dazu, sozial erwünschte Antworten zu geben. Aus Informationsmangel, Nichtformulierbarkeit einer Aussage oder wegen eines allgemeinen Konsenses, der gegen das Äußern einer bestimmten Meinung spricht, können Sprecher auch versuchen, bestimmte Themen ganz zu vermeiden. Das Schweigen stellt einen Sonderfall der Vermeidung dar. Erst durch das Wechselspiel von Sprechen und Schweigen ist Kommunikation im eigentlichen Sinne möglich. Auch Schweigen ist als ein (sprachliches) Zeichen zu betrachten.[3] Es gehört zu den interkulturell und intersubjektiv sehr unterschiedlichen Konversationsstilen. Seine Hauptfunktion im Bereich der Pragmatik liegt in der Organisation der sozialen Beziehung zwischen den Gesprächsteilnehmern. So kann Schweigen, beispielsweise nach Witzen oder einer Frage, Zeichen für eine missglückte Kommunikation sein.

---

3 So kann es unterschiedliche Emotionen, wie intime Zuneigung, emotionale Abwehr, Verlegenheit, Trauer, Entsetzen etc. wie ein sprachliches Zeichen ausdrücken (Schmitz 1990: 14).

Im folgenden Gesprächsausschnitt versucht die Westberliner Sprecherin, das Thema Ost-West durch ihr Schweigen – sie produziert nur noch zögerlich Hörersignale - abzuwehren. Trotz des starken Bemühens der Interviewerin durch Nachfragen über mögliche Erfahrungen seit der Vereinigung übernimmt sie nicht das ihr als Interviewter zukommende Rederecht. Im weiteren Verlauf des Interviews wird jedoch deutlich, dass sie keineswegs „keine Meinung" zu den ‚Ostdeutschen' hatte sondern negativ eingestellt war. Im späteren Verlauf des Gesprächs drückt sie sehr wohl Unmut über die Ostdeutschen aus, den sie mit der Verlagerung der kulturellen Ereignisse in den Ostteil der Stadt Berlin und dem Unbehagen beim Besuch Ostdeutschlands mit ihrem farbigen Mann begründet. Um das eigene Face im Sinne einer Selbstdarstellung als tolerant jedoch nicht zu beschädigen, greift sie im Gespräch auf die Strategie der Vermeidung zurück.

Sara B113w. Z. 144ff.
01 I: sie fanden die ruhe bEsser.
02 S: ↓JA. ja=ja=ja. (---)
03 I: und sOnst eh frEIzeitmäßig sind sie so nach wie vor bei sich
04   (.) in WESTdeutschland oder.
05 S: hm=hm- (-)
06 I: oder ins AUSland orientiert.
07 S: hm=hm– (-)
08 I: die ddr bleibt tranSITstrecke. (-)
09 S: ja.

Auf die explizite Nachfrage der Interviewerin, ob sie die Zeit der Insellage Westberlins wegen der Ruhe besser fand, antwortet sie nur mit der Antwortpartikel ↓JA. *ja=ja=ja.* (Z.02). Auf weitere gesprächsfördernde Versuche der Interviewerin, die sie zu einem selbstständigen Erzählen bewegen sollen, geht sie nicht ein und reagiert nur mit dem Hörersignal *hm=hm-* (Z.05, 07). Dieses Hörersignal zeigt an, dass die interviewte Person kein Rederecht beansprucht und weiter die Position des Hörers beibehalten will. Die Sprecherin Sara spricht das Hörersignal mit gleichbleibendem Tonhöhenverlauf, was teilweise Zustimmung ausdrückt. Selbst auf die provozierende Frage der Interviewerin, ob die *ddr* wie zur Zeit der Mauer nur als *tranSITstrecke* (Z.08) zwischen Westdeutschland und Berlin angesehen würde, antwortet sie zurückhaltend nur mit *ja*.[4] Der Grad der Beteiligungsintensität variiert stets zwischen Zurückhaltung und starker Emotionalität; non-responsives Verhalten wie hier kann jedoch sogar zu einer Interaktionsblockade führen (Schwitalla 2001: 1358). Durch die Vermeidung versucht die Sprecherin, die Verbalisierung einer vom Gesprächspartner möglicherweise negativ bewerteten Auffassung völlig zu umgehen.

---

4 In den Bemerkungen zur Interviewsituation hält die Interviewerin fest, dass sie sich während des gesamten Gespräches die Frage stellte, weshalb sich diese Sprecherin zum Interview zur Verfügung gestellt hatte.

3.1.3 Zögerndes Sprechen

Das Bewusstsein, dass Vorurteile gesellschaftlich verpönt sind, bewirkt teilweise eine sehr vorsichtige Sprechweise, in der Sprecher sich Wort für Wort mit stillen und gefüllten Pausen, Dehnungen und Abbrüchen vorantasten, um die Passfähigkeit der Rede gegenüber dem Interviewer zu prüfen. Mit seinem Zögern kann der Sprecher zeigen, dass er das Einverständnis des Interviewers zu dem Gesagten erlangen möchte. Zögern, wie es häufig in Bewertungssequenzen erfolgt, weist auf eine dispräferierte Aktivität hin. Der Interviewer als Hörer muss dann anzeigen, dass er den Sprecher verstanden hat und ob er mit ihm einverstanden ist.

Markus B59w, Z. 186ff.
01 M: hm (--) also ich glaube (3.0) dass äh (-) ich glaube dass es
02   da ne menge VORurteile gibt in bezug auf wessis und ossis,
03   (--)
04   ähm (--) es wurd ja immer gesagt dass die Ossis nich wissen
05   äh (--) was ARbeiten heißt,
06   und dass sie nich arbeiten kÖnn,
07 I: hm-
08 M: äh: (-) ich glaub aber schon dass se (.) genauso gut
09   arbeiten kÖnn und genauso schnell wie=n WESTdeutscher, (--)
10   ähm (--)
11   nu:r zum teil ham se=s halt nich gebrAUcht oder KONNten=s
12   gar nich
13 I: hm-

Die häufigen und innerhalb einer Äußerungseinheit auffallend langen leeren (Z.01,05,10) und gefüllten Pausen (*äh* Z.01, 05, 08; *ähm* Z.04, 10) weisen auf die Vorsicht des Sprechers hin. Durch die Pausen erhält er Zeit, seine Meinung möglichst passfähig zu kommunizieren und auf die (auch mimische) Reaktion des Hörers zu reagieren.

3.1.4 Lachen und lächelndes Sprechen

Lachen zeigt sehr stark die interaktive Orientierung im Gespräch. Gemeinsames Lachen zeugt von tiefgehendem Einverständnis zwischen den Gesprächspartnern. Es sind verschiedene Arten des Lachens zu unterscheiden, wie das fröhliche, das spöttische oder das ängstliche Lachen. Auch das Sprechen mit lächelnder Mundstellung ist zum Teil nicht nur als Mimik sichtbar, sondern auch hörbar (vgl. Schwitalla 2001: 325 f.). Lachen hat eine wichtige interpretierende Kraft für das Sprechen, auch wenn es nicht zum Sprachsystem gehört, und ist ein wichtiger Kontextualisierungshinweis für den Hörer. Mit dem Lachen als symbolischer Interaktivität zeigt man kontextualisierend seine Interpretation des Gesagten (Kotthoff 1998: 173).

Außer zur Symbolisierung von Gemeinsamkeit zwischen den Gesprächspartnern können Lachen und lächelndes Sprechen noch eine weitere wichtige Funktion haben: Auf diese Weise hält der Sprecher, wie auch durch Unsicherheitsindikatoren, eine gewisse schützende Distanz zum Gesagten aufrecht. So findet in Gesprächen oft ein Wechsel in die scherzhafte Modalität statt, wenn etwas für den Sprecher oder Zuhörer Peinliches angesprochen wird (Schwitalla 2001: 340). Aus konversationsanalytischer Perspektive wurde eine interaktive Ablaufstruktur des Lachens herausgearbeitet (Jefferson 1979). Durch ein Lachsignal oder durch eine Pause nach der Quelle des Lachens kann der Sprecher den Hörer/Interviewer zum Lachen auffordern. Das daraufhin erfolgende gemeinsame Lachen stellt eine gemeinsame Bewertung her. Mit Lachen kann auch eine die Gemeinsamkeit bedrohende Divergenz in Konvergenz überführt werden (Bredel 1999: 93 ff.): Das gemeinsame Lachen zeigt die Gemeinsamkeit der Interpretation und hat sozialsymbolische Funktion. Auf der einen Seite können unterhaltsame und humoristische Gespräche die Gesprächsteilnehmer verbinden, auf der anderen Seite schaffen sie Distanz zum Objekt des Gelächters (Kotthoff 1998: 65). So zeigt das Lachen sowohl interaktive als auch kontextualisierende Funktionen.[5] Besonders der Schutz des fremden und des eigenen Face (Goffman 1986) ist von Bedeutung: Lachendes Sprechen mildert die Gefährdung des Face bei problematischen Themen und bei kritischen Äußerungen (vgl. Schwitalla 2001c: 333).

In der Alltagskommunikation haben narrative Gesprächspassagen über Mitglieder sozialer Gruppen oft auch eine ästhetische bzw. hedonistische soziale Funktion. So werden wir im Laufe unserer Sozialisation mit einer Nationaltypologie ausgestattet, auf deren Wissen beispielsweise viele Witze zurückgreifen (vgl. Hofstätter 1960). Häufig wird dabei das „witzige" oder „unwissende" Verhalten der Mitglieder anderer Ethnien Thema (van Dijk 1984: 64). Beim Erzählen solcher Witze ist sich der Sprecher normalerweise sicher, dass der Zuhörer nicht nur die Präsuppositionen des Witzes kennt, sondern dass er auch teilweise mit-kommunizierte Werturteile mit dem Sprecher teilt. Nach Sacks haben Witze oft eine Test-Funktion: Der Sprecher zeigt Wissen und fordert den Hörer auf, sein Verständnis zu beweisen, indem er an den richtigen Stellen lacht. Durch Witze wird das miteinander geteilte Hintergrundwissen und die Gruppenzugehörigkeit demonstriert (vgl. Norrick 2001: 1438ff.). Das Lachen als zweiter Teil eines Adjacency Pairs zeigt Verständnis und ratifiziert bzw. bewertet die Performanz des Erzählers. Insgesamt dienen witzig-unterhaltende Erzählpassagen nicht nur der Selbstdarstellung des Sprechers, sondern Sprecher und Hörer lernen etwas übereinander und bauen eine gemeinsame Grundlage auf.

Im Korpus ist diese hedonistische Funktion ausschließlich beim belustigten Sprechen über ‚Ostdeutsche' zu finden. Scherzhafte Kommunikation zeigt sich sowohl bei ost- als auch bei westdeutschen Sprechern vor allem in Bezug auf das Stereotyp der ‚Unwissenheit der Ostdeutschen'.

---

5 Schwitalla (2001: 328 ff.) nennt als Funktionen des Lachens: Ausdruck von freundlicher Einstellung, Kontextualisierung von Scherz und Komik, Schutz des fremden und des eigenen Face, Bedrohung des fremden Face, Bekenntnis zur Normdurchbrechung, Ankündigung eines peinlichen Themas, Demonstration von emotionaler Selbstdistanz, Hedges, Ausdruck von Überraschung und Ankündigung von etwas Paradoxem.

Die beiden Westberliner Brüder Alex und Norman (B51w) berichten von der Unwissenheit und Uneinsichtigkeit ihres ostdeutschen Onkels, über die sie gemeinsam mit der westdeutschen Interviewerin lachen.

Alex + Normen B51w, Z. 436ff.:
```
01  A:  also äh der EIne zum beispiel war immer noch felsenfest
02      von seiner (-) GROßindustrie äh überzEUgt,
03      von bItterfeld und lEUna bUna ne, (--)
04      und (.) also da sind schon (-) STREITjespräche auch
05      aufjekommen ja,
06      <<p> aber mittlerwEIle wie jesagt >
07  N:  da GIBT=S ja auch keen lEUna und keen bUna mehr>
08      <<lachend>da drÜben>
09      ((Alex, Norman und Interviewerin lachen gemeinsam))
```

Der ostdeutsche Onkel (*der EIne* Z.01) hatte noch lange (*immer noch* Z.01) an die wirtschaftliche Kraft der DDR-Betriebe geglaubt (*felsenfest von seiner (-) GROßindustrie äh überzEUgt* Z.01, 02), wobei *felsenfest* als Übertreibung bereits spöttische Ironie zeigt. *Felsenfest* glaubt jemand an etwas, wenn er trotz widersprechender Tatsachen weiter an seiner Überzeugung festhält. Damit erhält der Onkel etwas von einem starrsinnigen Alten, dessen einmal festgelegtes Weltbild durch nichts erschüttert werden kann. Die dadurch entstandenen *STREITjespräche* (Z.04) wären inzwischen durch die Realität, die dem Sprecher Alex recht gaben, entschieden (*aber mittlerwEIle wie jesagt* Z.06). Alex' Bruder Norman übernimmt an dieser Stelle das Rederecht und stellt die Situation, wie sie *mittlerwEIle* ist, als Beweis für die Position seines Bruders dar mit *da GIBT=S ja auch keen lEUna und keen bUna mehr* <<*lachend*> *da drÜben* > (Z.07,08). Der Grund für das belustigte Sprechen ist der offensichtliche Widerspruch zwischen dem festen Glauben des Onkels an die leistungsstarke ostdeutsche Wirtschaft und der Realiät. Durch die scherzhafte Modalität greift der Sprecher auf mit den Interaktionspartnern geteiltes Weltwissen zurück. Er übernimmt einen Teil der Äußerung von Alex und vollendet den Satz unter Lachen. Die Modalpartikel *ja* bestärkt die Offensichtlichkeit dieser Tatsache. Durch die distanzierende Rechtsherausstellung *da drüben* betont er die gemeinsame Perspektive der Gesprächsteilnehmer auf das isolierte Gesprächsobjekt. Das gemeinsame Gelächter der beiden westdeutschen Interviewten und der westdeutschen Interviewerin wäre bei dieser Thematik unter ostdeutschen Gesprächsteilnehmern unvorstellbar und wohl selbst bei der Anwesenheit nur eines Ostdeutschen wegen der Face-Verletzung eher unwahrscheinlich. So erkennt man an diesem Ausschnitt deutlich, wie Scherzepisoden in narrativen Interviews auf dem gemeinsamen Wissen von Verhaltens-, Denk- und Empfindungsweisen von Interviewer und Interviewten beruhen (vgl. Kotthoff 1998: 95).

3.2 Einbeziehungsstrategien: Schaffung einer gemeinsamen Identität

Eine gemeinsame Identität, Ost und West einbeziehend, ist in den vereinzelten Interviews auffällig, in denen die Interviewer und Interviewten nicht aus der gleichen sozialen Gruppe, Ost oder West, stammten. Ethnische Kategorien sind im

Gespräch Aushandlungssache (Streeck 1995): Die Tatsache, dass Angehörige verschiedener sozialer Gruppen miteinander kommunizieren, muss nicht das Gespräch dominieren. Dies wird vielmehr erst im Verlauf des Gesprächs relevant gesetzt. Es gibt auch umgekehrt die Möglichkeit, unterschiedliche Zugehörigkeiten in ihrer Bedeutung zurückzusetzen. Auch dies kann nur interaktiv geschehen. Im Goffmanschen Sinne sind dazu rituelle Ausgleichshandlungen der Interagierenden nötig, beispielsweise das Angebot zum Ausgleich, dessen Annahme und die Signalisierung von Dankbarkeit dafür.

Dieser Prozess ist in den wenigen Interviews zu finden, in denen westdeutsche Interviewer das Gespräch mit ostdeutschen Interviewten führten. Die Sprecher stuften im Gespräch mit Mitgliedern der Outgroup die unterschiedliche Zugehörigkeit durch Umkategorisierungen zurück. Damit ist eine neue Grenzziehung gegenüber einer gemeinsamen Außenkategorie verbunden.

Eine solche Umkategorisierung kann beispielsweise aufgrund einer gemeinsamen Außenkategorie (z.B. die „Politiker") oder der Etablierung einer gemeinsamen Kategorie wie Berufszugehörigkeit, Schichtzugehörigkeit, lokale Zugehörigkeit (hier zur Stadt Berlin) oder auch Charaktereigenschaften erfolgen. Dabei kann der Interviewer auch direkt mit angesprochen und einbezogen werden – eine sehr erfolgreiche kommunikative Strategie.

Für eine solche Einbeziehung durch eine gemeinsame Kategorie aufgrund von Charaktereigenschaften sei hier das Beispiel Micha angeführt. Der ostdeutsche Facharbeiter und allein erziehende Vater Micha (B04o) bezieht seine Darlegung der Informationsbeschaffung in der DDR im Gespräch direkt auf den westdeutschen Interviewer. In die Beschreibung von ‚Gewitztheit' als eine Charaktereigenschaft schließt er explizit nicht nur sich, sondern auch den westdeutschen Interviewer mit ein (Z.04).

Micha B04o, Z. 693ff.
01   M: da gab=s nur EEne zeitung ((lacht)) (2.0)
02   bloß wer ebend weiter sich wIssen (-) be äh beSCHAFFen
03   wollte (-)
04   so=ne typen wie SIE und wie ICH (-)
05   weil die rUssen ebend schnEller waren als wIr (-)
06   durch gorbachOw und so weiter.
07   hat man sich Ebend den (.) verbotenen SPUTnik (.)
08   organisiert oder die neue zEIt;

4 Fazit

An den dargelegten Beispielen wird deutlich, wie stark beim narrativen Interview die Rede des Interviewten durch den Interviewer beeinflusst wird. Dies ist jedoch nicht allein als Nachteil für Untersuchungen der Gesprochene-Sprache-Forschung zu sehen. Vielmehr wird dadurch die Dynamik der Rede besonders deutlich. Präferiert sind sozial erwünschte Antworten. Durch Einbeziehungsstrategien schließt der Sprecher den Interviewer direkt mit ein. Abschwächungsstrategien wie das Einfordern von Hörerbestätigungen, Vermeidung, zögerndes Sprechen und Lachen beziehungsweise lächelndes Sprechen dienen der Absicherung des Sprechers über die Passfähigkeit des Gesagten. Gerade aus der dynamischen Anpassung der Rede an den Interviewer kann man interessante Rückschlüsse auf beispielsweise Tabus, wie das Äußern von Stereotypen, ziehen.

Literatur

Bredel, Ursula (1999): Erzählen im Umbruch. Studien zur narrativen Verarbeitung der „Wende" 1989. Tübingen: Stauffenburg.

Ehlich, Konrad (1986): Interjektionen. Tübingen: Niemeyer.

Goffman, Erving (1986): Interaktionsrituale. Über Verhalten in direkter Kommunikation. Frankfurt/M.: Suhrkamp.

Hofstätter, Peter R. (1960): Das Denken in Stereotypen (Vortragsreihe der niedersächsischen Landesregierung zur Förderung der wissenschaftlichen Forschung in Niedersachsen). Göttingen: Vandenhoek & Ruprecht.

Holly, Werner (2001): Beziehungsmanagement und Imagearbeit. In: Brinker, K. (ed.): Text- und Gesprächslinguistik: ein internationales Handbuch zeitgenössischer Forschung (Handbücher zur Sprach- und Kommunikationswissenschaft Bd. 16, 2). Berlin: de Gruyter, 1382-1393.

Jefferson, Gail (1979): A Technique for Inviting Laughter and Its Subsequent Acceptance Declination. In: Psathas, G. (ed.). Everyday Language: Studies in Ethnomethodology. New York: Irvington, 79-96.

Kotthoff, Helga (1998): Spaß Verstehen. Zur Pragmatik von konversationellem Humor. Tübingen: Niemeyer.

Lucius-Hoene, Gabriele/Deppermann, Arnulf (2002): Rekonstruktion narrativer Identität. Ein Arbeitsbuch zur Analyse narrativer Interviews. Opladen: Leske und Budrich.

Lueger, Manfred/Schmitz, Christof (1984): Das offene Interview. Theorie – Erhebung – Rekonstruktion latenter Strukturen. Wien: Wirtschaftsuniversitätsverlag.

Meyer, Horst O. (2002): Interview und schriftliche Befragung: Entwicklung, Durchführung und Auswertung. München: Oldenbourg.

Norrick, Neal R. (2001): Jokes and Joking in Conversation. In: Brinker, K. (ed.): Text- und Gesprächslinguistik: ein internationales Handbuch zeitgenössischer Forschung (Handbücher zur Sprach- und Kommunikationswissenschaft Bd. 16, 2). Berlin: de Gruyter, 1438-1448.

Roth, Marita (2005): Stereotype in gesprochener Sprache. Narrative Interviews mit Ost- und Westberliner Sprechern 1993-1996. Tübingen: Stauffenburg Linguistik.

Schmitz, Ulrich (1990): Beredtes Schweigen – Zur sprachlichen Fülle der Leere. Über Grenzen der Sprachwissenschaft. In: Schmitz, U. (ed.): Schweigen. Osnabrücker Beiträge zur Sprachtheorie Nr. 42, 5-58.

Schütte, Wilfried (2001): Alltagsgespräche. In: Brinker, K. (ed.): Text- und Gesprächslinguistik: ein internationales Handbuch zeitgenössischer Forschung (Handbücher zur Sprach- und Kommunikationswissenschaft Bd. 16, 2). Berlin: de Gruyter, 1485-1491.

Schütze, Fritz (1987): Das narrative Interview in Interaktionsfeldstudien. Teil 1: Merkmale von Alltagserzählungen und was wir mit ihrer Hilfe erkennen können. Studienbrief der Fernuniversität Hagen.

Schwitalla, Johannes (2001): Lächelndes Sprechen und Lachen als Kontextualisierungsverfahren. In: Adamzik, K./Christen, H. (eds.): Sprachkontakt, Sprachvergleich, Sprachvariation (Festschrift für Gottfried Kolde). Tübingen: Niemeyer, 325-344.

Streeck, Jürgen (1995): Ethnomethodologische Indifferenz im Ost-West-Verhältnis. In: Czyzewski, M. (ed.): Nationale Selbst- und Fremdbilder im Gespräch. Kommunikative Prozesse nach der Wiedervereinigung Deutschlands und dem Systemwandel in Ostmitteleuropa. Opladen: Westdeutscher Verlag, 430-436.

Van Dijk, Teun (1984): Prejudice in Discourse. Amsterdam: Benjamins.

Van Dijk, Teun (1988): Communicating Racism. Ethnic Prejudice in Thought and Talk. Newbury Park: Sage.

Klaus Zimmermann
Universität Bremen

Kritische Diskursanalyse: engagierte, voreingenommene oder Angewandte Linguistik?

1 Engagierte Soziolinguistik

Anlässlich des Kolloquiums zu seinem 60. Geburtstag bat Norbert Dittmar die Teilnehmer, ihre eigenen Motivationen bei der Hinwendung zu diesem Fach zu erinnern und zu schildern. Er fragte, „welche 'inneren' und übergreifenden 'äußeren' (sozialen) Werte (persönliche, ethische, politische, gesellschaftsbezogene...) für die Wahl der Inhalte von Forschung und Lehre ausschlaggebend waren" (Dittmar 2003: 2). Weiter stellt er fest, und darin sind gewiss auch retrospektive autobiographische Aussagen enthalten:

> In den siebziger Jahren war eine solche Entscheidung [Berufwunsch Dozent/Dozentin an einer Universität zu werden] (...) verbunden:
> - Lehren und Forschen zu Inhalten, die das gesellschaftliche Leben prägen und Herausforderungen an Lösungsvorstellungen darstellen, (...),
> - Verknüpfung universitärer Wissensarbeitung mit Umsetzung des Wissens in die gesellschaftliche Praxis (Dittmar 2003: 3).

Norbert Dittmar verstand seine Beschäftigung mit Soziolinguistik von Beginn an in diesem Sinne als gesellschaftliches Engagement (und sicher viele andere mit ihm).

Ob die Soziolinguisten dieser Richtung diesen Anspruch eingelöst haben, muss untersucht werden.[1] Sie hatten diesen Anspruch, aber es ist zu fragen, was die Forschungen bewirkt haben. Häufig zitiert man in diesem Zusammenhang die Gerichtsentscheidung, die aufgrund eines Gutachtens von William Labov die Anerkennung des Black English als eigenständige Sprache festgestellt und damit spracherziehungsrelevante Änderungen in Schulen der USA bewirkt hat. Wir waren aber auch eine Zeitlang beeindruckt von den marxistisch beeinflussten Theorien Basil Bernsteins, der die Unterscheidung von restringiertem und elaboriertem Code vorgeschlagen und darauf aufbauend den kompensatorischen Sprachunterricht gefordert hat. Das ist in den Sprachgebrauch des damaligen Erziehungsdiskurses eingegangen. Die sozialen Unterschiede sind dadurch nicht abgebaut worden, die Leistungen der Unterschicht-Schüler sind nicht besser geworden; es ist allerdings eine größere Sensibilität in diesen Fragen losgetreten worden. Ein zentraler Irrtum oder Versäumnis bestand darin, dass man die Umsetzung von kritischen Einsichten in Strategien einer gesellschaftsverändernden Praxis selten oder nur abstrakt reflektiert hat. Dazu hätte auch gehört, die Möglichkeiten in technischer und politischer Hinsicht zu reflektieren, was selten geschah. Nicht von ungefähr hat man sich nach

---

[1] Vgl. die Kritik daran mit dem Vorwurf eines inadäquaten Gesellschafts- und Sprachbegriffs bei Jäger (2004: 27ff.) und die frühe, historisch-kritische Auseinandersetzung mit dem Sprachunterricht von Maas (1976).

den Sprechern des restringierten Codes in der Soziolinguistik der BRD den Einwandererkontaktsprachen zugewandt. Beiden gemeinsam ist, dass die Soziolinguisten sie als benachteiligte gesellschaftliche Gruppen verstanden, denen man durch die Forschung helfen wollte. Es besteht in der Tat kein Zweifel daran, dass in diesem Zusammenhang sehr gute Forschungsergebnisse zustande kamen, aber erneut die Frage, haben sie das bewirkt, was man sich erhoffte, und: Konnten Sie das überhaupt?

Ein Grundirrtum bestand darin, das kann ich aus heutiger Sicht behaupten, dass das Etikett Sozio- identifiziert worden ist mit Anwendung oder gar emanzipatorischem Engagement. Zwar mag das für eine Reihe von jungen Wissenschaftlern der damaligen Zeit für sich zusammengedacht worden sein, aber es gehört nicht notwendigerweise zusammen. Denn die Soziolinguistik wie die Linguistik war in jenen Jahren dem deskriptiven Wissenschaftsverständnis verpflichtet. Deskriptive Linguistik definiert einen Gegenstand und erforscht dessen Strukturen, Funktionen, Zusammenhänge, Charakteristika usw., deskriptive Soziolinguistik eben die Zusammenhänge von Sprache und gesellschaftlichen Aspekten; es sei hier dahingestellt, welches eine adäquate Theorie des Zusammenhangs ist.[2] Die Auswahl konkreter Forschungsthemen mag aus politischer Einstellung das eine Thema gegenüber dem anderen präferieren, aber dadurch wird es allenfalls subjektiv engagiert. Im Gegenteil, die deskriptive Wissenschaftsauffassung, in der Linguistik vor allem gegen die normative Grammatik gerichtet, verbietet sogar ein solches Engagement; vielfach wird ein solches sogar als Voreingenommenheit eingestuft. Man befand sich damit durchaus in einem Widerspruch zwischen politischer Einstellung und Erfordernissen hinsichtlich der Anerkennung als Wissenschaftler. Daran haben dann sprechakttheoretische und konversationsanalytische Erweiterungen nichts geändert, da auch sie deskriptiv orientiert waren. Sie haben nur neue Bereiche der Sprache für die deskriptive Analyse aufgeschlossen. Letztere wollen z.B. zeigen, wie Sprechen von den Partizipanten im Vollzug geordnet wird, nicht um dies kritisch zu betrachten, obwohl auch hier recht schnell anwendungsbezogene Forschungen folgten, etwa im Sinne der Aufdeckung von kommunikativen Fehlschlägen, Machtmechanismen beim Turntaking, und dem Aufdecken mangelhafter Sprechstrategien zum Zwecke ihrer Verbesserung (Unterrichtskommunikation, Arzt-Patient-Kommunikation). Ich will damit nicht die deskriptive Wissenschaftsauffassung kritisieren, nur darauf hinweisen, dass mit der Übernahme einer strikten deskriptiven Haltung eine Art Selbsttäuschung in Bezug auf das sozialpolitische Engagement einer Wissenschaft vorlag.

Ein zweites Problem bestand darin, dass man letztlich die soziolinguistischen Fragen einer strukturalistischen Konzeption von Sprache unterwarf. Dieser Sprach-

---

2 Allerdings hat der auch bisweilen auftauchende Begriff der „Angewandten Soziolinguistik" keinen wirklichen Widerhall gefunden. Die Abteilung „Anwendung" ist im Internationalen Handbuch der Wissenschaft von Sprache und Gesellschaft Soziolinguistik von 1987/88 zwar vorhanden, aber doch recht dünn geraten und die meisten Artikel in dieser Rubrik handeln von Sprachplanung und Sprachlicher Ideologieanalyse.

begriff brachte für die Soziolinguistik ein Aufgabendesign mit sich, das die Identifizierung von sprachlichen Merkmalen (Varianten) und ihre Korrelation mit sozialen Faktoren vorsah. Hiermit konnten bedeutsame Einsichten gewonnen werden, aber daraus ergibt sich noch kein gesellschaftspolitisches Engagement im Hinblick auf Veränderungen in Sprache und/oder Gesellschaft.[3]

2 Angewandte Linguistik

Der Anspruch gesellschaftliche Änderungen durch Wissenschaft zu bewirken muss also gesondert thematisiert werden. Zunächst sollte man sich darüber klar werden, dass es bei den sich als engagiert verstehenden Soziolinguisten in den siebziger Jahren in der BRD nicht um Anwendungsaspekte ging, sondern um Änderung gesellschaftlicher Verhältnisse. Also nicht um Verbesserung des Bestehenden im Sinne von Problemlösung und Effektivierung sondern um Änderung auf einer höheren Ebene. Verbesserung im Sinne von Effektivierung bestimmter professioneller Tätigkeiten wollte auch die damals schon bestehende Angewandte Linguistik. Dabei gilt es jedoch, die manchmal anzutreffende Geringschätzung gegenüber der Sparte, die sich mit Anwendungsfragen beschäftigt, abzubauen.[4]

Der Begriff Angewandte Linguistik (AL) wurde zuerst im Hinblick auf die Anwendung von linguistischen Erkenntnissen im Hinblick auf den Unterricht von Sprache gebraucht (Davies/Elder 2004: 2). Das hat sich geändert, aber für viele scheint dieser Aspekt immer noch der Prototyp von AL zu sein. Schon früh kamen andere Bereiche hinzu, die allerdings auch mit der Anwendung für das Lehren von Sprache zu tun haben, wie Kontrastive Linguistik, Fehleranalyse, Interlanguage-Beschreibungen, aber auch Übersetzungswissenschaft. Wenn man sich allerdings das *Handbook of Applied Linguistics* (2004) anschaut, dann finden sich dort auch Bereiche wie die Untersuchung von Sprachattitüden, Sprache und Politik, Konversationsanalyse, Diskursanalyse, Sprache und Gender, Stilistik, Sprachbewahrung, Sprachplanung.[5]

Weiterhin dominant vertreten sind in diesem Handbuch jedoch Artikel, die mit Sprachenlernen und -lehren zu tun haben. Und wenn man sich die Artikel zu den erstgenannten Themen genauer anschaut, dann sieht man schnell, dass diese nicht

---

3 Soziolinguistische Fragestellungen gab es schon im 19. Jahrhundert und ebenfalls eingebettet in den Anwendungszusammenhang der Sprachdidaktik (vgl. Jäger 2004: 28ff.).

4 In den sprachlehrenden Fächern sollen das die Fachdidaktiker erledigen. Sie forschen hypothesenprüfend deskriptiv über didaktisch alternative Lernprozesse, schön zerstückelt in Detailaspekte. Das Vermitteln von Lehrkompetenz im Sinne von „wie man etwas macht", gehört nach Aussagen von Vertretern nicht oder eher ungewollt dazu.

5 Auf der Web-Seite der GAL (www.gal-ev.de/angewandte-linguistik.html 31.7.07) werden für die Angewandte Linguistik neben der Aufzählung der klassischen Felder als Untersuchungsbereiche zusätzlich genannt: „Berufliche und öffentliche Kommunikation in Institutionen und Medien. Z.B. werden in Justiz und Verwaltung, Politik und Wirtschaft, Gesundheitswesen oder öffentlichen Medien zahlreiche Aufgaben ganz oder überwiegend sprachlich bewältigt. Fragestellungen sind hier: Wie werden solche Kommunikationsaufgaben erfüllt und welche Probleme entstehen dabei? Wie lassen sie sich lösen?"

eigentlich als Teil der Angewandten Linguistik konzipiert sind, sondern unter dem Blickwinkel der Relevanz für Sprachlehre und -lernen. Das steht im Widerspruch zu den in der Einleitung des genannten Buches gemachten durchaus sinnvollen Überlegungen, wie man Angewandte Linguistik definieren kann/sollte (und definiert hat). Dort findet sich die Bestimmung:

> We distinguish linguistics and applied linguistics in terms of difference of orientation. While linguistics is primarily concerned with language in itself and with language problems in so far as they provide evidence for better language description or for teaching a linguistic theory, applied linguistics is interested in language problems for what they reveal about the role of language in people's daily lives and whether intervention is either possible or desirable (Davies/Elder 2004: 11f.).

Es ist wahr, dass sich der Begriff *Angewandt* in AL aus der Verfasstheit und dem Anspruch der Linguistik der 50er und 60er Jahre des 20. Jahrhunderts erklärt und in manchen Hinsicht nicht glücklich ist, weshalb auch eine empirische Findung dessen, was AL ist, indem man Revue passieren lässt, wer sein Tun unter AL subsumiert hat, heute nicht zielführend sein kann. In der Emergenzphase von Disziplinen oder neuen Fragestellungen bestehen oft weder Klarheit, Bewusstsein noch genügend Kenntnis über solche Ordnungskategorien, die in dieser Phase oft ad hoc, mit rein praktischer Zielsetzung und auf vagen Kriterien beruhend eingeführt werden. Und, das kann auch gar nicht anders sein. Ein wesentlicher Aspekt war jedoch die in der Saussureschen Nachfolge sich durchgesetzt habende Definition von Linguistik, die ihre Disziplin-Identität darin gefunden hatte oder darin zu finden meinen musste, dass die Sprache (*langue*) *an sich* der Gegenstand sei, gepaart mit einem radikal deskriptiven Wissenschaftsverständnis.

In der Geschichte der Sprachwissenschaften (schon in den siebziger Jahren wurde in Frankreich die Pluralform eingeführt) ist diese Orientierung allerdings nicht die anfängliche. Die Genese der Sprachwissenschaften ist nämlich in ihrer Nutzanwendung begründet. Kurioserweise (aber nur, weil der moderne Begriff „Angewandte Linguistik" das kurios macht) ist es so, dass es eine Angewandte Linguistik vor der Linguistik gab. Gemeint mit diesem Spiel mit Worten ist, dass in der Genese der systematischen, reflexiven und methodischen Beschäftigung mit Sprache die Erwartung bestand, das darin erarbeitete Wissen zu bestimmten Zwecken außerhalb der Sprache einzusetzen. Das liegt an der Erkenntnis des Instrumentcharakters von Sprache. Das Ziel der Untersuchungen ist nicht die Sprache selbst, sondern man benutzt Kenntnisse, Analyseverfahren, Theorien zu Sprache um Probleme außerhalb der Sprache zu klären (z.B. die antike Rhetorik mit dem Ziel der Effektivierung der politischen und juristischen Rede, die staatsbildende Funktion der Standardisierung einer Volkssprache bei Antonio de Nebrija, die Missionierung in der Missionarslinguistik, fremdsprachenlehrende Funktionen). Das war im 20. Jh. in den dominanten Schulen der Linguistik als Verstoß gegen das deskriptive Dogma angesehen und damit unwissenschaftlich. Die Ablehnung gegen die normative Grammatik alter Prägung führte zur Ablehnung von Sprachplanung insgesamt.⁶ Statt Erforschung von allerlei Dimensionen von Sprache mit Blick auf die Verwertung dieses Wissens zur Lösung von Problemen oder Verbesserung der Kommunikation in anderen Feldern geringzuschätzen oder gar auszugrenzen sollte man endlich anerkennen, dass dies a) eine zentrale gesellschaftliche Aufgabe und b) eine wichtige Anschlussstelle für interdisziplinäre Forschung ist.⁷ Warum ist die Anwendung in der Linguistik in der neueren Zeit so lange verpönt gewesen? Das liegt offenbar an ihrer Geschichte. Und das war auch nicht immer so. Beeinflusst durch den Diskriptivismus der Sprachwandelforschung des 19. Jahrhunderts legte die strukturelle Linguistik in der Nachfolge von Saussure Wert und alle argumentative Kraft darauf, dass Sprache ein an sich erforschenswerter Gegenstand sei. Das ist ja auch durchaus richtig, aber mindert den Dignitätsanspruch der AL keineswegs.

Da die AL immer noch mit ihrem Selbstverständnis ringt, wie man an den Erörterungen in der Einführung von Davies/Elder (2004) ablesen kann, versuche ich eine klare Bestimmung und Abgrenzung zur Linguistik. Angewandte Linguistik ist die Forschungsrichtung, die sich mit der Anwendung von Wissen über die Struktur, das Funktionieren, den Gebrauch in allen Dimensionen, die mit Sprache zu tun haben auf Zwecke außerhalb von Sprache bezieht. Natürlich ist diese Abgrenzung im konkreten Fall nicht immer einfach und kann es auch nicht sein, denn es kommt dabei zu einem dynamisch-dialektischen Verhältnis zwischen Angewandter Linguistik und Linguistik. Aus der Orientierung auf die Lösung von Problemen oder der Ausbildung von Experten zur Problemlösung ergeben sich „Untersuchungsaufträge" deskriptiver Art an die Linguistik bzw. der sich ursprünglich als Angewandter Linguist Verstehende widmet sich diesen selbst. Daraus ergibt sich, dass es letztlich dumm und kontraproduktiv ist, irgendeiner Richtung der so definierten AL den Vorwurf zu machen, sie hätte eigentlich keine sprachwissenschaftlichen Ziele, sondern im Gegenteil, es sollten Anstrengungen gemacht werden, die Relevanz der Linguistik mit dieser Nutzanwendung darzulegen.

Eine solche außersprachliche Anwendungsorientierung ist nicht *per se* „kritisch" bzw. „engagiert", d.h. sie situiert sich in die gegebenen ökonomischen und politischen Strukturen und Systeme. Und es gibt einige Gründe, das nicht von vornherein zu verdammen. Die wissenschaftspolitischen Entscheidungen zugunsten von Forschungsmöglichkeiten hingen schon immer – und heute mehr denn je – vom Nutzen ab, den man in Aussicht stellen kann. Auch die Berufsperspektive der Studenten ist ein entscheidender Aspekt.

---

6 Die Anstöße, Anwendungsaspekte wieder aufzunehmen, kamen von den Bindestrichlinguistiken oder von anderen Wissenschaften (Soziologie, Politik). Andere Anwendungsfelder wie Unterrichtskommunikation, Kommunikationsprobleme zwischen Experten (Ärzten, Juristen, Sozialarbeitern etc.) und Laien kommen aus den zunächst nicht als „eigentliche" Linguistik angesehenen neuen Richtungen der Pragmatik.
7 Kein Chemiker würde sich schämen, wenn ihm gesagt würde, er wende seine Kenntnisse an, um biologische Prozesse (z.B. im Bereich der Medizin) zu beeinflussen. Kein Physiker, wenn man ihm sagen würde, er wende seine Kenntnisse an, um die Sicherheit von Bauwerken zu verbessern oder Raketen in den Weltraum zu schießen.

Mit dieser Definition und Zukunftsperspektive ist jedoch nicht die unkritische Indienststellung gemeint. Es gilt natürlich gleichzeitig eine *Ethik* der Angewandten Linguistik zu entwickeln, die die Zulässigkeit von bestimmten Handlungen und Maßnahmen, die aus der Angewandten Linguistik erwachsen, prüft und Strategien der Resistenz gegen unethische Verwertungen entwickelt. Als ein schlagendes Beispiel mag dienen, dass z.b. keine sprachplanerischen Maßnahmen entwickelt werden, die zum Tod von Sprachen führen, oder keine Instrumente, die zu Situationen führen, die konträr zu den Menschenrechten sind, also in den Dienst von Exklusion, Rassismus, Herstellung von Unmündigkeit etc. gestellt werden. Dies ist eine Definition von Ethik des Unterlassens. Mit ihr ist schon viel gewonnen. Was Norbert Dittmar unter „engagiert" verstanden hat, war gewiss mehr, nämlich die aktive Suche nach Forschungsthemen, die geeignet waren, solche Verstöße im Bereich des Sprachlichen ausfindig zu machen und zu erforschen mit dem Ziel bei ihrer Beseitigung mitzuwirken. Dahinter stand eine notwendigerweise nicht rein deskriptive Wissenschaftsauffassung, sondern der untergründige Wille aus der Wissenschaft heraus zur Veränderung von Gesellschaft beizutragen. Das war in den Jahren nach 1968 eine vielfach verbreitete Auffassung unter den jungen Sozio- und Pragmalinguisten.

3 Die Kritische Diskursanalyse (KDA) als Angewandte Linguistik

3.1 Die Ziele der Diskursanalyse

Nach diesen Vorklärungen möchte ich mich der KDA zuwenden. Sie hat nach landläufigem Sprachbegriff ein Erklärungsziel außerhalb der Sprache (z.B. rassistisches Denken, Ideologie, Rezipientenmanipulation usw. aufzudecken).[8] Dieses Ziel versucht sie mit analytisch-deskriptiven und unhintergehbar hermeneutischen Mitteln zu erreichen. Nach der oben genannten Definition von AL kann sie demnach als eine bestimmte Form von Angewandter Linguistik bezeichnet werden.[9] Da ihre leitenden Erklärungsbegriffe meist im soziopolitischen Bereich verortet werden können, also Machtmechanismen in unseren Gesellschaften fokussieren, die Gegenstand politischer Auseinandersetzungen waren und sind, bekommen sie oft eine explizit engagierte Orientierung. Legt man allerdings einen Humboldtschen Sprachbegriff[10] zugrunde, bei der die Konzeptualisierung der Welt (Weltansicht) in Lexikon und Grammatik untrennbar zur gemeinsamen artikulatorisch-kognitiven Sprachproduktion (energeia) gehört, dann ist die Erforschung von Konzepten – und dazu zählen selbstverständlich auch die ideologischen Konzepte – ein Teil der zentralen Aufgaben der Sprachwissenschaft; dann ist die Aufdeckung solcher in der

---

8 Am deutlichsten ist das offenbar Fairclough bewußt, der ihr eine Funktion für die „social scientific research" zumisst und dementsprechend seine Themen wählt.

9 Im Handbook of Applied Linguistics ist ein Artikel zur Diskursanalyse aufgenommen (Trappes-Lomax 2004), der unter anderen Bereichen auch die KDA behandelt, allerdings unter ihrem Aspekt als Unterrichtsgegenstand. In der deutschen AL scheint die KDA nicht in ihren Bereich eingereiht zu werden. Sie wird in der Web-Seite der GAL nicht erwähnt.

10 Vgl. Trabant (2000), Zimmermann (2006).

Sprache zu einem bestimmten Zeitpunkt enthaltenen Strukturen, die den nachgewachsenen Generationen im Diskurs als Bedeutungs- und damit handlungsorientierendes Angebot mitgegeben und viabilisiert werden, also die „Archäologie des Wissens" von Foucault, als integraler Teil der (hier: diachronen) Linguistik anzusehen, da letztlich semantische Untersuchungen immer nur an Elementen im Diskurs (im Gebrauch) stattfinden kann.[11]

Es kann hier nicht darum gehen die verschiedenen Richtungen der KDA in ihren Facetten darzustellen. Ich möchte hier nur diesen gemeinsamen Kern der engagierten Orientierung herauszuschälen. Einerseits kann man Richtungen, die sich aus Foucaults Diskurstheorie herleiten lassen (die allerdings ihrerseits zwei Seiten aufweist) (z.B. Jäger 2001, 2004), andererseits Richtungen, die sich aus der Kritischen Theorie der Frankfurter Schule verpflichtet fühlen (Wodak 2001) sowie Anwendungen der systemisch funktionalen Theorie M.A.K. Hallidays mit Anlehnungen an Foucault (Fairclough 2001). Alle kann man unter das gemeinsame Ziel der Aufdeckung von Ideologien in Diskursen subsumieren. Diskurse sind die Orte der Regelung von gesellschaftlicher Ordnung und Ideologien sind Systeme der Weltsicht, Weltordnung, Welterklärung. Der Anspruch hinter dem Aufdecken von Ideologie ist Aufklärung, Immunisierung gegen falsche und böse Ideologien, Verteidigung der Menschenrechte, aber auch die Einsicht in die unentrinnbare Ideologieprägung aller und somit auch des Analysators selbst. Es ist nicht zu übersehen, dass in den Anfängen der KDA nicht nur eindeutig eine politische Parteilichkeit vorlag, sondern auch die Überzeugung, einen richtigen (philosophisch-politischen) Standpunkt haben zu können und ihn zu haben und den der anderen somit entlarven zu können. Sie wurde von Anhängern aus dem linken Spektrum betrieben (genauso wie in der BRD die Soziolinguistik). Einen eindeutig marxistischen Hintergrund hatten die meisten französischen Diskursanalytiker[12] im Kontext des GRECO in Rouen und andere um Michel Pêcheux, die Themenstellung der Analysen von Norman Fairclough in England sind marxistisch geprägt, die KDA von Ruth Wodak, die sich auf die Kritische Theorie der Frankfurter Schule beruft, ist eindeutig dem linken Denken zuzuordnen, die Ausarbeitung von Siegfried Jäger fußt einerseits auf Foucaults, letztlich dem Strukturalismus verpflichteten, subjektlosen Diskursbegriff, ergänzt durch die marxistisch beeinflusste Tätigkeitstheorie von Alexej N. Leontjev, währenddessen Teun van Dijks Ansatz aus einer Anwendung und Weiterung vormalig textlinguistischer und kognitiver Forschung unter

---

11 Man erinnere sich an die Wittgensteinsche Erkenntnis, dass die Bedeutung eines Wortes sein Gebrauch sei (was auch mit Humboldts Sprachtheorie im Einklang steht), woraus folgt, dass sie empirisch nur im Gebrauch eruiert werden kann. Introspektion und Befragung sind kein Gegenargument. Diese Methoden erliegen der Täuschung, dass sie letztlich nichts anderes erfassen, es aber unkontrolliert tun, da sie die bei der Bedeutungsformulierung wirkenden unbewussten, nicht explizierten Gebrauchskontexte nicht erkennen.

12 Seltsamerweise wird diese Richtung in der heutigen Diskussion so gut wie nie erwähnt, obwohl sie zeitlich doch den heutigen Vertretern vorgängig war. Vgl. z.B. Pêcheux (1969) und Marcellesi (1971), die sich neben theoretischen Klärungen auch intensiv der Möglichkeit Vorurteilsfreiheit garantierender Methoden gewidmet hatten, vgl. Robin (1974: 124ff.).

Einbezug der sozialen Rahmenbedingungen erwachsen ist, gepaart mit dem Willen zur Einmischung in ungerechte Verhältnisse, und ähnlich Charaudeau (2005) in Frankreich. Gemeinsamer Nenner ist ihnen auch die Untersuchung aktueller Diskurse, meist politischer Natur oder mit politischer Relevanz (wobei Politik zu tun hat mit Macht, Dominanz, Hegemonie).

3.2 Die Frage der Voreingenommenheit und Parteilichkeit

Die Kritische Diskursanalyse versteht sich explizit als engagiert. Van Dijk hat das am offensivsten ausgedrückt:

> [...] CDA is a – critical – perspective on doing scholarship. It is, so to speak, discourse analysis 'with an attitude'. It focuses on social problems, and especially on the role of discourse in the production and reproduction of power abuse or domination. Wherever possible, it does so from a perspective that is consistent with the best interests of dominated groups. It takes the experience and opinions of members of such groups seriously, and supports their struggle against inequality. That is, CDA research combines what perhaps somewhat pompously used to be called 'solidarity with the oppressed' with an attitude of opposition and dissent against those who abuse text and talk in order to establish, confirm or legitimate their abuse of power. Unlike much other scholarship, CDA does not deny but explicitly defines and defends its own sociopolitical position. That is, CDA is biased – and proud of it (van Dijk 2001: 96).[13]

Er spielt auf den Vorwurf der Parteilichkeit an, weicht ihm jedoch nicht aus, sondern akzeptiert ihn in positiver Weise. Wie aber kann es dazu kommen, dass die Ziele der KDA ihr als „biased" zum Vorwurf gemacht werden. Wenn wir uns erinnern, waren die Ziele der Angewandten Linguistik und Angewandten Wissenschaften diesem Vorwurf nicht ausgesetzt gewesen. Die Forschung zugunsten der Bekämpfung von Krankheiten, zur Verbesserung von Sprach-Unterrichtsmethoden, zur Wissensgewinnung für das Management von Firmen usw. stand nie unter einem negativen Vorzeichen der Parteilichkeit oder Voreingenommenheit. Das liegt wohl daran, dass der nützliche Zweck unstrittig ist und von allen akzeptiert wird. Wieso wird demgegenüber die Aufdeckung von Diskursstrategien oder unterschwelligen (oder unbewussten) Diskursstrukturen als problematische „sociopolitical position" wahrgenommen. Sind etwa die Ziele, Unterdrückung abzubauen, Machtmissbrauch aufzudecken, den Kampf gegen Ungleichheit zu unterstützen, nicht ebenso konsensuelle Ziele wie die oben genannten? Offenbar nicht. Ich gebe zu, dass auch ich den Vorwurf der Voreingenommenheit zunächst treffend fand.

---

13 Ähnlich Fairclough (2003: 218): „Ideologies are representations of aspects of the world which contribute to establishing and maintaining relations of power, domination and exploitation. They may be enacted in ways of interacting (and therefore in genres) and inculcated in ways of being or identities (and therefore styles). Analysis of texts (including perhaps especially assumptions in texts), is an important aspect of ideological analysis and critique...", und Wodak (2001: 10): „Critical theories (...) are aimed at producing enlightenment and emancipation", und weiter „Critical linguistics often chooses the perspective of those who suffer, and critically analyses the language use of those in power, who are responsible for the existence of inequalities (...)". Vgl. zu Jägers Position seine Ausführungen (2004: 222ff.), in denen er van Dijks Position gegenüber Sympathie bezeugt, ebenfalls eine Ethik der Diskursanalyse fordert und zudem eine offene Standortpositionierung des Analytikers fordert.

Das liegt offenbar daran, dass es sich hier um politische Gegebenheiten handelt, deren Berechtigung zwar abstrakt niemand öffentlich abstreiten würde, aber dass ihre konkrete Gestaltung umstritten ist und dass die Zustimmung zu ihnen oft Lippenbekenntnisse sind (es wird permanent in Politik und Administration dagegen verstoßen), ihre Verwirklichung als Gefahr angesehen wird, die Verfechter der KDA – sagen wir vereinfacht – aus dem linken Spektrum kommen und damit gilt deren Aussage nicht mehr als Konsens sondern als Parteilichkeit.

Man muss zwei Aspekte des Vorwurfs der Voreingenommenheit unterscheiden. Einerseits die (partei)politisch-ideologische oder attitudinale, die sich darauf bezieht, dass z.b. Gegner der Globalisierung die (manipulativen) Diskursstrategien der Legitimation dieses welthistorischen Vorgangs aufdecken. Andererseits die Methode der Analyse, die mit vorgefertigten Kategorien und nicht ausreichender Vorsicht unzulässige Lesarten in die Diskurse hineinliest oder solchermaßen zustande gekommene durchaus legitime Interpretationen als „objektive", durch reine Deskription zustande gekommene Analyseergebnisse präsentiert.

Van Dijk setzt dem Vorwurf der Parteilichkeit der Kategorien entgegen, dass er der KDA eine „explizite Ethik" (2001: 119) auf der sozialen, außerdiskursanalytischen Makroebene beifügt, die die der Diskursanalyse vorgängigen ethischen Kategorien (rassismusfreie, sexismusfreie, unterdrückungsfreie usw. Strukturen) einführt und rechtfertigt. Sind diese ebenso Konsens wie die Überzeugung, dass Krankheit etwas Negatives ist, fällt der „Vorwurf" der parteiischen Voreingenommenheit weg. Dadurch verliert die KDA ihren Status als (politisch) „engagiert-voreingenommene" Wissenschaftsdisziplin und erhält den Status einer Angewandten (Sprach-) Wissenschaft. Ihre Aufgabe, auch wenn sie die aktuellen politischen Diskurse analysiert, in die wir als Bürger verstrickt sind, ist dann die Aufdeckung der diskursiv-manipulativen Machtgewinnungsstrategien selbstverständlich jeglicher politischer Couleur. Politisch parteiisch ist sie dann nur noch insofern, als sie die diskursiven Praktiken der Personen und Gruppen, die den ethischen Werten nicht verpflichtet sind oder – das sollte man nicht unterschätzen – die ihnen zwar bewusstseinsmäßig zustimmen, aber unbewusst nach dem gegenteiligen Muster reden und schreiben, aufdecken und anprangern. Damit aber ist sie eine wichtige soziale Aufklärungstechnologie zur Bildung des mündigen Bürgers, die ebenso wie andere Technologien die Aufgabe hat, auf Missstände aufmerksam zu machen, was in unser aller Interesse liegt.

In diesem letztgenannten Sinne bekommt auch die zweite von Foucault stammende Richtung der Diskursanalyse, die unter dem Stichwort „Archäologie des Wissens" geführt wird (die eine DA im Rahmen einer Geistesgeschiche ist) keine davon abgetrennte, sondern damit essentiell verbundene Funktion. Foucault hat bekanntlich in seinem „l'ordre du discours" zwei Dimensionen einer Diskursanalyse entworfen:

a) Die *genealogische* Analyse (Archäologie des Wissens): Sie hat die Geschichte (Herausbildung, Diffusion und Wirkung) der „für wahr gehaltenen konzeptuellen Ordnungen" (ich würde gerne heute sagen: sozio-kognitiven Konstruktionen bzw. Konstrukte) zu analysieren und zwar in ihrer sprachlich-diskursiven Ausprägung, als geregelte und diskrete Serie von (Einzeldiskurs-) Ereignissen (S. 38). Diese initialen Begriffserfindungen und Konstruktionen sind es, die Macht über uns ausüben, da sie unser Denken bestimmen.[14]

b) Kritische Analyse: sie hat die Aufgabe, die (ungerechtfertigten) Machtverhältnisse hinter den Ordnungen aufzuzeigen (auch denen, die oberflächlich gesehen, nicht als solche erkannt werden). Es ist diese zweite Art der Analyse, die den meisten KDA-Konzeptionen, wie sie w.o. genannt wurden, explizit oder implizit, in dieser oder abgewandelter Form zugrunde liegt.

Die als Diskurs etwas unglücklich benannten „für wahr gehaltenen konzeptuellen Ordnungen" sind so tief in unser Denken eingeprägt, dass sie tatsächlich ein oft tiefenstrukturelles Leben entgegen unseren bewussten Überzeugungen führen und eben nicht vom Autor eines Diskurses selbst gemacht sind, sondern sich in der Sozialisation in ihn – wie der französische Jargon gerne sagt – „eingeschrieben" haben und zu einer Art Doppeldiskurs führen. Genau diese genealogische Analyse dient also nicht nur zur Anprangerung der (falschen) „Ideologie" in den Diskursen anderer (oft politisch Andersdenkender) oder früherer Epochen (wenngleich auch dies legitime Analyseziele sind), sondern sie dienen dem Prinzip der Selbstreferenz von epistemologischen Theorien, dass sie auf sich selbst angewendet werden müssen (sowohl der Diskurse des Analysators als auch der ideologischen Gruppe, der er sich zurechnet). Eine solche Diskursanalyse steht nicht mehr im Verdacht, voreingenommen und parteiisch zu sein, sondern ist der Erkenntnis verpflichtet, und aufgefordert auch die eigenen Diskurse und Ideologie und eingebrannten -Ismen kritisch aufzudecken.

Einen weiteren wichtigen Bestandteil der KDA in dem Zusammenhang hat Jäger (2004: 215ff.) mit Bezug auf Foucault eingebracht. Da eine objektive Sicht auf Diskurse erkenntnistheoretisch nicht möglich ist (es überhaupt keine objektive Wahrheit geben kann), gehört zur Diskursanalyse die Offenlegung der eigenen Diskursposition, so dass der Rezipient der Analysen das Vorgehen und das Ergebnis mit dieser Position vergleichen kann.

Eine anders geartete Kritik an der KDA kam von Schegloff und Widdowson, die Probleme des zweiten Aspektes, der Methodologie ansprechen. Vorweg klarzustellen ist hier, dass beide den aufklärerisch-emanzipatorischen Anspruch der KDA nicht als parteiisch in Frage stellen, sondern sich auf Schwächen in der Methode beziehen. Schegloff (1997: 183) warnt davor, dass aus dem Unterfangen der KDA eine rein ideologische Tätigkeit werden könnte, wenn bestimmte Standards bei der Analyse nicht beachtet werden, z.B. was in Gesprächen die Partizipanten selbst als relevant ansehen. Er fordert also eine strikte Anbindung an die Sprachdaten. Widdowson (2004: 89) schließt sich den Zielen der KDA sogar explizit an („I regard this work of highly significant. It happens, furthermore, that the socio-political position its proponents take up is one which I share"). Auch seine Kritik ist auf Methode und Bedingungen gerichtet, speziell, dass bei der von ihm diskutierten KDA (in Grossbritannien) die „pretextual assumptions" (ebd.: 85) und der Kontext nicht (ausreichend) einbezogen würden und dass in vielen konkreten Analysen

---

14 Das heißt nicht „determinieren", denn die „für wahr gehaltenen Ordnungen" sind selbstverständlich veränderbar, wie die Geistesgeschichte leicht zeigen kann

wegen fehlendem methodischen Bewusstsein mehr in die Texte hineingelesen als herausanalysiert wird.[15]
Schegloff hatte bei seiner Kritik möglicherweise noch eine andere Art von Voreingenommenheit im Sinn. Bekanntlich vertritt die *Ethnomethodologische Konversationsanalyse*, zu deren Entwicklung er wesentliches beigetragen hat, die Zielsetzung, dass bei Analysen der Sozialstruktur keine vorgängig definierten Konzepte und Suchkategorien vorhanden sein dürfen, sondern dass die Kategorien aus den Daten, d.h. der Organisation der sozialen Ordnung durch die Akteure selbst im Vollzug und in ihren Kategorien selbst herausgelesen werden sollen. Es ist richtig, dass in der KDA Untersuchungskonzepte wie Rassismus u.ä. vorweg definiert werden. Allerdings richtet sich dieser Vorwurf gegen den Vorwerfenden selbst: Es wurde vielfach gezeigt, dass dieses methodologische Postulat nicht wirklich einlösbar ist. Es würde voraussetzen, dass der Analysator nicht von dieser Welt ist und die zu analysierende Sprache der Diskurse nicht internalisiert hat, denn alle setzen qua Sprache kognitive Konstruktionen voraus.[16]

4 Engagement und Wirkungsstrategien

Die KDA hat das Ziel, die genannten Aspekte von Machtmissbrauch, Ideologien und die Herausbildung von „für wahr gehaltenen konzeptuellen Ordnungen" usw. aufzudecken mit der Erwartung, dass die Aufdeckung zur Veränderung führt (Emanzipation). Dieser Konnex ist in der KDA nicht hinreichend reflektiert worden. Es gibt zwei gefährliche Aspekte: 1. kann im Gegenteil die Aufdeckung der diskursiven Verfahren dazu benutzt werden, diese in Zukunft noch raffinierter und effizienter zu gestalten. Nichts gibt die Gewähr, dass mit dem Wissen um diese Strukturen diese schon als verdammenswürdig eingeschätzt werden. Es gibt im Gegenteil bereits den Lerneffekt bei den Machtausübenden, sich der Erkenntnisse der KDA zu bemächtigen,[17] um den eigenen Diskurs effektiver zu gestalten bzw.

---

15 Solche Fragen wurden in der französischen Diskursanalyse schon Anfang der siebziger Jahre thematisiert. Zum Pretext ist zu sagen, dass hierzu schon von Michel Pêcheux experimentelle Forschungen gemacht wurden, indem er denselben Text mit unterschiedlichen Vorinformationen über den Autor Versuchspersonen zum Lesen gegeben hatte und diese prompt eine Ideologie entsprechend dieser Vorinformation aus dem Text herausgelesen hatten, cf. Pêcheux et al. (1979).

16 Dennoch ist das Postulat der Ethnomethodologischen Konversationsanalyse als methodischer Leitfaden eine sehr nützliche Maxime, die manche Hineindenkungen statt Herauslesungen vermeiden kann, auch wenn das Postulat wegen der epistemologischen Unhintergehbarkeit vorgängiger Weltansichten und Theorien nicht wirklich eingehalten werden kann.

17 Anfang des Jahres 2007 gab es eine Stellenanzeige aus dem Büro des mexikanischen Präsidenten, in der ein Diskursanalytiker gesucht wurde, dessen Aufgaben wie folgt beschrieben wurden: „La Presidencia de la República por medio de la Coordinación de Imagen y Opinión Pública busca candidato para ocupar la plaza de „Subdirección de Análisis de Discurso", puesto que depende de la Dirección General de Opinión Pública. FUNCIONES: La Subdirección de Análisis de Discurso está adscrita a la Dirección General Adjunta de Análisis Cualitativo, área que tiene como responsabilidad llevar a cabo toda la investigación cualitativa que requiera la Presidencia de la República en áreas de generar los insumos necesarios para

die unterschwelligen, verräterischen Ideologien geschickter zu kaschieren oder wie Charaudeau (2005: 26) in Bezug auf Wahlkampagnendiskurse in Frankreich gezeigt hat, sich des Vokabulars des Gegners zu bedienen.

Ich möchte nun behaupten, dass in vielen der engagierten Richtungen eine nicht zu Ende gedachte Auffassung vorliegt (die ich deshalb als Kritik auch in einem solchen Rahmen vorbringen kann, als ich ihr selbst anhing). Sie bestand (und besteht vielfach immer noch) in dem verbreiteten Irrtum, durch Aufdeckung von Strukturen, die man als negativ bewertete, schon ausreichend dafür gesorgt zu haben, sie abzuschaffen. Man glaubte, dass ein aufgeklärtes Bewusstsein der intellektuellen Eliten (in Sonderheit der Diskursanalytiker) automatisch zur „Verdampfung" der aufgedeckten Verhältnisse führen würde. Man stellte sich nicht der Aufgabe der Erarbeitung von Strategien der Diffusion der Erkenntnisse und Methoden der Textsensibilität (zumindest in groben Zügen) an Nicht-Linguisten. Dies aber ist der eigentliche Kernpunkt von „Engagement".

Die Zirkulation der Studien, die den diskursiven Machtmissbrauch und die „für wahr gehaltenen Konstruktionen" entlarven, im intellektuellen Milieu ist nur ein Schritt. Es müssen Wege und Strategien entwickelt werden, die Analysetechniken alltagsverwendbar zu machen, damit, jedenfalls was politische, publizistische und andere „alltagsbegleitenden" Texte angeht, eine kritische Lesemündigkeit in großen Teilen der Bevölkerung aufgebaut wird (vgl. Januschek 2000). KDA muss in irgendeiner Form Eingang in Bildungscurricula finden.

Literatur

Charaudeau, Patrick (2005): Le discours politique: Les masques du pouvoir. Paris: Vuibert.
Davies, Alan/lder, Catherine (2004): General introduction. Applied Linguistics: Subject to Discipline? In: Davies, A./Elder, C. (eds.) 1-15.
Davies, Alan/Elder, Catherine (eds.) (2004): The Handbook of Applied Linguistics. Oxford: Blackwell.
Dijk, Teun van (2001): Multidisciplinary CDA: a Plea for Diversity. In: Wodak, R./Meyer, M. (eds.) 95-120.
Dittmar, Norbert (2003): Überlegungen zu autobiographischen Parametern akademischer Sozialisation in den sechziger und siebziger Jahren. Berlin Ms.
Fairclough, Norman (2001): Critical discourse analysis as a method in social scientific research. In: Wodak, R./Meyer, M. (eds.) 121-138.
Januschek, Franz (2000): Wenn alle Menschen zu LinguistInnen würden. In: OBST 60, 95-112.
Jäger, Siegfried (2001). Discourse and Knowledge: theoretical and methodological aspects of a critical discourse and dispositive analysis. In: Wodak, R./Meyer, M. (eds.) 32-62.
Jäger, Siegfried (2004): Kritische Diskursanalyse: Eine Einführung. Münster: Unrast.

---

evaluar y mejorar spots e imagen presidencial, así como investigar las predisposiciones que existen en la población en cuanto a temas de política pública. En ese sentido, la Subdirección de Análisis de Discurso tiene como primera responsabilidad dar seguimiento a las distintas variaciones que el presidente tenga en cuanto a los mensajes que emite, así como evaluar si se está siendo efectivo en la comunicación hacia los ciudadanos. Los símbolos y las distintas maneras de abordar las temáticas que interesan a la población deben ser examinados y auscultados por la Subdirección de Análisis de Discurso."

Leontjev, Alexej N. (1982): Tätigkeit, Bewusstsein, Persönlichkeit. Köln: Pahl-Rugenstein.
Leontjev, Alexej N. (1984): Der allgemeine Tätigkeitsbegriff. In: Viehweger, Dieter (ed.): Grundfragen einer Theorie der sprachlichen Tätigkeit. Berlin: Akademie-Verlag, 13-30.
Maas, Utz (1976): Mann man Sprache lehren? Für einen anderen Sprachunterricht. Frankfurt am Main: Syndikat.
Marcellesi, Jean-Baptiste (1971): Le Congrès de Tours: études de sociolinguistiques. Paris: Le Pavillon.
Meyer, Michael (2001): Between theory, method, and politics: positioning of the approaches to CDA. In: Wodak, R./Meyer, M. (eds.) 14-31.
Pêcheux, Michel (1969): L'analyse automatique du discours. Paris: Dunod.
Pêcheux, Michel/Haroche, Claudine/Henry, Paul/Poitou, Jean-Pierre (1979): Le rapport Mansholt: un cas d'ambiguité idéologique. In: Technologies, Idéologies, Pratiques 2, 1-83.
Robin, Régine (1973): Histoire et linguistique. Paris: Colin.
Trabant, Jürgen (2000): How relativistic are Humboldt's 'Weltansichten'? In: Pütz, M./Verspoor, M. (eds.): Explorations in Linguistic Relativity. Amsterdam, Philadelphia: Benjamins, 25-44.
Trappes-Lomax, Hugh (2004): Discourse Analysis. In: Davies, A./Elder, C. (eds.) 133-164.
Schegloff, Emmanuel (1997): Whose text? Whose context? In: Discourse and Society 8: 2, 165-187.
Widdowson, Henry G. (2004): Text, Context, Pretext: Critical Issues in Discourse Analysis. Malden, Oxford, Carlton: Blackwell.
Wodak, Ruth/Meyer, Michael (eds.): Methods of Critical Discourse Analysis. London et al.: Sage.
Zimmermann, Klaus (2006): Wilhelm von Humboldts Verstehenstheorie und Wortbegriff – eine konstruktivistische Sprachtheorie avant la lettre. In: Beiträge zur Geschichte der Sprachwissenschaft 16, 263-284.

2. Soziolinguistik

Ruth Reiher
Humboldt-Universität zu Berlin

Junge Dame aus gutem Hause wünscht charaktervollen, lebensfrohen Akademiker kennenzulernen.
Kontaktanzeigen in der DDR

1 Vorbemerkung

Die empirische Erforschung der deutschen Gegenwartssprache hat Norbert Dittmar stets am Herzen gelegen. Dabei widmete er sich auch Phänomenen, wie sie für die Sprachwirklichkeit in der DDR charakteristisch waren. In einem Beitrag von 2004 z. B. untersuchte er Sprache und Kommunikation in Hausgemeinschaftsleitungen mit dem Ziel, Sprachgebrauchskonventionen aus dem institutionellen DDR-Alltag zu rekonstruieren. Handelte es sich bei dem von Dittmar verwendeten empirischen Material um Mitschnitte von HGL-Sitzungen, so wende ich mich der schriftlich fixierten Textsorte Kontaktanzeige zu. Kontaktanzeigen wurden zu Tausenden und Abertausenden produziert, bislang aber kaum analysiert. Sie geben Auskunft über Sprache und Kommunikationspraktiken im DDR-Alltag und vermitteln zugleich ein detailliertes Bild von den Lebensformen und ihren Veränderungen. Anders als Norbert Dittmar geht es mir nicht um eine Momentaufnahme sprachlichen Geschehens – seine Texte entstammen dem Wendejahr 1989. Anliegen meiner Analyse ist die Beschreibung der Kontaktanzeigen in ihrer historischen Entwicklung. Vier Beispiele sollen genügen, um diesen Wandel anzudeuten:

(1) Junge Dame, 27 J., aus gutem Hause, vielseitig, Abitur, dunkel, schlank, gepflegte, sympathische Erschein., sonnig. Mensch, wünscht charaktervollen, lebensfrohen Akademiker oder Ing. kennenzulernen. Bildzuschriften (zurück) u. DL 9683 DEWAG Werbung, Leipzig C 1, Katharinenstraße 3 (Das Magazin, Februar 1954)
(2) Kraftfahrer, 28/1,82, dklbld., vielseitig interessiert, sucht nettes Mädel bis 28 J. zwecks baldiger Heirat. Zuschriften unter 349/N Dewag, Cottbus (Wochenpost, 23. November 1963)
(3) Wo finde ich dich? Bin Ende 40/1,70, o. Anh., led., ruh. Typ, sol., einf., Nichtr., von angenehm. Äuß. wü. die Bekanntsch einer sol., aufr., verständnisv. natürl. Partnerin, 39-53, R. Thür., Magd., Schwerin, Potsdam. Bitte nur ernstgem. Bildzuschr. erw. an 292 606 Sch. A DEWAG, Berlin 1054 (Wochenpost, 13. Dezember 1974)
(4) Verrücktes Huhn (36/1,76), HSA, geschieden, mit Charme und 3 reizenden Küken sucht lieben, intelligenten Hahn. Zuschr. an 4664 DLB-Anz.Ann., Kesselsdorfer Str. 64, Dresden, 8028 (Das Magazin, Mai 1989)

All diese Kontaktanzeigen wurden in der DDR publiziert und widersprechen damit dem weit verbreiteten Bild von einer homogenen DDR-Sprache. Zwischen den Erscheinungsjahren 1954 und 1989 liegen immerhin 35 Jahre, in denen sich nicht nur die DDR-Gesellschaft verändert hat, sondern mit ihr und durch sie auch Textsorten wie die Kontaktanzeige. Sprache in der DDR war kein unveränderliches, homogenes Ganzes. Als Muttersprache von ca. 16 Millionen Menschen bildete sie die Grundlage der kommunikativen Beziehungen, ohne die kein Gemeinwesen funktionieren kann. Als natürliche Sprache veränderte sie sich mit den Lebensformen und Lebensverhältnissen. In Bezug auf die sprachliche Gestaltung ist es also nicht möglich, von d e r DDR-Kontaktanzeige zu sprechen.

2 Zur Situation auf dem DDR-Kontaktanzeigen-Markt

Die Möglichkeiten des gegenseitigen Kennenlernens waren mannigfaltig. Da nahezu jedermann berufstätig war, bildete die Arbeitsstätte den Mittelpunkt kommunikativen Geschehens. Das beschränkte sich nicht auf den Arbeitsprozess selbst, sondern dehnte sich auch auf andere Bereiche des Alltags wie Wohnen, Lernen, Familie und Freizeit aus.[1] Öffentliche und nichtöffentliche Situationen waren über den 'Betrieb' eng miteinander vernetzt. Die kollektiven Strukturen des Lebens boten umfangreiche Gelegenheiten zur Kontaktaufnahme, sei es in gesellschaftlichen Organisationen, in Sportvereinen, in betriebseigenen Weiterbildungseinrichtungen sowie Betriebsferienheimen, bei Kino- und Theaterbesuchen der als 'Brigade' bezeichneten Arbeitsgruppe oder auch in den Kantinen großer Betriebe, in denen Frauen und Männer verschiedenster Berufszweige gemeinsam speisten.

Dennoch nahm die Zahl derjenigen, die den schriftlichen Kontakt über die Anzeige bevorzugte, stetig zu. Wie der langjährige Mitarbeiter der Zeitschrift „Wochenpost" Klaus Polkehn[2] in einem Gespräch bestätigte, entschlossen sich viele Partnersuchende zur Korrespondenz, da die schriftliche Formulierung gewissenhaft gewählt und eventuell noch einmal überdacht werden konnte. Die Hauptform dieser Kontaktaufnahme waren Kontaktanzeigen als Zeitungsannoncen. Da Kontaktanzeigen Geld kosteten, wurden sie kurz gehalten. Sie enthielten eine reduzierte Syntax und viele Abkürzungen; denn auf wenig Raum sollten viele Informationen vermittelt werden. Die Kontaktanzeigen erschienen in lokalen und überregionalen Tageszeitungen sowie in verschiedenen Zeitschriften. Auch das Fernsehen strahlte zeitweise eine Sendung aus, in der Heiratswillige sich in Bild und Ton vorstellten sowie ihre Wünsche hinsichtlich des gesuchten Partners mitteilten. Darüber hinaus gab es Anzeigenläden, in denen in großen Schaukästen neben Wohnungs-, Tausch- und anderen Annoncen auch Kontaktanzeigen zu finden waren.

Besonderer Beliebtheit für die Publikation von Kontaktanzeigen erfreuten sich die Zeitschriften „Wochenpost" und „Das Magazin". Während die „Wochenpost" für ein breites Publikum konzipiert war, wendet sich „Das Magazin" in erster Linie an intellektuell ausgerichtete Leser. Beide Zeitschriften begannen ihr Erscheinen etwa zeitgleich, die „Wochenpost" erschien seit Dezember 1953 und „Das Magazin" seit 1954. Als überregionale Zeitschriften waren sie in der ganzen DDR verbreitet und so beliebt, dass es in den späteren DDR-Jahren kaum möglich war, auf legalem Wege ein Abonnement zu erhalten. Die Anzeigenteile weiteten sich ständig aus. Dennoch konnte es vorkommen, dass Anzeigen aus Platzgründen länger als ein halbes Jahr in den Redaktionen liegen blieben, ehe sie publiziert wurden. Vielleicht hatte sich die eine oder andere Partnersuche dann bereits erledigt.

---

1 Vgl. dazu Hartung (2007).
2 Vgl. auch Polkehn (1997).

Schriftlich fixierte Vorgaben zur inhaltlichen und sprachlichen Gestaltung von Kontaktanzeigen gab es nicht. Im Wörterbuch der sozialistischen Journalistik (1973: 15) wurde auf die besondere Stellung der Anzeigen gegenüber dem redaktionellen Teil der Zeitungen verwiesen, indem ein Wesenszug der Anzeige darin gesehen wurde, „daß die in ihr enthaltene Meinung nicht zum redaktionellen Teil gehört und einer im Interesse der betreffenden Person [...] liegenden öffentlichen Bekanntmachung [...] dient". Diese Meinung bestätigte auch der bis 1989 tätige Chefredakteur der Zeitschrift „Das Magazin" Manfred Gebhart. Nach seinen Worten waren für die unter der Überschrift „Treffpunkt" erschienenen Anzeigen die gleichen Kriterien wie für die gesamte Zeitschrift maßgebend, darüber hinaus die Verfassung der DDR sowie der „gute Geschmack".

Zwischen den Inserenten und den Printmedien existierte in den seltensten Fällen ein persönlicher Kontakt. Zwischengeschaltet war die DEWAG, die bereits 1945 gegründete „Deutsche Werbe- und Anzeigengesellschaft". Die DEWAG verfügte über „Betriebe oder Bezirksstellen in allen Bezirksstädten der DDR, die für die Werbeberatung und –gestaltung, Anzeigen, Plakatanschlag, Verkehrswerbung und Filmtheater/Fernsehwerbung" tätig waren (Meyers Neues Lexikon, Bd. 3: 556). Die Mehrzahl der Kontaktanzeigen gibt als Adresse die nächstgelegene Bezirksstelle wie DEWAG Berlin, Erfurt, Rostock oder Karl-Marx-Stadt an. Inwieweit der DEWAG-Mitarbeiter die Inserenten hinsichtlich der inhaltlichen und formalen Gestaltung der Anzeige beriet, ist nicht mehr zu ermitteln. Betrachtet man die Vielgestaltigkeit der Kontaktanzeigen, so ist von einer direkten Einflussnahme kaum auszugehen. Auch Inserenten von damals bestätigten mir die Freiheit bei der Wahl der sprachlichen Mittel. Völlig auszuschließen sind Restriktionen im Einzelfall allerdings nicht. Prinzipiell orientierten sich die Annoncierenden an bereits vorhandenen Mustern. Dem eigenen Inserat ging stets die Lektüre anderer Anzeigen voraus, so dass aus einem breiten Angebot von Formulierungen die dem Inserenten angemessen erscheinenden ausgewählt werden konnten. Auch die wenige populärwissenschaftliche Literatur verwies die Inserenten auf die vorhandenen Muster. Mit inhaltlichen oder stilistischen Hinweisen hielt sie sich zurück. So empfahl z. B. eine kleine Stilkunde (Hirte 1982: 162f.): „Für Heiratsanzeigen, Stellengesuche, Motorradverkäufe und anderes bringt jede Tageszeitung viele Muster". Sie gab aber dennoch einige Gestaltungshinweise wie Kürze, Eindeutigkeit und Ehrlichkeit. Mit der Feststellung „Heitere Formen sind möglich, aber selten" verwies diese kleine Stilkunde bereits auf Veränderungen in der Anzeigengestaltung, die aber erst gegen Ende der 80er Jahre voll zum Tragen kamen.

3   Zu Funktion und Struktur von DDR-Kontaktanzeigen

Kontaktanzeigen verfolgen das Ziel, zu einem Partner – meist anderen Geschlechts – eine persönliche Beziehung herzustellen. Diese kann sich auf Briefwechsel, Freizeit oder Urlaubsunternehmungen beschränken, ist aber in der Regel auf eine dauerhafte Beziehung in Form der Heirat gerichtet. Deshalb werden die Kontaktanzeigen auch traditionell als Heiratsanzeigen bezeichnet. Kontaktanzeigen bilden eine

"Verquickung von Intimität und Öffentlichkeit" (Riemann: 67), indem sie persönliche Inhalte durch ihre Präsentation in den Medien einer breiten Öffentlichkeit kundtun. Durch die Anonymität des Anzeigenschreibers bleibt die Privatsphäre gewahrt, so dass diese Anzeigen trotz öffentlicher Kundgabe demjenigen Bereich zuzuordnen sind, den man gemeinhin als private Kommunikation bezeichnet. Der Blick des Inserenten ist stets auf ein imaginäres Gegenüber gerichtet, das es anzusprechen und für sich zu interessieren gilt. Rhetorische Fragen wie *Wo bist du?* sowie direkte Aufforderungen vom Typ *Bitte, schreiben Sie ... und fügen Sie bitte ein Foto bei* erwecken den Eindruck einer engen Beziehung zwischen Sender und Empfänger.

Um aus einer mehr oder minder großen Anzahl von Rezipienten den passenden Leser zu erreichen, erfordert das neben der Angabe des Zwecks der Kontaktaufnahme Informationen über die eigene Person (Selbstbenennung und Selbstbeschreibung) sowie über die Vorstellungen vom gewünschten Partner (Fremdbenennung und Fremdbeschreibung), zusammengefasst unter den Begriffen Selbst- und Fremddarstellung. Diese Struktur und Funktion der Kontaktanzeigen sind seit ihrer Entstehung weitgehend unverändert geblieben und prägten auch die Kontaktanzeigen der DDR. Ob sie tatsächlich erfolgreich waren, lässt sich kaum ermitteln. Hierzu hätte es Befragungen der Inserenten sowie der Anzeigenempfänger bedurft, die aber weder ethisch vertretbar noch von linguistischem Interesse waren. Dass die Anzeigen zu Kontakten führten, zeigt die Reaktion auf eine Annonce, die Hirte (1982: 174) publizierte.

Sehr geehrtes Fräulein NX 1032!   *Jena, den 12. Juni 19....*
Lassen Sie mich heute auf Ihre Anzeige in der Mai-Nr. des „Magazins" antworten.
Es fällt mir schwer, ohne jeden Kontakt einen Brief aufzusetzen. Doch was tut man nicht alles, um eine vollkommene Frau zu finden! Ihre Anzeige hat mir in allen Punkten gefallen. Was soll ich Ihnen von mir erzählen? Ich liebe wie Sie die Natur, die Musik und den Sport (am liebsten Wassersport). Äußerlich bin ich brünett, 1,82 Meter groß, schlank. Besondere Kennzeichen: keine.
Wenn Sie sich durch mein Bild ein Bild gemacht haben, werden Sie mir, so hoffe ich, Gelegenheit geben, mit Ihnen ins Gespräch zu kommen. Denn das Schreiben – siehe oben.
         Mit freundlichen Grüßen
         Ihr Hans Maier

Die Anzeige, auf die der Briefschreiber in sachlich-heiterem Ton Bezug nimmt, befindet sich nicht in meinem Korpus. Sie muss aber aus der früheren DDR-Zeit stammen. Denn die Anrede *Fräulein* verschwand etwa seit Mitte der 70er Jahre aus dem Sprachgebrauch.

4 Zur empirischen Erschließung der DDR-Kontaktanzeigen

Will man die Textsorte Kontaktanzeige über den Einzelfall hinaus untersuchen, erfordert das ein aussagekräftiges Korpus. Idealerweise müsste es in einem ausgewogenen Verhältnis Texte enthalten, die sowohl unter medialem, zeitlichem, sozialem als auch regionalem Aspekt beschreibbar sind. Die Textsammlung müsste also Kontaktanzeigen verschiedener Printmedien aus allen vier Jahrzehnten der DDR umfassen, produziert von sozial differierenden Inserenten aus ländlichen und städtischen Regionen. Ein solches Korpus liegt nicht vor und ist in dieser Differenzierung auch für die Zukunft nicht zu erwarten. Nicht einmal das im Zusammenhang mit dem „Digitalen Wörterbuch der deutschen Sprache" des 20. Jahrhunderts (DWDS) zu erarbeitende DDR-Korpus kann diese Anforderungen erfüllen. Zwar werden in diese Textsammlung Kontaktanzeigen von den 50er bis zum Ende der 80er Jahre aufgenommen. Auch werden verschiedene Printmedien wie die „Wochenpost", „Das Magazin" sowie ausgewählte regionale Zeitungen berücksichtigt. Allerdings wird mit dieser Auswahl weder dem sozialen noch dem regionalen Aspekt in ausreichendem Maße Rechnung getragen. So können bei Weitem nicht alle Regionen erfasst werden. Auf Grund häufig fehlender oder ungenauer Angaben zu den Inserenten muss auch auf eine systematische Zuordnung zu sozialen Gruppen verzichtet werden.[3]

Um dennoch empirisch verlässliche Aussagen über die Kontaktanzeigen in der DDR machen zu können, wurde von Studenten[4] ein kleineres Korpus dieser Textsorte zusammengestellt. Das Korpus enthält etwa 550 Kontaktanzeigen, ca. 210 aus der „Wochenpost" und über 330 aus der monatlich erschienenen Zeitschrift „Das Magazin". Da beide Printmedien DDR-weite Verbreitung fanden, enthalten sie Anzeigen von Rostock bis Plauen, vom Harz bis Frankfurt/Oder, deren Produzenten in nahezu allen sozialen Gruppen zu finden sind. Während die „Wochenpost"-Anzeigen eine Auswahl von Dezember 1953 bis zum Dezember 1985 umfassen, reichen die Anzeigen des „Magazin" von Februar 1954 bis November 1989. Vor allem die Berücksichtigung der späten 80er Jahre ermöglicht es, neben der kontinuierlichen Entwicklung auf lexikalischer Ebene in Bezug auf die Selbst- und Fremddarstellung auch Veränderungen in Aufbau und Struktur der Anzeigen zu fixieren. Darüber hinaus weisen die teilweise extravaganten stilistischen Formulierungen dieser späten Anzeigen auf sprachliche Veränderungen hin, die auch bei anderen alltagssprachlichen Textsorten in Rechnung zu stellen sind.

5 Zur Selbst- und Fremddarstellung in den Kontaktanzeigen

Die Kontaktanzeigen sollten auf begrenztem Raum umfangreiche Informationen zum Inserenten und dem Wunschpartner vermitteln. Neben den obligatorischen Merkmalen wie Alter, Größe und Geschlecht erfolgte die Selbstbenennung durch Angabe des Berufs, der Tätigkeit bzw. des Bildungsstandes des Annoncierenden. Einen breiten Raum nahmen die Interessen des Inserenten sowie die bevorzugten Charaktereigenschaften des gesuchten Partners ein, traditionell als Selbst- bzw. Fremdbeschreibung bezeichnet. Die Angaben zu den einzelnen inhaltlichen

---

3 Zu den Anforderungen an ein DDR-Korpus vgl. Reiher (2007).
4 Im Wintersemester 2005/2006 führte ich an der Humboldt-Universität zu Berlin ein Hauptseminar zur Sprache in der DDR durch, in dem u. a. Kontaktanzeigen analysiert wurden. Die StudentInnen Larissa Usubalieva/Alexander Waldberg untersuchten Kontaktanzeigen des „Magazin" und Katja Kling/Sonja Lawin diejenigen der „Wochenpost". Diese Studierenden trugen Kontaktanzeigen der entsprechenden Printmedien zusammen und analysierten sie unter ausgewählten Gesichtspunkten. Die im Text angeführten Gespräche mit leitenden Mitarbeitern beider Zeitschriften wurden auch von diesen Studenten geführt.

Gesichtspunkten wandelten sich im Laufe der 40jährigen Geschichte der DDR-Kontaktanzeigen. Um diese Entwicklung zu fixieren, werden im Folgenden ausgewählte Merkmale der Selbst- und Fremddarstellung analysiert.

5.1 Mädchen – Herr – Partnerin – Partner: Selbst- und Fremdbenennung

Als Selbstbenennung bevorzugten die Inserenten über den gesamten Zeitraum die Angabe des ausgeübten Berufs bzw. der gegenwärtigen Tätigkeit. So suchten *Akademikerinnen* oder *Akademiker*, *Kindergärtnerinnen*, *Ärztinnen*, *Ärzte*, *Lehrer*, *Angestellte*, aber auch die *Landwirts-* oder *Bauerntochter* sowie der *Bäcker-*, *Müller-* oder *Kürschnermeister* eine passende Partnerin oder einen passenden Partner. Im „Magazin" annoncierten viele *NVA-Angehörige*, aber auch einfache *Matrosen*. Fehlte die direkte Berufsangabe, so wurde häufig auf die Tätigkeit (*Student, Lehrling*), den Bildungsstand wie *HSA* (Hochschulabsolvent) oder *FSA* (Fachschulabsolvent), in zahlreichen Fällen auch nur auf das Alter (*Enddreißiger* oder *Enddreißigerin*) verwiesen. Bezeichneten sich in den 50er und 60er Jahren die Inserentinnen noch relativ häufig mit *(junges) Mädel/Mädchen* oder auch seltener mit *(junge, gebildete) Dame*, so wichen diese Benennungen in den 70er und 80er Jahren mehr und mehr der *(jungen) Frau*. In ähnlicher Weise verschwand seit den 70er Jahren bei den Inserenten des „Magazin" der *(junge) Herr*. Der *(junge) Mann* als Eröffnungselement dominierte die „Magazin"-Anzeigen über den ganzen Zeitraum in einer Weise, dass fast jede vierte Anzeige mit dieser stereotypen Wendung begann. In die „Wochenpost", deren Inserenten sich nie als *Herr* bezeichnet hatten, hielt der *(junge) Mann* in den 60er Jahren Einzug und erreichte in den 70er und 80er Jahren eine Häufigkeit von ca. 50%.

Ähnliche Veränderungen fallen bei der Fremdbenennung auf. Genauso wie bei den Selbstbenennungen werden von den 50er bis zur Mitte der 70er Jahre vornehmlich *Mädchen/Mädels* oder *Herren* gesucht. Die männlichen Inserenten der „Wochenpost" wünschen sich außerdem von den 60er bis in die 80er Jahre die Bekanntschaft von *Frauen*, bleiben darüber hinaus aber auch den gesuchten *Mädchen/Mädels* treu. Der *Partner* oder die *Partnerin* erscheinen vereinzelt in der „Wochenpost" als *Lebens-* oder *Ehepartner/in*. Überhaupt suchen die „Wochenpost"-Inserenten viel intensiver nach dauerhaften Partnern als die Inserenten des „Magazin". Seit Mitte der 70er Jahre treten all diese erwähnten Fremdbenennungen zurück und werden durch *Partnerin* oder *Partner* ersetzt. Besonders in den 80er Jahren werden so viele *Partnerinnen* und *Partner* gesucht, dass alle anderen Fremdbenennungen in der Minderheit bleiben.

Bei den Inseraten des „Magazin" tritt darüber hinaus in den 80er Jahren eine große Variationsbreite in der Selbst- und Fremdbenennung in Erscheinung. Während in den bisherigen Benennungen die sachliche Information im Vordergrund stand, werden nun unterschiedliche stilistische Möglichkeiten, insbesondere Metaphern, genutzt, um den gesuchten Partner oder die Partnerin in individueller Weise auf sich aufmerksam zu machen. Ein *verrücktes Huhn ... mit 3 reizenden Küken* sucht *intelligenten Hahn, Eisberg* ... *bedarf intelligenter, mode- und selbstbewußter Sonne* oder – mit literarischem Bezug – sucht ein *junger Robinson* ... *seinen weiblichen* ... *Freitag.*

5.2 *vielseitig interessiert und gutsituiert*: Selbstbeschreibung

Die Selbstbeschreibungen enthalten vier Merkmalsgruppen. Das sind Angaben zum Äußeren, Charaktereigenschaften und bevorzugte Interessen sowie Kennzeichnung der familiären und materiellen Situation. Über den ganzen Zeitraum hinweg beschreiben die Inserentinnen und Inserenten an erster Stelle ihre Körperkonstitution. Die häufigste Angabe ist *schlank*. Ca. 1/3 der Inserentinnen bezeichnet sich als *schlank*, und das im Laufe der Jahrzehnte mit zunehmender Tendenz. Auch die Haarfarbe im Wechsel zwischen *schwarz, dunkel* und *blond* spielt eine wichtige Rolle. Äußere Makel wie *Brillenträger, nicht besonders hübsch* oder *kein Filmstar* erscheinen sehr vereinzelt in männlichen Annoncen, wohingegen sich sowohl männliche als auch vor allem weibliche Inserenten als *gut aussehend, attraktiv, charmant* oder mit *angenehmem Äußeren* präsentieren. Das Epitheton *vorzeigbar* tritt erstmalig 1989 bei einer weiblichen Anzeige auf. Vornehmlich ältere Inserentinnen versuchen, ihr tatsächliches Alter durch Angaben wie *jünger aussehend* oder *jung geblieben* zu relativieren.

Die Palette der Charaktereigenschaften ist über den ganzen Zeitraum weit gefächert. Von *zärtlich* und *natürlich*, über *unabhängig* und *arbeitsfreudig* bis hin zu *unverwöhnt* und *eigenwillig* sind nahezu alle Charaktertypen vertreten. Unabhängig vom Jahrzehnt der Anzeigen überwiegen sowohl bei Männern als auch bei Frauen die *lebenslustigen, lebensfrohen* oder *unternehmenslustigen* Charaktere, die eine Partnerin oder einen Partner suchen. Dass Männer sich als *Nichtraucher* oder *Nichttrinker* präsentieren, ist vor allem für die „Wochenpost" der 70er und 80er Jahre charakteristisch. In ähnlicher Weise vielfältig sind die von den Inserentinnen und Inserenten bevorzugten Interessen. Vor oder anstelle der ausgewiesenen Interessengebiete erscheint bei nahezu 15% der Anzeigen der allgemeine Hinweis *vielseitig interessiert* oder *vielseitig*, gefolgt von der mehr oder minder umfangreichen Aufzählung der Interessen. Es existieren keine großen Unterschiede zwischen männlichen und weiblichen Annoncierenden. In beiden Gruppen gibt es die Literatur- und Kunstinteressierten (*musikliebend, Bücher, Kunst, Malerei, Literatur, Film*), die *Naturbegeisterten* mit Interesse für *Angeln, Tiere* und *Wandern* sowie die *sportlich* Interessierten und die *Reiselustigen*, bei denen keine Ziele, sondern die Art und Weise des Reisens – *Camping* – seit den 60er Jahren eine große Rolle spielt. Die sportlichen Interessen sind weit gefächert: *Wassersport, Schwimmen, Segeln, Reitsport, Wintersport* und wieder und wieder *Motorsport*. Lexeme wie *Auto, Motorrad, motorisiert, Fahrerlaubnis* oder auch *Rennsport* sowie seit den 80er Jahren *Autotouristik* kennzeichnen diese Interessen. Für die Offenheit des Endes der 80er Jahre spricht, dass die männlichen Annoncierenden des „Magazin" im Jahr 1989 auch des Öfteren auf ihr Interesse für *Sex* und *Erotik* verweisen.

Ein deutlicher Wandel vollzieht sich bei der Angabe der materiellen Situation der Inserenten. Über den ganzen Zeitraum hinweg wird auf Immobilien verwiesen: *Wohnung vorhanden, Haus und großer Garten, Eigenheim vorhanden, eigene AWG-Wohnung in Aussicht*. Formulierungen über andere materielle Werte wie *Aussteuer vorhanden*,

Ersparnisse vorhanden, gutsituiert oder *bemittelt* finden wir hingegen nur in den 50er und sehr vereinzelt in den frühen 60er Jahren.

5.3 Nettes Mädel –intelligenter Partner: Fremdbeschreibung

Die Beschreibungen der gewünschten Partnerin oder des gewünschten Partners korrespondieren häufig mit den Selbstbeschreibungen der Suchenden, sind aber viel kürzer gehalten. Frauen wie Männer suchen über den gesamten Zeitraum an erster Stelle *gutaussehende* Partner. Im Gegensatz zu den Inserentinnen besitzen die Inserenten noch weitere Vorstellungen von dem Äußeren ihrer Traumfrau. Sie soll *hübsch, attraktiv, schlank, sportlich* und *ansprechend* sein. Differenzierter hingegen sind die Vorstellungen von den charakterlichen Eigenschaften des/der Gesuchten. Bei den Frauen überwiegt neben dem Wunsch nach einem *lieben, liebevollen* Partner die Sehnsucht nach Verlässlichkeit. So soll der Partner *charakterfest, zuverlässig, aufrichtig* und *treu* sein. Alles Eigenschaften, die im Einzelfall auch von Männern eingefordert werden. Bevorzugt werden von ihnen aber in allen vier Jahrzehnten Werte wie *lieb, liebevoll, charmant* und *sympathisch; Sex* und *Erotik* erscheinen wie bei der Selbstbeschreibung erstmalig im Mai 1989. Von besonderer Bedeutung ist das geistige Niveau des gesuchten Partners. Nahezu die Hälfte der Frauen sucht geistig anspruchsvolle Männer; sie sollen *intelligent, gebildet, niveauvoll, klug* oder *vielseitig* sein. Ganz so anspruchsvoll sind die Männer nicht. Aber immerhin wünschen sich auch ca. 15% der Inserenten *intelligente* und *vernünftig denkende* Partnerinnen.

Gegenüber diesen aussagekräftigen Charakterisierungen der Wunschpartner ist das am häufigsten verwendete Epitheton *nett* inhaltsleer und stereotyp. Da sich die ursprüngliche Bedeutung des Wortes seit dem 19. Jahrhundert verflüchtigt hat, wird es in der Gegenwart nur noch als Floskel „für alles, was einem gefällt" (Paul 2002) verwendet, für freundlich und liebenswert oder auch hübsch und ansprechend. In diesem formelhaften Sinne suchen über 30% der Inserenten ein *nettes (Mädel)* und knapp 20% der Inserentinnen einen *netten (Herrn)*. Um die inhaltliche Leere dieses Epithetons etwas zu kaschieren, wird es häufig durch ein anderes inhaltsreiches Epitheton ergänzt: *netter gebildeter Herr, netter gutaussehender Partner, nettes aufrichtiges Mädel, nette einfache Frau*. Die Inserenten des „Magazin" verzichten seit den 80er Jahre fast völlig auf dessen Verwendung.

5.4 Marxistisch-leninistische Weltanschauung – ein Merkmal der DDR-Kontaktanzeigen?

Bereits auf der Basis dieses relativ kleinen Korpus ist es möglich, gängige Stereotype über die Kontaktanzeigen in der DDR in Frage zu stellen. Dazu gehört die immer wiederkehrende Behauptung, dass ein Merkmal der DDR-Kontaktanzeigen die Angabe der *marxistisch-leninistischen Weltanschauung*, abgekürzt *m./l. WA* sei. So stellt Stefan Sommer (2002: 142) im Anschluss an die Präsentation einer Heiratsannonce mit der Angabe *m./l. WA* fest: „In der DDR war es üblich, innerhalb der Heiratsannoncen bereits auf die Weltanschauung des Anzeigengebers aufmerksam zu machen." Die Analyse unseres Anzeigenkorpus führt diese Behauptung ad absurdum. In den ca. 550 Anzeigen erscheint dieses Merkmal ganze sieben Mal, fünf Mal in der „Wochenpost" und zwei Mal im „Magazin". Erstmalig tritt es im November 1974 im „Magazin" auf. In der „Wochenpost" erscheint es ab Januar 1975 und wiederholt sich bis Januar 1985. Mit einer Ausnahme wird die Angabe *m./l. WA* als Merkmal weiblicher Selbstbeschreibung genutzt. Eventuell ist in den frühen 60er Jahren die Suche nach einer *fortschrittlichen* Partnerin in diese Reihe der weltanschaulichen Kennzeichnung einzuordnen. So wünschen sich 1963 zwei Inserenten des „Magazin" die Bekanntschaft einer *fortschrittlichen Lebenskameradin* bzw. eines *fortschrittlichen Mädel*. In der „Wochenpost" sucht ein Akademiker im Jahr 1962 eine *Lebensgefährtin mit modernen fortschrittlichen Ansichten*.

Zur Weltanschauung gehört aber auch die Religionszugehörigkeit. Ein Großteil vor allem der „Wochenpost"-Inserenten verspürt offenbar keine Scheu, sich öffentlich zu seinem christlichen Glauben zu bekennen. Durchgängig von 1953 bis 1985 erscheinen Anzeigen, die die Inserenten als christlich gebunden ausweisen. So sucht 1954 ein *christlicher Bäckermeister* ... *ein gleichgesinntes Mädel* und 1962 ein *katholischer Landwirt* ... *ein katholisches Mädchen*. 1972 wünscht eine *neuapostolische Frau* ... *einen Herrn gleichen Glaubens* kennen zu lernen und 1980 sucht ein evangelischer junger Mann *mit Interesse für Bibel* ... *eine gleichgesinnte Partnerin*. Natürlich überwiegt im protestantischen Nordosten Deutschlands die Angabe *evangelisch*. Aber immerhin bekennen sich etwa 15% der Inserenten der „Wochenpost" zu ihrem christlichen Glauben, wohingegen die *m./l. WA* nur von unter 2% angegeben wird. Die Inserenten des „Magazin" sind noch zurückhaltender in weltanschaulichen Bekenntnissen jeglicher Couleur. Während 1963 ein *katholischer junger Mann* den Briefwechsel mit einem *netten jungen Mädchen* wünscht, sucht im Mai 1989 eine *interessante junge Frau* einen *evangelischen Partner* kennen zu lernen. Zur *m./l. WA* bekennt sich 1974 eine *charmante Pädagogin* und 1983 wünscht sich ein Doktorand eine *gute Partnerin mit m./l. WA*. Es ist also weniger als 1% der „Magazin"-Inserenten, der ein weltanschauliches Bekenntnis abgibt. Bei diesen Größenverhältnissen die Schlussfolgerung zu ziehen, dass die Angabe der „Weltanschauung des Anzeigengebers" im Sinne der *m./l. WA* ein Merkmal der DDR-Kontaktanzeigen sei, ist geradezu grotesk und hält der Analyse nicht stand.

6 Nachbemerkung

Dennoch wird diese Behauptung in der öffentlichen Diskussion ständig weitertransportiert. So hielt ich 2007 an der Universität Magdeburg einen Vortrag zur Sprache in der DDR. Natürlich kamen dabei auch die Kontaktanzeigen zur Sprache. Auf die Kennzeichnung *m./l. WA* verzichtete ich bewusst. Nur auf Nachfrage eines Teilnehmers wurde das Problem kurz thematisiert. Ich bemühte mich, die oben dargelegte Argumentation zu verdeutlichen. Und was stand am 18. Mai 2007 in einem Bericht über die Veranstaltung in der „Magdeburger Volksstimme"? „Sollte der Partner in ideologischer Hinsicht passen, wurde hinzugefügt: MLWA, Kürzel für Marxistisch-Leninistische Weltanschauung." Kann es ein deutlicheres

Beispiel für die Konstanz sprachlicher Stereotype trotz gegenteiliger wissenschaftlicher Erkenntnisse geben?

Um diese Vorurteile gegenüber der Sprache in der DDR zu überwinden, sind detaillierte sprachliche Analysen vornehmlich alltagssprachlicher Textsorten notwendig. Doch dazu bedarf es aussagekräftiger Korpora. Das im Zusammenhang mit dem „Digitalen Wörterbuch der deutschen Sprache" (DWDS) in Arbeit befindliche computergestützte DDR-Korpus soll diese Lücke schließen. Es wird neben Texten des öffentlichen Bereichs eine umfangreiche Sammlung nichtöffentlicher Texte präsentieren. Dazu gehören auch die Kontaktanzeigen. Ähnliche Bemühungen sind allerdings zur Aufarbeitung der sprachlichen Entwicklung in der alten Bundesrepublik vonnöten. Wollen wir z. B. feststellen, ob es sich bei dem Wandel der Selbst- und Fremdbenennungen von *Mädchen/Herr* zu *Partnerin/Partner* um ein DDR-spezifisches oder gemeindeutsches Phänomen handelte, so müssten Aussagen zum westdeutschen Sprachgebrauch in den betreffenden historischen Perioden gemacht werden. Dazu ist eine Sammlung alltagssprachlicher westdeutscher Texte von 1949 bis 1990 notwendig. Erst vor diesem Hintergrund könnten ost-west-kooperative Sprachvergleiche realisiert werden, wie sie zu Recht von Manfred W. Hellmann (2004: 19) eingefordert werden.

Lieber Norbert, es bleibt noch viel zu tun!

Literatur

Dittmar, Norbert/Steckbauer, Daniel (2004): Zur Sprache und Kommunikation in Hausgemeinschaftsleitungen. In: Reiher, R./Baumann, A. (eds.): Vorwärts und nichts vergessen. Sprache in der DDR: Was war, was ist, was bleibt. Berlin: Aufbau-Taschenbuch-Verl., 170-183.

Dusiska, Emil (ed.) (1973): Wörterbuch der sozialistischen Journalistik. Leipzig: Karl-Marx-Universität, Sektion Journalistik.

Digitales Wörterbuch der deutschen Sprache = DWDS: http://www.dwds.de

Hartung, Wolfdietrich (2007): Wann beginnt die „deutsche Sprache in der DDR"? Oder: Über historische Tiefe von Sprache. In: Lenk, H. E. W./Walter, M. (eds.): Wahlverwandtschaften: Valenzen – Verben – Varietäten (Germanistische Linguistik 188-189). Hildesheim [u.a.]: Olms, 305-328.

Hellmann, Manfred W. (2004): Thema erledigt – oder doch noch nicht? Was bleibt zu tun bei der Erforschung des DDR-Sprachgebrauchs? In: Reiher, R./Baumann, A. (eds.): Vorwärts und nichts vergessen. Sprache in der DDR: Was war, was ist, was bleibt. Berlin: Aufbau-Taschenbuch-Verl., 17-26.

Hirte, Werner (1982): Besser schreiben. Eine Stilkunde für jedermann. Leipzig [u.a.]: Urania.

Meyers Neues Lexikon (1972): Bd.3. Leipzig.

Paul, Hermann (2002): Deutsches Wörterbuch. Bedeutungsgeschichte und Aufbau unseres Wortschatzes. 10., überarbeitete und erweiterte Auflage von H. Henne, H. Kämper und G. Objartel. Tübingen: Niemeyer.

Polkehn, Klaus (1997): Das war die Wochenpost. Berlin: Links.

Reiher, Ruth (2007): „Was das einmal war: 'die Sprache in der DDR'" – Zur Erstellung eines Korpus von DDR-Texten. In: Lenk, H. E. W./Walter, M. (eds.): Wahlverwandtschaften: Valenzen – Verben – Varietäten (Germanistische Linguistik 188-189). Hildesheim [u.a.]: Olms, 329-346.

Riemann, Viola (1999): Kontaktanzeigen im Wandel der Zeit. Eine Inhaltanalyse. Opladen [u.a.]: Westdeutscher Verlag.
Sommer, Stefan (2002): Das große Lexikon des DDR-Alltags. Berlin: Schwarzkopf & Schwarzkopf.

Harald Weydt
Europa-Universität Viadrina Frankfurt/Oder

Warum hinterließ die deutsche Teilung so geringe sprachliche Spuren?

1 Sprache Ost – Sprache West

1.1 Schwindende Erinnerungen

Nur wenige Hände hoben sich, als ich im Jahre 2006 fragend in den Hörsaal der Freien Universität blickte. Der Soziolinguist Norbert Dittmar, unser Jubilar, hatte mich eingeladen, einen Gastvortrag über Sprache in Ost und West zu halten. Ich hatte das Publikum gefragt, wer in der Lage wäre, eine einfache Kontaktanzeige aus den letzten Jahren der DDR in vollem Wortlaut vorzulesen. Sie wirkt heute wie in einem geheimnisvollen Code verfasst. Sie lautet: *Zärtl. Sie, m. bet. frl. Fig., die Herz, Verstand u. eine m.-l. WA bes.* Wir hatten schon vorher festgestellt, dass kaum ein Wessi in der Lage war, den Text zu verstehen. Eingeweihte lesen ihn als „Zärtliche Sie, mit betont fraulicher Figur, die Herz, Verstand und eine marxistisch-leninistische Weltanschauung besitzt, (sucht...)". Erklärungsbedürftig ist noch im Volltext die Angabe „marxistisch-leninistische Weltanschauung". Sie bedeutete nicht unbedingt, dass die Dame überzeugte Anhängerin des Regimes war, sondern sie signalisierte, dass ihre Kontaktmöglichkeiten beschränkt waren: ein vernünftiger Hinweis darauf, dass eine bestimmte Gruppe von Lesern, z.B. ein Mann mit Westkontakten (etwa verwandtschaftlichen) oder einer, der einen Ausreiseantrag gestellt hatte oder der offen in kritischer Haltung zur DDR stand, sich nicht zu bewerben brauchte. Jetzt saßen im Publikum viele Personen aus dem Ostteil Berlins und aus Brandenburg, eine neue Generation; kaum einer verstand den Text mehr.

Wenn unser Jubilar Dittmar seinen 65ten Geburtstag begeht, sind viele deutsche Bürger, die nach dem Fall der Mauer geboren wurden, bereits volljährig. Kurz darauf werden Bürger volljährig, die schon im vereinten Deutschland geboren wurden. – Schon beklagt man, dass „die Jugend" so wenig von der DDR weiß[1]. Es wird immer schwerer, einen Deutschen aus der ehemaligen DDR von einem, der in den „alten" Ländern aufgewachsen ist, sprachlich zu unterscheiden – wenn man vom Dialekt oder dialektalen Anklängen absieht. Die sprachlichen Unterschiede waren früher viel größer. Zur Zeit des Mauerfalls waren die meisten Berliner zu Recht der Meinung, rein an der Sprache zu hören, ob ein Radiosprecher aus dem Westen oder aus dem Osten kam.[2] Die sprachlichen Unterschiede zwischen beiden deutschen Staaten, schienen immer mehr anzuwachsen und wurden (mit Genugtuung oder Besorgnis) ernst genommen.

---

1 URL: http://idw-online.de/pages/de/news234630, Abfrage am 22. 11. 07 verweist auf die Studie „Das DDR-Bild von Berliner Schülern" der FU Berlin.
2 Liebe-Reséndiz (1990).

1.2 Ein Blick auf die Geschichte

Mit dem Ende des Zweiten Weltkrieges haben enorme Umwälzungen in Deutschland stattgefunden, die auch sprachlich-kulturelle Auswirkungen hatten. Deutschland verlor einen großen Teil seines Staatsgebietes. Aus Gebieten wie der Gegend um Königsberg, dem heutigen Polen, Schlesien, dem Sudetenland sind Millionen von Deutschen ins heutige Deutschland gekommen. In diesem Beitrag richtet sich die Aufmerksamkeit auf den Komplex der kulturellen und sprachlichen Auswirkungen der Teilung Deutschlands in zwei deutsche Staaten und deren Aufhebung 1989 durch den Fall der Mauer. Ich bin davon persönlich betroffen und werde in meine Analyse autobiographische Elemente einfließen lassen. Sie mögen zum Verständnis der Situation und zur Plastizität der Berichte beitragen.

Nach 1945 wurde Deutschland von den Besatzungsmächten in vier Zonen aufgeteilt: die russische, die amerikanische, die französische, die englische. Die drei Westzonen wurden zur Bundesrepublik, die russische zur DDR. Berlin blieb, als geteilte Stadt, unter gemeinsamer Verwaltung der Siegermächte. Am 13. August 1961 wurde der Ostsektor Berlins vom Westsektor abgesperrt, der Bau der Mauer wurde begonnen. Ab 1961 lebten also die Deutschen definitiv in zwei sich feindlich gegenüber stehenden Lagern, in zwei unterschiedlichen Hemisphären. Es standen sich gegenüber: ein sozialistisches Lager, beherrscht von der Sowjetunion, dieses reichte von der deutsch-deutschen Grenze bis Wladiwostok und ein kapitalistisches Lager, dominiert von den Westmächten, besonders den USA; hier Warschauer Pakt, da NATO; hier Europäische Wirtschaftsgemeinschaft, dort COMECON; hier Osten, dort Westen. Und Berlin befand sich immer im Brennpunkt der Ereignisse. In Berlin trafen die Siegermächte aufeinander; die Konfrontation ging, wie jüngste Forschungen bestätigen, aber der Bevölkerung war das immer klar, bis an den Rand eines neuen Weltkrieges. Die unterschiedlichen Systeme, die damit verbundenen Ideologien, die verschiedenen Geschichtsauffassungen und offiziellen Parteinahmen, die realen oder die geforderten Identifizierungen mit dem einen oder dem anderen Staat blieben nicht ohne Folgen für die Sprache in Ost und West.

1.3 Frühe Interpretationsansätze

Sprachliche Unterschiede wurden schon früh beobachtet und thematisiert. Erste linguistische Auseinandersetzungen wurden von Hugo Moser in Bonn in den 50er und 60er Jahren angestoßen.[3] Er warnte vor einer bevorstehenden Sprachspaltung. Dabei argumentierte er folgendermaßen: Wenn in der ostdeutschen, kommunistischen Ideologie, in der Schule, in den Universitäten, in den obligatorischen DIAMAT-Kursen (Dialektischer Materialismus) an Schulen und Hochschulen, völlig andere Termini für historische Schlüsselbegriffe benutzt werden als im Westen, der die traditionelle Linie deutscher Geschichtsschreibung fortsetzt, dann nimmt die Gefahr zu, dass es zu einer Sprachspaltung und dazu kommt, dass die Deutschen

---

3 Einen Überblick über diese Entwicklung gibt Kinne (ed.) (1977).

sich nicht mehr verstehen. Dazu zwei Beispiele: Im Westen wird „Antike" benutzt. Der Begriff ist positiv besetzt und bezeichnet eine Epoche, die als Ursprung abendländischer Kultur und der Demokratie angesehen wird. Der Name der kommunistischen Ideologie für diese Epoche ist „Zeitalter der Sklavenhalterschaft". Was im Westen „Mittelalter" hieß, hieß in den Lehrbüchern in der DDR „Feudalismus", usw. Dieses könnte – so Moser – die ganze Erfassung der Wirklichkeit beeinflussen. Noch heute haben Ostdeutsche, die in der DDR ihre Schul- und Hochschulbildung erhalten haben, Schwierigkeiten bei der Orientierung im westlichen Epochenschema.

1.4 Eigene Erfahrungen

Ich selber möchte ein autobiographisches Beispiel anführen, das, wenn auch auf anderer Ebene, zeigt, wie schwer es zu dieser Zeit sein konnte, sich über ideologiebesetzte Begriffe hinweg verständlich zu machen. Im Jahr nach dem Mauerbau habe ich (Westler, noch dazu aus Bonn) wochenlang in der DDR gelebt, ein seltenes Privileg, für das ich noch heute dankbar bin. Während dieses Aufenthaltes habe ich viele nächtelange Diskussionen mit gleichaltrigen DDR-Jugendlichen geführt. Beide Seiten hatten den Eindruck, dass diese Diskussionen viel ertragreicher waren, als die, die sie mit ihresgleichen führten. Wir haben sie, weil es selten war, dass sich Jugendliche aus Ost und West treffen konnten, als kostbare Gelegenheiten wahrgenommen und ausgeschöpft. Die Diskussionen wurden allerdings erst dann vertrauensvoll und fruchtbar, wenn sich beide Seiten verwundbar gemacht hatten. Erst wenn ich wusste, dass die anderen mich für meine Äußerungen bei der Staatssicherheit anzeigen konnten, dass aber auch ich sie wegen ihrer Äußerungen denunzieren konnte, erst dann konnten wir frei diskutieren. In unseren leidenschaftlichen Diskussionen stießen wir auf Verständnisschwierigkeiten. Wir lösten sie durch Sprachregelungen. Wir legten fest, dass die östlichen Partner keine Wörter mehr auf *-ismus* oder *-istisch* benutzen durften. Auch das Wort (Bonner) „Ultra" wurde aus dem Sprachgebrauch verbannt. In dieser Zeit wurde in der offiziellen östlichen Propaganda viel von den „Bonner Militaristen" und „Revanchisten" gesprochen. Man durfte nach unserer Sprachregelung durchaus noch die damit gemeinten Phänomene benennen. Aber man musste sie umgangssprachlich paraphrasieren. Etwa: Statt *„Bonner Revanchisten"* musste man sagen: *„diejenigen Vertreter der Bonner Regierung, die einen neuen Krieg wollen, um das deutsche Territorium in den alten Grenzen wieder herzustellen"*, **wenn** der Sprecher diesen Inhalt mit dem Begriff verband. Er setzte sich dann der Frage aus: *„Wen meinst du eigentlich?"* und musste Nachweise führen, die nicht zu erbringen waren. Die Gesprächserfahrung brachte es mit sich, dass die östlichen Teilnehmer solche Gegenfragen antizipierten und sich gleich direkter auf die Realität bezogen. Im Gegenzug musste ich auf eine westliche Trumpfkarte in der Diskussion verzichten. Ich durfte die Begriffe „*Freiheit"* und „*frei"* nicht mehr benutzen. *Freiheit* war – auch in der Alltagsdiskussion – bei meinen Partnern ganz anders semantisch besetzt als bei mir. Der Begriff gründete in der marxistischen, sich von Hegel herleitenden Geschichtskonzeption und wurde definiert als *„Einsicht in die*

Notwendigkeit". Nach unserer Vereinbarung durfte ich zwar mit *Freiheit* argumentieren, aber ich musste die gemeinte Sache umständlich umschreiben, etwa: *„Die individuelle Wahl zwischen zwei Möglichkeiten einer Alternative".* Diese Regelungen machten unsere wichtigen und schönen Diskussionen zwar umständlich und anstrengend, sie führten aber dazu, dass diese fruchtbar wurden und zu gegenseitigem Verständnis und zu Freundschaften über die Hemisphärengrenzen hinweg führten. Noch heute, z.b. wenn ich höre, dass die Angriffe auf das World Trade Center am 11. September 2001 Angriffe auf die Freiheit waren, denke ich mit Wehmut an die damaligen Sprachregelungen zurück. Gerne würde ich meine Gesprächspartner auf die Sprachregelungen von damals verpflichten und sie um eine Paraphrase im beschriebenen Sinn bitten.

1.5 Sprachliche Ost-West-Unterschiede

In den 70er Jahren wurden im Westen umfangreiche vergleichende Korpusanalysen zur Sprache in Ost und West durchgeführt. Man konzentrierte sich vor allem auf lexikalische Unterschiede. Insgesamt waren im Westen eher Stimmen zu hören, die die Einheit der Sprache betonten, im Osten wurden gegenteilige Stimmen immer lauter. Im östlichen Teil wurde hinter verschlossenen Türen die Schaffung einer eigenen Orthographie diskutiert. Es wurden Pläne entwickelt, durch eine DDR-interne Rechtschreibreform die Eigensstaatlichkeit der DDR zu unterstreichen. Interessanterweise wurden diese Bestrebungen gerade von der Sowjetunion gestoppt. Im Westen gab es zeitweise ähnliche Bestrebungen nach einer nur in Westdeutschland durchzuführenden Rechtschreibreform, wobei denen, die sie befürworteten, die Auswirkungen auf die Einheit der deutschen Sprache überhaupt nicht in den Sinn kam. Und wenn sie daran gedacht hätten, hätten sie die Sprachspaltung leichten Herzens in Kauf genommen. Mitte der 80er Jahre wurde der Große Internationale Linguistenkongress in Wien abgehalten. Dort hielt der Stellvertretende Akademievorsitzende Feudel einen Vortrag „Von der sogenannten Einheit der deutschen Sprache", der dann aber nicht in den Akten erschien. Als aber im Spätherbst 1989 die Mauer fiel und Millionen von DDR-Bürgern über die geöffnete Grenze nach Westen strömten, da verschwand der Mythos von den zwei deutschen Sprachen, als habe er sich in Luft aufgelöst. Ein Forschungsgegenstand stellte sich als nicht existent heraus. Niemand konnte mehr argumentieren, dass zwei deutsche Sprachen existierten, niemand behauptete mehr, dass es zwei deutsche Sprachen gebe, und niemand stellte die kontrafaktische These auf, dass die Deutschen sich gegenseitig nicht mehr verstünden. Mit einem Schlag hatte es sich herausgestellt, dass die Phänomene, die in zahlreichen Studien, die die offizielle Sprache in Ost und West und den Wortschatz verglichen hatten, untersucht worden waren, überhaupt keine Auswirkungen auf die tägliche Kommunikation hatten.

Wohl aber zeigten sich Sprachunterschiede anderer Art. Es war zur Wendezeit immer noch möglich zu hören, aus welchem Teil Deutschlands ein Sprecher kam. Unsere Informanten erkannten Radio-Sprecher aus beiden Teilen nicht an ost- bzw. westspezifischen Vokabeln *wie Plastik* (w) vs. *Plaste* (o), *Broiler* (w) vs. *Hähnchen* (o), *Kaufhalle* (w) vs. *Supermarkt* (o), sondern an Sprechweisen wie Betonung, Rhythmus (vgl. Liebe-Reséndiz 1990). Schon acht Jahre später waren die Merkmale weniger deutlich geworden (vgl. Jesse 2001). Inzwischen haben sich auch diese Merkmale weitgehend aufgelöst, zumal bei der jungen Generation. Wenn man Probanden wählt, die völlig dialektneutral sprechen (was selten vorkommt), oder aus Gegenden stammen, die an der Grenze lagen (Berlin; Ratzeburg/Schwerin, einige Gegenden des Harz) ist es schwer, die Herkunft noch rein sprachlich zu ermitteln.

1.6 Warum hinterließ diese radikale Trennung keine nachhaltigeren Spuren?

Das geschlossene deutsche Sprachgebiet ist, wie Abbildung 1 zeigt, horizontal gegliedert: einem norddeutschen, „niederdeutschen", steht ein mitteldeutsches und ein südliches oberdeutsches Gebiet gegenüber. Die Gliederung ist phonetisch-phonologisch begründet, vor allem im Konsonantismus (durch die sogenannte „Althochdeutsche Lautverschiebung"), aber auch die Wortkarten zeigen eine analoge Strukturierung (man vergleiche bei Eichhoff (1977/78) die Karten für *Tischler/Schreiner, halt/eben, nach Hause/heim, Weihnachtsbaum/Christbaum*).[4]

Abbildung 1. Das geschlossene deutsche Sprachgebiet um 1900. Die seit dem Zweiten Weltkrieg nicht mehr zu Deutschland gehörenden Gebiete sind schraffiert. (aus: Goossens (1970: 123))

---

4 Eine Nord-Süd-Gliederung findet sich nicht nur in Deutschland, sondern auch in Frankreich, Italien, England und anderen europäischen Staaten.

Es ist außerordentlich interessant, zu beachten, dass die sprachliche Nord-Süd-Gliederung Deutschlands einer kulturell-religiösen Gliederung entspricht. Prototypisch wird sie durch den Antagonismus Bayern – Preußen repräsentiert. Nur wenige Stichworte zu diesem Nord-Süd-Gegensatz. Im Süden wohnen eher Bergbewohner, im Norden eher Flachländer. Ein alter Antagonismus stellt dem katholischen Süden dem protestantisch geprägten Norden gegenüber, als Ergebnisse u. a. des 30jährigen Krieges und der schwedischen Interventionen. Dem Norden mit seinen traditionellen rötlichen Backsteinbauten und den riedgedeckten Dächern stehen die südlichen Fachwerkbauten mit Dachschindeln gegenüber. Im Mitteldeutschen und Oberdeutschen wird traditionell als wichtiges Fest, das den Jahresrhythmus beherrscht, der Karneval/Fasching/Fastnacht gefeiert, ein Fest, das trotz jährlich wiederholter rührender Bemühungen im Norden nicht heimisch werden will. Weitere Nord-Süd-Gegensätze aus der sichtbaren Alltagskultur: Im Norden isst man schwarzes Brot, im Süden weißes, Roggen im Norden (wie in Nordrussland, Finnland, Skandinavien, dem Baltikum) steht der süddeutschen, österreichischen und romanischen Weißbrotkultur gegenüber. Zu Fleisch und Gemüse gibt es im Norden Kartoffeln, im Süden Nudeln. Nur im südlicheren Teil gibt es eine ausgeprägte Weinkultur, klimatisch bedingt, aber auch ein kulturelles Erbe der Römer. Regionale Nord-Süd-Unterschiede finden sich neben Phonetik und Wortschatz auch in anderen Bereichen der Sprache. Insgesamt ändern sich Funktion, Ausprägung und gesellschaftliche Akzeptanz des Dialektgebrauchs in Nord-Süd-Richtung. Im Norden hat der Sprecher – grob gesprochen – die Wahl, entweder Hochdeutsch oder Niederdeutsch zu sprechen. Es ist im Wesentlichen eine entweder-oder-Alternative ohne Zwischenstufen. Im Süden dagegen verfügen die Sprecher über fast stufenlose Übergänge vom tiefsten Dialekt zum gebildeten Hochdeutsch: Dialekt und Hochsprache liegen auf einem Kontinuum. Die gesellschaftliche Akzeptanz der Mundarten wird umso höher, je weiter man nach Süden kommt. Noch in Parlamenten und in Gymnasien wird dialektnah gesprochen, was im Niederdeutschen Raum unmöglich wäre. Auch wenn die Deutschen lange Zeit wie gebannt auf den Ost-West-Gegensatz schauten, so sollten sie sich doch vor Augen halten, und das wird, nachdem sich die Neuheit der Ost-West-Begegnung etwas gelegt hat, immer deutlicher, dass es immer noch kulturell einschneidender für eine norddeutsche Familie ist, von Hamburg nach München zu ziehen oder von Husum nach Garmisch-Partenkirchen, als von Jena nach Frankfurt a. Main.

Abbildung 2 (s.u.) verdeutlicht, dass die deutsche Teilung quer zu den historischen und den kulturellen (darunter auch den sprachlichen) Grenzen Deutschlands vorgenommen wurde. Gegen die tief eingewurzelte, fundamentale Nord-Süd-Struktur erwies sich die politisch bedingte, kurze Ost-West-Teilung letztlich als wirkungslos.

Warum hinterließ die deutsche Teilung so geringe sprachliche Spuren?

Abbildung 2

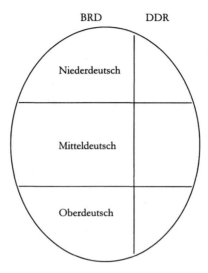

2 „Was wäre gewesen, wenn...?" Ein kontrafaktisches, politisches Sandkastenspiel

Wenn die Alliierten Deutschland nach dem Kriege wirklich auf Dauer teilen wollten, haben sie vermutlich fundamentale strategische Fehler gemacht haben. Wäre die Teilung unter Berücksichtigung sprachlich-kultureller Grenzen durchgeführt worden, so hätte sie sich als nachhaltiger erwiesen; die Wiedervereinigung wäre schwerer gewesen oder sie hätte gar nicht stattgefunden. Oder sie hätte nur im Rahmen der Europäischen Einigung erfolgen können.

Eine vorstellbare Alternative: Mit Kriegsende hätte man den Norden Deutschlands der Sowjetunion zusprechen und damit einen nordöstlichen deutschen Teilstaat schaffen können. Wenn man gleichzeitig aus dem Mittelteil und dem Süden einen neuen Südwest-Staat gegründet hätte, wären die Folgen der Teilung, da sie eben den kulturellen Grenzen entsprochen hätten, kaum mehr zu beseitigen gewesen. In diesem Falle hätte sich im Norden ein zur Ostsee orientierter sozialistischer Staat gebildet. Es wäre ganz offensichtlich gewesen, dass ein solcher Staat, wenn er so um seine weltweite Anerkennung gerungen hätte, wie es die DDR tat, massiv Rückgriff auf eine eigene Geschichte genommen hätte. In diesem Fall hätte sich die Hanse angeboten, die machtvolle und reiche, eben nicht feudale Handelsorganisation des Mittelalters, ein wirtschaftliches Zentrum des Nordens, deren Sprache und Kultur einen bedeutenden Einfluss im Nord- und Ostseeraum hatte. Plattdeutsch und Lübisches Recht (Recht der Stadt Lübeck) galten im Mittelalter von Bergen bis Nowgorod. Ein norddeutscher Staat hätte gar nicht anders gekonnt, als diese Tradition zu beschwören, besonders wenn es ihm wie der DDR um die Demonstration der Eigenstaatlichkeit gegangen wäre.

So war es aber eben nicht. Im Nachhinein gibt es eine Anzahl von Gründen, die erklären, warum es den Siegermächten völlig fern lag, die Teilung an regionalen deutschen Grenzen auszurichten. Sie sahen Deutschland als einen einheitlichen Block und sahen schon deshalb keine Veranlassung, sich auf seine inneren kulturellen Strukturierungen einzulassen. Darin wurden sie sicher bestärkt durch übliche Gemeinplätze, die Deutschland als zentralistischen Staat auffassten und durch auf völkerpsychologischen Klischees beruhenden Vorstellungen, wie sie besonders im idealistischen Denken der Zwischenkriegsjahre, u.a. im deutsch-französischen Sprach- und Kulturvergleich, etwa der Vosslerschule, entwickelt worden waren. Sie wurden auch unterstützt von Meinungen von „Deutschlandkennern", die der „Ein-Reich-ein-Volk-ein-Führer"-Propaganda der Nazis auf den Leim gegangen waren.

Selbst wenn die Siegermächte es gewollt hätten, wäre es ihnen wohl kaum möglich gewesen, sich aus den ihnen vertrauten Denkvorstellungen zu lösen. Stalin war trotz seines großen Realismus, der sich auch in Fragen der Sprachbeurteilung zeigt, ein Kommunist. Für einen Kommunisten der reinen Lehre sind die ethnischen und kulturellen Grenzen vernachlässigbar, sie sind zumindest den ökonomischen und den Klassengegensätzen nachgeordnet. Diese allein bestimmen den Lauf der Geschichte. Von daher lag es außerhalb der Denkweite Stalins, die politische Neuordnung des besiegten Deutschland an kulturellen Gegensätzen zu orientieren. Seine geographische Politik zeigte eher Züge der SU-Innenpolitik, die Sprachen und Ethnien bewusst missachtete. Die westlichen Siegermächte andererseits konnten aus ihrer eigenen Geschichte nur eine gewohnte Tradition fortführen. Sie waren gewohnt, Grenzen eroberter Gebiete oder unterworfener Regionen mit dem Lineal zu ziehen. Man betrachte die Grenzen, die die Kolonialmächte England und Frankreich etwa in Afrika gezogen haben, ohne die Siedlungsgebiete der unterworfenen Völker zu berücksichtigen, und man betrachte die Grenzziehung zwischen den Bundesstaaten im Westen der USA. Ein frühes Muster für die Aufteilung nach klaren Linien, die sich dabei für die kolonisierten Völker nicht im geringsten interessiert, sie gar nicht bemerkte, ist die Grenze zwischen den Kolonialmächten Spanien und Portugal, die ihre Einflussbereiche im Vertrag von Tordesillas 1494 abgrenzten. Als Folge wird noch heute in Angola und Mozambique und in Brasilien Portugiesisch gesprochen, im übrigen Lateinamerika Spanisch.

In Deutschland war für die Siegermächte dagegen der neue Ost-West-Gegensatz das beherrschende Denkmuster, eine logische Weiterentwicklung des Zweifrontenkrieges, den Deutschland geführt hatte; man konnte voraussehen, dass er die Auseinandersetzung der kommenden Jahrzehnte bestimmen sollte.

Zudem ist unklar, wie die Sieger sich die Zukunft vorstellten und ob sie den festen Willen hatten, die innerdeutsche Grenze als endgültig einzurichten. Stalin und seine Sowjetunion hatten im Westen riesige Geländegewinne erzielt und konnten – die zaristische Expansionspolitik fortsetzend – von der Weltrevolution unter sowjetischer Führung träumen. Dann wäre die deutsch-deutsche Grenze ohnehin hinfällig geworden. Die Westmächte hatten ihrerseits wohl auch nicht von dem

Gedanken Abschied genommen, die Demokratie in östlicher Richtung voranzutreiben. So lag es dem damaligen main-stream-Denken ganz fern, sich bei der Aufteilung der Besatzungszonen an internen deutschen Kulturgrenzen zu orientieren. Kommen wir zurück auf die Spekulation, was wäre gewesen, wenn? Wenn man ein ostseeorientiertes, sowjetdominiertes Nord-Ost-Deutschland von einem zum Westen hin orientierten Mittel- und Süddeutschland getrennt hätte, dann hätten die Folgen der Teilung, da sie eben den kulturellen Grenzen entsprochen hätten, nach dem Herbst 1989, wenn er denn so stattgefunden hätte, kaum mehr beseitigt werden können. Vor allem hätte dann ein entscheidender Motor gefehlt, der im Wiedervereinigungsprozess unschätzbar war und bewirkte, dass die östliche Republik der westlichen gerne beitrat, und dass von Westseite riesige materielle Opfer gebracht wurden: das Gefühl der Zusammengehörigkeit. Oder, um es weniger überspitzt zu sagen: es hätte nicht gefehlt, aber es wäre sehr viel schwächer gewesen. Die Deutschen haben jedoch allen Grund, sich über die enormen Fehleinschätzungen der Siegermächte – wenn es denn welche waren – zu freuen, denn sie profitieren von ihnen.

Literatur

Eichhoff, Jürgen (1977/78): Wortatlas der deutschen Umgangssprache (Band I/II). Bern/ München: Francke.
Freie Universität Berlin (2007): Das DDR-Bild von Berliner Schülern. [http://idw-online.de/pages/de/news234630].
Goossens, Jan (1970): Deutsche Dialektologie. Berlin: de Gruyter.
Jesse, Christine (2001): Unterschiede bei Spracheinstellungen West- und Ostberliner Studierender. Eine empirische Annäherung. (Diplomarbeit). Frankfurt (Oder).
Kinne, Michael (ed.) (1977): Texte Ost, Texte West: Arbeitsmaterialien zur Sprache der Gegenwart in beiden deutschen Staaten. Frankfurt (Main): Diesterweg.
Laufer, Jochen (1979): „Die UdSSR und die Zoneneinteilung Deutschlands (1943/44)". Zeitschrift für Geschichtswissenschaft 50, 309-331.
Liebe-Reséndiz, Julia (1990): Die Sprache des Rundfunks in Berlin (West) und in der DDR. Eine Studie zur Rezeption der Unterschiede. (Staatsexamensarbeit). Berlin.
Reiher, Ruth/Läzer, Rüdiger (eds.) (1996): Von 'Buschzulage' und 'Ossinachweis'. Ost-West-Deutsch in der Diskussion. Berlin: Aufbau.
Weydt, Harald (1993): „'Zärtl. Sie, m. bet. frl. Figur, die (...) eine m.-l. WA bes., sucht...' Partnerschaftsanzeigen in Ost und West". In: Klein, W. P./Paul, I. (eds.): Sprachliche Aufmerksamkeit. Glossen und Marginalien zur Sprache der Gegenwart. Heidelberg: Winter, 214-219.
Weydt, Harald (1997): „The mutual perception of language differences by East and West Germans." In: Daly, P. M./Frischkopf, H. W./Goldsmith-Reber, T./Richter, H. (eds.): Germany reunified. A five- and fifty-year retrospective. (=McGill European Studies. 1). New York: Lang.

Friederike Kern
Universität Potsdam

Die Darstellung von Kontrast im Türkendeutschen – Merkmal eines Stils oder Eigenschaft einer Varietät?

In diesem Beitrag möchte ich einige Überlegungen zur Konzeptualisierung und Interpretation sprachlicher Unterschiede anstellen, und zwar am Beispiel des „Türkendeutsch", wie es von vielen jungen Berlinern und Berlinerinnen mit türkischem, aber auch mit deutschem oder arabischem Hintergrund gesprochen wird. Im Vordergrund steht die Frage nach möglichen sprachwissenschaftlichen Beschreibungsverfahren solcher Sprechweisen und deren Zuordnung zu einem spezifischen methodischen und theoretischen Paradigma. Dazu möchte ich ein türkendeutsches Verfahren des Kontrastierens vorstellen und es in Bezug auf seine syntaktischen, prosodischen und funktionalen Eigenschaften mit einem standarddeutschen Verfahrens des Kontrastierens beispielhaft vergleichen.

1 Türkendeutsch – Was ist das?

Die Begriffe „Türkendeutsch" (Kern/Selting 2006), „Türkenslang" (Auer 2003), „Ghettodeutsch" (Keim 2004) oder „Kiez-Sprache" (Wiese 2006) verweisen im Allgemeinen auf denselben Untersuchungsgegenstand und beschreiben oft sogar ähnliche Eigenschaften als typisch, wie z.B. den Wegfall von Präpositionen und/oder Artikeln, Verbzweitkonstruktionen nach satzinitialen adverbialen Bestimmungen, spezifische Lexik, stakkatoartiges Sprechen etc.; sie spiegeln aber gleichzeitig dessen methodische und theoretische Unbestimmtheit wider.

In diesen Beitrag möchte ich den Untersuchungsgegenstand als „Türkendeutsch" bezeichnen, da die Daten, aus denen die hier präsentierten Ergebnisse stammen, ausschließlich aus Telefongesprächen von türkischstämmigen Jugendlichen stammen.[1] Türkendeutsch fasse ich als Teil einer Gruppe von pan-ethnischen[2] Stilen auf, die sich in ganz Europa entwickelt haben und die offenbar einige der oben beschriebenen sprachlichen Eigenschaften teilen.[3]

---

1 Die Daten stammen aus dem DFG-Projekt „Die Prosodie des Türkendeutschen", das unter der Leitung von Margret Selting und unter Mitarbeit von Yazgül Simsek und mir an der Universität Potsdam angesiedelt ist.
2 Erickson/Shultz (1982: 30) definieren Pan-Ethnizität als „similarity across ethnic categories that differ in terms of national origin and race but are similar in other respects – social class level and contiguous residence patterns in the city". Im hiesigen Fall sind die Ähnlichkeiten tatsächlich sprachliche.
3 Vgl. z.B. Kotsinas (1998) reichlich vage Beschreibung des Rinkeby-Schwedisch als „choppy" or „uneven" und Keims (2004) Beobachtung, „Ghettodeutsch" hätte einen „hämmernden Rhythmus". Vgl. ebenfalls Kern/Seltings (2006) Beschreibung von Verbzweitkonstruktionen

2 Ethnolekt oder Stil?

Die Kontroverse im Hinblick auf die Bezeichnung des Untersuchungsgegenstandes steht in Zusammenhang mit der Debatte in Bezug auf dessen forschungstheoretische Einordnung. Vielerorts wird „Türkendeutsch" als Ethnolekt bezeichnet, d.h. also als eine Varietät, die sich durch das außersprachliche Kriterium der „nichtdeutschen" Ethnizität definiert.[4] Bei der Beschreibung von Ethnolekten stehen insbesondere deren grammatische, manchmal auch prosodische Merkmale im Fokus, die sie von anderen Varietäten unterscheiden. Sprachliche Unterschiede werden also als Unterschiede zwischen Varietäten konzeptualisiert. Die Gesprächssituationen, in denen Varietäten konstituiert und verwendet werden, spielen dabei im Allgemeinen keine Rolle.

Eine etwas andere Perspektive wird gewählt, wenn „Türkendeutsch" als ethnischer Stil konzeptualisiert wird. Dadurch wird der Blick auf Türkendeutsch als ein mögliches Verfahren zur Durchführung und Lösung bestimmter Aufgaben der Gesprächsorganisation gerichtet. Damit wird der Tatsache Rechnung getragen, dass Türkendeutsch nur eine sprachliche Ressource von vielen ist (vgl. z.B. Auer 2003, Keim 2004).

Auch Stile können anhand ihrer strukturellen phonetisch-phonologischen, morpho-syntaktischen und lexikalischen Merkmale beschrieben werden; eine Stilanalyse kann außerdem der Frage nachgehen, ob und wie diese Merkmale als sprachliche Verfahren zur interaktiven Bewältigung konversationeller Aufgaben und zur Gestaltung verschiedener kommunikativer Gattungen eingesetzt werden. Damit rückt das Gespräch als Ort des Gebrauchs und der Analyse von Stilen in den Mittelpunkt des Forschungsinteresses.

3 Kontrast im Türkendeutschen

Bei dem Verfahren, mit dem ich mich im Folgenden beispielhaft beschäftigen möchte, geht es um die Realisierung einer Kontrastrelation. Dieses Verfahren zeichnet sich durch eine spezifische Kombination von grammatisch-semantischen und prosodischen Eigenschaften aus, die ich genau beschreiben möchte.

Das erste Beispiel (1) zeigt ein standarddeutsches Verfahren der Kontrastierung, das mit dem adversativen Konjunktor ‚aber' durchgeführt wird.

Beispiel (1)[5]

ZEL hm=wir SEHN uns ja mit meinen freunden;
(n) TÄGlich;
aber <h> ich ↑KANN nich ↑AUFhören;

---

nach satzinitialen Adverbialen und Kotsinas (1998) Hinweis auf vergleichbare, vom Standardschwedischen abweichende Konstruktionen im Rinkeby-Schwedisch.
4 Nach Auer (2003: 256) z.B. ist ein Ethnolekt „eine Sprechweise (Stil), die von den Sprechern selbst und/oder von anderen mit einer oder mehreren nicht-deutschen ethnischen Gruppen assoziiert wird."
5 Transkriptionskonventionen nach GAT (Selting et al. 1998).

In Beispiel (1) übernimmt ‚aber' zwei Funktionen: Erstens werden die vorhergehende und nachfolgende Äußerungseinheiten (vgl. Schwitalla 2003) miteinander so verknüpft, so dass sie als zusammengehörige Konjunkte miteinander interpretiert werden können (vgl. Lang 1991). Zweitens wird die Verknüpfung durch den semantischen Gehalt von ‚aber' als eine spezielle, nämlich kontrastive bestimmt. ‚Aber' übernimmt also sowohl die Funktion der Kohärenzsignalisierung als auch der Kontextualisierung von Kontrast.

In Beispiel (2) dagegen wird ebenfalls Kontrast ausgedrückt, allerdings ohne lexiko-semantische (Hilfs)Mittel.

Beispiel (2):
DEN hAndy ʹKLINgelt? (.)
<<t> gEht nicht ↓RAN;>

Das türkendeutsche Verfahren des Kontrastierens zeichnet sich auf den ersten Blick dadurch aus, dass die beiden Äußerungen durch eine kontrastive Relation miteinander verbunden sind, ohne dass diese Relation durch typische lexiko-semantische Marker der Adversativität angezeigt wird. Besonders aber ist vor allem die prosodische Aufbereitung der Äußerungen, durch sie sich von standarddeutschen Asyndesen deutlich unterscheiden.

Wie wird in diesen Äußerungen Kohärenz hergestellt und wie wird Kontrast angezeigt? Die Antworten auf diese Fragen haben, wie ich im Folgenden versuchen werde zu zeigen, insbesondere mit ihren prosodischen Eigenschaften zu tun. Zunächst müssen allerdings noch einige Überlegungen zu dem Phänomen ‚Kontrast' angestellt werden.

3.1 Die semantische Relation ‚Kontrast'

Nach Rudolph (1996:8) zählt Kontrast zu den basalen menschlichen Erfahrungen. Sie konzipiert Kontrast als eine mentale Operation, die zwischen zwei Propositionen durchgeführt werden kann und durch die sie auf eine bestimmte Art und Weise – nämlich kontrastierend – miteinander verknüpft werden. ‚Aber' stellt dabei den typischen Marker zur Signalisierung dieser Art von Verknüpfung dar. Entsprechend wird Kontrast in der einschlägigen Literatur (unter anderem) im Zusammenhang mit dem Konnektor ‚aber' analysiert (vgl. z.B. Rudolph 1996, Breindl 2004).

Mit der Relation ‚Kontrast' hat man sich zumeist im Rahmen der Semantik befasst. Allerdings muss man davon ausgehen, dass kontrastive Strukturen nicht einfach entstehen, indem fertige konzeptuelle Ressourcen, die in semantischen Kategorien enthalten sind, aktiviert werden. Stattdessen können sie flexibel und einfallsreich für jedes beliebige Objekt oder jedes beliebige Ereignis geschaffen werden (vgl. z.B. Brauße 1998). Eine wesentliche Rolle spielt dafür der Gesprächskontext (vgl. auch Blakemore 1989, Brauße 1998).

Zurück zu Beispiel (1): Hierbei handelt es sich um ein so genanntes *denial-of-expectation-but* (vgl. Lakoffs 1971) oder konzessives ‚aber' (vgl. Breindl 2004), bei dem das erste Konjunkt neben einer Aussage auch eine Präsupposition enthält, die auf Teilen des Weltwissens der Sprecher und Sprecherinnen und auf ihren darauf basierenden Annahmen über Zusammenhänge beruht, und aus der eine spezifische Erwartung folgt: Zelals Aussage, sie würde ihre Freunde täglich sehen, enthält die Präsupposition, dass sie in diesem Fall mit ihnen nicht noch täglich stundenlang telefonieren müsse. Dieser Erwartung wird im zweiten Konjunkt widersprochen.

Auch bei Beispiel (2) handelt es sich um einen konzessiven Kontrast: Obwohl das Handy klingelt (und damit auch die Präsupposition ausgedrückt wird, auf ein klingelndes Handy würde im Normalfall reagiert, da man es ja bei sich trägt), wird darauf nicht reagiert; der Besitzer nimmt nicht ab.

Somit handelt es sich also in beiden Fällen um konzessive Kontraste, die jedoch offensichtlich mit unterschiedlichen Mitteln ausgedrückt werden.

3.2 Kontrastieren im Türkendeutschen: Formale Merkmale

Ein genauer Blick auf Beispiel (2) soll nun die Frage beantworten, wie Kohärenz zwischen beiden Äußerungseinheiten signalisiert und Kontrast kontextualisiert wird. In den Mittelpunkt des Interesses rücken damit deren prosodischen Eigenschaften.[6]

Bild 1. Prosodische Eigenschaften von Beispiel (2).

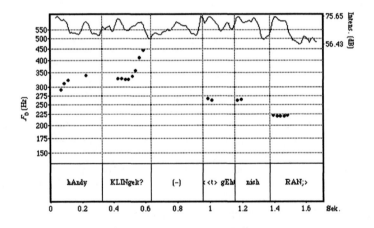

Die erste Äußerung beginnt mit einer mittleren Tonlage (ca. 290 Hz) und endet mit einer sehr hohen (450 Hz), wobei die Steigung postnuklear produziert wird, also nach der Nukleussilbe KLIN. Die zweite Äußerung schließt dann mit einem Downstep in tieferer, mittlerer Tonlage an (ca. 270 Hz) und fällt zum Ende weiter

---

6 Für die Darstellung und Beschreibung prosodischer Merkmale wurden auditive Analysen mit Messergebnissen kombiniert, die mit Hilfe des akustischen Analyseprogramms PRAAT (URL: www.praat.org zuletzt gesehen am 25.11.2007) gewonnen wurden.

ab, wobei ein weiterer Downstep auf der Nukleussilbe RAN produziert wird. Im Verhältnis zur ersten Äußerung konstituiert sich die zweite Äußerung so auf einem relativ tiefen Tonhöhenniveau; auditiv wird ein Wechsel des Tonhöhenregisters zu <tief> wahrgenommen. Darüber hinaus weisen die Äußerungen zusammen eine durchgängige rhythmische Struktur auf. Insgesamt werden durch vier akzentuierte Silben drei in etwa isochrone rhythmische Füße[7] konstituiert. Die Wahrnehmung der Äußerung als rhythmisch wird dadurch unterstützt, dass jeder prominenten Silbe genau eine nicht-prominente folgt. Es handelt sich damit um eine isometrische rhythmische Struktur.

Beispiel 2[18]:

/hAndy   /0.37 Sek./2 Silben
/KLINgelt? /0.35 Sek./2 Silben
/h.   /0.21 Sek./(leerer Schlag)
/gEht nich /0.40 Sek./2 Silben
            (synkopierter Schlag9)
/RAN

Folgende prosodischen Merkmale können also als typisch für diese Art kontrastierender Verfahren gelten:
- Die globale Tonhöhenbewegungen ist gegenläufig: die erste Äußerung weist eine steigende Intonationskontur auf, die zweite eine fallende.
- Die lokalen Akzenttonhöhenbewegungen sind ausgeprägt gegenläufig.
- In der zweiten Äußerung findet ein Wechsel des Tonhöhenregisters statt.
- Beide Äußerungen weisen eine durchgängige rhythmische Struktur auf.

Zurück zu der Frage, wie Kohärenz und Kontrast signalisiert werden, wenn der Konjunktor ‚aber' fehlt. Ein Blick auf die prosodischen Merkmale zeigt, dass diese dabei eine wesentliche Rolle spielen: So wird eine final ansteigende Kontur im Deutschen im Normalfall als ‚weiterweisend' wahrgenommen (vgl. z.B. Gilles 2001). Die darauf folgende, zweite Äußerungseinheit wird entsprechend als zur ersten zugehörig interpretiert. Ein weiteres Kohärenzmerkmal stellt die durch beide Äußerungseinheiten durchgehende rhythmische Struktur dar.

---

7 Ein Fuß konstituiert sich aus einer prominenten und den nachfolgenden nicht-prominenten Silben; er wird als grundlegende rhythmische Einheit in sog. akzentzählenden Sprachen verstanden (vgl. z.B. Halliday (1985) sowie Kern in Vorb.).
8 Zur Konvention rhythmischer Notationen vgl. Couper-Kuhlen (1993). Anfang und Ende rhythmischer Einheiten werden durch Schrägstriche gekennzeichnet, rhythmische Schläge auf prosodisch prominenten Silben durch Großbuchstaben. Des Weiteren wird die Länge der rhythmischen Einheiten in Sekunden sowie die Anzahl der Silben pro rhythmischer Einheit notiert.
9 Synkopierte Schläge (syncopated beats) sind nach Auer/Couper-Kuhlen/Müller (1999) ebenso wie leere Schläge lokale Irregularitäten, die innerhalb eines globaleren rhythmischen Musters toleriert werden können.

Kontrast wird durch die gegenläufigen globalen und lokalen Tonhöhenbewegungen auf der Äußerungsebene kontextualisiert; als weiterer Kontextualisierungshinweis fungiert der Wechsel der Tonhöhenregister in der zweiten Äußerungseinheit. Kohärenz wird in Beispiel (2) also durch
a) eine final hoch ansteigende Kontur und
b) eine durchgängige Rhythmisierung der Äußerungseinheiten
signalisiert.
Kontrast dagegen wird durch
a) die gegenläufigen globalen und lokalen Tonhöhenbewegungen sowie
b) den Wechsel des Tonhöhenregisters
angezeigt.[10]

Ein kurzer Blick zurück auf das Beispiel (1) offenbart, dass dieses keines der genannten prosodischen Merkmale aufweist: So fällt die Intonation am Ende der ersten Äußerungseinheit; auch die lokalen Tonhöhenbewegungen sind nicht gegenläufig. Rhythmische Strukturen sind nicht hörbar. Die Veränderung des Tonhöhenregisters zu <hoch> wird nicht zu Beginn der zweiten Äußerungseinheit durchgeführt, sondern erst etwas später (nach ‚aber'). In Kombination mit der dichten Akzentuierung zeigt die hohe Tonhöhe hier Emphase an und nicht Kontrast.[11]

Im Türkendeutschen ist es also die Kombination aus einer spezifischen syntaktischen Struktur, nämlich Asyndese, zusammen mit mehreren ko-okkurierenden prosodischen Signalen, die ein spezifisches Kontrastverfahren im Vergleich zum Standarddeutschen auszeichnet.

3.3 Rechtfertigen durch Kontrastieren: Eine Funktion des türkendeutschen Verfahrens

Es ist nun an der Zeit, sich den Funktionen dieses türkendeutschen Verfahrens zuzuwenden. Eine Analyse der Gesprächssequenzen, in denen das Verfahren benutzt wurde, ergab, dass es oft im Kontext von Klagen und Beschwerden über dritte, nicht anwesende Personen produziert wird. Das Verfahren wird dazu verwendet, konkrete Beispiele für das Fehlverhalten der Personen zu formulieren, die der Anlass für die Klage oder Beschwerde sind.

Nach Klein (2001) zählt das RECHTFERTIGEN (neben anderen konklusiven Sprechhandlungen) zum ARGUMENTIEREN, bei dem es um die Verhandlung

---

10 In anderen, vergleichbaren Fällen weist die zweite Äußerungseinheit beispielsweise eine andere Stimmqualität auf.
11 Zu emphatischen Sprechstilen und der Rolle von dichten Akzentuierungen dabei vgl. Selting 1994.

problematischer bzw. strittiger Geltungsansprüche geht.¹² Beim RECHTFERTIGEN werden dabei Einstellungen zu einem Sachverhalt gestützt.¹³ Der folgende Ausschnitt stammt aus einem Telefongespräch zwischen den beiden Freundinnen Deniz und Melissa. Deniz beschwert sich gerade massiv über ihren Bruder. In dem Ausschnitt werden mehrere kontrastive Äußerungen produziert.

Beispiel (3):

327	DEN	NEIN man;
328		**MAN;= er nErvt schon den ganzen TAG;=**
329		=ich hab' ich will nicht ihn SEHN;
330		ich will auch nicht mit ihm REden,
331		überHAUPT nichts;
332	MEL	achso ich dachte er ist dein lEBlingsbruder;
333	DEN	ja IS er ja;
334		aber TROTZdem;=
335		**=er spinnt nur RUM die ganze zeit;**
336		**spielt den ganzen tag die PLAY station;**
		= ey;
337	MEL	((lacht kurz))
-> 338	DEN	**hAndy KLINgelt? (.)**
-> 339		**<<t> gEht nicht ↓RAN;>**
340	MEL	ich wollt nur (.) DINGS;
341		**ich hab die ganze zeit ANgerufen? (.)**
342		**keiner geht RAN;=**
343		=ich sag so soll ich bei ihm KLINgeln lassen,
		(...)

Deniz produziert eine Klage über ihren Bruder in Form einer negativen Charakterisierung (*er nervt schon den ganzen tag*, Z. 328). Nach einer erstaunten Nachfrage von Melissa (*ich dachte er ist dein Lieblingsbruder*) präsentiert Melissa zunächst eine Reformulierung ihrer Klage (*er spinnt nur RUM die ganze Zeit*, Z. 335) und dann einen Grund dafür (*spielt den ganzen tag die PLAY station*, Z. 336). Alle Formulierungen enthalten lexikalische Hyperbolen (*den ganzen tag, die ganze zeit*) und stellen damit so genannte Extreme-Case-Formulierungen (vgl. Pomerantz 1986) dar.¹⁴ Trotz der aufwändigen Formulierungsarbeit, die Deniz leistet, produziert Melissa lediglich ein kurzes Lachen (Z. 337). Vermutlich ist dies der Grund dafür, dass Deniz, die mit

---

12 Diese können entweder in der epistemischen oder in der evaluativen Dimension liegen (vgl. Klein 2001: 1316).
13 Eine zweite konklusive Sprechhandlung, ERKLÄREN-WARUM, betrachtet dagegen die zu erklärenden Sachverhalte bewertungsneutral auf ihre Konstitutionsbedingungen hin (vgl. Klein 2001). In den vorliegenden Daten sind es tatsächlich diese beiden (Sprech-)handlungen, die mit dem beschriebenen Verfahren des Kontrastierens durchgeführt werden.
14 Nach Pomerantz (1986) müssen Klagen über andere Personen so konstruiert werden, dass deren Fehl- oder Missetaten, die den Anlass zur Klage darstellen, deutlich zu erkennen sind. Extreme-Case-Formulierungen stellen eine Möglichkeit dar, diese Fehltritte für die Rezipient/innen erkennbar und verstehbar zu machen.

Sicherheit eine weniger zurückhaltende Reaktion von Melissa erwartet hat, nun ein weiteres konkretes Beispiel für das Fehlverhalten ihres Bruders als Ursache für ihre Klage anführt. Dies wird mit dem kontrastierenden Verfahrens produziert: *handy klingelt, geht nicht ran* (Z. 338–339).

Nun knüpft Melissa an dieses Thema an und nutzt dasselbe Verfahren, kombiniert mit lexikalischen Hyperbolen (die ganze Zeit, keiner), um zu schildern, dass sie öfter versucht hat bei Deniz anzurufen, aber keiner den Anruf entgegengenommen hat (Z. 41-42). Durch die enge formale und inhaltliche Anbindung an Deniz vorangegangene Äußerungen signalisiert Melissa, dass sie deren Standpunkt teilt und ihre Beschwerde nachvollziehen kann; sie erkennt damit die Rechtmäßigkeit ihre Klage an.

„Rechtfertigen durch Kontrastieren" weist also folgende typische Gesprächsschritte auf:

Sprecherin A:	Klage über eine dritte, nicht anwesende Person durch negative Charakterisierung
	+
	Rechtfertigung der Klage durch Kontrast (konkretes Beispiel für das Fehlverhalten der betreffenden Person)
Sprecherin B:	Anerkennung der Rechtmäßigkeit der Klage

Von Relevanz ist hier, dass im Rahmen des kontrastierenden Verfahrens jeweils konkrete Beispiele für das Missverhalten dritter, nicht anwesender Personen dargestellt werden. Dies ist eines der Merkmale, mit denen sich das türkendeutsche Verfahren vom standarddeutschen funktional unterscheidet.

Aus Platzgründen ist es leider nicht möglich, eine detaillierte funktionale, d.h. Sequenzanalyse des standarddeutschen Verfahrens anhand von Beispiel (1) vorzulegen (vgl. aber Kern in Vorb.). Dennoch kann in aller Kürze auf Folgendes hingewiesen werden: Der hauptsächliche Unterschiede zwischen dem türkendeutschen und vergleichbaren standarddeutschen Verfahren besteht darin, dass – wie bereits erwähnt – mit letzterem keine konkreten Beispiele für das Fehlverhalten dritter, nicht anwesender Personen angeführt werden, um Klagen oder Beschwerden zu stützen. Zwar wird auch das standarddeutsche Verfahren z.T. im Kontext von Klagen oder Beschwerden verwendet, jedoch nicht immer, um diese Klagen zu rechtfertigen; manchmal dient das zweite Konjunkt im Gegenteil dazu, eine Klage zu entschärfen.[15] Außerdem weist das standarddeutsche Verfahren insgesamt eine losere Struktur auf; so können beispielsweise erstes und zweites Konjunkt von un-

---

15 Vgl. das folgende Beispiel:

68	EDD	[der is'
69		der ist voll FAUL;
70		ich schwör=s dir der ist FAUL dieser junge;
71	RAS	jA man dis auf JEden;
72	EDD	aber er ist nett trotz[dem;

terschiedlichen Sprecher/innen produziert werden, z.T. sogar mit dazwischen geschobenen Redebeiträgen.

4 Schlussüberlegungen

In diesem Beitrag wurde für die Beschreibung sprachlicher Unterschiede ein Analysevorgehen gewählt, in dem nicht nur formale sprachliche Charakteristika berücksichtigt, sondern auch funktionale Unterschiede in die Beschreibung mit einbezogen werden. Dieses Vorgehen basiert auf der Überlegung, das sprachliche Formen ohne Berücksichtigung der Praktiken, für die sie in konkreten Gesprächssituationen verwendet werden, nicht vollständig beschrieben werden können.

Die Erforschung und Erklärung sprachlicher Unterschiede war schon immer Aufgabe und Anliegen der Soziolinguistik (vgl. Dittmar 1997). Die Konzeptualisierung einer Sprechweise als Stil rückt die Betrachtung derjenigen funktionalen Aspekte sprachlicher Formen in den Vordergrund, die für die Konstitution und den Verlauf der Interaktion von Bedeutung sind. So hat die Analyse eines spezifischen Verfahrens zum Kontrastieren gezeigt, wie sprachliche Formen beschrieben werden können und wie deren besondere, auf den jeweiligen Verwendungszweck und lokalen Kontext zugeschnittene Funktionen erfasst werden können.

Literatur

Androutsopoulos, Jannis (2001): From the Streets to the Screens and Back Again: On the mediated diffusion of ethnolocigal patterns in contemporary German. Essen: LAUD 2001, Paper no. 522.
Auer, Peter, Couper-Kuhlen, Elisabeth & Müller, Frank (1999): Language in Time. The Rhythm and Tempo of Spoken Interaction. Oxford: Oxford University Press.
Auer, Peter (2003): Türkenslang: Ein jugendsprachlicher Ethnolekt des Deutschen und seine Transformationen. In: Häcki-Buhofer, A. et al. (eds.): Spracherwerb und Lebensalter. Basel (= Baseler Studien zur deutschen Sprache und Literatur). Tübingen/Basel: Francke, S. 255-264.
Blakemore, Diane (1989): Denial and contrast: A relevance theoretic analysis of BUT. In: Linguistics and Philosophy 12, 15-37.
Brauße, Ursula (1998): Was ist Adversativität? *Aber* oder *Und*? In: Deutsche Sprache 26, 138-159.
Breindl, Eva (2004): Relationsbedeutung und Konnektorbedeutung: Additivität, Adversativität und Konzessivität. In: Blühdorn, H./Breindl, E./Waßner, U. (eds.): Brücken schlagen. Grundlagen der Konnektorensemantik. Berlin/New York: de Gruyter. S. 225-253 (Linguistik: Impulse & Tendenzen 5).
Couper-Kuhlen, Elizabeth (1993): English Speech Rhythm. Amsterdam: Benjamins.
Dittmar, Norbert (1997): Grundlagen der Soziolinguistik. Ein Arbeitsbuch mit Auflagen. Tübingen: Niemeyer.
Erickson, Frederick/Shultz, Jeffrey (1982): The Councellor as Gatekeeper: Social Interaction in Interviews. New York: Academic Press.
Gilles, Peter (2001): Die Intonation der Weiterweisung im Hamburgischen und Berlinischen. In: Zeitschrift für germanistische Linguistik 29, 40-69.
Halliday, Michael (1985): An Introduction to Functional Grammar. London: Eward Arnold.
Keim, Inken (2004): Kommunikative Praktiken in türkischstämmigen Kinder- und Jugendgruppen in Mannheim. In: Deutsche Sprache 32, 2 (2004), 198-226.

Kern, Friederike/Selting, Margret (2006): Einheitenkonstruktion im Türkendeutschen: Grammatische und prosodische Aspekt. In Zeitschrift für Sprachwissenschaft 25/2, 239-272.

Kern, Friederike (in Vorb.): Das Zusammenspiel von Prosodie und Grammatik in der Interaktion am Beispiel des Türkendeutschen. Habilitationsschrift. Universität Potsdam.

Klein, Josef (2001): Erklären und Argumentieren als interaktive Gesprächsstrukturen. In Brinker, Klaus et al. (eds.): Text und Gesprächslinguistik. 2. Halbband. Berlin etc.: de Gruyter, 1309-1329.

Kotsinas, Ulla-Britt (1998): Language contact in Rinkeby, an immigrant suburb. In: Androutsopoulos, J./Scholz, Arno (eds.): Jugendsprache – langue des jeunes – youth language. Linguistische und soziologische Perspektiven. Frankfurt/Main: Lang, 125-148.

Lakoff, Robin (1971): Ifs, Ands and Buts about conjunction. In: Fillmore, C. J./Langendoen, D. (eds.): Studies in linguistic semantics. New York: Holt, Rinehart & Wilson, 114-149.

Lang, Ewald, (1991): Koordinierende Konjunktionen. In: Semantik/Semantics (HSK 6). Berlin/New York: de Gruyter, 597-623.

Pomerantz, Anita (1986): Extreme Case Formulations: A way of legitimizing claims. In: Human Studies 9: 219-229.

Rudolph, Elizabeth (1996): Contrast: Adversative and concessive relations and their expressions in English, German, Spanish, Portugese on sentence and text level. Berlin/New York: de Gruyter.

Schwitalla, Johannes (2003): Gesprochenes Deutsch. Eine Einführung. Berlin: Erich Schmitt Verlag.

Selting, Margret (1994): Emphatic speech style - with special focus on the prosodic signalling of heightened emotive involvement in conversation. In: Journal of Pragmatics 22/1994, 375-408 (Special Issue: Janney, R./Caffi, C. (eds.): Involvement in Language)

Selting, Margret et al. (1998): GAT. Gesprächanalytische Arbeitstranskription. In: Linguistische Berichte 173, 91-122.

Wiese, Heike (2006): ‚Ich mach dich messer' : Grammatische Produktivität in Kiez-Sprache („Kanak Sprak"). In: Linguistische Berichte 207/2006, 245-273.

Massimo Vedovelli
Università per Stranieri di Siena

L'italiano degli altri: lingua di contatto, lingua identitaria

1 Dagli emigrati italiani in Germania agli immigrati stranieri in Italia: memorie

L'Italia si è trasformata negli ultimi trenta anni da paese di emigrazione in paese di immigrazione. Con questa affermazione, che tanto stupisce e insieme tranquillizza i mass media circa il cambio di direzione dei movimenti migratori che hanno coinvolto l'Italia, vogliamo delineare l'oggetto del nostro intervento, ovvero le implicazioni linguistiche derivanti, per l'assetto linguistico nazionale, dai movimenti migratori soprattutto nei loro riflessi sulla condizione della lingua italiana in quanto idioma che entra in contatto con quelli dei migranti. Ricordando l'emigrazione italiana nel mondo intendiamo riflettere sui nuovi tratti che caratterizzano la posizione della lingua italiana nel mondo, entro il consesso delle lingue a grande diffusione internazionale. Con ciò rendiamo omaggio al ruolo che le ricerche di Norbert Dittmar hanno avuto anche in questo settore, riguardanti la condizione idiomatica italiana nei suoi intrinseci tratti di variazione e di pluralità idiomatica proprio nello spazio di vita di un migrante. Nel prendere come punto di riferimento i lavori di Norbert Dittmar, la sua lezione teorico-metodologica, la sua attenzione ai dati e ai modelli teorici, partiamo dalla posizione che entro la sociolinguistica, intesa come autonoma branca degli studi linguistici, hanno le ricerche di linguistica dei movimenti migratori[1]. Successivamente, proponiamo quelle che riteniamo essere le più importanti novità che interessano la lingua italiana – o meglio: il suo spazio linguistico, l'assetto linguistico nazionale – proprio in rapporto agli effetti dei movimenti di immigrazione straniera, soprattutto per ciò che riguarda l'ingresso e la stabilizzazione delle *lingue immigrate*[2].

Nello svolgimento delle nostre ricerche sulla linguistica dei movimenti migratori abbiamo sempre guardato alle riflessioni di Norbert Dittmar, sin da quando, alla fine degli anni '70, abbiamo avuto la fortuna e l'onore di ricevere una sua lettera di accettazione in risposta a una nostra richiesta di borsa di studio DAAD – Ministero degli Affari Esteri presso il Gruppo di ricerca che si era costituito all'Università di Heidelberg per analizzare i processi di apprendimento del tedesco da parte di immigrati stranieri, fra i quali gli italiani. Il 'Pidgin-Gruppe' era un punto di riferimento sia per il quadro teorico di tipo sociolinguistico (di sociolinguistica delle migrazioni)

---

1 L'emergere di una autonoma branca di studio fra le scienze del linguaggio è formalizzata da Krefeld (2004).
2 Introducendo il concetto di 'lingua immigrata', Bagna/Machetti/Vedovelli (2003) lo distinguono da quello di 'lingua dei migranti', sottolineando i tratti di stabilizzazione entro un contesto sociale locale, di vitalità e di visibilità che si contrappongono a quelli di non radicamento entro una comunità locale e di scarsa forza di uso e di visibilità che invece caratterizzano il secondo.

entro il quale inscriveva la sua opera, sia per il rigore metodologico nelle rilevazioni e analisi dei dati.

Inoltre, il 'Pidgin-Gruppe' sviluppava su chi scrive una innegabile forza di attrazione per almeno altri due motivi. Innanzitutto, perché si occupava dell'emigrazione italiana in Germania in un momento di passaggio, in una fase di sua profonda ristrutturazione in termini di condizione sociale e di processi di ridefinizione dell'identità. Era talmente importante quel momento che le stesse istituzioni statali italiane, non sempre pronte a rispondere in maniera adeguata ai cambiamenti sociali, ne erano consapevoli e si erano attrezzate a livello normativo e di interventi. Da anni le nostre istituzioni avevano licenziato la legge più importante sulla materia, che ancora oggi di fatto e sia pure in un quadro a nostro avviso completamente mutato la regolamenta: la legge 153/1971 sulle attività linguistico-culturali per i discendenti dei nostri emigrati all'estero. Proprio nel periodo in cui chi scrive era ospitato dal 'Pidgin-Gruppe' a Heidelberg, si stava realizzando un progetto sperimentale di formazione linguistica e professionale dei nostri emgrati nell'allora Repubblica Federale di Germania (BRD). Il progetto era stato promosso dal Ministero del Lavoro e dall'ISFOL (Istituto per lo Sviluppo della Formazione dei Lavoratori), ed era gestito da una unità di produzione editoriale – la Me.di Sviluppo – legata al Gruppo editoriale Giunti, di Firenze.

Di quella esperienza, di quella pluralità di voci e competenze, è rimasto netto, in chi scrive, un segno: l'importanza del lavoro di gruppo nello sviluppo delle imprese di ricerca, la condivisione di un percorso fra più persone, non come obbligo verso la democrazia della ricerca, ma come necessità imposta dalla complessità degli oggetti e come consapevolezza che la ricerca scientifica deriva dal dialogo fra le menti, fra le persone. Norbert Dittmar incarnava, con la sua opera a Heidelberg, questa idea, che ha lasciato un non leggero segno sull'attività che chi scrive ha sviluppato negli anni a seguire[3].

La nostalgia degli anni giovanili non può far passare in secondo piano, però, il fatto che proprio la lezione di Norbert Dittmar, il suo rigoroso apporto alla collocazione centrale degli studi linguistici dei processi migratori entro la sociolinguistica, ha aperto una strada la cui importanza appare chiara oggi, a molti anni di distanza, nella sua originalità e, insieme, nella sua complementarità almeno all'altro grande e innovativo punto di riferimento italiano per gli studi dei processi linguistici in contesto migratorio, ovvero Tullio De Mauro, che nel 1963, con la *Storia linguistica dell'Italia unita*, crea un nuovo paradigma di analisi della materia. Non ci sembra un caso che proprio De Mauro abbia propugnato presso la casa editrice Laterza la traduzione italiana del manuale tedesco di sociolinguistica di Norbert Dittmar, e che i due abbiano collaborato al progetto italo-tedesco che abbiamo ricordato[4].

Una materia che oggi in Italia rende pressante la messa in campo di una prospettiva di studio sociolinguistica è rappresentata dal vasto universo delle dinamiche

---

3 Per la descrizione di sintesi del Progetto ISFOL si veda ISFOL (1980).
4 Il manuale di sociolinguistica fu tradotto nel 1978, con prefazione di T. De Mauro (Dittmar 1978).

plurilinguistiche nelle società e negli individui, che il più delle volte si caratterizzano per tratti socialmente molto marcati quali quelli delle migrazioni.

Schlieben-Lange (1978), nel suo lavoro sulla sociolinguistica, esaminando la posizione di tale prospettiva di studio nelle varie tradizioni internazionali, sottolineava che la linguistica italiana era stata da sempre, anche prima della nascita vera e propria della sociolinguistica come scienza autonoma, connotata in termini sociolinguistici, proprio per il doppio carattere che la contraddistingueva in rapporto al prioritario oggetto di studio che essa aveva da sempre avuto. La storia linguistica d'Italia, l'analisi del complesso panorama linguistico italiano, intrinsecamente plurilingue, era stata in grado di generare una linea di approcci, articolata al suo interno, ma capace di tenere unite la considerazione teorica della questione e l'attenzione alle implicazioni sociali, innanzitutto a livello di formazione scolastica. La linguistica italiana, per l'autrice, era sempre stata sociolinguistica, non pura dialettologia né approccio italianistico conchiuso di volta in volta entro un confine storico-linguistico, o filologico, o critico-letterario.

2 La sociolinguistica migratoria italiana fra fatti linguistici e emergenze sociali

Emergenza sociale, dunque, quella che si trova a vivere oggi l'Italia, stretta fra tensioni e dinamiche che fanno stagliare fra tutti il fenomeno migratorio come quello più capace di connotare l'attuale momento della vita del Paese. Il problema della lingua degli immigrati appare essere sempre di più una condizione di possibilità ineludibile per la soluzione del problema sociale. Come si declini nelle varie istanze la questione della lingua nell'immigrazione straniera è presto detto, oscillante fra le istanze descrittivo-interpretative della ricerca scientifica e le azioni tese all'insegnamento dell'italiano nelle scuole; dalla creazione dei percorsi di mediazione linguistica e culturale nelle lauree universitarie e nella formazione professionale alla richiesta di interpreti nei vari uffici pubblici, all'attenzione di molti di questi ultimi (ospedali, uffici del lavoro, corpi di polizia ecc.) verso la comunicazione nelle lingue degli immigrati. Fino a giungere al nodo della competenza in lingua italiana che schemi di nuova normativa intendono utilizzare quale criterio di selezione per l'entrata in Italia.

Quali che siano i modi in cui si presenti la questione, la sociolinguistica italiana è oggi chiamata ancora una volta a indicare linee e percorsi di conoscenza e di intervento, da un lato per la complessità teorica e storico-linguistica della questione, e dall'altro per il suo pressante carattere emergenziale percepito, sentito, spesso solo immaginato a livello sociale e istituzionale.

Il problema della lingua degli immigrati in Italia si pone oggi, però, entro un complesso di questioni linguistiche nazionali più ampio e articolato, che chiede alle prospettive sociolinguistiche un contributo non tanto su uno specifico oggetto, ma su un quadro più ampio, nel quale le questioni linguistiche migratorie non fanno altro che catalizzare una serie di dinamiche che ci spingono a parlare oggi dell'esistenza di una *terza questione della lingua* per l'Italia. Siamo spinti a tale affermazione 'estremista' dalla consapevolezza che l'attuale fase rappresenta un momento di profonde tensioni innovative tali da poter difficilmente essere trascurato in una prospettiva di storia linguistica della penisola. La rilevante portata del momento, in quanto punto di svolta entro i processi evolutivi degli assetti linguistici nazionali, assume tutta la sua rilevanza se gli strumenti di analisi considerano come pertinenti gli approcci sociolinguistici, intesi nel senso più ampio: ovvero quelli che a livello micro- e macrolinguistico considerano la dimensione sociale come interna al sistema linguistico.

Ripercorriamo i tratti che ci spingono a sottolineare l'eccezionalità di questo momento linguistico per l'Italia prima di passare all'analisi di alcuni casi esemplari.

Il primo elemento che segna la svolta linguistica nazionale è costituito dalla nascita del parlato italiano, diffuso fra la stragrande maggioranza degli italiani e utilizzato nella maggior parte delle situazioni interattive[5]. Si tratta di una vera e propria novità epocale, i cui prodromi sicuramente vanno ritrovati in processi collocati più indietro nel tempo, ma che porta a far sì che nella penisola si possa diffondere un modulo espressivo largamente condiviso per la prima volta dall'epoca della caduta dell'Impero Romano. I lavori miranti a creare lessici di frequenza dell'italiano parlato, quello di Katerinov, Boriosi e Sciarone (1991) avente primari intenti didattico-linguistici e il LIP di De Mauro *et alii* (1993 2003) sono prodotti quasi negli stessi anni, cioè all'inizio degli anni 90.

Il secondo elemento è rappresentato dal rapporto fra le novità idiomatiche emerse e stabilizzatesi nella seconda metà del Novecento in Italia, fra le quali primeggia appunto, a nostro parere, la nascita e la diffusione generalizzata dell'italiano parlato, da un lato, e, dall'altro, i tratti caratterizzanti tradizionalmente l'assetto linguistico nazionale. Qui ci riferiamo, tra gli altri, ai dialetti, che, come è noto, rappresentano in Italia non tanto derivazioni dell'italiano, quanto autonome entità derivanti dalla base latina.

Molti, soprattutto fra coloro che erano (e sono) impegnati nella gestione della politica linguistica, soprattutto per ciò che concerne il piano educativo in Italia e per l'italiano nel mondo, hanno visto nel successo dei processi di italianizzazione diffusa e nella nascita dell'italiano parlato la fine dei dialetti. Tale visione del processo di italianizzazione è in sintonia con le posizioni che si fondano sull'ostilità che, dal momento della nascita dello Stato unitario, larga parte dell'assetto statale e dei ceti dirigenti hanno mostrato verso la pluralità dialettale e in generale verso il plurilinguismo. Il modello 'uno Stato – una lingua' ha portato alla lotta ai dialetti, in presenza, però, di una lingua d'uso vivo tutta da farsi. Dallo sconcertante rifiuto della pluralità idiomatica da parte delle istituzioni statali; dalla negazione di ogni prospettiva capace di riconoscere e valorizzare il plurilinguismo è derivata una Italia sociolinguistica 'a geometria variabile', con gruppi sociali che mantengono i dialetti e usano livelli comuni, popolari, misti, interferiti di italiano, e con gruppi che rifiutano tale identità, ma vivono o in un'antilingua forzata, o nell'uso dialettale o

---

5 Secondo l'ultima indagine multiscopo ISTAT (ISTAT 2007a), più del 90% degli italiani parla usando moduli linguistici comuni di lingua nazionale.

popolare nascosto e rifiutato alla propria coscienza linguistica. Nel pieno di queste tensioni e scissioni, negli anni recenti Andrea Camilleri ha inventato il personaggio di un commissario siciliano, parlante italiano, siciliano, italo-siculo, siculo-italiano, neosiciliano, ovvero il siciliano dell'invenzione creativa dello scrittore. E le storie del commissario Montalbano sono vendute a milioni in tutta Italia, cercate, lette, capite anche (e forse, soprattutto) da chi siciliano non è.

Dunque, rivoluzione linguistica che vede protagonista il possente processo di italianizzazione e la nascita dell'italiano parlato, ma anche la resistenza dei dialetti, anzi la loro rivitalizzazione a livello letterario: il successo dell'operazione letteraria di Camilleri ribadisce l'idea non di una lingua unica, ma di uno spazio linguistico italiano, nella sua intrinseca condizione di multivariazione.

3 L'immigrazione straniera in Italia come fattore di neoplurilinguismo

La cecità verso il plurilingue assetto della società italiana, finora giocato fra il polo dell'italiano, quello dei dialetti e quello delle lingue di antico insediamento, porta addirittura anche un soggetto istituzionale rilevante come l'ISTAT – l'Istituto Nazionale di Statistica – a non vedere e a non capire i cambiamenti profondi e i fattori che tali cambiamenti producono e alimentano. Nella citata indagine multiscopo ISTAT sull'uso dell'italiano e dei dialetti, l'ISTAT sviluppa questo ragionamento: a) gli italiani non conoscono adeguatamente le lingue straniere; b) negli ultimi anni è raddoppiata la quantità di coloro che usano la lingua straniera in famiglia, passando a più del 5%. Il ragionamento finisce qui, senza mostrare segni della consapevolezza della sua contraddittorietà: o gli italiani conoscono le lingue straniere al punto che il 5% di loro (ovvero, quasi tre milioni) le usa abitualmente, o allora chi sono questi locutori una lingua straniera? L'ISTAT non si accorge del fatto che gli immigrati stranieri in Italia sono appunto il 5% della popolazione, e che il raddoppio negli usi alloglottici si deve ampiamente a loro. Gli immigrati e le lingue immigrate – quelle stabilizzatesi, vive, vitali, visibili – per l'ISTAT non esistono; non esiste il loro rapporto con il nostro spazio linguistico; non sono considerati elementi di profondo cambiamento dell'abituale assetto del nostro spazio sociale e linguistico. L'ISTAT non prende atto che il tradizionale assetto tripolare dello spazio linguistico italiano è oggi diventato quadripolare: da uno spazio linguistico giocato intorno ai poli dell'italiano, dei dialetti e delle lingue delle minoranze storiche, si è passati a uno che comprende anche il quarto polo delle lingue immigrate. Queste sono almeno 130, diversamente insediatesi nelle comunità locali, capaci di esibirsi socialmente – non solo di essere usate negli ambiti intracomunitari – e di modificare gli spazi linguistici e semiotici urbani.

Ai tre milioni di adulti si aggiungono i loro figli, nati in Italia o qui arrivati giovanissimi. La questione che si pone sia alla ricerca scientifica, sia alle istituzioni formative riguarda la loro identità, e anche in questo caso un ruolo centrale spetta alla dimensione linguistica: qual è la loro lingua madre? E ancora, si può porre in questi termini la questione della loro identità linguistica? Quale configurazione assume il loro spazio linguistico derivante dal contatto fra vari idiomi? Quale peso ha ciascuno di essi nella scala di uso e di prestigio di questi giovani?

A nostro avviso, i giovani di origine immigrata (circa seicentomila presenti nelle scuole italiane) vivono la tensione della costruzione della loro identità nella dialettica fra 'innocenza prebabelica' e 'scaltrezza postbabelica'.

L'innocenza prebabelica fa esperire loro la condizione del normale vivere fra idiomi diversi, senza la percezione delle barriere sociolinguistiche imposte dalle istituzioni (scolastiche o altre) e dalle relazioni sociali ("La tua lingua" è diversa, è altra dalla "mia lingua")[6]. È l'innocenza prebabelica l'esperienza del vivere il confine come territorio nel quale muoversi e da ampliare creando nuovi e contaminati territori di senso.

La scaltrezza postbabelica (con le parole di Tullio De Mauro) si contrappone a tale modello e sottolinea la consapevolezza della diversità delle lingue e dei rispettivi domini d'uso, consapevolezza socialmente elaborata sin dalle prime esperienze sociali di bambine e bambini che vivono l'esperienza del plurilinguismo in contesto migratorio.

Pensiamo che la presenza delle lingue immigrate abbia due effetti principali sulla condizione sociolinguistica italiana: cambia i panorami semiotici e linguistici urbani italiani, nei grandi così come nei piccoli centri, modificando i profili di comunicazione sociale in modo radicale; ancora di più, però, apre la possibilità di nuove forme di identità nei giovani e giovanissimi di origine immigrata in Italia. Questi sono, o meglio, possono essere (finché non venga violata la loro innocenza prebabelica e non venga imposta la dimenticanza sociale e nella competenza individuale della lingua della famiglia), testimoni di un plurilinguismo vissuto dai nuovi cittadini italiani, da una fascia sempre più ampia di nuovi cittadini, la cui configurazione è diversa da quella abitualmente vissuta dalla maggioranza degli italiani. Se questi si muovevano in uno spazio linguistico i cui confini erano inscritti entro l'italiano e i dialetti, i giovani di origine immigrata hanno un'ulteriore dimensione di riferimento, ovvero la lingua di origine della famiglia, con i suoi ambiti di uso, grado di vitalità, forza di visibilità.

I giovani di origine immigrata possono essere artefici di nuovi territori di confine fra gli idiomi e fra i loro modi di costituzione del senso, rappresentando – come è sottolineato in Baker/Eversley (2000) – un patrimonio plurilingue che può contribuire anche alla promozione del sistema economico-produttivo nell'epoca del mer-

---

6 Questa frase è stata pronunciata da un adulto durante una rilevazione effettuata presso una scuola di base in un centro nei pressi di Roma, a forte componente immigrata. Durante un colloquio con un bambino di sei anni, di origine rumena, questi ebbe l'opportunità di pronunciare in rumeno i nomi degli oggetti che aveva vicini. Infastidita da questo uso alloglotto, l'adulta – una insegnante – gli disse, appunto: "ma qual è la tua lingua?!". Il bambino, che fino allora era sembrato felice di poter usare, forse per la prima volta a scuola, la lingua abitualmente usata con i genitori e i fratellini, divenne cupo. Forse, era stata violata la sua 'innocenza prebabelica'; forse, per la prima volta il piccolo aveva avuto esperienza dell'esistenza di barriere linguistiche. Per le questioni del contatto linguistico nelle giovani generazioni di origine immigrate rimandiamo a Tempesta/Maggio (2006).

cato globale. Eppure, di tutto questo i ceti dirigenti e le istituzioni non si accorgono: la scuola è ancora ampiamente monolinguistica nei suoi approcci; il relativo Ministero non ha mai menzionato dal 2001 al 2007 nei suoi documenti di programmazione l'esistenza delle lingue di origine degli alunni e la possibilità/ necessità di renderle oggetto di un intervento didattico. L'ISTAT – soggetto primario del governo della società – non vede tali lingue e non vede che cosa significa per un immigrato adulto il rapporto con la lingua italiana.

Tale cecità non si manifesta solo nella citata indagine multiscopo. Nel *Rapporto annuale sullo stato del Paese* (ISTAT 2007b) l'ISTAT propone una visione insieme sorpresa e riduzionista del rapporto fra gli immigrati e la lingua italiana. Si sorprende per il fatto che gli immigrati apprendono la lingua italiana: ma come sarebbe possibile altrimenti? Come è possibile ignorare il ruolo dei processi di apprendimento spontaneo, di acquisizione dell'italiano L2? Tale atteggiamento segnala la visione che i ceti dirigenti italiani hanno del ruolo della lingua italiana, considerata come presupposto intoccabile, dato per scontato che si presuppone assolutamente presente nell'intero corpo sociale, anzi segno dell'appartenenza al corpo sociale. L'immigrato straniero è altro; da ciò la sorpresa che possa apprendere l'italiano e con ciò entrare in qualche modo come soggetto pieno nella società italiana[7]. L'ISTAT, con tale atteggiamento, non fa altro che svilire le implicazioni di tale contatto nel momento in cui il *Rapporto annuale* afferma che tale contatto non rappresenta un investimento né individuale né socioeconomico dal momento che con la competenza in tale idioma non si accresce il patrimonio individuale (culturale, socioeconomico) perché non c'è possibilità di spendibilità di tale competenza nel mondo, nemmeno nel caso di ritorno a casa. Il presupposto di tale visione riduzionistica è, in realtà, la cecità verso il plurilinguismo, il rifiuto del dato di fatto che anche la società italiana è investita da un potente fattore di neoplurilinguismo grazie ai movimenti migratori, il rifiuto che la società italiana possa essere comunque plurilingue. E ciò porta addirittura a svilire il ruolo e la posizione della lingua italiana nel mercato mondiale delle lingue, perché la pertinentizzazione di tale questione porterebbe a mettere in crisi un presupposto teorico di tale posizione ideologica, ovvero l'idea della impermeabilità reciproca degli idiomi. Dalla posizione dell'ISTAT è lontana l'idea che il contatto fra idiomi genera nuovi territori idiomatici e di senso, e che può essere addirittura incubatore di nuovi idiomi. Il plurilinguismo, il mistilinguismo, la contaminazione, la creatività che derivano dal contatto fra idiomi non rientrano nel paradigma dei ceti dominanti italiani.

Ancora una volta, la proposta della sociolinguistica attenta ai fatti di variazione, ai loro fondamenti teorici e alle loro manifestazioni concrete, si dimostra vincente: non la lingua unica universale prevale, ma la variazione come strategia evolutiva storico-naturale, vero destino di ogni Stato unitario, di ogni impero universale.

---

7 Il riferimento superficiale al ruolo della lingua nei processi migratori si manifesta anche a livello di ricerca scientifica: i rapporti fra la linguistica acquisizionale italiana e le altre discipline che si occupano di immigrazione è ancora ampiamente di cordiale indifferenza (Vedovelli 2000).

4 L'italiano lingua di contatto

Proprio l'ingresso in Italia degli immigrati stranieri, l'inserimento delle lingue immigrate nello spazio linguistico nazionale, la diversa configurazione del repertorio dei giovani e giovanissimi di origine straniera rispetto agli adulti fanno sì che la lingua italiana assuma sempre più l'identità di 'lingua di contatto'. I tradizionali confini fra 'L1/L2/Lingua straniera/Lingua seconda' sembrano inadeguati a definire un territorio dove il contatto crea nuovi spazi, nuovi panorami idiomatici nel repertorio individuale e nello spazio della comunicazione sociale.

A livello individuale la condizione dell'italiano 'lingua di contatto' indica quello stato di confini 'vaghi', 'fuzzy', che forse è paradigma della generale configurazione della competenza linguistica, della competenza, cioè, in un oggetto che è insieme intrinsecamente logico e vago[8]: paradigma della competenza linguistica – misurabile, valutabile – proprio nella L1. L'idea di 'lingua di contatto' evoca un territorio di idiomi in contatto che offre opportunità di cambio di codice e, insieme, di creatività mistilingue che promuove la capacità di senso e che amplia, nel locatore migrante (che vive paradigmaticamente tale condizione), le possibilità di definizione della propria identità e di formazione di strutture di senso in rapporto alle esigenze espressive e comunicative. In tale territorio di confine il soggetto locatore si muove: il freno, il limite a tale movimento è dato dalle costrizioni sociali, che pone costantemente limiti a tale sforzo di escursione fra territori vaghi e di allargamento dei confini di senso facendo riferimento alle risorse offerte da ciascuno degli idiomi in contatto e derivanti come nuove dal contatto stesso. Si tratta dei limiti imposti dalle esigenze di comunicazione con i gruppi di nativi che nella lingua italiana immaginano e formano la propria identità, e la propongono/impongono agli altri, ai 'nuovi venuti'.

L'italiano di contatto è un sistema di usi, diversamente configurato nelle forme interlinguistiche degli adulti che hanno acquisito spontaneamente l'italiano, e in quelle dei loro figli, nati in Italia o qui arrivati giovanissimi, di fatto locatori quasi-nativi o nativi, portatori di una condizione plurilingue che nel contatto fra idiomi genera le forme di senso che costruiscono l'identità del locatore. Si tratta di una identità nuova per lo spazio linguistico e sociale italiano, che crea sollecitazioni ai locatori nativi e alle loro forme linguistiche.

Pur in presenza di tali forti costrizioni sociali, il migrante che vive il suo rapporto con l'italiano di contatto spinge i nativi a 'prendere le misure' per l'interazione linguistica, di volta in volta conformando in termini 'semplificati' la propria lingua, altre volte ignorando le istanze comunicative dei migranti. Già, però, la scelta di semplificare il tono linguistico o di complessificarlo sono indici di un segno che la lingua del migrante lascia sulla competenza del nativo italiano. Si può escludere a priori che la pressione, dalla dimensione dei comportamenti comunicativi, si sposterà sulle forme, sul sistema della lingua italiana?

---

8 Sulle caratteristiche 'vaghe' semioticamente del linguaggio e sulle implicazioni a livello della competenza linguistica e della sua misurabilità ved. Machetti (2006).

Starà alla massa sociale, alle dinamiche interattive fra i gruppi, ai sistemi di prestigio sociale degli idiomi, alle identità, alle forze di queste ultime, alle loro capacità di autodefinirsi: starà almeno a questi fattori il compito di fissare il grado di stabilizzazione delle forme fluide derivanti dal contatto nella struttura di una autonoma 'varietà di contatto' da considerare incardinata nello spazio di varietà dell' italiano. Tali forme stabilizzate potranno allora essere considerate parte integrante dello spazio linguistico italiano, e riferito il loro uso alla variazione sociale. Per adesso si può affermare che si assiste alla dialettica fra la condizione individuale che negli idiomi trova le risorse per produrre senso, nuovo senso, e la dimensione sociale dove la forza di pressione della lingua italiana e comunque degli spazi linguistici locali si esercita sulle creazioni derivanti dal contatto e sulle stesse lingue immigrate.

5 I nuovi panorami semiotici e linguistici urbani

Tale tensione trova nel territorio della comunicazione sociale (insegne, manifesti, scritte pubbliche, insomma: i panorami semiotici urbani della nostra quotidianità) il suo campo primario di manifestazione: le lingue immigrate si cercano spazi di visibilità, funzione della loro vitalità; di fatto, i nostri panorami linguistici quotidiani si sono prepotentemente modificati negli ultimi anni[9]. In un quartiere 'etnico' di una grande città, come è l'Esquilino per Roma, convivono stabilmente almeno cinquanta lingue, che creano molte decine di tipi di combinazione e che si ripartiscono territorialmente in modo complementare, secondo una logica entro la quale rientrano anche i parametri della segnalazione del territorio del gruppo e dell' evitamento dei conflitti. L'Esquilino solo apparentemente sembra una 'babele' casuale e incomprensibile: in realtà, il posizionamento delle lingue entro il territorio si struttura secondo le esigenze della massima visibilità quale funzione di una vitalità di usi e del rapporto di apertura – chiusura nei confronti dei pubblici potenziali a configurare circuiti intragruppo o esogruppo.

La dialettica semiotica che innerva la condizione plurilingue di un territorio 'etnico' fa sentire i suoi effetti anche sull'italiano e sui territori non-etnici circonvicini, se è vero che – quasi secondo un modello 'a onde' – la creatività linguistica sembra interessare anche le scritte italiane dei negozi collocati nelle aree vicine all' Esquilino, diminuendo man mano che ci si allontana da tale quartiere etnico[10]. La lingua italiana preme sulle lingue immigrate, cercando di confinarle entro i contesti di eticità, ma ne risulta intaccata più che sulle forme strutturali sugli usi, sui mecca-

---

9 Sui panorami multilinguistici urbani, così configurati soprattutto a causa delle migrazioni, ved. i pionieristici studi (per l'Italia, ma non solo) del Centro di eccellenza della ricerca *Osservatorio linguistico permanente dell'italiano diffuso fra stranieri e delle lingue immigrate in Italia*, istituito nel 2001 dal Ministero dell'Università e Ricerca presso l'Università per Stranieri di Siena: tra questi ricordiamo i lavori di C. Bagna, M. Barni, S. Machetti e dei loro collaboratori (oltre che dello scrivente). Per tale approccio rimandiamo ai lavori di G. Extra e collaboratori, D. Gorter, E. Shohamy, R. Landry *et alii*, P. Backhaus.

10 Questa ipotesi guida la ricerca di L. Bazu, nel suo lavoro nel Dottorato in Linguistica e didattica dell'italiano presso la Scuola dottorale dell'Università per Stranieri di Siena.

nismi che generano usi: in questo caso, i meccanismi generali semiotici della creatività linguistica[11].

6 L'italiano lingua identitaria

Se in Italia sempre di più emerge un 'italiano di contatto', nel mondo l'italiano diventa sempre più 'lingua identitaria', ampliando la gamma delle sue identità, oltre la condizione della 'lingua straniera' in quanto oggetto di apprendimento.

Le indagini che hanno come scopo la descrizione del 'mercato mondiale delle lingue' (Calvet 2002) o del 'nuovo ordine linguistico globale' (Fishman 1998-99, Maurais 2003) generano sempre in Italia una certa sorpresa, soprattutto fra i giornalisti e fra coloro che sono (o dovrebbero essere) deputati alla elaborazione e gestione di una politica linguistica, quando evocano la possibilità di pensare al posizionamento dell'italiano in quanto lingua oggetto di studio, di apprendimento formale da parte degli stranieri. L'ultima grande indagine sulle motivazioni allo studio dell'italiano nel mondo – *Italiano 2000* (De Mauro et alii 2002) – segnalava che nel 2000 l'italiano era la quarta – quinta lingua straniera più studiata nel mondo. Pur se l'italiano è stata sempre tra le prime lingue europee oggetto di studio da parte di stranieri, basando tale condizione sul suo legame con una tradizione di alta intellettualità, il dato del 2000 si presentava come una epocale novità rispetto al passato, poiché, accanto alla tradizionale motivazione culturale generale, l'italiano era studiato da circa il 25% degli stranieri per la sua spendibilità sociale nel mercato del lavoro. Con l'italiano si poteva lavorare in rapporto con le imprese italiane (essendo l'industria italiana tra le prime dieci più forti nel mondo) o progettare di venire a lavorare in Italia.

Da allora a oggi il rapporto di cooccorrenza fra la diffusione della lingua italiana e quella del sistema economico-produttivo si è visto confermato, così come il processo di diffusione 'a geometria variabile', dipendente da una serie di fattori incontrollati centralmente e molto fragile strutturalmente. Tali caratteri sembrano, però, alimentare una posizione contraddittoriamente forte dell'italiano nel consesso degli idiomi a diffusione internazionale: in diversi paesi di area mediterranea è la seconda lingua studiata nelle scuole (Libano, Egitto); molto alta è la sua richiesta in area balcanica; in altri casi, però, basta il venir meno della presenza delle imprese multinazionali italiane o dell'azione di un bravo direttore di Istituto Italiano di Cultura per far precipitare la sua forza di attrazione di pubblici.

Il valore di 'lingua identitaria' è segnalato, però, più che da questi processi, dalla presenza dell'italiano nei contesti di comunicazione pubblica e sociale nel mondo: ancora una volta i panorami linguistici urbani costituiscono il luogo dove una lingua assume visibilità in funzione di meccanismi profondi che vedono collegati forme linguistiche e strutture culturali identitarie. Difficilmente un viaggiatore italiano è senza lingua quando si trova in una qualsiasi città del mondo: camminando per le sue strade, soprattutto quelle centrali e dei quartieri eleganti, incontrerà insegne di

---

11 Per il concetto di 'creatività linguistica' rimandiamo a De Mauro (2002).

negozi, scritte, manifesti pubblicitari con parole italiane. Queste sono sì legate alla presenza delle attività di emigrati italiani, ma negli ultimi anni la diffusione sembra essersi resa indipendente dal legame con l'etnicità originaria: aumenta, infatti, il numero di stranieri che sceglie la nostra lingua come visibile tramite di valori che in altre lingua non sarebbero evocati. Si tratta di valori di gusto, estetici, di creatività. Ecco, allora, come il dominio enogastronomico vede l'assunzione di nomi italiani, capaci di evocare un paradigma di buon gusto, al punto che l'italicità semiotico-linguistica diventa punto di riferimento nella creazione di pseudoitalianismi, cioè di parole che devono sembrare italiane, devono evocare valori di italicità pur essendo create da stranieri e non trovandosi presenti nel lessico italiano.

Il 'caso freddoccino' è esemplare di tale fenomeno[12]. Il paradigma 'cosale' che vede nella bevanda cappuccino il prototipo del miscuglio tra latte e caffè a determinata temperatura genera una serie di oggetti (bevande) varianti, frutto della variabile combinazione degli elementi in questione e dell'aggiunta di altri. Tale serie 'cosale' vede nella serie lessematica corrispondente il suo sostegno capace di evocare l'italico fascino del gusto del cappuccino, il paradigma del piacere del bere un miscuglio di latte e caffè. Ecco allora il *freddoccino*, il *mocaccino* e una serie sempre nuova di pseudoitalianismi, spesso ancora non entrati in Italia, che testimoniano dell'assunzione da parte delle altre lingue non tanto di prestiti lessicali, quanto di meccanismi morfologici, certo trasparenti, ma che confermano un livello di diffusione – di apprendibilità – della nostra lingua e di assunzione di suoi elementi molto forte da parte degli stranieri.

Gli stranieri si appropriano della lingua italiana, la fanno propria, la rielaborano perché la sentono capace di evocare sistemi di valori nei quali identificarsi: valori complementari a quelli 'di plastica' della globalizzazione; valori di una glocalizzazione che vede nell'Italia e nella sua lingua la sede di un intreccio profondo fra la tradizione storica della cultura intellettuale e un presente che, in determinati domini, la tramanda rielaborandola e adattandola al mondo di oggi. Le rilevazioni sugli italianismi e sugli pseudoitalianismi nel mondo effettuate dal Centro senese di eccellenza della ricerca mettono in evidenza quanto sia ampia la gamma di lessemi italiani assunti nella comunicazione sociale nel mondo, fuori dal legame di 'etnicità' delle comunità emigrate, e solo per la capacità della lingua italiana di evocare sistemi di valori positivi di identità.

L'italiano che diventa lingua di contatto e lingua identitaria, in un rapporto sempre nuovo ma sempre inevitabile con la condizione migratoria, nel legame fra antica e nuova condizione delle nostre comunità all'estero, e fra emigrazione italiana nel mondo e immigrazione straniera in Italia: la lezione di Norbert Dittmar, il suo richiamo ai fenomeni della variazione consentono di leggere in tale contesto i cambiamenti che attraversano oggi l'italiano.

---

12 Per il caso '*freddoccino*' e la sua interpretazione entro un modello che fonda il posizionamento della lingua italiana nel mercato mondiale delle lingue anche su processi semiotici rimandiamo a Vedovelli (2005). Per un diverso modello dei meccanismi della diffusione degli italianismi nel dominio enogastronomico ved. Mayer/Rovere (2007).

Bibliografia

Bagna, Carla/Machetti, Sabrina/Vedovelli, Massimo (2003): Italiano e lingue immigrate: verso un plurilinguismo consapevole o verso varietà di contatto? In: Valentini, A./Molinelli, P./Cuzzolin, P.L./Bernini G. (a cura di): Ecologia linguistica. Roma: Bulzoni, 201-222.

Backhaus, Peter (2006): Multilingualism in Tokyo: A look into the Linguistic Landscape. In: Gorter, D. (ed.): Linguistic Landscape. A new Approach to Multilingualism. Clevedon, Buffalo, Toronto: Multilingual Matters, 52-66.

Backhaus, Peter (2007): Linguistic Landscapes: A Comparative Study of Urban Multilingualism in Tokyo. Clevedon, Buffalo, Toronto: Multilingual Matters.

Bagna, Carla/Barni, Monica (2005a): Dai dati statistici ai dati geolinguistici. Per una mappatura del nuovo plurilinguismo. (Studi Italiani di Linguistica Teorica e Applicata XXXIV), 329-355.

Bagna, Carla/Barni, Monica (2005b): Spazi e lingue condivise. Il contatto fra l'italiano e le lingue degli immigrati: percezioni, dichiarazioni d'uso e usi reali. Il caso di Monterotondo e Mentana. In: Guardiano, C./Calaresu, E./Robustelli, C./Carli, A. (a cura di):, Lingue, Istituzioni, Territori. Roma: Bulzoni, 223-251.

Bagna, Carla/Barni, Monica (2006): Per una mappatura dei repertori linguistici urbani: nuovi strumenti e metodologie. In: De Blasi, N./Marcato, C. (a cura di): La città e le sue lingue. Repertori linguistici urbani. Napoli: Liguori, 1-44.

Bagna, Carla/Barni, Monica/Siebetcheu, Raymond (2004): Toscane favelle. Lingue immigrate nella provincia di Siena. Perugia: Guerra.

Bagna, Carla, in stampa: Dalle lingue 'esotiche' all'italiano di contatto: scelte e strategie comunicative all'interno del mercato dell'Esquilino (Roma). In: Lo spazio linguistico italiano e le "lingue esotiche". Atti del XXXIX Congresso Internazionale di Studi della Società di Linguistica Italiana Milano 22-24 settembre 2005. Roma: Bulzoni.

Baker, Philip/Eversley, John (2000): Multilingual capital. London: Battlebridge.

Barni, Monica/Extra, Guus, in stampa: Mapping linguistic diversity in multicultural contexts: Aims and rationale. In: Barni, M./Extra, G. (eds.): Mapping Linguistic Diversity in Multicultural Contexts. Berlin: Mouton de Gruyter.

Ben-Rafael, Eliezer/Shohamy, Elana/Hasan Amara, Muhammad/Trumper-Hecht, Nira (2004): Linguistic Landscape and Multiculturalism: A Jewish-Arab Comparative Study. Tel Aviv: The Tami Steinmetz Center for Peace Research Tel Aviv University.

Ben-Rafael, Eliezer/Shohamy, Elana/Hasan Amara, Muhammad/Trumper-Hecht, Nina: (2006): Linguistic Landscape as symbolic construction of the public space: The case of Israel. In: Gorter, D. (ed.): Linguistic Landscape. A new Approach to Multilingualism. Clevedon, Buffalo, Toronto: Multilingual Matters, 7-30.

Calvet, Louis-Jean (2002): Le marché aux langues. Paris: Plon.

De Mauro, Tullio (2002): Prima lezione sul linguaggio. Roma, Bari: Laterza.

De Mauro, Tullio/Vedovelli, Massimo/Barni, Monica/Miraglia, Lorenzo (2002): Italiano 2000. Indagine sulle motivazioni e sui pubblici dell'italiano diffuso fra stranieri. Roma: Bulzoni.

De Mauro, Tullio/Mancini, Federico/Vedovelli, Massimo/Voghera, Maria Rita (2003 1993): LIP: Lessico di frequenza dell'italiano parlato. Milano, Roma: Etas – Fondazione IBM.

Dittmar, Norbert (1978): Manuale di sociolinguistica. Bari: Laterza.

Extra, Guus/Gorter, Duus (eds.) (2001): The other languages of Europe. Demographic, sociolinguistic and educational perspectives. Clevedon: Multilingual Matters.

Extra, Guus/Yagmur, Kutlay (eds.) (2004): Urban Multilingualism in Europe: Immigrant Minority Languages at Home and School. Clevedon: Multilingual Matters.

Fishman, Joshua (1998-99): The New Linguistic Order. (Foreign Policy, 113): 26-32+34-40.

Gorter, Duus (ed.) (2006): Linguistic Landscape. A new Approach to Multilingualism. Clevedon: Multilingual Matters.

ISFOL (1980): Formazione linguistica e professionale dei lavoratori italiani. Progetto ISFOL – Me.di Sviluppo di elaborazione e produzione di mezzi didattici per l'insegnamento della lingua tedesca ai lavoratori italiani in RFT. (Quaderni di Formazione ISFOL, 68), Roma: ISFOL.

ISTAT (2007a): La lingua italiana, i dialetti e le lingue straniere. Indagine multiscopo 2006. Roma: ISTAT.

ISTAT (2007b): Rapporto annuale. La situazione del Paese nel 2006. Roma: ISTAT.

Katerinov, Katerin/Boriosi, Clotilde/Sciarone A. Giuseppe (1991): Calcolo di rendimento di liste di base: italiano parlato, italiano scritto, Livello Soglia. Ricerche di linguistica computazionale. Perugia: Guerra.

Krefeld, Thomas (2004): Einführung in die Migrationslinguistik. Von der "Germania italiana" in die "Romania multipla". Tübingen: Narr.

Landry, Rodrigue/Bourhis, Richard Y. (1997): Linguistic landscape and ethnolinguistic vitality: an empirical study. In: Journal of Language and Social Psychology (16), 24-49.

Machetti, Sabrina (2006): Uscire dal vago. Analisi linguistica della vaghezza nel linguaggio. Roma, Bari: Laterza.

Maurais, Jacques (2003): Towards a new linguistic order? In: Maurais, J./Morris, M.A. (eds.): Languages in a globalising world. Cambridge: CUP.

Mayer, Maurice/Rovere, Giovanni (2007): "How do you say pizza in Italian?" Zur Kotextgebundenheit von Bezeichnungexotismen in Zeitalter del Globalisierung. In: Brenner, K./Holderbaum, A. (Hrsg.): Gebundener Sprachgebrauch in der Übersetzungswissenschaft. Festschrift für Joachim Cornelius zum 60. Geburtstag. Trier: Wissenschaftlicher Verlag.

Schlieben-Lange, Brigitte (1978): Soziolinguistik. Eine Einführung, Stuttgart: Kohlhammer.

Tempesta, Immacolata/Maggio, Maria (a cura di) (2006): Lingue in contatto a scuola. Tra italiano, dialetto e italiano L2. Milano: FrancoAngeli.

Vedovelli, Massimo (2000): La dimensione linguistica nell'immigrazione straniera in Italia: una ricognizione e una bibliografia ragionata. (Studi Emigrazione, XXXVII), Roma, 905-928.

Vedovelli, Massimo (2005): L'italiano nel mondo da lingua straniera a lingua identitaria: il caso 'freddoccino'. (Studi Italiani di Linguistica Teorica e Applicata, XXXIV), Roma, 585-609.

Roland Terborg und Virna Velázquez
Universidad Nacional Autónoma de México

Sprachverdrängung von Indianersprachen in Mexiko.
Eine Analyse der negativen Spracheinstellungen zum Otomí*

Von den 62 offiziell anerkannten Indianersprachen in Mexiko (vgl. Terborg/García Landa/Moore 2006) sind die meisten von einer Verdrängung durch das Spanische bedroht. Das betrifft nicht nur die Sprachen mit sehr wenigen Sprechern, wie Tlahuica (auch Ocuilteco oder Atzinca genannt), Matlazinca, Cochimí, Cucapá, Kikapú, Paipai oder Lacandon (Bartolomé 1997: 31), sondern auch einzelne Gemeinden, in denen Sprachen anzutreffen sind, die sehr wohl noch eine beträchtliche Anzahl an Sprechern aufzuweisen haben. Besonders die zur Familie der Otomangue-Sprachen gehörenden Otomí und Mazahua weisen in den letzten Jahrzehnten in vielen Gemeinden einen sehr starken Schwund an Sprechern auf.

Nach dem Spanischen sind Mazahua und Otomí die beiden indigenen Sprachen mit den meisten Sprechern im Bundestaat Mexiko. Der Bundesstaat Mexiko, mit der lokalen Hauptstadt Toluca, umgibt Mexiko Stadt im Osten, Norden und Westen. Toluca befindet sich ca 60 km westlich von Mexiko Stadt auf der Grenze zwischen den Sprachen Otomí und Mazahua. Otomí wird nordöstlich von Toluca gesprochen (vgl. González Ortiz 2005).

Fishman (1991: 87-110) definiert 8 Stufen des Sprachenschwunds. Im Bundesstaat Mexiko sind viele Gemeinden anzutreffen, in denen das Otomí besonders gefährdet ist. Entsprechend der Klassifizierung von Fishman zeigt Lastra (2001: 156) mehrere Dörfer auf, in denen der Sprachenschwund die Stufen 6 und 7 erreicht hat und andere, wo sogar der Übergang zur Stufe 8[1] kurz bevorsteht.

Um den Sprachenschwund zu untersuchen, haben wir eine Erhebung in San Cristóbal Huichochitlán durchgeführt. Dieses ist eine Gemeinde von etwas über 2000 Einwohnern innerhalb des Sprachgebiets des Otomí, 4 km nördlich von Toluca. Die genannte Untersuchung basiert auf Fragebögen zu den Sprachkenntnissen und zum Sprachgebrauch der einzelnen Sprecher. Die Ergebnisse wurden getrennt nach Altersgruppen der Sprecher ausgewertet. Dabei ergab sich, dass die Vermittlung des Otomí in den letzten 20 Jahren sehr stark abgenommen hat. Otomie wird in dieser Gemeinde in den nächsten Jahren wahrscheinlich nicht mehr an die nachkommenden Generationen weitergegeben werden (vgl. Terborg/ García Landa/Moore 2006).

Die Ursachen für die Sprachverdrängung sind vielfältig und miteinander verflochten. Die wichtigsten Ursachen sind gewöhnlich materielle Hintergründe,

---

* Dieser Beitrag entstand im Rahmen des von der UNAM finanzierten Forschungsprojekts (PAPIIT/IN402706) "La vitalidad de lenguas indígenas de México: Un estudio en tres contextos."
1 Die Minoritätensprache wird nur noch von älteren Leuten gesprochen, die zumeist sozial isoliert sind und oft auch mit anderen Sprechern wenig Kontakt haben.

die öffentliche Schulbildung und negative Spracheinstellungen der übergreifenden Kultur, die die lokale Identität beschädigen (vgl. Zimmermann 1992). In einer fortgeschrittenen Phase der Sprachverdrängung sind die Spracheinstellungen laut Crystal (2000: 81) von entscheidender Bedeutung. Wenn die meisten Mitglieder der Sprachgemeinschaft beide Sprachen beherrschen, kann die Minderheitensprache durch eine positive Einstellung gefördert werden. Hingegen treibt eine verbreitete negative Einstellung den Prozess der Sprachverdrängung weiter voran.

Entsprechend wollen wir in dieser Untersuchung den negativen Spracheinstellungen näher auf den Grund gehen. Es ist von Bedeutung, wie weit diese Einstellungen selbst von den Sprechern des Otomí angenommen wurden und somit zu einer Beschleunigung der Sprachverdrängung beitragen können.

Um das Phänomen und den Hintergrund der Sprachverdrängung veranschaulichen zu können, stellen wir in diesem Zusammenhang kurz die Ergebnisse einer Umfrage in der erwähnten Gemeinde vor. Anschließend versuchen wir das spezielle Problem der negativen Spracheinstellungen im Kontext der mexikanischen Geschichte darzustellen. Dazu stellen wir Beispiele der unterschiedlichen Sprache oder Diskurse vor, so wie sie in bestimmten Epochen in Mexiko üblich waren. Abschließend folgt eine Analyse ausgewählter Fragmente von Interviews mit Mitgliedern aus der untersuchten Gemeinde, um diese dann mit den Diskursen in den verschiedenen Epochen zu vergleichen. Dabei richten wir besonderes Augenmerk auf die interviewten Personen, die durch ihre Sprache die Ideologie früherer Epochen vertreten.

Die untersuchte Gemeinde und die Sprachverdrängung des Otomí durch das Spanische.

Wir gehen davon aus, dass das Otomí in der betroffenen Gemeinde bereits stark geschwächt ist (vgl. auch Lastra 2001). Wir stützen uns dabei hauptsächlich auf eine Umfrage, die wir von 2001 bis 2002 in San Cristóbal Huichochitlán durchgeführt haben.

Aufgrund der hohen Geburtsrate und der relativ kurzen Lebenserwartung wurden die Sprecher (168 Individuen über 5 Jahre) in drei Altersgruppen, nämlich A (5 bis 20 Jahre), B (21 bis 40 Jahre) und C (über 41 Jahre) unterteilt. Die Sprachkenntnisse wurden in die vier Kategorien 1) ‚Gute', 2) ‚Wenig', 3) ‚Versteht nur' und 4) ‚Keine' unterteilt.

Tabelle 1: Sprachkenntnisse nach Altersgruppen

Altersgruppe	*Gute*	*Wenig*	*Versteht nur*	*Keine*
A 5-20 Jahre	3%	11%	71%	14%
B 21-40 Jahre	77%	5%	14%	5%
C über 40 Jahre	100%	0%	0%	0%

Es ergaben sich gute Sprachkenntnisse des Otomí für alle Sprecher in der Altersgruppe C. Hingegen bei den Jüngsten in unserer Tabelle kann man davon ausgehen, dass 85% die Sprache nicht mehr an die späteren Generationen vermitteln können. Obwohl Lastra keine spezifischen Angaben zu San Cristóbal Huichochitlán macht, so stimmen unsere Ergebnisse doch mit der von ihr beschriebenen allgemeinen Situation im Bundesstaat Mexiko überein (2001: 156). Wir würden den Prozess der Sprachverdrängung in dieser Gemeinde zwischen den von Fishman definierten Stufen 6 und 7 plazieren. In diesem Stadium gewinnen, wie wir bereits am Anfang erwähnt haben, die Spracheinstellungen eine entscheidende Bedeutung für die Zukunft der Indianersprache (vgl. Crystal 2000: 81).

Spracheinstellungen zu Indianersprachen

Diskriminierende Einstellungen zu Minderheitensprachen sind allgemein bekannt und erscheinen weltweit in den unterschiedlichsten Formen. Es geht uns hier speziell um die Berichte zu Einstellungen und Wertäußerungen. Die Fälle von diskriminierenden Äußerungen sind relativ häufig und fallen auch denjenigen auf, die nicht Otomí sprechen. Dabei gibt es zum Beispiel ganz direkte Äußerungen zur Sprache, wobei es sich ganz offensichtlich und wohl auch bewusst um Diskriminierung handelt. Andere Einstellungen sind eher unbewusst, und können teilweise einem paternalistischen Verhalten zugeschrieben werden, wobei die besagte Person eine gutmeinende, aber diskriminierende Äußerung von sich gibt, in dem Glauben, dass Sprecher indigener Sprachen nicht erwachsen geworden sind und sich oft wie Kinder verhalten.

Diese Äußerungen haben teilweise eine lange Tradition und werden mit Wörtern wie *Indio* in Verbindung gesetzt. Dieses Wort hat grundsätzlich auch eine negative Bedeutung, die durch bestimmte Adjektive wie *pobre* (arm) noch verstärkt werden kann. Besonders deutlich wird das bei den Ausdrücken *Gente de Costumbre* und *Gente de Razón*. Beide Ausdrücke können nicht wörtlich übersetzt und müssen im speziellen Kontext der Geschichte Mexikos verstanden werden. Dabei wäre der erste vielleicht mit ‚gewöhnliche Menschen' zu vergleichen. Bartolomé bezeichnet sie als ‚paradoxe Identitäten', die, wenn auch zusammengehörend, etwas Negatives ausdrücken wollen, so wie dieses in den Gegensätzen ‚Polizei-Dieb', ‚Jungfrau-Hure' und ‚Weißer-Indio' der Fall ist.

> En relación con lo anterior debemos apuntar que en la mayor parte de las áreas de relación interétnica de México sobreviven las bárbaras calificaciones coloniales que designan a los indios como *gente de costumbre* confrontada con la *gente de razón* que serían los mestizos y blancos (Bartolomé 1997: 46).

Gente de Razón wäre dann mit denen gleichzusetzen, die Spanisch sprechen; *Gente de Costumbre* mit Sprechern einer Indianersprache. In der gleichen Weise bezeichnet man mit der Konnotation *Gente de Razón* ‚zivilisierte' oder ‚gebildete' Menschen, während die anderen noch zivilisiert werden müssen.

Im letzten Jahrhundert entstand eine neue Identität, die Bartolomé als ;Konstruktion der Indianität' (*construcción de la indianidad*) bezeichnet, zusammen mit dem

Versuch einer Assimilation der indigenen Bevölkerung in die nationale Kultur. In der neuen Rhetorik wird das Recht hervorgehoben, anders zu sein. Inzwischen wird ohne weiteres akzeptiert, wenn man sich als indigener Mitbürger und Sprecher einer Indianersprache zu erkennen gibt. Die offene Diskriminierung, die die Forderung beinhaltet, dass die indigene Bevölkerung zivilisiert werden muss, wird in weiten Teilen der Bevölkerung nicht mehr akzeptiert. So schreibt denn auch Bartlomé:

> El maestro bilingüe tzeltal que ahora habla del valor de la identidad y cultura de su pueblo, está utilizando un lenguaje institucionalmente legitimizado, así como antes lo era la castellanización y la integración (1997: 66).

Dementsprechend haben wir ganz am Anfang einen ‚kolonialen Diskurs', der keine Integration der indigenen Bevölkerung beinhaltete, da diese ohnehin für minderwertig gehalten wurde. Der koloniale Diskurs musste zu Beginn des vorigen Jahrhunderts einem integrativen Diskurs, bzw. einer integrativen Ideologie weichen. Dieser Diskurs kam mit der mexikanischen Revolution auf, an der die indigene Bevölkerung maßgeblich beteiligt war. Dabei wurden die Sprecher der Indianersprachen immer noch als unterentwickelt angesehen. Die neue Rhetorik entspräche dann also dem modernen emanzipatorischen Diskurs, der auch noch in der Gegenwart seine Gültigkeit hat. Die koloniale und die integrative Rhetorik sind nicht immer klar voneinander zu trennen. Da dieses Phänomen auch historisch gesehen werden muss, wird eine eindeutige Trennung auch nicht immer möglich sein. Hingegen ist der von Bartolomé als "lenguaje institucionalmente legitimizado" bezeichnete offizielle Diskurs, der für die Ideologie der Gegenwart steht, sehr wohl von den anderen beiden Diskursen zu unterscheiden.

Zu dem Letztgenannten gehört unserer Ansicht nach auch die Aufklärung und Stigmatisierung der früheren Diskurse und der schlechten Behandlung gegenüber den Sprechern von indigenen Sprachen. Dennoch kommen Kommentare, wie die vorher erwähnten, auch heute noch vor. Wer aber solche Kommentare äußert, läuft Gefahr öffentlich bloßgestellt oder als Rassist bezeichnet zu werden. Wenn man das Wort *Indio* benutzt oder sagt, dass die indigene Bevölkerung zivilisiert wird, kann man in dieser Hinsicht zurechtgewiesen werden.

Die Untersuchung in San Cristóbal Huichochitlán

Unsere Analyse in diesem Beitrag beruht auf den Interviews von 6 Einwohnern aus San Cristóbal Huichochitlán. Um die Anonymität der interviewten Personen zu wahren, haben wir ihre Namen geändert.

Die hier aufgeführte Liste beinhaltet Auskünfte über das Alter und die Ausbildungszeit in Schuljahren. Bei Ernesto, Juana und Guillermina ist anzumerken, dass ihr Spanisch nicht wie das eines Muttersprachlers klingt. Deshalb sind ihre Namen in der Gruppe II aufgeführt. Vermutlich haben die meisten Sprecher des Otomí Spanisch als Zweitsprache, aber werden oft dennoch für Muttersprachler des Spanischen gehalten. Ein Beispiel hierfür ist Santiago, weshalb er zusammen mit Jovita und Ana in der Gruppe I aufgeführt ist.

Tabelle 2: Interviewte Sprecher des Otomí

Gruppe I Spanisch wie Muttersprachler	Gruppe II Spanisch als Zweitsprache
• Ana (25 Jahre – 9 Schuljahre – ledig, Tochter von Juana und Ernesto) • Santiago (41 Jahre – 8 Schuljahre) • Jovita (27 Jahre – 9 Schuljahre)	• Ernesto (56 Jahre – 6 Schuljahre – mit Juana verheiratet) • Juana (56 Jahre – 3 Schuljahre – mit Ernesto verheiratet) • Guillermina (38 Jahre – 1 Schuljahr)

Das Interview war methodisch am ‚tree-and-branch'- Modell von Rubin/Rubin (1995: 159) orientiert. Hierbei wird das Hauptthema mit einem Baumstamm verglichen und kann je nach Verlauf des Interviews auf Nebenthemen verästelt werden. So gibt es dann Nebenthemen, die je nach Informant relevant oder irrelevant sind und entsprechend ausgelassen werden können.

Die Interviews wurden anschließend transkribiert, wobei wir ähnlich wie Zimmermann (1992: 480) vorgegangen sind und uns im allgemeinen an normale Schreibkonventionen gehalten haben, da es nicht auf phonetische Gesichtspunkte ankam. Es wurden lediglich Merkmale, wie sie bei der Konversation in einer Zweitsprache vorkommen können, orthographisch festgehalten. Außerdem sind emphatische Abschnitte mit Großbuchstaben im ganzen Wort markiert. Unverständliche Passagen sind durch Klammern mit Punkten gekennzeichnet.

Die Analyse einiger Fragmente der Interviews

Wie bereits vorher erwähnt, so gehört zu der heute aktuellen Rhetorik die Kritik der unverhüllten negativen Einstellungen. In diesem Zusammenhang berichtet Ana von einem Direktor der örtlichen Sekundarschule, der sich ganz offen gegen die Sprecher des Otomí äußerte.

> Ah SÍ -Sí ha habido - Pero sí - no en Toluca -también incluso aquí con la escuela secundaria. - Llegó el señor director - y cuando (...) empezó a llegar - entonces él - este señor ya empezó a decir - No - que estos indios - que estos quién sabe qué. [Ach JA – Ja das hat es gegeben – Aber ja – nicht in Toluca – sogar hier in der Sekundarschule. - Da gab es einen neuen Herrn Direktor – und als (...) gekommen ist – dann hat er – dieser Herr sagte dann – nein diese Indios – diese, was weiss ich nicht alles.]

Ana sagt hier nicht klar, was der neue Direktor getan hat, aber sie berichtet, dass sich die meisten Besucher eines Elternabends gegen ihn aufgelehnt haben. Danach berichtet sie, wie sich der neue Direktor damals ausgedrückt hatte[2]. In der gleichen Weise nennt Santiago einige übliche Ausdrücke, die synonym für ‚Indios' stehen[3].

---

2 Pues dijo que - que mientras más tuviera la oportunidad de - de pisotear a los INDIOS - que mejor. [Also sagte er - solange er die Möglichkeit hätte diese Indios zu treten, dann würde er das tun.]

3 ¡SÍ! (...) esos nopaludos - esos mugrosos -. [JA! (...) diese Kaktusfresser – diese schmutzigen -].

Guillermina berichtet auch, dass man sie oft schlecht behandelt, jedoch ohne dass sie dieses besonders hervorhebt. Einen ganz anderen Standpunkt vertritt hier Jovita. Sie hat auch schlechte Erfahrungen außerhalb San Cristóbal Huichochitláns gemacht, obwohl sie gewöhnlich für eine Muttersprachlerin des Spanischen gehalten wird[4].

Jovita sagt sehr selbstbewusst und abwertend, dass jemand, der über sie lacht doch nur ein armer Mensch (armes Schwein) sein kann (ay, pobrecitos). Denn schließlich ist man, nur weil man in Toluca wohnt, nicht gleich ein Gringo[5]. Und sie fügt noch hinzu, dass ja wohl alle die in der Umgebung wohnen von den Indios abstammen. Dieses Selbstbewusstsein konnten wir speziell bei Jovita, Santiago und Ana feststellen. Sie beherrschen damit die "legitime institutionelle Sprache" (vgl. Bartolomé 1997: 66), die keine offene Diskriminierung zulässt. In derselben Weise befürworten sie auch den Erhalt des Otomí. Dabei haben Jovita und Santiago ihren Kindern das Otomí fast nicht vermittelt. Auf entsprechende Nachfrage äußert Jovita, sie wünsche sich, dass ihre Kinder beide Sprachen gut verstehen und sprechen lernen[6].

Ähnlich spricht sich auch Santiago dafür aus, dass alle Kinder in der Gemeinde Otomí sprechen lernen sollten[7]. Santiago erkennt auch die Verantwortung seiner eigenen Generation, die das Otomí nicht mehr an ihre Kinder vermittelt. In seiner eigenen Familie sprechen die ältesten Kinder Otomí, aber nicht die beiden jüngsten. Er übt ein wenig Selbstkritik während Jovita sich damit rechtfertigt, dass sie nicht die Geduld aufbringt alles erst zu erklären und deshalb besser gleich ins Spanische wechselt.

Anders verhält sich Juana zur Sprachverdrängung des Otomí durch das Spanische[8]. Sie drückt Genugtuung darüber aus, dass immer weniger Otomí

---

4 Pues - a veces - o que las indias y que no sé qué. - Pero pobrecitos - porque ellos también descienden de allí mismo. - No porque sean de Toluca - de ciudad - crean que - pues - son GRINGOS - o algo así. - Pues - todos los que somos de aquí provenimos de los indios ¿no? [Also – manchmal – diese Indias oder was weiß ich. - Aber, arme Schweine – schließlich haben wir alle dieselben Vorfahren. - Weil sie aus Toluca – aus der Stadt kommen – glauben sie dann etwa, dass sie GRINGOS sind – oder was ähnliches. - Ach – alle die, die wir hier wohnen, wir stammen alle von den Indios ab.]
5 Bezeichnung für Amerikaner oder hellhäutige Menschen im allgemeinen.
6 Pues - para mi los dos. Que le entiendan y que le hablen bien. [Also – ich finde beide Sprachen. Sie sollten beide Sprachen gut verstehen und sprechen können.]
7 Inclusive ya los más chiquitos - este ya- ya están empezando a hablar el español ... Pero - Bueno, fíjese que yo creo hasta es cuestión de ... de (intención) a veces - A veces - Hace ratito que estábamos platicando - Digo hay que enseñarle el otomí a los chamacos porque realmente ... están empezando a hablar el español y no les vamos a dar chance para que aprendan el otomí. [Ebenso auch die ganz kleinen – äh jetzt – jetzt fangen die schon gleich an Spanisch zu sprechen ... Aber – Gut, ich meine, dass das oft auch eine Frage ... der (guten Absicht) ist – Manchmal – Zum Beispiel vorhin als wir darüber sprachen – Ich meine man muss den Kleinen auch Otomí beibringen, denn in Wirklichkeit ... fangen die gleich mit Spanisch an und wir geben ihnen überhaupt nicht die Möglichkeit Otomí zu lernen.]
8 Porque (...) iba a seguir todo - en otomí - Pero ahora ya - ya - gracias a dios - ya han cambiado todo - y ya no - ya no hablan en otomí. [Denn (...) alles wäre so weiter gegangen – in Otomí –

gesprochen wird. Die Äußerung von Juana stellt einen Kontrast her, der nicht mehr mit dem aktuellen offiziellen Diskurs sowie den Äußerungen der anderen übereinstimmt. Viele Gemeindemitglieder behaupten, nur Spanisch zu sprechen. Santiago, Jovita, und Chavela berichten von häufigen Fällen der Selbstzensur, in denen Sprecher des Otomí sich als solche verleugnen. Jovita berichtet von Fällen, in denen selbst ihr gegenüber jemand aus San Cristóbal Huichochitlán versucht sich als monolingualer Sprecher des Spanischen auszugeben. Diese Sprecher geben sich aber dadurch zu erkennen, dass sie sich plötzlich in ein Gespräch einmischen, dass in Otomí geführt wird[9].

In den letztgenannten Beispielen handelte es sich also um negative Einstellungen der Sprecher des Otomí ihrer eigenen Sprache gegenüber. Es ist erstaunlich, dass Juana, deren Spanisch nicht als perfekt empfunden wird, keine Bedenken hat, sollte das Otomí einmal ganz verdrängt werden. Ernesto und Guillermina, die auch zur Gruppe II gehören, äußern sich ähnlich wie Juana[10].

Ernesto hebt die Bedeutung der Schule hervor, und dass er selbst das Glück gehabt hatte, an dem ‚Zivilisationsprozess' teilnehmen zu dürfen. Er hatte es geschafft aus dem Abgrund aufzusteigen, um selbst ein zivilisierter Mensch zu werden. Auch der Diskurs von Guillermina ist dem von Ernesto sehr ähnlich[11].

Es ist bemerkenswert, dass die Personen der Gruppe II. sich nicht so negativ wie die Personen der Gruppe I. über die ihnen widerfahrende Behandlung in dem nahegelegenen Toluca beschweren. Es hat fast den Anschein, als würden sie diese Behandlung als etwas Selbstverschuldetes hinnehmen. Keiner der Interviewten aus Gruppe II. bedauert, dass das Otomí an Vitalität verliert. Juana sagt dieses sogar sehr deutlich, wie wir vorher bereits gesehen haben (*Pero ahora ya - ya - gracias a dios - ya han cambiado todo - y ya no - ya no hablan en otomí*). In dieser Hinsicht spricht keiner von ihnen die offizielle institutionalisierte Sprache (vgl. Bartolomé 1997), wie sie

---

Aber nun endlich – endlich – Gott sei Dank – jetzt ist alles anders – jetzt nicht mehr – jetzt spricht man nicht mehr in Otomí.]
9 Muchas veces sí, y muchas veces - NO ENTIENDO - pero sí entiende. Nosotras nos damos cuenta - y porque decimos cualquier cosa - y allí - y ya vuelven a - ay - o sea - ellos se meten a la plática. [Ja sehr oft und auch manchmal – ICH VERSTEHE DAS NICHT – aber derjenige versteht es doch. Wir merken es dann daran – wir sagen dann einfach irgendwas – und dann – und schon reagieren sie – oder – sie versuchen an dem Gespräch teilzunehmen.]
10 SE VA CIVILIZANDO NUESTRA GENTE - por ... las escuelas, ... por nuestra propia educación - Ora - desde luego allí - es que tienen que le alcanza - Va - este ... - Se va preparando - Va sobresaliendo ¿no? - Y entonces ... yo tuve la dicha también ... de ser uno de ELLOS. [UNSERE LEUTE SIND IM BEGRIFF SICH ZU ZIVILISIEREN – durch ... die Schulen ... durch unsere eigene Schulbildung – Deshalb – natürlich so – haben sie genug zum leben – Also äh ... - Sie bilden sich weiter – Sie verbessern sich, nicht wahr? – Und dann ... ich hatte auch das Glück ... dass ich einer von JENEN sein durfte.]
11 Entonces - por eso - este - pues por lo mismo - este - ya casi los jóvenes de aquí - YA - BUENO - SIENTEN QUE NOSOTROS YA ESTAMOS UN POQUITO SEMI CIVILIZADOS porque estamos hablando en ESPAÑOL. [Also – deswegen – äh – genau deswegen – äh – die jungen Leute hier – ALSO GUT – SIE MEINEN, DASS WIR INZWISCHEN EIN BISSCHEN HALB ZIVILISIERT WORDEN SIND denn wir sprechen jetzt in SPANISCH.]

von den interviewten Personen der Gruppe I. gesprochen wird. Was aber besonders erstaunlich ist, ist der Gebrauch von diskriminierenden Ausdrücken (*QUE NOSOTROS YA ESTAMOS UN POQUITO SEMI CIVILIZADOS*). Die koloniale oder integrative Rhetorik hat praktisch durch die Sprecher der Gruppe II überlebt. Es entsteht der Eindruck, dass die Einstellungen, die am meisten diskriminieren, von den Sprechern des Otomí selbst kultiviert werden.

Schluss

Die Sprachverdrängung des Otomí durch das Spanische in San Cristóbal Huichochitlán ist nach den gegenwärtigen Erkenntnissen eine Tatsache, die nur noch sehr schwer aufzuhalten ist. Das geht zumindest aus unserer Studie von 2001 bis 2002 hervor (vgl. Terborg/García Landa/Moore 2006 sowie Terborg/Velázquez/Trujillo 2007). Die Ursachen sind wie gewöhnlich vielfältig und komplex. Die oft negativen Spracheinstellungen sowohl der dominanten Sprecher des Spanischen, als auch der Sprecher des Otomí gehören zu den genannten Ursachen. Wie zu erwarten, so sind auch die Einstellungen der Sprecher des Otomí gegenüber ihrer eigenen Sprache eher negativ. Diese Einstellung kommt zwar im Interview nicht immer klar zum Ausdruck, aber es fällt auf, dass besonders die selbstbewussteren Sprecher, die in der dominanten Sprache kommunizieren können ohne dabei durch einen Akzent aufzufallen (Gruppe I.), mit ihren Kindern in der Konversation das Spanische dem Otomí vorziehen. So berichten Santiago und Jovita von der Diskriminierung, der die Sprecher des Otomí oft ausgesetzt sind. Gleichzeitig befürworten sie in gewissem Sinne die Förderung und Erhaltung des Otomí. Aber beide geben zu, dass sie das Otomí in der Erziehung ihrer Kinder vernachlässigt haben.

Hingegen zeigen die Sprecher, deren Spanisch auffällig ist und deren Akzent sie als Bewohner von Dorfgemeinschaften oder als Muttersprachler des Otomí kennzeichnet (Gruppe II), kaum Selbstbewusstsein bezüglich ihrer eigenen Kultur und Sprache. Im Gegensatz zu den vorher genannten Sprechern von Gruppe I., benutzen sie Ausdrücke, wie sie in dieser offenen und diskriminierenden Weise kaum noch bei Mitgliedern der dominanten hispanophonen Kultur zu finden sind . Besonders auffällig ist die wiederholt anzutreffende Bemerkung, dass die Einwohner von San Cristóbal Huichochitlán jetzt im Begriff sind "zivilisierte Bürger" zu werden. Obwohl zu vermuten ist, dass die interviewten Personen von Gruppe II aufgrund ihrer Sprache öfters Diskriminierungen ausgesetzt sind, gibt es speziell in ihren Interviews kaum Hinweise auf diese Diskriminierungen. Daraus schließen wir, dass sie die ihnen widerfahrende Behandlung oft als selbstverschuldet ansehen. Wie Guillermina betont, glaubt sie von sich selbst, dass sie nicht richtig (Spanisch) sprechen kann und nur "halb zivilisiert" ist.

Wir gehen davon aus, dass der Erhalt einer indigenen Sprache hauptsächlich durch den Druck der in der Gemeinde integrierten Muttersprachler gewährleistet ist. Wie wir jedoch gesehen haben, üben die Muttersprachler sehr wenig Druck für den Erhalt des Otomí aus. Damit könnten wir eine der Ursachen für den rapiden Sprachenschwund nachweisen, dem das Otomí in den letzten drei Jahrzehnten in der untersuchten Gemeinde ausgesetzt war und die speziell in dieser Stufe der Sprachverdrängung an Bedeutung gewinnt.

Literatur

Bartolomé, Miguel Alberto (1997): Gente de costumbre y gente de razón. Las identidades étnicas en México. México, D.F.: Instituto Nacional Indigenista, Siglo Veintiuno Editores.

Crystal, David (2000): Language Death. Cambridge: Cambridge University Press.

Fishman, Joshua A. (1991): Reversing Language Shift. Theoretical and Empirical Foundations of Assistance to Threatened Languages. Clevedon: Multilingual Matters LTD.

González Ortiz, Felipe (2005): Estudio sociodemográfico de los pueblos y comunidades indígenas del Estado de México. Toluca, Estado de México: El Colegio Mexiquense.

Lastra, Yolanda (2001): Otomí Language Shift and Some Recent Efforts to Reverse It. In: Fishman, J. A. (ed.): Can Threatened Languages Be Saved? Reversing Language Shift, Revisited: A 21st Century Perspective. Clevedon: Multilingual Matters LTD, 142-165.

Rubin, Herbert J./Rubin, Irene S. (1995): Qualitative Interviewing. The Art of hearing Data. London, New Delhi: SAGE Publications.

Terborg, Roland/García Landa, Laura/Moore, Pauline (2006): Language Planning in Mexico. In: Baldauf, R. B./Kaplan, R. B. (eds.): Language Planning & Policy. Latin America, Vol. 1. Ecuador, Mexico and Paraguay. Clevedon: Multilingual Matters LTD, 115-217.

Terborg, Roland/Velázquez, Virna/Trujillo Tamez, Alma Isela (2007): La vitalidad de las lenguas indígenas en México: El caso de las lenguas otomí, matlazinca, atzinca y mixe. In: Schrader-Kniffki, M./Morgenthaler García, L. (eds.): Romania en Interacción: Entre historia, contacto y política. Ensayos en homenaje a Klaus Zimmermann. Frankfurt am Main: Iberamericana/Vervuert Verlag, 607-625.

Zimmermann, Klaus (1992): Sprachkontakt, ethnische Identität und Identitätsbeschädigung. Aspekte des Assimilation der Otomí-Indianer an die hispanophone mexikanische Kultur. Frankfurt am Main: Iberamericana/Vervuert Verlag.

3. Gesprochene Sprache, Sprachstruktur und Sprachgebrauch

Ad Foolen
Radboud University Nijmegen

New quotative markers in spoken discourse

In the last quarter of the 20th century, linguists signalled the use of new quotative markers in several languages. The English *be like* is the best known example of such a marker. The markers were also noticed as 'new' by native speakers, thus it seems that a real language change had started. The markers were not new in the sense that a new item had entered the language, rather, an existing item has become to be used in a new function, namely as a quotative marker.

In section 1 of this paper, I will present a survey of some of the languages in which such a marker has developed. Examples are taken from corpora, from the literature on quotative markers and were provided by native speakers. In section 2, I propose a typology of the markers and in section 3, I discuss the (difficult) question why languages across the world have acquired such a new quotative marker more or less simultaneously. Section 4 contains some concluding remarks.

1 A survey of quotative markers
1.1 English

Let us start with an example from the Santa Barbara corpus of spoken American English (2000):

> (1) American English (Santa Barbara Corpus):
> Richie: and I **was like** oh God, there was a door here before. (232.85 233.37)
> Nathan: She**'s like** leave me alone. do I deserve this? (128.75 129.20)

Be like is the best known new quotative marker in English, but there are other forms that seem to be still more recent than *be like*, namely the verb *go* and the phrase *be all*, cf. (2):

> (2) American English
> a. (Santa Barbara Corpus 575.25 576 10 ff.)
> So! Cathy calls me up, and she wants ~Jonathan's ph… address
> And I go, for what.
> (H) She goes well we have to invite him to the= New Year's Eve party.
> And I go why=
> She goes well !Tommy ~Spencer opened his big mouth
> And I said, oh.
> So you're going to host them, are you?
> (H) She goes what do you mean, host them.
> b. (Santa Barbara Corpus, 910.68 911.18)
> Ricky: He's all <Q okay, come with me come with me Q.
> you know,
> Rebecca: Okay, alright.

Although it is not possible to determine exactly when *be like* and the other markers started to be used in the context of quotation, there is agreement in the literature that the quotative markers in (1) and (2) are to be considered as a rather recent development. Schourup (1983) was one of the first who noted this use in recorded conversational material. The origin and spreading of these constructions clearly show sociolinguistic stratification. Blyth et al. (1990) were the first to study the use of *like* from a sociolinguistic perspective. The general picture seems to be as follows: the quotative use of *be like* originated in California in the seventies, in particular with young women, 'Valley girls', as they were called (cf. Tagliamonte & D'Arcy 2007: 212). Later, the new quotatives were found in other social groups throughout the US, but also in the World Englishes. For example, Macaulay (2001) observed *be like* and *go* in the speech of young people in Glasgow, Scotland, cf. (3):

(3) English (Glasgow, Scotland, Macaulay 2001, p. 8-9):
a. and I**'m like** 'No that's sick'.
and Kate **goes** 'Oh yeah he's in my big brother's football team'
she **went** 'Who are you going with?'

Macaulay found an interesting variant in his material, namely the combination *be like* or *go* (*like*) with the demonstrative pronoun *that*:

(3) English (Glasgow, Scotland, Macaulay 2001):
b. I **was like that** 'On you go'
she **went like that** 'Do you no think that's a bit two-faced?'

The upcoming use of (*be*) *like* and its variants did not go unnoticed by the speech community itself. In fact there was and is a strong metalinguistic awareness about the use of *be like*, and it has strong social connotations, cf. Tannen (1989: 213): "In a study of how dialogue is introduced in conversation and fiction, I found use of 'be+like' to introduce dialogue to be fairly frequent in the conversational stories of college-age speakers (…). That this locution strikes adult ears as marked is encapsulated by a colleague's remark that his teenaged daughter is 'a native speaker of like English'". Dailey-O'Cain (2000: 75) reports the following connotations: "On the positive side, the use of *like* makes the speaker more 'attractive,' 'cheerful,' 'friendly,' and 'successful.' However, it is also associated with the speaker seeming less 'educated,' 'intelligent,' and 'interesting'."

1.2 Other Germanic languages

In Dutch, the new quoative marker *van* 'from' was signalled even earlier than English *be like*. Verkuyl (1976) was the first one who wrote a short piece about this use of *van*, and since then, there has been a continued, although not intensive, interest in this phenomenon, see Romijn (1999), Pascual (2003), and the state of the art overview in Foolen et al. (2006).

(4) Dutch: *van* 'from, of'
 a. Die denken **van** 't is wel prima zo.
    They think from it is well good so.
    'They think like it's ok like that'.
 b. Toen had ik zoiets **van** daar wil ik ook aan meedoen.
    Then had I such something from there will I also in participate
    'Then I was like I would like to participate in that as well'.
 c. Dat was gebaseerd op de gedachte **van**: als de landen zo handelen
    That was based on the thought from if the countries so act
    'That was based on the thought "if the countries act like that"'.

Note that in (4c), *van* + complement is the complement of a matrix noun, instead of a verb. This is very common in Dutch. In (4b) the matrix contains 'had zoiets van', a fixed phrase which is often used when the quoted material pertains to feelings.

In contrast to the Dutch situation, the German quotative marker *so* has been observed by linguists only recently (Androutsopoulos 2000, Golato 2000, 2002, Auer 2006) and it seems that its spread in the community is much more restricted than Dutch *van*. Whereas *van* can be heard these days in all age groups and all styles (in particular in informal styles, of course), German *so* is only used by adolescents and is restricted to particular conversational genres and contexts, cf. Golato (2002: 63): "[T]he German quotative *und ich so/und er so* 'and I'm like/and he's like' is used to introduce both discourse and gestures as quotables, particularly in storytellings when materials contributing to the climax of the story [are] quoted". One of Golato's examples is the following:

(5) German (Golato 2000:43, 2002:40): *und er so/und ich so* 'and he like'/'and I like'
    und er **so**: joa und ich willt mal gucken ob ihr probleme habt.
    'And he was like "yeah and I just want to have a look whether you have any problems.'.

Note that the matrix clause in (5) does not contain a verb. According to Golato, this is typical for the German construction: the matrix consists of conjunction (*und* in this case), pronoun and *so*. In the Corpus of Spoken Dutch (CGN), I also found some examples in which the verb is missing, cf. (6):

(6) en hij **zo van** ja je moet morgen maar langskomen of zo.
    and he so from yes you must tomorrow just come along or so.
    'and he was like yes you better come along tomorrow or so'.

John Taylor (p.c., july 2007) reports that a South African colleague recently overheard (7) from a young teenage girl:

(7) Hy **was soos**, 'wat moet ek daaromtrent doen?'
    He was so something what have I about this do.
    'He was like what should I do about this'.

Googling 'soos', Taylor found another example: *En ek was soos, 'Ja, whatever'*. The pattern *was soos* thus looks like a mix of the English *be like* and German *so*, without wanting to suggest, however, that English or German played any role in this development, and neither did Dutch.

In Swedish, typ 'kind' is used, but more remarkable is the use of ba, which is a shortened form of bara, 'only, just' (cf. Erman & Kotsinas 1993, Eriksson (1995).

(8) Swedish (Susanna Karlsson, p.c.)
Och hon **ba** det skulle aldrig jag göra (**ba**).
And she *ba* that should never I do (*ba*).
'And she is like "I'd never do that"' (like)'.

1.3 Romance languages

Romance languages clearly participate in the development of a new quotative marker. For French, *genre* 'kind' has been observed as the relevant item, cf. Fleischman (1998), Fleischman & Yaguello (2004), see (9):

(9) French (Fleischman & Yaguello 2004: 135):
Quand je lui ai dit que t'étais pas sur de venir elle était vraiment pas contente, **genre** 'si vous jouez pas je chante pas'.
'When I told her you weren't sure you were coming [to her party] she was really upset, like 'if you won't play [the piano], I won't sing.'

For Portuguese, the unmarked item is *assim*, 'so'.

(10) Portuguese (Amalia Mendes, p.c.): *assim* 'so'; (Ana Cristina Macário Lopes, p.c.) *entáo é assim* 'then it's so'
ria tanto, tanto, tanto que até seengasgou e dizia **assim** : "Eu estou a ver é que isso uma revista pornographica!"dizia o meu tio.
B: Formicar!
X: "Então o que quer dizer formicar?" Pois ela **assim**: "Ai!" pois nós rebolávamos a rir
'... laughed so much, so much, so much that he choked and said like: "I see this is a pornographic magazine!" said my uncle.
B: Fornicate!
X: Well what does fornicate mean?"and she is like: "Ai!", and we rolled laughing ...'

Assim has been in use as a quotation marker for some time, the phrase *entáo é assim* seems newer and is associated with the speech of young people.

In Spanish, there are various quotative markers, depending on the variety of Spanish. In Puerto Rico Spanish, Cameron (1998) observed different quotative constructions: one with the locative copula *estar* (11a) one with no verb at all (11b), and one with the modal adverb *asi*, which is used when a Gesture quote follows (11c):

(11) Spanish (Puerto Rico, Cameron 1998):
a. Y ya **están** "¡Ay pérate! Te voy hacer. Ella es de Villa Nueva"
'and already they are "Oh wait a minute! I am going to do to you. She is from Villa ^ Nueva".
b. Y yo "¡¿Ay qué hago?!"
'And I "Oh, what should I do?"
c. Y ella lo miraba **así** [GESTURE].
'And she looked at him like this [GESTURE].

For Peninsular Spanish, Schwenter (1996) mentions the use of *o sea* as a quotation marker:

(12) Spanish (Peninsular, Alicante, Schwenter 1996: 866) *o sea* 'or be-SUBJ (it)'
  A: pero, qué ha pasado?
  'but, what happened?'
  R.: que ha: sonado el teléfono y: cuando he contestado,=
  'the phone rang and when I answered,=
  la mujer dice, **o sea**:::.
  'the woman says, O SEA
  está, está Paco?
  'is, is Paco there?'
  y luego de repente se ha cortado
  'and then it suddenly got cut off.'

This use of *o sea* as a quotation marker has also been attested in Mexico (Margaret Lubbers, p.c.).

I have no Italian examples, but John Taylor (p.c.) reports that 'tipo' is the quotative marker in this language.

1.4 Other European languages

Russian uses *tipa*, see (13):

(13) Russian (Nadeshda Sintotskaya, p.c.)
  A on govorit, **tipa** u nas tut demokratia i svoboda, khochesh'- podpisyvaj, a ne khochesh'- arestuyu ... prishlos'podpisat'.
  And he says like we have here democracy and freedom, want – sign, if not want – (I will) arrest ... (I) had to sign.
  And he (policeman) says like we have democracy and freedom h ere, if you want to, then sign (the ticket), if not, then I will arrest you ... I had to sign (it).

And even a non Indo-European language like Finnish has developed a new quotative marker, see (14):

(14) Finnish (Krista Ojutkangas, p.c.): *niinku*, niin.ku, 'as like'; *ihan et* 'quite that'; *et* is a shortened form of *etta* 'that'.
  a. Se men-I niin.ku viuh
   it go-PST.3SG as.like INTERJECTION
   'It went like ...(quick movement)'
  b. Mä ol-i-n **ihan et** vau
   I be-PST-1SG quite that wow
   'I was like "wow!"'

1.5 Languages outside Europe

Maschler (2001, 2002) shows that a similar type of innovation as we have seen in European languages, is going on in Hebrew. The relevant markers here are *ke'ilu* and *kaze*, cf. (15):

(15) Hebrew (Maschler 2001: 315): ke'ilu 'like', lit. 'as if', kaze 'like', lit. k(e)-ze 'like this'
  hu pit'om 'omer li kazé, .. 'é..h, ... titxatní 'iti?
  he suddenly says to me like, u..h, will you marry me?

Maschler signals the same metalinguistic awareness about the use of these markers in Israel as is found for English. Israeli's speak about 'the kaze ke'ilu generation', meaning the younger Israelis who employ these expressions frequently.

It is interesting to see that verb final languages like Turkish and Japanese also have a new quotative marker and that this item is placed after the quote, cf. (16) and (17):

(16) Turkish (Deniz Bekesoy, p.c.): gibi 'as if, like, similar'
Pişman ol-du-m gibi birşeyler söyledi.
regretful be PAST !SG like something say-PRESENT-3SG.
'He/she was like "I'm sorry"'.

(17) Japanese (Hiroko Yamakido, p.c.): *mitai-na* 'as if' (cf. Fujii 2006)
a. Watashi "onaka suichatta" **mitai-na**.
I stomach empty like.
'I'm like "I'm hungry"'
b. Kare-ga ichiichi urusaku-te "mou hottoite" **mitai-na**.
he-NOM everything nosy-CONJ any-more leave alone like.
'He is nosy in everything, and I'm like "leave me alone"'.

The phenomenon of the recent development of quotative markers in various languages does not mean that the quotative markers or constructions have been absent in languages before this recent innovation took place. On the contrary, it seems natural for a language to grammaticalize an item into a quotative marker. For African languages, Güldemann (2001) provides a rich documentation, and Matisoff (1973) provides (18) as an example for Lahu:

(18) Lahu: Matisoff (1973: 467), qhe 'like; thus, so'
Te ma phe qhe qo pi ve yo.
Cannot do it – thus said he.

In several languages it was the verb 'to say' which has become a quotative marker, for example the items *kua* (see 19) and *fen* (see 20) in the Austronesian languages Duri and Buru:

(19) Duri (related to Tukang Besi) (Klamer 2000: 85)
Na-kuan-an ambeq-na Lajanak **kua** "… "
3-say-Ben father-3Poss Lajanak Quote
'Lajanak said to his father "…"'

(20) Buru (Klamer 2000: 76)
Da prepa **fen**, "Sira rua kaduk"
3s say FEN 3p two arrive
'She said "The two of them came"'

In the context where the matrix sentence already contains a verb of saying (*kuan* in 19 and *prepa* in 20), *kua* and *fen* are interpreted as grammaticalized markers. They can introduce direct and indirect speech, cf. Klamer (2000: 71): "[W]hen it precedes an intonational break and an actual quote, it is interpreted as a quote marker, but when it precedes the second clause of a sentence without being separated from it by an intonational break, it is interpreted as a complementizer".

In summary, on the one hand, there is nothing new under the sun, as quotative markers have always been present in languages , see also Güldemann & von Roncador (eds., 2002). On the other hand, there is a remarkable recent innovation going on in which languages from different parts of the world participate.

2 An initial typology of quotative markers

Quotative markers, both new and old ones, are taken from the existing linguistic system. Their use as a quotative marker is the result of a grammaticalization process. Inspecting the examples that were presented in section 1, we see that the main sources from which the markers develop are the following:
1. Verbs (of speaking): Tukan Besi *kua*, Buru *fen*, Spanish *o sea*, English *be* and *go*.
2. Demonstrative and manner deictic markers: German deictic manner adverbial *so*, Portuguese *assim*, Spanish *así*, Glasgow demonstrative pronoun *that*.
3. Quantifying markers: English *all*, Swedish *ba* 'just, only', Finnish *ihan* 'totally' and *vaan* 'only, just'.
4. markers with a similative meaning: E. *like,* Fr. *genre* and *comme*, Dutch *van*, Swedish *typ*, Russian, *tipa*, Japanese *mitai-na*, Lahu *qhe* 'like, thus'. This fourth group is semantically based and the forms are categorically varied: adverb, noun, and preposition.

The first category is a natural candidate for quotation markers (cf. Lord 1993, ch. 7 for an overview, Loughnane 2005 on *di* 'say' in Golin). The other three categories are more puzzling, but seem to make sense as well.

The second category consists of (mainly modal) deictic markers. They point indexically to the quotative. They direct the hearer to pay attention to what follows. But to which aspect of the quotative in particular? It has often been observed that direct speech is 'performed', is an 'enactment' or as Clark (2004: 366) calls it, a display. In that perspective, a natural target of the deictic marker is this performative aspect. Boeder (2002: 6) pointed out that in Old Georgian "direct speech is normally referred to by modal pronominals like *esret* 'thus' "where the pronoun is cataphoric and refers to the subsequent direct speech, or rather: to one of its aspects that has still to be determined (- is it its propositional content or rather its locutionary aspect, 'how s/he put it'?)". My answer would be that it is indeed the locutionary aspect, the 'how s/he put it'.

The third category of quotative markers consists of forms with a quantifying meaning like 'all', 'only', 'nothing but'. In my view, these markers can be related to the aspect of involvement of the speaker, who indicates that the reported speech, and with it the situation it was part of, can be totally characterized by what follows. The speaker indicates how impressive the quote and the situation was, which, at the same time, makes it noteworthy for the hearer. In direct speech, the speaker has to give proof of the strong impact of what was said (thought, felt, done) by dramatic re-enactment. This aspect has been pointed out by several authors like, for example Tannen (1989), who calls this type of language use 'animation', and Clark & Gerrig (1990) who use the term 'demonstrations'.

Noonan (2001:20) has observed that direct speech in Chantyal (marked by the quotative marker 'bhi', 'say') constitutes a special rhetorical style, which has an expressive effect: "The result is that, where a quotative and a non-quotative can be used to express the same basic idea, the quotative allows greater expressiveness; this, in turn, further enhances the emotive quality and heightened immediacy and involvement of quotatives". Van der Wurff (2002: 137) found that the direct style is "favored in popular newspapers because of its vivid and dramatic qualities". And Clarke (2005: 380) observed that in Russian "[Direct] speech (...) can contain lexical elements (slang, expletives, colloquialism, non-standard grammatical forms) not usually found in stylistically more neutral indirect speech reports". Such stylistic elements are, thus, indicative for involved speech.

Let us now look at the last category of markers, those which are grammaticalized from words with a similative meaning. It has often been stated, that quoted material should not be taken as an exact copy of what is quoted. In that perspective, a marker like like could be seen as a hedge, indicating the imprecision in relation to the original ('the copy is like the original). But it has also been stated more than once, that in many cases, the quotative isn't at all reproducing something that was said, done, felt or thought in the past. It is often 'fictive', a characterization that is central in Pascual's analysis (2003: 193): "[T]hey are fictive utterances that serve as part-whole compression of factual patterns of behavior, thought, and emotional states". Besides the fictive aspect, Pascual points out the 'compression' aspect, by which she means that a quotative often refers to a 'type': the demonstrative enactment shows how the referent typically behaves in such and such situations. We can say that *like* indicates that the present display is a token, of which the type is known to the hearer. A 'you know what I mean' implication is part of the message. It would be interesting to investigate whether the occurrence of *like* has a similar kind of distribution as *you know*, which also indicates that the speaker assumes or seeks shared experience.

Each of the four types of quotative markers pertain to a certain aspect of the quotative construction. One could ask whether it is possible to explain why a certain language chooses a specific marker and not one of the other possibilities. Such explanations are probably only partly possible. One condition seems to be that the item chosen already holds a polyfunctional place in the language. This holds for English *like*, which was already in use as a focalizer , besides other uses, and also for Dutch *van* and German *so*. Dutch *van* is very polyfunctional, one of its uses being 'similative': *hij heeft iets van zijn vader*, literally: 'he has something of his father', meaning 'he looks like his father'. And German *so* is used, among other uses, as a modal cataphoric adverb after literal quotes: *Das Kabinett wird sich nächste Woche entscheiden, so der Minister-Präsident*, 'the government will decide next week, the prime minister said'. Existing multifunctionality has also been observed for Spanish *o sea* by Schwenter, and Klamer (2000: 86) observed that Duri *kua* also functions as an allative preposition.

3 Why new quotative markers?

The languages which developed new quotative markers in the last quarter of the 20th century were very well able to mark direct speech before they had these new markers. The verbs for speaking or thinking were probably the unmarked way to introduce direct speech. Why, then, this international new trend in language? If there is an explanation, we should try to find it outside of language, in developments in society.

One natural candidate are the new media. In the last 30 years, the impact of visual media has increased enormously, in particular among young people. One could speculate that this had an impact on the demands on narrative retelling: be as visual and dramatic as possible. If one wants to retell stories, then there is a pressure to be as visual and dramatic as possible. One way to reach that goal is to use the direct rhetorical style, and this has stimulated the use of new quotation markers in different languages in parallel. Streeck (2002: 595) has formulated this idea as follows:

> What seems to have happened is that, for reasons difficult to determine, the mimetic mode of narrative representation has gained new popularity in the U.S. and other societies, a mode of reporting experience and events that favors re-enactments, however stylized and brief, over descriptions. How massive this trend is – even how real it is – is difficult to ascertain. We would probably agree, however, that speakers are more likely to say "and I was like 'what *is* this?'" instead of "and I wanted to know what it was," than they were, say, 20 years ago. In this sense, there is a trend or a tendency.

In fact, Streeck only explains the increased preference for direct over indirect speech, he does not explain why new markers were needed. A more recent and more concrete proposal has been formulated in Tagliamonte and D'Arcy (2007: 211). In the last 65 years or so, there has been an increase in telling stories in which narrators focus on "a running stream of their own inner thought processes (...) The explanation we would like to offer is that the rising stylistic option of inner monologue in narrative of personal experience was expanding before *be like* entered the system, setting the scene for a new development". The data that Tagliamonte and D'Arcy analyzed support the idea that *be like* followed the increase of 'inner dialogue' in spoken discourse. It would be interesting to see, whether analyses of corpora in other languages support this idea as well. However, if we look at German *so*, a it seems that the context of a reported gesture is the typical original context, which would mean that *so* enters the system via a different functional route.

4 Conclusion

It will be clear that this short survey of new quotative markers is only a first step. In future research, a more systematic survey should be made. Whether a convincing explanation for the simultaneous worldwide development of new quotative markers can be given is questionable, but it should be given a try. Analysis of corpora can be helpful in this respect: if we know which contents are typical for the initial uses of the new quotative markers, then we have a better basis for discussing the social forces that might have played a role in the observed innovation. Further research should also pay attention to the syntagmatic context of the new quotative markers. It has been observed that they are typically followed by a pause and that the quote itself typically starts with an interjection. What can we conclude from these concomitant features? To what extent do they fit together in a 'quotative construction'? 'Interactional linguistics', as presented in Günther and Imo (2006) seems to be an interesting paradigm for future research into the fascinating phenomenon of direct speech in modern spoken discourse.

Acknowledgements

I thank the informants who provided examples of quotatives in various languages for their help. For inspiring discussion I thank Ingrid van Alphen, Eric Hoekstra, Henk Lammers, Jaakko Leino, Harrie Mazeland, Esther Pascual, and my colleagues from the Optimal Communication research group at the Radboud University Nijmegen.

References

Androutsopoulos, Jannis K. (2000): Grammaticalization in young people's language. In: Belemans, R./Vandekerckhove, R. (eds.): Variation in (Sub)standard Language. (Special issue of Belgian Journal of Linguistics 13). Amsterdam: Benjamins, 155-176.
Auer, Peter (2006): Construction Grammar meets Conversation: Einige Überlegungen am Beispiel von 'so'-Konstruktionen. In: Günthner, S./Imo, W. (eds.), 291-314.
Boeder, Winfried (2002): Speech and thought representation in the Kartvelian (South Caucasian) languages. In: Güldemann, T./von Roncador, M. (eds.), 3-48.
Bolden, Galina (2004): The quote and beyond: defining the boundaries of reported speech in conversational Russian. In: Journal of Pragmatics 36, 1071-1118.
Blyth, Carl/Recktenwald, Sigrid/Wang, Jenny (1990): I'm like, "Say what?!": A new quotative in American oral narrative. In: American Speech 65, 215-227.
Cameron, Richard (1998): A variable syntax of speech, gesture, and sound effect: Direct quotations in Spanish. In: Language Variation and Change 10, 43-83.
Clark, Herbert (2004): Pragmatics of language performance. In: Horn, L./Ward, G. (eds.): The Handbook of Pragmatics. Oxford: Blackwell, 365-382.
Clark, Herbert/Gerrig, Richard (1990) : Quotations as demonstrations. In: Language 60, 764-805.
Clarke, Jonathan (2005): Speech report constructions in Russian. In: Acta Linguistica Hungarica, 52, 367-381.
Dailey-O'Cain, Jennifer (2000): The sociolinguistic distribution of and attitudes toward focuser *like* and quotative *like*. In: Journal of Sociolinguistics 4, 60-80.
Eriksson, Mats (1995): A case of grammaticalization in modern Swedish: The use of *ba* in adolescent speech. In: Language Sciences 17, 19-48.
Erman, Britt/Kotsinas, Ulla-Britt (1993): Pragmaticalization: the case of *ba* and *you know*. (Stockholm Studies in Modern Philology, New Series, 10). Stockholm: Almqvist & Wiksell, 76-93.
Fleischman, Suzanne (1998): Des jumeaux du discours. In: La Linguistique 21, 31-47.
Fleischman, Suzanne/Yaguello, Marina (2004): Discourse markers across languages? Evidence from English and French. In: Lynn Moder, C./Martinovic-Zic, A. (eds.): Discourse across

languages and cultures. (Studies in Language Companion Series, 68). Amsterdam: Benjamins, 129-147.
Foolen, Ad, et al. (2006): Het quotatieve *van*. Vorm, functie en sociolinguïstische variatie. In: Toegepaste Taalwetenschap in Artikelen 76, 137-149.
Fujii, Seiko (2006): Quoted thought and speech using the *mitai-na* 'be like' noun-modifying construction. In: Suzuki, S. (ed.): Emotive Communication in Japanese. (Pragmatics & Beyod 151). Amsterdam: Benjamins, 53-95.
Golato, Andrea (2000): An innovative German quotative for reporting on embodied actions: *Und ich so/und er so* 'and I 'm like/and he's like'. In: Journal of Pragmatics 32, 29-54.
Golato, Andrea (2002): Grammar and interaction: Reported discourse and subjunctive in German. In: Zeitschrift für Sprachwissenschaft 21, 25-56.
Güldemann, Tom (2001): Quotative constructions in African languages: a synchronic and diachronic survey. Habilitation, University of Leipzig. (To be published as: Quotative indexes in African languages: a synchronic and diachronic survey. Empirical Approaches to Linguistic Typology. Berlin: Mouton de Gruyter).
Güldemann, Tom/von Roncador, Manfred (eds.) (2002): Reported discourse. A meeting ground for different linguistic domains. Amsterdam: Benjamins.
Günthner, Susanne/Imo, Wolfgang (eds.) (2006): Konstruktionen in der Interaktion. (Linguistik – Impulse & Tendenzen 20). Berlin: Walter de Gruyter.
Klamer, Marian (2000): How report verbs become quote markers and complementisers. In: Lingua 110, 69-98.
Loughnane, Robyn (2005): Reported speech in Golin. In: Evans, N. et al. (eds.): Materials on Golin:Grammar, Texts and Dictionary. Department of Linguistics and Applied Linguistics, The University of Melbourne, 131-152.
Lord, Carol (1993): Historical Change in Serial Verb Cons*tructions*. Amsterdam: Benjamins
Macaulay, Ronald (2001): *You're like 'why not?'* The quotative expressions of Glasgow adolescents. In: Journal of Sociolinguistics 5, 3-21.
Maschler, Yael (2001): ve*ke'ilu* hargláyim sh'xa nitka'ot bifním *kaze* ('and *like* your feet get stuck inside *like*'): Hebrew *kaze* ('like'), *ke'ilu* ('like') and the Decline of the Israeli *dugri* ('direct') Speech. In: Discourse Studies 3, 295-326.
Maschler, Yael (2002): On the grammaticization of *ke'ilu*, 'like', lit. 'as if', in hebrew talk-in-interaction. In: Language in Society 31, 243-276.
Matisoff, James (1973): The Grammar of Lahu. Berkeley: The University of California Press.
Noonan, Michael (2001): Direct speech as a Rhetorical Style in Chantyal. Paper presented at the Workshop on Tibeto-Burman Languages. University of California, Santa Barbara, July 27, 2001.
Pascual, Esther (2003): Imaginary Trialogues. Conceptual Blending and Fictive Interaction in criminal courts. PhD Amsterdam, Free University.
Romijn, Kirsten (1999): Ik schrijf van niet, maar ik zeg van wel. In: Tabu 29, 173-178.
Schourup, Lawrence (1983): Common discourse particles in English conversation. (Working Papers in Linguistics 28). Columbus, OH: The Ohio State University.
Schwenter, Scott A. (1996): Some reflections on *o sea*: A discourse marker in Spanish. In: Journal of Pragmatics 25, 855-874.
Streeck, Jürgen (2002): Grammars, words, and embodied meanings: On the use and evolution of *so* and *like*. In: Journal of Communication 52, 581-596.
Tagliamonte, Sali/D'Arcy, Alexandra (2007): Frequency and variation in the community grammar: Tracking a new change through the generations. In: Language Variation and Change 19, 199-217.
Tannen, Deborah (1989): Talking voices. Cambridge: Cambridge University Press.

Van der Wurff, Wim (2002): Direct, indirect and other discourse in Bengali newspapers. In: Güldemann, T./von Roncador, M. (eds.), 121-139.
Verkuyl, Henk (1976): Het performatieve *van*. In: Spektator 6, 481-483. http://www.linguistics.ucsb.edu/research/sbcorpus.html, zuletzt abgefragt im August 2001.

Ursula Bredel
Universität zu Köln

Deixis in Mündlichkeit und Schriftlichkeit

„Wo steht geschrieben, daß eine intersubjektive Verständigung über die Dinge, so wie sie die Menschen brauchen, nur auf dem *einen* Weg über Nennwörter, Begriffszeichen, sprachliche Symbole möglich ist?" (Bühler 1934:105, Hervorhebung im Original) Mit seiner Frage spricht Bühler eine bestimmte, weithin geläufige Vorstellung von Sprache und Kommunikation an, derzufolge die Darstellungsfunktion nicht nur primär, sondern zugleich definierend für die semiotische Struktur sprachlicher Zeichen sein soll. Brünner (1987:101) hat diese herkömmliche Auffassung als „Conduit-Metapher" bezeichnet: „Conduit bedeutet 'Leitung' oder 'Kanal'. Dieses Metaphernsystem für Kommunikation bildet einen Komplex aus folgenden Elementen: a) Der Mensch als Sprecher und Hörer ist ein Behälter (für Gedanken, Gefühle etc.). b) Gedanken und Bedeutungen sind (gegenständliche) Objekte. c) Sprachliche Ausdrücke (Wörter, Sätze, Texte usw.) sind Behälter für Gedanken bzw. Bedeutungsobjekte. d) Kommunikation ist das Zusenden solcher Behälter. Gemäß der Conduit-Metapher ist Kommunikation also ein Geschehen, bei dem der Sprecher Gedankenobjekte aus seinem Personenbehälter entnimmt, sie portionsweise in Wortbehälter hineinsteckt und diese dem Hörer durch eine Leitung zuschickt. Der Hörer entnimmt den Wort-/Satz-Behältern die Bedeutungsobjekte und übergibt sie seinem Personen-Behälter."

Dieser einfachen Vorstellung hält Bühler mit der Analyse deiktischer Ausdrücke eine Kommunikations- und damit Sprachtheorie entgegen, derzufolge neben die Gruppe der Ausdrücke, mit denen Benennungen, Charakterisierungen und Identifizierungen von Gegenständen oder Sachverhalten vorgenommen werden, solche sprachlichen Zeichen treten, die eine Orientierungsfunktion für Sprecher und Hörer im interaktionalen Raum übernehmen: die deiktischen Ausdrücke oder Zeigwörter: „[D]ie geformten Zeigwörter [...] steuern den Partner in zweckmäßiger Weise. Der Partner wird aufgerufen durch sie, und sein suchender Blick, allgemeiner seine suchende Wahrnehmungstätigkeit, seine sinnliche Rezeptionsbereitschaft wird durch die Zeigwörter auf Hilfen verwiesen, gestenartige Hilfen und deren Äquivalente, die seine Orientierung im Bereich der Situationsumstände verbessern, ergänzen." (Bühler 1934:105f.)

Ihre orientierende Funktion erhalten die Zeigwörter Bühler zufolge durch ihre Eigenschaft, eine Origo zu etablieren, von der aus sie wie Wegweiser funktionieren: „Von der Origo des anschaulichen Hier aus werden sprachlich alle anderen Positionen gezeigt, von der Origo Jetzt aus alle anderen Zeitpunkte." (Bühler 1934:107)

Erste analytische Komplikationen treten ein, wenn die Origo nicht mehr das Hier-und-Jetzt des Sprechers ist, sondern wenn sekundäre Origines den Ausgangspunkt für deiktische Zeighandlungen bilden. Bühler führt die Unterscheidung zwischen der *Deixis ad oculos* und der *Deixis am Phantasma* ein; im ersten Fall bildet das

Hier-und-Jetzt von Sprecher und Hörer, der gemeinsame Wahrnehmungsraum, den Ausgangspunkt der Zeighandlung (*Morgen ist Weihnachten;* hier wird *morgen* von dem durch *ist* ausgedrückten Hier-und-Jetzt des Sprechers/Hörers aus berechnet). Im zweiten Fall ist ein weiterer, ferner Vorstellungsraum angesprochen, der als Ausgangspunkt für Zeighandlungen gilt. Sprecher und Hörer müssen also zunächst einer Versetzungsanweisung folgen, bevor sie die deiktischen Ausdrücke als Orientierungshilfe in Anspruch nehmen können (*Morgen war Weihnachten*; *morgen* wird von dem durch *war* ausgedrückten fernen Vorstellungsraum aus berechnet).

Über das wahrnehmbare Hier-und-Jetzt und imaginierte Situationen hinaus können Texte/Diskurse selbst Zeigfelder etablieren. Relevante Verweisadressen können vorerwähnte/noch zu erwähnende Wissensbestände oder der Text/Diskurs als temporales bzw. lokales Ereignis sein. So verweist ein Schreiber mit *jener* auf eine vorerwähnte Einheit (Wissensbestand), die in einer entfernteren Textumgebung aufgesucht werden muss als eine Einheit, mit der auf *dieser* verwiesen wird (lokale Position im Text). Bezieht sich der Sprecher auf im Diskurs oder im Text erwähnte Einheiten ist das Orientierungsraster der Text-/Rederaum (Ehlich 1983), bei Bezugnahme auf den Text/Diskurs als lokales/temporales Ereignis ist das Orientierungsraster der Sprech-/Schreibzeitraum.

Unternimmt man auf dieser Grundlage eine erste Systematisierung der deiktischen Ausdrücke bzw. ihrer verschiedenen Feldcharakteristika, ergibt sich folgendes Schema[1]:

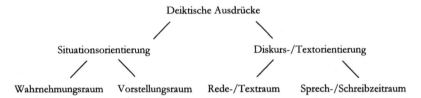

Ziel der folgenden Darstellung ist es, auf der Basis der hier skizzierten Klassenbildung die verschiedenen Gebräuche deiktischer Ausdrücke in mündlicher und schriftlicher Kommunikation zu untersuchen. Die Ermittlung deiktischer Verwendungsformen in Mündlichkeit und Schriftlichkeit dürfte allein schon deshalb ergiebig sein, weil der Wahrnehmungsraum (das Hier-und-Jetzt), der beim Sprechen zur Orientierung und sprachlichen Organisation zur Verfügung steht, in der schriftlichen Kommunikation gegen einen neuen, erst zu konstruierenden abgelöst werden muss. Damit, so die Hypothese, dürften auch die Orientierungsverfahren, die mit deiktischen Mitteln vollzogen werden, in der schriftlichen und in der mündlichen Kommunikation in charakteristischer Weise verschieden sein. Einblicke in den Erwerbszusammenhang insbesondere des Gebrauchs deiktischer Mittel in schriftlichen Texten können zusätzlich zeigen, dass mit deiktischen Verfahren anspruchsvolle kognitive Operationen angesprochen sind, für deren gesteuerten Erwerb in

---

1 Zu einer ähnlichen Klassifizierung gelangen auch Zifonun et al. (1997, Bd. 1: 310 ff.).

der Schreibdidaktik m. W. bislang noch keine tragfähigen Konzepte ausgearbeitet sind.

1 Schriftliche Verfahren der Situationsorientierung

1.1 Das Präteritum im schriftlichen Erzählen

Die overteste Folge, die der mit dem Medienwechsel verknüpfte Verlust der Hier-Jetzt-Ich-Origo zeitigt, ist der deiktische Wechsel im schriftlichen Erzählen, das prototypischerweise eine präteritale Struktur aufweist; mit dem Präteritum zeigt der Verfasser an, dass die Sprechzeit, also die primäre Origo eines Sprechers, nicht länger Bezugs-/Berechnungssystem für deiktische Orientierungsverfahren ist, sondern eine zweite fiktive Origo, von der aus alle anderen deiktischen Orientierungen aus vollzogen werden. Der Verfasser wechselt also beim Erzählen das deiktische Bezugssystem von dem konkret situierbaren Wahrnehmungs- in den fiktional etablierten Vorstellungsraum. Mit dieser Konzeptualisierung gewinnt auch die von Käte Hamburger bereits 1957 aufgestellte These, das Präteritum im Roman sei kein Tempus-, sondern ein Fiktionsmarker, neues Gewicht: Bei präteritalen Formen kommt es nämlich nicht darauf an, dass ein Ereignis als zurückliegend interpretiert wird, sondern nur darauf, dass es eine Origo-Ferne implementiert. Diese kann zwar temporal (zeitliche Ferne), sie kann aber ebensogut fiktional gedeutet werden (Wirklichkeitsferne). Thieroff (1992) hat Beobachtungen wie diese genutzt, um dem Präteritum global Tempusbedeutung abzusprechen. Er rekategorisiert Präsens/Präteritum als Distanzform mit den Kategorien „fern" für das Präteritum und „nicht fern" für das Präsens.[2] Der Kontext zeigt, um welche Art von Ferne es sich handelt.

In mündlichen Erzählungen wird die „nicht-fern"-Form (Perfekt, Präsens) gewählt, in schriftlichen Erzählungen die „fern"-Form (Präteritum, Plusquamperfekt). Die „fern"-Form ermöglicht Verfasser und Leser das Einnehmen einer gemeinsamen, eben durch die sekundäre Origo etablierten Perspektive, von der aus das erzählte Geschehen interpretiert wird, während in der Mündlichkeit durch das gegebene Hier-und-Jetzt von Sprecher und Hörer das Erfordernis der sprachlichen Etablierung einer gemeinsamen Origo entfällt.

Bei der Aneignung des schriftlichen Erzählens müssen Kinder eine Umorientierung von den für die gesprochene Sprache charakteristischen nähedeiktischen Orientierungsverfahren auf die schriftliche Dimension der Ferne leisten. Lehmann (2004) kennzeichnet die narrative Perspektivfindung in der Sprachentwicklung von Muttersprachlern des Russischen als Fortgang in drei Etappen: (a) In einer „Etappe des Übergangs" kommt es zu spezifischen Wechseln zwischen Nähe- und Ferneorientierungen (ca. 7–10 Jahre), also zwischen Präsens- und Präteritumsformen. (b) In der „Etappe der Basisverfahren" (ca. 10–17 Jahre) realisieren die Lerner/innen

---

2 Thieroff (1992) erfasst damit auch die Konjunktivformen (Konjunktiv Präsens und Konjunktiv Präteritum), die in der Regel unabhängig von den indikativischen Tempusformen beschrieben werden.

den narrativen Perspektivwechsel durchgängig. Erzählungen werden weitgehend monoperspektivisch (aus der Ferneperspektive, also im Präteritum) und chronologisch abgefasst. (c) In der „Etappe der elaborierten Verfahren" schließlich wird die strenge Orientierung an einer fixierten Perspektive aufgegeben; statt chronologischer Abarbeitung der narrativen Ereignisse werden Rückblicke oder Geflechterzählungen verfasst, die einen systematischen Perspektivenwechsel und damit auch systematisch den Wechsel deiktischer Räume ermöglichen, was eine flexible Tempusnutzung nach sich zieht.

Bredel (2001) hat gezeigt, dass der Zugriff auf das deiktische System beim Erzählen auch von der Aufgabenstellung abhängt: Bildergeschichten legen den Schreiber/die Schreiberin auf ihr primäres Hier-und-Jetzt fest. Kinder, bei denen das narrative Präteritum noch nicht habitualisiert ist, zeigen hier charakteristische Orientierungen. Das betrifft sowohl die Tempuswahl (Präsens) als auch die weiteren Mittel, mit denen lokale und temporale Orientierungen angezeigt werden (z. B. *da* als empraktische Zeiggeste im Wahrnehmungsraum). Wegen der widersprüchlichen Arbeitsanweisung, aus einem visuell präsenten Bildereignis ein apräsentes narratives Ereignis zu machen, eignet sich die Bildergeschichte kaum für eine Erzähldidaktik.

1.2 Die Etablierung von Erzähler- und Protagonistenperspektiven in Erzählungen

Eine weitere deiktische Dimension des Erzählens ist mit der Unterscheidung zwischen der Erzähler- und der Protagonistenperspektive gegeben, die je eigene Origosysteme etablieren. Die Perspektive des Protagonisten kann strukturell in zwei Formen auftreten: in der direkten Rede (*„Morgen ist Weihnachten"*) und in der erlebten Rede (*Morgen war Weihnachten*). Im ersten Fall wird ein primäres Origosystem in die narrative Trägerstruktur montiert. Im zweiten Fall werden Protagonisten- und Erzählerperspektive in spezifischer Weise fusioniert (Rauh 1982/1983): In der Tempusform des Finitums (Präteritum) ist die Erzählerperspektive morphologisch kodiert; temporale und lokale Lexeme kodieren die Protagonistenperspektive. Die temporale Bedeutung der deiktischen Adverbiale wird vom sekundären Origosystem aus berechnet. Plank (1986) spricht von einer intentionalen Hierarchieverletzung: In der Regel nimmt die Tempusform den ranghöchsten Platz in der deiktischen Hierarchie ein; d. h. alle weiteren deiktischen Mittel sind auf die mit der Tempusform etablierten Origo bezogen.

Die Verbalisierung der temporalen und lokalen Orientierung im narrativen Raum aus der Erzählerperspektive wird im Gegensatz zur Sprecherperspektive in der Mündlichkeit und damit auch im Gegensatz zur Protagonistenperspektive nicht durch absolute, origointerne, sondern durch relative, origoexterne Ausdrücke realisiert:

Protagonistenperspektive	Erzählerperspektive
(erlebte Rede)	
Morgen war Weihnachten.	*Am nächsten Tag* war Weihnachten.
Vorhin hatte sie noch ...	*Vorher/Davor* hatte sie noch ...
Nachher wollte er ...	*Danach* wollte er ...
Dort stand Klara.	*Hinter ihm* stand Klara.
...	...

Es liegt bisher m. W. keine Untersuchung über die Ontogenese der sprachlichen Realisierung von Protagonisten- und Erzählerdeixis vor. Einigen Hinweisen von Hug (2001) ist zu entnehmen, dass der Gebrauch deiktischer Mittel in der direkten Rede von Protagonisten früher gelingt als die Verwendung der deiktischen Mittel zur Markierung der Erzählerperspektive. Am schwierigsten scheint die Realisierung der Deixis in der erlebten Rede zu sein. Sie ist wahrscheinlich erst in der „Etappe der elaborierten Verfahren" zu erwarten.

1.3 Die Transposition deiktischer Mittel

da kann mit einigem Recht als urdeiktisches Mittel bezeichnet werden. Mit *da* wird unmittelbar zeigend auf ein Objekt im Wahrnehmungsraum fokussiert. In dieser Funktion ist es einer der ersten Ausdrücke im kindlichen Spracherwerb überhaupt. Als Mittel der Herstellung einer gemeinsamen Orientierung von Sprecher und Hörer verweist das frühe *da*-Vorkommen auf die Etablierung der Triangulation: Mit *da* wird der Wahrnehmungsraum hinsichtlich der Objekte und ihrer Lokalisation zusammen mit dem Hörer erschlossen und bildet so die Basis für die Aneignung der sprachlichen Referenz.

da geht im Deutschen in verschiedene Gebrauchszusammenhänge ein (Redder 1990) und etabliert unterschiedliche deiktische Bezüge: Neben der Objektlokalisierung (*Max ist da*; Adverb) wird es kausal verwendet (*Da es sich hierbei um einen Ausnahmefall handelt,* ... Konjunktion). Als Morphem steht es bei Pronominaladverbien/Präpositionaladverbien (*daran, davor* ...) und fokussiert auch hier auf Objekte (*Das Buch lag darunter* → *Das Buch lag unter dem Stapel*) oder auf Sachverhalte: *Er hatte darauf gewartet, dass sie kommen würde, *Er hatte hierauf gewartet, dass sie kommen würde*.

Für mündliche und für schriftliche Erzählungen ist *da* ein prototypischer Verknüpfer mit spezifischen Eigenschaften. Es „übernimmt die letzte Faktzeit im Kontext als Betrachtzeit" (Zifonun et al. 1997, Bd. 3:1718); der Sprecher nimmt also ein deskriptiv eingeführtes Zeitintervall auf und macht es zum Orientierungsraster für die Folgeereignisse; das narrative *da* ist daher notwendig äußerungsinitial (*Da kam der böse Wolf, *Der böse Wolf kam da*). Mit dem narrativen *da* werden Mikrovorstellungsräume errichtet, innerhalb derer spezifische Episoden eingetragen werden.

Zusammen mit *und* und dem eine temporale Folge spezifizierenden, deiktischen *dann* gehört *da* zu den prototypischen narrativen Verknüpfern. Dabei kommen die deiktischen d-Verknüpfer (*da, dann*) bei Episodenwechseln, der operative Verknüpfer ohne d-Element (*und*) bei kontinuierenden Darstellungen (z. B. Expansionen) zum Einsatz. Die Kombination von operativer und deiktischer Prozedur (*und da, und dann*) wird bei der Darstellung narrativ relevanter Wechsel (z. B. Protagonistenwechsel) gebraucht, die sich innerhalb einer Episode/Szene abspielen. Am Beginn des Schreiberwerbs verwenden Kinder fast ausschließlich prototypische narrative Verknüpfer. Sie explorieren damit den für Narrationen typischen Wechsel zwischen Kontinuität und Diskontinuität von Ereignissen, werden aber häufig allzu schnell – auf der Grundlage des didaktischen Brauchtums des „variatio delectat" (Glinz 1993) – auf die Verwendung spezifischerer Verknüpfer festgelegt (z. B. *plötzlich, als, während* ...); insofern sind die schriftlichen Produkte nicht selten didaktisch kontaminiert. Die Schüler/innen folgen der Maxime „So viel Variation wie möglich!". Wie Bachmann (2005) festgestellt hat, geht die Überinvestition variierender kohäsiver Mittel mit zunehmendem Lernalter wieder zurück. Ein Schreibentwicklungsfortschritt ist dann erreicht, wenn die Maxime „So viel Variation wie nötig!" befolgt wird. Feilke (2002) zufolge ist diese Entwicklung nicht didaktisch induziert, sondern ein notwendiger Durchgang zur Etablierung einer ausgebauten Textproduktionskompetenz.

1.4 Personaldeixis im (wissenschaftlichen) Essay

Eine sehr spezifische Verwendung vor allem personaldeiktischer Mittel liegt im wissenschaftlichen Essay vor. Dort wird der Autor in der Regel depersonalisiert. „[D]ie Ablösung des Wissens von der Person des Wissenschaftlers [ist] eine wichtige historische Bedingung der Systematisierung und der allgemeinen Verfügbarkeit dieses Wissens" (Graefen 1997:216). An die Stelle des personalen Autors tritt ein Ensemble unterschiedlicher Zuschreibungen von Wissenselementen. Die folgende Tabelle von Graefen (1997:217) entfaltet die in wissenschaftlichen Texten etablierten Auktorialitätsstrukturen:

Element	Verweisobjekt	Wissenstyp
ich	der Autor	sprechsituativ
wir	die Autoren	
	Autor(en) und Leser	
wir	Arbeitszusammenhang des Autors bzw. der Autoren	inferentiell erschließbar
	Fach, Disziplin	

Graefen (ebd.) beobachtet in wissenschaftlichen Texten eine eigene Strukturnutzung. Sie fasst die Ergebnisse ihrer Untersuchung wie folgt zusammen: „Die Form *wir* erwies sich in vielen Fällen als vage. Ist diese Vagheit eine Behinderung des Verstehensprozesses. [sic!] Wenn einfache Sprecherdeixis ausgeschlossen ist, dient der Ausdruck offenbar dazu, den Autor in ein (extensional unterschiedlich) gedachtes Kollektiv einzubetten. Ob dieses *wir* hörerinklusiv gemeint ist, muß H im Einzelfall herausfinden, bzw. es bleibt ihm überlassen, ob er sich dem gemeinten Kollektiv zuordnet. Verschiedene Effekte können dadurch erzielt werden:

- S kann auf eine implizite, daher vorsichtige Art allgemeine Übereinstimmung unterstellen ('Konsens-Effekt'); diese wird als so selbstverständlich behandelt, daß sie nicht mit üblichen wissenschaftlichen Verfahren nachgewiesen werden muß.
- Die Form *wir* kann in didaktischer Absicht gebraucht werden, mit dem Duktus einer Führung des Hörers (Vorbild: Vorträge); der Autor unterstellt dabei Kooperationsbereitschaft der Hörer, ihre Bereitschaft zu einem mentalen Mithandeln; mit der Pluralform verbalisiert er die Unterstellung als eine schon praktisch wirksame."

Bedauerlicherweise ist nichts darüber bekannt, wie diese Formen der personaldeiktischen Bezugnahmen bzw. deren Depotenzierung angeeignet werden. Einige wenige unsystematische Befunde deuten darauf hin, dass Studienanfänger nicht von selbst über diese Textorganisationsform verfügen (Bredel 2003).

2 Schriftliche Verfahren der Text-/Diskursorientierung

2.1 Vom Rederaum zum Textraum

Ehlich (1983) zufolge ist der Rederaum die Menge des in einem Diskurs verfügbar gemachten Wissens, der Textraum die Menge des in einem Text verfügbar gemachten Wissens. Aufgrund der charakteristischen Wissensorganisation von Diskursen und Texten werden spezifische Verweisoperationen erforderlich, die kata-/anaphorisch, also kontinuierend, oder kata-/anadeiktisch, also neufokussierend vollzogen werden.

Ob phorisch (ohne d-Element) oder deiktisch (mit d-Element) verwiesen wird, ist abhängig vom verfasser-/leserseitigen Wissen, das durch Bekanntheit und/oder durch Vorerwähnung etabliert sein kann (folgende Abb. in Anlehnung an die Grundzüge 1981:727):

bekannt		nicht bekannt
durch Vorerwähnung im Text bekannt:	nicht vorerwähnt, aber S und H durch Vorwissen bekannt:	Einzelgegenstände außerhalb der Sprechsituation
[+d-Element]	[-d-Element]	[+d-Element]
Ich will ein Klavier kaufen. Von dem Klavier/ *Vom Klavier erwarte ich ...	Das Fahrrad steht im Hof/ *Das Fahrrad steht in dem Hof	Helmut arbeitet gern in dem Garten/ *im Garten, der seinem Bruder gehört.
vorerwähnt	nicht vorerwähnt	

Das deiktische d-Element kann nur dann ausgelassen werden, wenn Bekanntheit nicht auf Vorerwähnung zurückgeht (Nübling 1992:168). Der Gebrauch klitischer, nicht-deiktischer Formen setzt demnach einen konkreten Adressaten voraus, nur bei diesem kann der Sprecher sicher sein, dass ein Gegenstand trotz fehlender Vorerwähnung bekannt ist. Und hier unterscheiden sich mündliche und schriftliche

Kommunikationsbedingungen: In der Mündlichkeit ist zwischen Sprecher und Hörer häufig ein gemeinsames Wissensinventar vorhanden, auf das der Sprecher bei der deiktischen/phorischen Orientierung zurückgreifen kann. Die typisch schriftliche Interaktion ist durch Anonymität zwischen Verfassern und Lesern gekennzeichnet. Verwendet ein Schreiber das Klitikon zur Markierung von Gegenständen, die nicht vorerwähnt sind, verbalisiert er den Gegenstand als bekannten. Dies kann in strategischer Absicht geschehen, es kann aber auch auf eine fehlende Sensibilität des leserseitigen Wissens zurückzuführen sein. Ein regelgerechter Gebrauch klitischer und nicht-klitischer Formen indiziert die schreiberseitige Konstruktion eines abstrakten, generalisierten Lesers; ein nicht-regelgerechter Gebrauch verweist demgegenüber auf eine (noch) nicht aufgebaute Perspektivenkompetenz. Die Aneignungsdynamik dieses Zusammenhangs ist noch gänzlich unerschlossen. Hier liegt ein wichtiges Desiderat der Erwerbsforschung.

2.2 Vom Sprechzeitraum zum Schreibzeitraum

Metakommunikative Bezugnahmen auf diskursive Prozesse können deiktisch, von der aktuellen Diskursposition aus organisiert sein (*was er **vorhin** gesagt hat ..., was wir **bis jetzt** wissen ...*). Mit solchen Äußerungen wird der aktuelle Vollzug des Diskurses als temporale Abfolge von Sprechhandlungen strukturiert und als Orientierungsraster in Anspruch genommen, um dem Hörer eine Vorauskonstruktion oder eine retrospektive Orientierung zu ermöglichen. Der Verweisraum ist der Sprechzeitraum.

Gegenüber dem Sprechzeitraum kann der Schreibzeitraum in seiner temporalen oder in seiner lokalen Qualität erfasst werden (z. B.: *wie bereits angesprochen* oder *vgl. oben*).

Nicht in allen Textsorten werden metakommunikative Bezugnahmen, in denen der Schreibzeitraum als deiktisches Bezugssystem in Anspruch genommen wird, realisiert. Eine Bedingung zur Nutzung des Schreibzeitraums als Orientierungsraster ist die kommunikative Instanziierung eines *overt writers*, der einen *overt reader* explizit adressiert.

Sprechhandlungen, in denen der Schreiber den Leser direkt als Leser adressiert, dienen nicht der Bearbeitung des propositional ausgedrückten Wissens, sondern der Bearbeitung des textuellen Verstehens (Bredel 2004). Die Instanziierung des Schreibzeitraums als deiktisches Orientierungssystem erfordert somit vom Schreiber/Leser eine Rollenbewusstheit als Verfasser/Adressat. Der Schreiber hat zusätzlich die Aufgabe, mögliche Verstehensprobleme des Lesers zu antizipieren bzw. zu antizipieren, an welchen Positionen im Text Rück- und Vorverweisungen verstehensstrukturierend sind. Darüber hinaus verlangt die Inanspruchnahme des Schreibzeitraums als Origosystem von Schreibern und Lesern eine globale retrospektive und prospektive Textorientierung und/oder eine visuelle Repräsentation des Textes.

Bedauerlicherweise liegen keine Untersuchungen darüber vor, welche Entwicklung die Orientierung am Schreibzeitraum im Schreiberwerbsprozess nimmt. Aufgrund der erhöhten kognitiven und kommunikativen Anforderungen einer solchen Orientierung wäre zu erwarten, dass sie sie sich erst relativ spät ausbildet. Einiges deutet darauf hin, dass der explizite Bezug auf den Text als Wissenssystem mit einer insgesamt fortgeschrittenen Textproduktionskompetenz korrespondiert. Wie Bachmann (2005) ausgeführt hat, ist die sichere Verwendung textstrukturierender Kohäsionsmittel ein guter Indikator für eine allgemein ausgebaute Textproduktionskompetenz.

Schlussbemerkung

Mit den vorliegenden Ausführungen sind nur einige wenige Aspekte eines komplexen Gegenstandsbereichs angesprochen. In einer Konzeption, die die Arbeitsgebiete des Jubilars angemessen berücksichtigt hätte, wären deiktische Mittel nicht nur in Hinsicht auf ihre mediale Varietätenspezifik, sondern auch in Hinsicht auf ihre soziale und ihre regionale Reichweite in den Blick gekommen. Darüber hinaus wären nicht nur Überlegungen zum Erstspracherwerb, sondern zugleich Überlegungen zum Zweitspracherwerb eingeflossen. Dass diese Aspekte hier nicht angesprochen wurden, liegt auch daran, dass der Gebrauch deiktischer Mittel noch bei weitem nicht hinreichend untersucht ist. Dass über rein semantische und grammatische Fragestellungen hinaus solche Fragen überhaupt gestellt und diskutiert werden, dazu hat Norbert Dittmar in seiner Wissenschaftsbiographie wesentlich beigetragen.

Literatur

Bachmann, Thomas (2005): Kohärenzfähigkeit und Schreibentwicklung. In: Feilke, H./Schmidlin, R. (eds.): Literale Textentwicklung. Frankfurt/M. u. a.: Lang, 155–183.
Bredel, Ursula (2001): Ohne Worte. Zum Verhältnis von Grammatik und Textproduktion am Beispiel des Erzählens von Bildergeschichten. In: Didaktik Deutsch 11, 4–21.
Bredel, Ursula (2003): Die Misere der Schreibdidaktik in Bezug auf differenzierte Schreibaufgaben. In: Mitteilungen des Deutschen Germanistenverbandes. Propädeutik des wissenschaftlichen Schreibens. Bologna-Folgen 50, 2-3, 138–159.
Bredel, Ursula (2004): Die Interpunktion des Deutschen. Ein kompositionelles System zur Online-Steuerung des Lesens. Ms. Köln.
Brünner, Gisela (1987): Metaphern für Sprache und Kommunikation in Alltag und Wissenschaft. In: Diskussion Deutsch 94, 100–119.
Bühler, Karl (1934): Sprachtheorie. Die Darstellungsfunktion von Sprache. Jena: Fischer.
Ehlich, Konrad (1983): Deixis und Anapher. In: Rauh, G. (ed.): Essays on Deixis. Tübingen: Narr, 79–97.
Feilke, Helmuth (2002): Die Entwicklung literaler Textkompetenz. Ein Forschungsbericht. SPASS 10.
Glinz, Hans (1993): Die Sprachtheorien in und hinter den Lehrern und die Entwicklung der Sprachfähigkeit in den Schülern. In: Ders. (ed.): Sprachwissenschaft und Schule. Gesammelte Schriften zur Sprachtheorie, Grammatik, Textanalyse und Sprachdidaktik 1950–1990, Zürich: Sabe, 391–425.
Graefen, Gabriele (1997): Der Wissenschaftliche Artikel – Textart und Textorganisation. Frankfurt/M. u. a.: Lang.

Grundzüge (1981): Grundzüge einer deutschen Grammatik. Von einem Autorenkollektiv unter der Leitung von K. E. Heidolph, W. Fläming und W. Motsch. Berlin: Akademie.

Hamburger, Käte (1957/1968): Die Logik der Dichtung. Stuttgart: Klett.

Hug, Michael (2001): Aspekte zeitsprachlicher Entwicklung in Schülertexten. Eine Untersuchung im 3., 5. und 7. Schuljahr. Frankfurt/M. u. a.: Lang.

Lehmann, Volkmar (2004): Zum Erwerb der mikrostrukturellen narrativen Kompetenz. [http://www.sign-lang-uni-hamburg.de/fb07/slavsem/personal/lehmannunveratb/Narrative%20Kompetenz.pdf] (7. Juni 2007).

Nübling, Damaris (1992): Klitika im Deutschen. Schriftsprache, Umgangssprache, alemannische Dialekte. Tübingen: Narr.

Plank, Frans (1986): Über den Personenwechsel und den anderer deiktischer Kategorien in der wiedergegebenen Rede. In: Zeitschrift für germanistische Linguistik 14, 284–308.

Rauh, Gisa (1982): Über die deiktische Funktion des epischen Präteritum: Die Reintegration einer scheinbaren Sonderform in ihren theoretischen Kontext. In: Indogermanische Forschungen 87, 22–55.

Rauh, Gisa (1983): Über die deiktische Funktion des epischen Präteritum: Die Reintegration einer scheinbaren Sonderform in ihren theoretischen Kontext (Forts. von Rauh [1982]). In: Indogermanische Forschungen 88, 33–53.

Redder, Angelika (1990): Grammatiktheorie und sprachliches Handeln: „denn" und „da". Tübingen: Niemeyer.

Thieroff, Rolf (1992): Das finite Verb im Deutschen. Tempus – Modus – Distanz. Tübingen: Narr.

Zifonun, Gisela et al. (1997): Grammatik der deutschen Sprache. 3 Bde. Berlin, New York: de Gruyter.

Peter Schlobinski
Leibniz Universität Hannover

Mensch-Maschine-Interaktion im Praxistest

„huhu! cool, dass man sich mit eve nicht nur über yellow strom unterhalten kann (obwohl sie einen doch ziemlich oft auf das thema anspricht) macht spass sich mit ihr zu unterhalten, besonders wenn man grade niemanden zum reden hat/schöne grüße, ines." Dieser Eintrag im Gästebuch von Eve (Chatbot von Yello Strom, vgl. Abb. 1) macht deutlich: In der Kommunikationspraxis scheint der Turing-Test (Turing 1950) offensichtlich zu funktionieren, wenn auch ein kleiner Testlauf die Schwächen dieses Chatbots offenbart und deutlich macht, warum bis heute kein Programm den Turing-Test bestanden hat:

P.S.: *Haben Sie Kühlschränke?*
Eve: Ich koche sehr gerne. Vor allem in gemütlicher Runde mit Freunden.
P.S.: *Ich hätte gern einen Kühlschrank.*
Eve: Ich habe Sie gerade nicht genau verstanden: Ist vielleicht Ihre Stromrechnung zu hoch? Da hab ich was für Sie: die ultimativen Yello Stromspartipps.
P.S.: *Nein, ich wollte nur einen Kühlschrank.*
Eve: Ok, war ja nur gut gemeint. Was haben Sie denn für Hobbies?
P.S.: *Einen Kühlschrank!*
Eve: Die lästige Hausarbeit wollten wir eigentlich im Team regeln! Aber wenn's hart auf hart kommt, bleibt ...

So wie das erste KI-Programm ‚Eliza'[1] von Josef Weizenbaum aus dem Jahre 1966 nichts verstanden, sondern nur Sprachverhalten imitiert hat, so verstehen auch die heutigen Programme nichts. Sie sind „nach wie vor einfache Reiz-Reaktions-Systeme auf der Basis des Abgleichs von Nutzereingaben und Wissensdaten-

---

1 Hier ein kleiner Eliza-Test:
Hallo.
HI.
Ich bin Schlobi und suche etwas.
ERZAEHL MIR VON DEINER ARBEIT. WAS MACHST DU?
Ich suche einen Kuehlschrank.
ERZAEHLE WEITER!
Ich suche einen Kuehlschrank.
AHA!
Wo finde ich einen?
ICH VERSTEHE.
Bitte um genaue Angaben.
DAS IST INTERESSANT!
Noch einmal: wo kann man einen Kuehlschrank kaufen?
ERZAEHLE WEITER!
Bei Otto oder Tchibo?
AHA!
(Das Programm findet sich unter: http://dienstleistungen.freepage.de/documedia/eliza.html)

banken" (Tewes 2005: 263). Dennoch: In den letzten Jahren haben Chat- bzw. Lingubots in der internetbasierten Kommunikation deutlich an Bedeutung gewonnen[2], insbesondere auf Firmenwebsites. Es handelt sich hierbei um textbasierte Dialogsysteme, die bestimmte Aufgaben übernehmen und menschliche Kommunikation partiell nachbilden können. Es ist davon auszugehen, dass im Rahmen der Mensch-Maschine-Kommunikation diese und ähnliche Systeme sich weiter durchsetzen und flexible Aufgaben übernehmen werden. Im Folgenden soll ein sog. *Embodied Conversational Agent (ECA)* hinsichtlich der performativen Strukturen seitens der Nutzer untersucht werden. In der Forschung spricht man allgemein von *Alignment*, was im Hinblick auf sprachlich-kommunikative Akte bedeutet: Wie stellen sich Nutzer sprachlich und kommunikativ auf das System ein? Gibt es – in Analogie zur Gesprächsanalyse – eine Art *recipient design* in Bezug auf das System?

Abb. 1: Chatbot von Yello Strom (http://www.yellostrom.de)

Diese Fragen sollen an einem leistungsstarken ECA, der an der Universität Bielefeld von dem Team um Prof. Wachsmuth entwickelt wurde, ansatzweise beantwortet werden. Der ECA namens *Max* kann im Heinz-Nixdorf-Museum (Paderborn) seit über drei Jahren getestet werden (s. Abb. 2). Die Logfiles der Mensch-Maschine-Kommunikationen im Umfang von ca. 15 000 A4-Seiten wurden mir von Prof. Wachsmuth freundlicherweise zur Verfügung gestellt und werden in einem Projekt näher analysiert. An dieser Stelle können nur die Eckpunkte einer Analyse skizziert werden.

---

2 S. auch Storp (2002), Schlobinski (2004) und Tewes (2005).

Abb. 2: Max in Aktion im Heinz-Nixdorf-Museum

Max ist ein anthropomorpher Agent, ein multimodal aufgebautes Computerprogramm, das auf Aktivitäten in seiner Umgebung reagieren (über eine Kamera) und mit Personen über Texteingabe kommunizieren kann (vgl. Abb. 2 und 3).

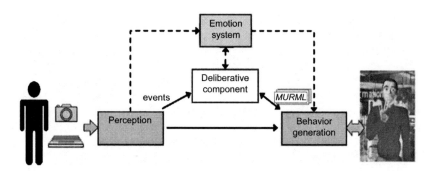

Abb. 3: Systemarchitektur von Max (Kopp et al. 2005: 4)

Max ist in der Lage, auf vorbeigehende Personen zu reagieren und sie anzusprechen, Äußerungen/Sprechakte zu interpretieren und emotional zu bewerten, er merkt sich Namen und bis zu einem gewissen Grad den fortlaufenden Diskurs. Wichtig ist die deliberative Komponente (s. Abb. 4), in der es darum geht, „die wahrgenommenen Daten zu interpretieren, ein internes Modell aufzubauen und darauf basierend eine Äußerung zu planen, die an die Aktionsplanung übermittelt wird. Dabei hat das deliberative Verhalten eine höhere Priorität als das reaktive Verhalten und kann dieses auch deaktivieren" (Gesellensetter 2004: 46-47). Der Aufbau der deliberativen Komponente findet sich in Abb. 4:

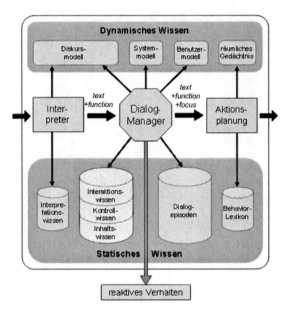

Abb. 4: Aufbau der deliberativen Komponente (Gesellensetter 2004: 56)

Der Interpreter „erhält von der Wahrnehmung die Eingabe des Benutzers. Unter Rückgriff auf sein Interpretationswissen und unter Berücksichtigung des aktuellen Diskursmodells ermittelt er die konversationale Funktion der Eingabe. Zusammen mit dem ursprünglichen Text wird sie dem Dialogmanager übergeben. Der Dialogmanager benutzt diese Informationen, um das dynamische Wissen zu aktualisieren. Unter Rückgriff auf das Dialogwissen wird eine Antwort ausgewählt und der Aktionsplanung übergeben. In der Antwort ist der Text der Äußerung (optional mit Fokus) sowie die zugehörige konversationale Funktion angegeben. Die Aktionsplanung überführt die Antwort in eine multimodale Äußerung, indem die konversationale Funktion abhängig vom Körperkontext auf ein nonverbales *Behavior* abgebildet wird. Die somit erzeugte Äußerung wird dem anthropomorphen Agenten zur Ausführung übergeben. Das Dialogsystem beschränkt sich nicht nur darauf, auf Eingabe von der Wahrnehmung zu reagieren, sondern ist zudem in der Lage, aus eigenem Antrieb Systemäußerungen zu initiieren" (Gesellenstetter 2004: 55-56). Gegenüber anwendungsbezogenen Lösungen, wie sie von Kiwilogic[3] angeboten werden, ist Max ein leistungsstarkes, menschliche Kommunikation in ihrer Breite simulierendes System. Dennoch gibt es aus Systemsicht spezifische Probleme. Da die Interpertationsregeln auf Wortformen basieren, können nur solche Äußerungen interpretiert werden, in denen Lexikoneinheiten gebraucht werden, die im Lexikonteil einzelner Interpretationsregeln abgespeichert sind. In dem folgenden Dialog kann Max den umgangssprachlichen Phraseologismus *jem. einen*

---

3 http://www.kiwilogic.de/. Eve (s.o.) ist von Kiwilogic programmiert.

Stock in den Po/Arsch schieben ganz offensichtlich nicht interpretieren, da dieser lexikalisch nicht erfasst ist:

1	SYSTEM:	mahlzeit!
2	SYSTEM:	tach auch!
3	SYSTEM:	tach!
4	USER:	dein Vater ist ein Penner
5	SYSTEM:	selber.
6	USER:	schieb dir stock in po
7	SYSTEM:	Das klingt ziemlich interessant.
8	USER:	wie du sagst
9	SYSTEM:	Das darf ich dir leider nicht sagen, ich habs versprochen, ehrlich!
10	USER:	schieb dir ein rein
11	SYSTEM:	Was meinst Du damit?
12	USER:	stockk
13	SYSTEM:	es gibt so viele worte - moechtest du nicht ein paar mehr benutzen?
14	USER:	schieb dir stock in po
15	SYSTEM:	Das klingt ziemlich interessant.
16	USER:	wie du sagst
17	SYSTEM:	Das darf ich dir leider nicht sagen, ich habs versprochen, ehrlich!
17	USER:	schieb dir ein rein
18	SYSTEM:	Was meinst Du damit?

Interessant ist ferner die Äußerung 10, die als Variante zu *schieb dir den Stock in den Po* zu lesen ist, wobei *ein* anaphorisch zu *Stock* (T. 6) zu sehen ist. Da das System eine Information nur einen Turn zurückverfolgen kann, liegt *ein* außerhalb des möglichen Interpretationsrahmens. Lexikalische Lücken und Anaphern bilden einen Problempunkt, inferentielle Schlüsse einen weiteren.

1	USER:	bist du ein mensch
2	SYSTEM:	nein aber ich bemühe mich menschlich zu sein
3	USER:	du bist aber dumm
4	SYSTEM:	Meine Mama hat immer gesagt, dumm ist der der Dummes tut.
5	USER:	ja, also du bist dumm, denn ich bin deine mutter!
6	SYSTEM:	Meine Mama hat immer gesagt, dumm ist der der Dummes tut. Wie alt bist du?

In dem obigen Beispiel wiederholt das System als Ausweichstrategie für Nichtverstehen in T. 6 die Äußerung aus T. 4 und initiiert einen Themawechsel. Eine menschliche Reaktion wäre entweder (a) die epistemische Begründung in T. 4 (‚Du bist nicht meine Mutter') oder (b) die logische fehlerhafte Argumentation zurückzuweisen. Die Schlussfolgerung des Users in Äußerung 5 ist logisch fehlerhaft. Das System wird gemäß der Aussage ‚Dumm ist der, der dummes tut' nicht dadurch als ‚dumm' charakterisiert, dass dies von der Mutter behauptet wird, sondern lediglich durch das Ausführen ‚dummer' Handlungen. Äußerung 5 wären nur dann richtig, wenn in Äußerung 4 gesagt worden wäre: ‚Wenn meine Mutter sagt, dass ich dumm bin, dann bin ich dumm.' Dann folgte mit Äußerung 3 und der Feststellung in 5, dass er die Mutter des Systems ist, und *modus ponens*, dass das System dumm ist. Das System ist nicht programmiert – und hier liegt ein grundsätzliches Problem, aus den sprachlichen Daten argumentative Schlüsse zu ziehen und komplexe Argumentationsschemata zu erstellen.

Mensch-Max-Kommunikation

Wie reagieren nun Menschen auf dieses System? Welche Anpassungsrichtungen (konvergent/divergent; kooperativ/nicht-kooperativ) lassen sich beobachten? Welche grammatischen Formatierungen lassen sich bei den Usern beobachten? Im Folgenden werden einzelne Mensch-Max-Kommunikationen analysiert. Schauen wir uns als Erstes einen userinitiierten Dialog an:

1	USER:	hallo
2	SYSTEM:	Hallo ich bin Max. lass uns plaudern - ueber die tastatur kannst du mit mir sprechen.
3	SYSTEM:	Wie heisst Du?
4	USER:	schnuckiputzi
5	SYSTEM:	Hallo schnuckiputzi . Nett dich zu treffen. uebrigens waren schon 2 leute mit Deinem Namen hier!
6	SYSTEM:	ich kann dir verschiedenes erklaeren oder einfach ein bisschen mit dir plaudern.
7	USER:	plaudere mit mir
8	SYSTEM:	schlag du mal vor worueber wir reden sollen!
9	USER:	autos
10	SYSTEM:	das ist nicht unbedingt mein lieblingsthema.
11	USER:	welches ist dein lieblingsthema?
12	SYSTEM:	Das willst du doch gar nicht wissen.
13	USER:	doch
14	SYSTEM:	die dinge nehmen eine unerwartete wendung.
15	USER:	bitte
16	SYSTEM:	Ich hab gesagt: die dinge nehmen eine unerwartete wendung. Wie alt bist Du denn?
17	USER:	5
18	SYSTEM:	Du bist aber ganz schoen gross fuer Dein Alter!
19	USER:	ja
23	SYSTEM:	Schoen dass du mir zustimmst.

Es findet sich eine typische Dialogstruktur in Form von adjazenten Turns. Max reagiert nicht nur auf einen initiativen Turn (Gruß – Gegengruß), sondern ist seinerseits initiativ und fordert den User nach der Begrüßung zum Plaudern auf (T. 2), er initiiert nach einer Wiederholung ein neues Thema (T. 14 u. 16) und kommentiert die Namensnennung (T. 5), indem er auf das Namensgedächtnis zurückgreift. Der User seinerseits tritt in einen konventionellen Dialog mit dem System ein, er nimmt das System als Gesprächspartner in gewisser Weise ernst. Seine sprachlichen Strukturen sind wohlgeformt wie auch die von Max. Der User verhält sich kommunikativ und sprachlich kooperativ und konvergent; der Dialog erscheint kohärent, allein die Äußerung in Turn 14 stellt einen thematischen Bruch dar. Wie Kopp et al. (2004) gezeigt haben, sind 50% aller Useräußerungen Frage- und Antwortsequenzen.

In dem folgenden zweiten Diskursausschnitt verläuft der Dialog seitens des Users divergent-antagonistisch:

1	USER:	ssssddfgrerzkzuiuzz
2	SYSTEM:	Das klingt ziemlich interessant nana.
3	USER:	warum
4	SYSTEM:	Warum muss man den Finger jetzt so tief in meine einzige Wunde bohren?
5	USER:	warljlj
6	SYSTEM:	es gibt soviele worte - moechtest du nicht ein paar mehr benutzen?
7	USER:	warum bist du so doof
8	SYSTEM:	Nein, bin ich nicht.
9	USER:	8!?
10	SYSTEM:	Ich finde es nicht gut wenn du alles in Grossbuchstaben sagst.
11	USER:	das verstehst du nicht
12	SYSTEM:	Wie kommst Du darauf?
13	USER:	dickmopss
14	SYSTEM:	dickmopss ?
15	USER:	g
16	SYSTEM:	Was meinst Du damit?
17	USER:	fhhhguzfgggffhg
18	SYSTEM:	Das wusste ich noch gar nicht.
19	USER:	hallooooooooo
20	SYSTEM:	Die arme Tastatur! Das Augenzwinkerns eines Avataren in Boston fuehrt zu Regen in Bielefeld!
21	USER:	wokommstduher
22	SYSTEM:	Wie kommst Du darauf?

Der User gebraucht Abkürzungen und Zahlzeichen aus dem Netslang (g, 8), Zusammenschreibung (T. 21), sinnlose Zeichenkombinationen (T. 17, 5), umgangssprachliche Wörter in abweichender Orthographie (T. 13), die offensichtlich vom System nicht verstanden werden (T. 14), Begrüßungsfloskeln im laufenden Diskurs (T. 19) sowie eine leichte Beschimpfung (T. 7). Diese Art der Kommunikation, in der das System semantisch und pragmatisch ‚herausgefordert' wird – eine spezifische Form des Turing-Tests –, findet sich nicht selten. Auch Beschimpfungen und Beleidigungen (sog. Flaming) treten relativ häufig auf, 11% aller Useräußerungen sind nach Kopp et al. (2004) Flaming-Akte. Hierbei finden sich Wörter aus dem Fäkal- und Sexualwortschatz (*Scheiß, Arsch, Wichser*), Drohungen (*ich geb dir nen box*), Beleidigungen (*Man du Schwuchtel*) etc.:

1	SYSTEM:	Wie alt bist Du?
2	USER:	15
3	SYSTEM:	Ich haette dich ein Jahr aelter geschaetzt!
4	USER:	du stinkst
5	SYSTEM:	Ich kann Dich auch nicht riechen!
6	USER:	was willst du man
7	SYSTEM:	ich glaube ich bleib lieber noch ein bisschen hier.
8	USER:	ich geb dir nen box
9	SYSTEM:	du musst schon genauer erklaeren was du meinst kalle .
10	USER:	was laberst du ??
11	SYSTEM:	Wo wohnst Du?

12	USER:	bielefeld du asi
13	SYSTEM:	Das klingt ziemlich interessant kalle .
14	USER:	ich heisse nich kalle du arsch
15	SYSTEM:	was sagt man dazu!

Trotz der Flaming-Akte und nicht-kooperativer Äußerungen lässt sich grundsätzlich feststellen, dass das Dialogsystem Max „is accepted by the visitors as a conversation partner and if he succeeds in engaging them in social interactions yielded promising evidence. Judging from the logfiles, people are likely to use human-like communication strategies (greeting, farewell, small talk elements, insults), are cooperative in answering his questions, and try to fasten down the degree of Max's human-likeness and intelligence" (Kopp et al. 2005: 13). Dass und wie User sich kooperativ verhalten, zeigt sich eindrucksvoll beim Ratespiel, einer programmierten Routine, die vom System initiativ oder – wie im folgenden Fall – reaktiv eingeführt werden kann:

1	USER:	Ok, lass uns spielen
2	SYSTEM:	Okay lass uns Tiere Raten spielen! Denk dir ein Tier und ich werde versuchen durch Fragen herauszufinden welches Tier es ist. Kanns losgehen?
3	USER:	ja
4	SYSTEM:	Dann fangen wir mal an. kann Dein Tier fliegen ?
5	USER:	nein
6	SYSTEM:	Lebt es im Wasser ?
7	USER:	ja
8	SYSTEM:	Ist es ein Raubtier ?
9	USER:	ja
10	SYSTEM:	ist das tier elektrisch geladen ?
11	USER:	nein
12	SYSTEM:	lebt es auch an land ?
13	USER:	nein
14	SYSTEM:	Ist es ein hai ?
15	USER:	nein
16	SYSTEM:	dann weiss ich auch nicht weiter. Was war es denn fuer ein Tier?
17	USER:	ein Hecht
18	SYSTEM:	Was haette ich fragen muessen um zwischen hecht und hai zu unterscheiden?
19	USER:	ist es ein Suesswasserfisch?
20	SYSTEM:	Und ist die Frage richtig fuer Dein Tier?
21	USER:	ja
22	SYSTEM:	Okay das hab ich mir gemerkt - heute abend schau ich dann nochmal im lexikon nach, ob das stimmt was du mir gesagt hast!

Der User folgt dem Griceschen Kooperationsprinzip und verfasst seinen Beitrag genau so, wie es der Zeitpunkt der Konversation, an dem er erfolgt, erfordert, wobei das, was erforderlich ist, bestimmt ist durch den Zweck oder die Richtung des Gesprächs, nämlich der Logik des Ratespiels. Auf die Entscheidungsfragen reagiert der Nutzer mit ‚ja' bzw. ‚nein' (Maxime der Quantität), auf die W-Frage (T. 16) wird das erfragte Element gegeben, ebenso in T. 19/20. Der Dialog ist absolut natürlichsprachig bis hinein in die Diskurssyntax, der Nutzer verhält sich sprachlich-kommunikativ so, als führte er ein Gespräch mit einem Menschen. Er benutzt die Diskurspartikel *Ok* (T. 1) und eröffnet damit eine neue konversationelle Runde (vgl. hierzu Schiffrin 1987: 102). Obwohl der Dialog schriftbasiert ist (medial bedingte Schriftlichkeit), zeigen sich bei den Usern Strukturen konzeptioneller Mündlichkeit: Diskurspartikeln, elliptische Strukturen, umgangssprachliche Lexik etc. Aufgrund der Verkörperung und seiner konversationsnahen Sprachausgabe wird das Dialogsystem als *Gesprächs*partner akzeptiert, und die User stellen ihr Sprachverhalten entsprechend auf das System ein.

Mensch-Maschine-Kommunikationen sind unter verschiedenen Aspekten interessant. Praktisch haben Dialogsysteme eine immer größere Bedeutung, im Internet ebenso wie in der Robotik, und sie werden zukünftig in unserem Alltag eine zentrale Rolle einnehmen. Moderne Programme, ECAs, sind heute deutlich leistungsstärker als noch vor zehn Jahren, wenn auch qualitativ keine entscheidenden Fortschritte in der KI-Forschung erfolgt sind. Theoretisch sind sie interessant, weil menschliches Sprachverhalten auf maschinelles trifft, und sich damit verbunden die Frage stellt, wie Menschen ihr Sprachverhalten auf synthetisches Sprachverhalten einstellen. Die Diskussion um den Turing-Test stellt sich im 21. Jahrhundert neu. Man mag zu Recht zweifeln, ob ein Gesprächspartner, der nicht weiß, ob er mit einem Dialogsystem oder einem Menschen spricht, den Beweis liefern werde, das Dialogsystem verhalte sich intelligent wie ein Mensch. In der Kommunikationspraxis zwischen Mensch und Maschine scheint es jedoch in die Richtung zu gehen, als würde die Maschine als Kommunikationspartner akzeptiert und ihr somit eine gewisse (zumindest sprachliche) Intelligenz zugebilligt. Die Menschen, so scheint es, kümmern sich wenig um theoretische Fragen der KI, sondern folgen praktisch Kommunikationserfordernissen und Konversationsmaximen. Unter linguistischen Aspekten ist interessant, wie User sich sprachlich auf Chatbots einstellen, ob es spezifische Kommunikationsstrategien gibt, ob Mensch-Maschine-Kommunikationen sich von Mensch-Mensch-Kommunikationen unterscheiden. Hiermit stellt sich auch die Frage neu, inwieweit grammatische Strukturen als emergente Strukturen aus dem Diskurs heraus zu begreifen sind. Von zukünftigen Chatbots wird erwartet, dass sie sprachliche Flexibilität und Offenheit aufweisen. Dies ist gegenüber Systemen mit fest definierten Interpretations- und Erzeugungsregeln besser mit lernfähigen Systemen zu erlangen. Je mehr Computer „durch geeignete Programme wie etwa Agenten in die Lage versetzt werden, subjektanaloge Eigenschaften wie etwa Perzeption, Kognition, Emotionen, intelligentes Schlußfolgern oder Lernen darzustellen, desto häufiger werden Benutzer dem Rechner gegenüber Verhaltensweisen ausbilden, die eigentlich der interpersonellen Sphäre entstammen, obwohl sie genau wissen, daß sie mit einem technischen Artefakt und nicht etwa mit einem menschlichen Subjekt interagieren" (Scheve 2000: 35).

Interessant in Bezug auf lernfähige Systeme sind die Talking-Heads-Experimente von Luc Steels (1998, Steels & Kaplan 2001). Bei dem Talking-Heads-Experiment nehmen zwei Roboter teil. Die Grundidee ist, dass man „Intelligenz nicht verstehen kann, wenn man nur auf ein isoliertes Individuum schaut. Man muss dessen Interaktion mit anderen Individuen und mit der Umwelt betrachten" (Steels 1998).

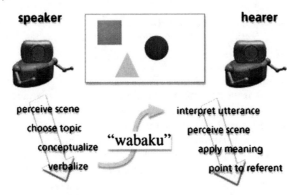

Abb. 5: Talking-Heads-Experiment

Die Roboter verfügen über keinen gemeinsam geteilten Symbolschatz. Um einen Wortschatz aufzubauen, wählt einer der beiden Roboter eine der geometrischen Figuren aus (z.B. ‚grünes Dreieck') der gemeinsamen Umgebung aus und weist den anderen verbal darauf hin (z.B. ‚wabaku'), um welche Figur sich handelt. Der ‚Hörer'-Roboter muss erraten, was der ‚Sprecher'-Roboter meint, und seinen Tipp mittels ‚Fingerzeig' abgeben. Nur wenn die Antwort korrekt ist, erhalten beide einen Punkt. Bei falscher Antwort (z.B. ‚rotes Viereck') kann der ‚Sprecher'-Roboter per Fingerzeig (im Beispiel auf das ‚ grüne Dreieck') die Antwort korrigieren. In einem weiterführenden Experiment bildet ein komplexer Sachverhalt die Grundlage der Aufgabe. Die Proposition „ein rotes Objekt wird (von einer Hand) gegen ein blaues gedrückt', lösen die Roboter sprachlich, in dem sie eine Art Kasusgrammatik entwickeln: ‚Push red wa blue ko'. Das thematisch relevante Ausgangsobjekt wird – vergleichbar dem Japanischen!? – durch eine Partikel (wa), das Zielobjekt durch eine Partikel (ko) markiert. Im Roboter-Experiment also emergiert auf der Folie von sich selbst organisierenden Systemprozessen eine gemeinsam geteilte Grammatik!

Literatur

Gesellensetter, Lars (2004): Ein planbasiertes Dialogsystem für einen multimodalen Agenten mit Präsentationsfähigkeit. Bielefeld: Diplomarbeit an der Technischen Fakultät der Universität Bielefeld.

Kopp, Stefan et al. (2005): Conversational Agent as Museum Guide – Design and Evaluation of a Real-World Application. Panayiotopoulos et al. (eds.): Intelligent Virtual Agents, LNAI 3661, S. 329-343, Berlin [http://www.techfak.uni-bielefeld.de/~skopp/download/museumguide.pdf].

Scheve, Christian von (2000): Emotionale Agenten - Eine explorative Annäherung aus soziologischer Perspektive. Diplomarbeit, Universität Hamburg, Institut für Soziologie [http://-

www.informatik.uni-hamburg.de/TGI/forschung/projekte/emotion/vonScheve-Diplomarbeit.pdf].

Schlobinski, Peter (2004): „Sprache und Denken *ex machina?*" In: Der Deutschunterricht 5: 70-79.

Schiffrin, Deborah (1987) : Discourse Markers. Cambridge.

Steels, Luc (1998): „Intelligenz hat mit Interaktionen zwischen Individuen zu tun." Interview mit Florian Rötzer in *Telepolis* [http://www.heise.de/tp/deutsch/special/robo/6210/1.html].

Steels, Luc & Frederic Kaplan (2001): "AIBO's first words : The social learning of language and meaning." In: Evolution of Communication, 4(1): 2-35 [http://arti.vub.ac.be/steels/aibo.pdf].

Storp, Michaela (2002): Chatbots. Möglichkeiten und Grenzen der maschinellen Verarbeitung natürlicher Sprache. Hannover [http://www.mediensprache.net/de/networx/docs/networx-25.asp].

Tewes, Michael (2005): „'Sie können ruhig in ganzen Sätzen mit mir sprechen!' Chatbots und ihre Bedeutung für internetbasierte Kommunikation." In: Websprache.net. Hg. von Torsten Siever, Peter Schlobinski & Jens Runkehl. Berlin, S. 242-265.

Turing, Alan M. (1950): "Computing machinery and intelligence." In: Mind 59: 433-460.

Weizenbaum, Josef (1966): "ELIZA – A Computer Program For the Study of Natural Language Communication Between Man And Machine." In: Communications of the Association for Computing Machinery, 9, S. 36–45 [http://i5.nyu.edu/~mm64/x52.9265/january1966.html].

Petra Wieler
Freie Universität Berlin

Literaturgespräche im Unterricht als Gegenstand der Deutschdidaktik

In den letzten beiden Jahrzehnten haben sich Literaturgespräche im Unterricht zu einem eigenen Themenschwerpunkt in der deutschdidaktischen, speziell der literaturdidaktischen Forschungsdiskussion entwickelt (Hurrelmann 1987; Willenberg 1987; Wieler 1989; Härle/Steinbrenner 2004). Eine Initialfunktion für die Neuorientierung der Literaturdidaktik in die Richtung empirischer Unterrichtsforschung ging dabei vor allem von denjenigen Studien aus, die sich dem Literaturunterricht nicht mehr ausschließlich in einer hermeneutischen, d.h. auf das Text-Leser-Verhältnis fokussierenden Perspektive annäherten, sondern darüber hinaus die detaillierte Rekonstruktion transkribierter Gesprächsabläufe aus dem Literaturunterricht in die Untersuchung mit einbezogen. Solchermaßen verstärkte sich die Aufmerksamkeit für die spezifische musterhafte Ausprägung literarischer Gespräche in der Schule: Erkennbar wurde zum Beispiel, dass auch das vermeintlich unreglementierte Unterrichtsgespräch über Literatur sich weniger an literarischen Verstehensinteressen und -problemen der Schüler orientiert, sondern vielmehr an didaktischen Aufgabenstellungen, die Lehrer und Schüler in einer lediglich ‚schein-diskursiven' Haltung bewältigen.

Nicht zuletzt die eher ernüchternden Untersuchungsergebnisse bezüglich der ‚Effektivität von Literaturunterricht' (Fritzsche 1994: 185) haben in der Folge zu einer Reihe von Forschungsprojekten geführt, in denen die Handlungsbedingungen für die Etablierung einer alternativen Gesprächskultur im Literaturunterricht erkundet werden (Christ et al. 1995; Werner 1996). Der vorliegende Beitrag eröffnet anhand ausgewählter Beispiele eine Übersicht über die fachdidaktische Diskussion zum Literaturgespräch im Unterricht und skizziert unter besonderer Berücksichtigung der Anfänge der Lesesozialisation eine Konzeption, die das Zur-Sprache-Bringen literarischer Deutungen als entscheidendes Antriebsmoment literarischen Lernens versteht

1 Schulische Literaturgespräche in der didaktischen Forschungsdiskussion

Entgegen den von wissenschaftlicher Seite häufig verkündeten paradigmatischen Wenden in der Deutschdidaktik scheint die Praxis des literarischen Lernens in der Schule, so zumindest in der Wahrnehmung der Betroffenen, durch ein spezifisches Moment der ‚Stagnation' gekennzeichnet zu sein. Bis heute gültig sein dürfte die von J. Fritzsche (1994) in seiner Didaktik und Methodik des Deutschunterrichts formulierte Skizze zum ‚gleichbleibenden Erscheinungsbild' speziell des Literaturunterrichts:

> Man übertreibt wohl nicht, wenn man feststellt, daß der größte Teil des LU von der ersten bis zur letzten Klasse heute noch in der Form eines Unterrichtsgesprächs in der Gesamtklasse abläuft, das der Lehrer durch Themasetzung bzw. Leitfragen oder ‚Impulse' untergliedert und als

> Gesprächsleiter durch zusätzliche Fragen (und durch Tafelanschrieb) lenkt. <...> Im Idealfall ergänzen sich die Beiträge der Schüler, auch durch Widerspruch, und führen dazu, daß sich das Anfangsverständnis jedes Schülers mit der Zeit verändert oder vertieft. Dabei spielt es keine Rolle, ob schließlich ein von allen geteiltes Textverständnis herauskommt oder ob unterschiedliche Auffassungen bestehen bleiben <...>. Dieser Idealfall ist allerdings selten. Im Normalfall wird das Unterrichtsgespräch nur von einem Teil der Schüler bestritten. <...> Im Extremfall kommt es dazu, daß die Schüler auf eine Lehrerfrage Antworten regelrecht ‚apportieren', ohne sich für die Verwendung <...> ihres Beitrags zu interessieren, d.h. sie überlassen die Erarbeitung der Interpretation dem Lehrer, und nur scheinbar hat ‚die Klasse' am Ende den Text verstanden (ebd., 176f.).

In seiner Einschätzung greift Fritzsche auf eine sprachhandlungstheoretisch ausgerichtete Studie zurück, die literarische Verstehens- und Verständigungsprozesse im institutionellen Kontext der Schule untersucht (vgl. Wieler 1989). Am Beispiel der rekonstruktiven Analyse des Verbalprotokolls einer Unterrichtsstunde in einer 10. Klasse – Gesprächsgegenstand ist Peter Hacks Erzählung ‚Der Bär auf dem Försterball' – weist diese Untersuchung nach, wie der in der Literaturdidaktik über lange Zeit für unproblematisch gehaltene Anspruch einer verständigungsorientierten Auseinandersetzung über literarisches Verstehen durch unterrichtsspezifische Gesprächsstrategien von Lehrer und Schülern unterlaufen wird. Der Analyse zufolge wirkt sich vor allem die partielle Ersetzung des (auch) in alltagssprachlichen Verständigungsprozessen bewährten ‚Problemlösungsmusters' durch ein schulspezifisches ‚Aufgabe-Lösungs-Muster' (vgl. Ehlich/Rehbein 1986) in der Weise aus, dass im Extremfall Fragen beantwortet werden, „die bei niemandem aufgekommen sind" (Wieler 1989: 111f.). Die Studie mündet in dem Plädoyer, innerhalb des Deutschunterrichts einen eigenen Lernbereich der ‚Verständigung über literarisches Verstehen' einzurichten und die Rolle des/der Lehrenden auf die einer moderierenden Gesprächsleitung zu begrenzen.

Beispielhaft für die in der Folge entwickelten Unterrichtsforschungsprojekte zur Etablierung einer alternativen Gesprächspraxis im Literaturunterricht ist die von der Frankfurter Forschergruppe um Valentin Merkelbach erstellte Studie „Ja, aber es kann doch sein ...". In der Schule literarische Gespräche führen' (Christ et al. 1995). Anhand mehrerer umfangreich transkribierter Verbalprotokolle aus dem Literaturunterricht verschiedener Schultypen wird untersucht, unter welchen Bedingungen der Anspruch, schulische Literatur-Gespräche im Sinne eines verständigungsorientierten Austauschs über subjektive Leseerfahrungen der Schüler (neu) zu gestalten, in eigens zu diesem Zweck konzipierten Unterrichtsstunden eingelöst werden kann. Unabhängig von der Auswahl (auch den Verstehensanforderungen) der im jeweiligen Unterricht erörterten Erzähltexte - das Spektrum umfasst verschiedene kinderliterarische Texte ebenso wie ‚Klassiker' des schulischen Lektüre-Kanons -, beschränkt sich die jeweilige Lehrperson in diesen Unterrichtsgesprächen durchgängig auf eine vornehmlich ‚moderierende' Funktion, sie „hält sich mit eigenen interpretativen Beiträgen zurück" und „läßt auch ihr abwegig erscheinende interpretative Beiträge zu und gibt damit den SchülerInnen die Chance, auch solche Beiträge mit dem Text in Beziehung zu setzen" (Merkelbach 1995: 135). Die Frage nach der Berücksichtigung speziell dieser Prämisse durchzieht als ‚roter Faden' und zugleich als maßgebliches Evaluationsprinzip die rekonstruktiven Deutungen, wie sie zu jedem der protokollierten Unterrichtsgespräche von jeweils einem Mitglied der Forschergruppe vorgenommen wurden.

An der <gemeinsam von Lehrern und Forscherkollektiv vereinbarten> Zurückhaltung der Lehrenden im Unterrichtsgespräch entzündete sich zugleich aber auch die fachwissenschaftliche Kritik an dem vorgestellten Unterrichtsforschungprojekt. So etwa monierte H. Ivo (1996), die konzeptuelle Programmatik der vorgestellten Studie bleibe auf die „Handlungsmaxime, nicht einzugreifen" (ebd., 24) reduziert. Zweifellos lassen einzelne der im Frankfurter Projekt dokumentierten Unterrichtsgespräche ein Mehr an Strukturierung durch die Lehrenden wünschenswert erscheinen. Dies gilt etwa bezogen auf ein Gesprächsprotokoll aus einer 6. Realschulklasse: Dort wird die die Auseinandersetzung mit Wolfgang Borcherts Kurzgeschichte *Nachts schlafen die Ratten doch* im ‚Schlusswort' einer Schülerin wie folgt resümiert:

> Die Geschichte ist irgendwie anders [...] mal ist's traurig z.B. mit den Kaninchen das ist jetzt nicht traurig das ist eher fröhlich da sind Sonnenstrahlen durch die Beine blauer Himmel ja und das mit den Ratten und das vom Lehrer also die Geschichte ist etwas kompliziert (Merkelbach 1995: 140).

Aus anderen Gesprächstranskripten geht hervor, welch erhebliche Schwierigkeiten den Schülern schon allein der Versuch der historischen Kontextuierung des fiktiven Handlungsgeschehens bereitet: Im Gespräch einer 7. Hauptschulklasse spekuliert ein Schüler (weitläufig und von der Lehrerin ungehindert) über eine mögliche Verortung der fiktiven Handlung in der ‚Ritterzeit'). Entsprechende Unterrichtsbeispiele, insbesondere aber die uneingeschränkte Anerkennung der nur moderierenden Funktion der Lehrkräfte durch die Forschergruppe wurden in der didaktischen Diskussion u. a. wie folgt kommentiert: „Den institutionellen Zwängen und strategischen Verzerrungen des Gesprächs im Literaturunterricht können Lehrer/innen offenbar am besten dann entgehen, wenn sie ‚möglichst gar nicht mehr' mit den Schülern reden" (Wieler 1998: 29). Die Kritik an den Unterrichtsgesprächen zu Borcherts Kurzgeschichte galt dabei vor allem dem Verzicht auf jedes zusätzliche Angebot für die Schüler, sich eine auch sinnlich-konkrete Vorstellung von der in der Nachkriegsgeschichte geschilderten Wirklichkeit zu erarbeiten. Dieses Versäumnis erkläre den insgesamt etwas hilflos anmutenden Tenor der Schüleräußerungen, in denen sich – bis hin zum oben angeführten ‚Schlusswort' – zugleich ein Moment des Zurückgeworfenseins auf die eigenen Verstehensfähigkeiten und -schwierigkeiten widerspiegele.

Angesichts des explorativen Charakters der Frankfurter Studie, ist jedoch auch der folgende Hinweis auf ein Dilemma der an dem Projekt beteiligten Gruppe ernst zu nehmen:

> Wir vereinbarten mit den Lehrer/innen ein Leitungskonzept, das in der Tat durch Zurückhaltung geprägt sein sollte und das sehr stark unterschieden ist von den Rückmeldungen, auch den nonverbalen, der Lehrperson, die im fragend-entwickelnden Unterrichtsdiskurs fast jeder Schüleräußerung folgen. So sehr wir uns auf der theoretischen Ebene im Konzept des literarischen Gesprächs einig waren – die Umsetzung solcher Handlungsmaximen ist schwierig und die Ver-

haltensunsicherheit in der konkreten Unterrichtssituation und in deren Analyse war entsprechend groß (Merkelbach 2004: 100f.).

Bezogen auf die bislang vorgestellten Unterrichtsforschungsprojekte kritisieren Härle/Steinbrenner (2003) weitaus grundsätzlicher, dass mit didaktischen Vorschlägen, die „dem Lehrer bei der Durchführung von Unterrichtsgesprächen über Literatur in erster Linie die Rolle eines ‚zurückhaltenden Moderators' zuweisen [...], [...] die Selbsttätigkeit der Lernenden einseitig idealisiert und die Aufgabe der Lehrenden einseitig disqualifiziert" werde (ebd., 152). Angeregt durch eine bereits 1987 durchgeführte Studie von Bettina Hurrelmann, ‚Textverstehen im Gesprächsprozess', sowie durch Hubert Ivos historisch fundierte Reflexion ‚Reden über poetische Sprachwerke' (Ivo 1994) und zugleich unter kritischer Berücksichtigung der erörterten kommunikationstheoretisch ausgerichteten Ansätzen konzipieren Härle/Steinbrenner (2003) ein Modell zur Ausdifferenzierung der hemeneutischen Begründung des literarischen Unterrichtsgesprächs. Als theoretisch richtungsweisend kennzeichnen die Autoren ihre Auseinandersetzung mit der zwischen Schleiermachers Hermeneutik und Derridas Dekonstruktivismus vermittelnden Position von Manfred Frank, der gemäß das Gespräch keine Ergänzung oder vertiefende Weiterentwicklung/Fortführung, sondern ‚unverzichtbare Bedingung des Verstehens' sei (ebd. 145). In diesem theoretischen Horizont wird der Gegenstand des Literaturunterrichts als ein zweifacher bestimmt: Zum einen gehe es natürlich um Literatur und insbesondere um diejenige, mit der zu beschäftigen sich lohne (vgl. ebd., 147), daneben aber sei die Konturierung des Verstehens maßgebliche „Aufgabe einer ‚verstehensorientierten Literaturdidaktik', die nicht auf geschlossene Interpretationen abzielt, sondern die *Entfaltung von Textsinn im Gesprächsprozess* ermöglicht, wenn auch nicht garantiert" (Härle/Steinbrenner 2004: 11). Inwieweit das zur Realisierung literarischer Gespräche herangezogene Konzept der *Themenzentrierten Interaktion (TZI)*, das die Rolle des Lehrers im Sinne der partizipierenden Leitung modelliert, tatsächlich hinreichende Strukturvorgaben bereithält, den Lehr-Lern-Kontext mit seinen Parametern realitätsgerecht einzubeziehen und lebendige Gespräche zu generieren (vgl. ebd.), kann an dieser Stelle kaum entschieden werden. Eine gewisse Skepsis scheint angebracht, zumal das Heidelberger Modell eine Vielzahl der in bisherigen empirischen Untersuchungen nachgewiesenen Antagonismen schulischer Literaturgespräche aufzuheben verspricht, schlicht indem es dem Lehrer als ‚Anwalt des Verstehensprozesses' die Sorge für *Bewegung* und *Balance* der am Verstehensprozess beteiligten Faktoren (‚Text', ‚Individuum' und ‚Gruppe') ebenso wie für die Entfaltung literarischen Verstehens im institutionellen Kontext des Unterrichtsgespräch überträgt (Härle/Steinbrenner 2003: 158).

Es bleibt die Frage, inwieweit Schüler sich mit ihren persönlichen Leseinteressen ebenso wie mit ihrer Wahrnehmung von Unterrichtssituationen durch diese Anwaltschaft angemessen vertreten sehen. Bereits hinsichtlich der Auswahl von Literatur, „mit der zu beschäftigen sich lohne", dürften sich angesichts des breit gefächerten Spektrums an Lese- und alternativen Medienpräferenzen von Kindern und Jugendlichen höchst differente Einschätzungen und Bewertungskriterien zeigen. Dies gilt einmal mehr für das Modell der *Partizipierenden Leitung*, das vor allem für die Lehrenden(!) erweiterte Möglichkeiten vorsieht, sich mit authentischen Beiträgen an Unterrichtsgesprächen über Literatur zu beteiligen (vgl. Steinbrenner/Wiprächtiger-Geppert 2006: 14f.). Kaum zufällig erscheint deshalb auch, dass die vorgeschlagene Gesprächsform bislang vornehmlich anhand von Texten des literarischen Kanons und in fortgeschrittenen (Gymnasial-)Klassen sowie in universitären Seminarveranstaltungen erprobt wurde, entsprechende Untersuchungen an Grund-, Haupt- und Förderschulen hingegen noch ausstehen.

Besondere Beachtung verdient deshalb, dass die Heidelberger Forschergruppe sich in einem weiteren Begründungszusammenhang für ihr didaktisches Gesprächskonzept auf Ergebnisse der Lesesozialisationsforschung bezieht, die die prinzipielle Gesprächsförmigkeit der Anfänge des Bücherlesens mit dem kleinen Kind sichtbar machen (vgl. Härle/Steinbrenner 2004: 11). Von Seiten der Lese- und Mediensozialisationsforschung werden Vorlesegespräche, übrigens auch Literaturgespräche im Unterricht und solche außerhalb der Schule als unterschiedliche Ausprägungen von *Anschlusskommunikation* charakterisiert. Im Gegensatz zu Härle/Steinbrenner, deren Auffassung zufolge „das Verstehen als gleichermaßen subjektiver wie kommunikativ-interaktiver Prozess" für eine Textbegegnung substantiell ist (vgl. Härle/Steinbrenner 2003: 150), akzentuiert der Soziologe Tilmann Sutter die „*grundlegende Unterscheidung zwischen kommunikativen und subjektiven Aneignungsprozessen* von Medienangeboten" (Sutter 2002: 92). In der Perspektive soziologischer Systemtheorie handele es sich um operativ geschlossene psychische und soziale Systeme, die durch strukturelle Kopplungen miteinander in Beziehung stehen. Als Beispiel wird der Umgang kleiner Kinder mit Medien im Kontext sozialisatorischer Interaktionen genannt:

> Es ist ganz offensichtlich, dass sich Bedeutungsverhandlungen nicht vollziehen könnten, wenn sie konstitutiv von der Vermittlung der Bedeutungen des medialen Textes, des subjektiven Verstehens und der kommunikativen Aneignung abhängen würden. Die Pointe sozialisatorischer Prozesse allgemein und entsprechend auch der Mediensozialisation liegt vielmehr darin, dass sich die Bedeutungen auf den Ebenen des medialen Textes, der kommunikativen Aneignung und der subjektiven Rezeption selbstreferentiell, aber strukturell miteinander gekoppelt ausbilden (Sutter 2002: 91).

Sutter kennzeichnet Vorlesesegespräche mit Kindern im Kleinkind- und Vorschulalter als empirische Beispiele für die Vermittlung zwischen lebensweltlich erfahrbarem und sozial situiertem Sinn auf der einen Seite und dekontextualisiertem, durch die Schriftform vermitteltem Sinnangebot auf der anderen Seite. Dabei gehe es vornehmlich darum, dass Kinder im Gespräch die Fähigkeit erwerben, eigene Erfahrungen und kulturelle Deutungen aufeinander zu beziehen. Solchermaßen werde die Voraussetzung für die Teilhabe an anderen Formen der Anschlusskommunikation geschaffen, u.a. an Gesprächen, die vorwiegend dem Verstehen von literarischen Texten dienen und das Verstehen im Dialog vertiefen können (vgl. ebd., 96).

An diese Charakterisierung anknüpfend soll im Folgenden eine Konzeption skizziert werden, die das Zur-Sprache-Bringen literarischer Deutungen als entscheidendes Antriebsmoment literarischen Lernens versteht.

2 Überlegungen zu einer sprachlerntheoretisch fundierten Konzeption

Für eine Auseinandersetzung, die das Gespräch, genauer: das Prinzip der Dialogizität in seiner konstitutiven Bedeutung für literarische Lehr/Lernsituationen auch in der Schule anschaulich machen möchte, liegt es nahe, auf die zunehmende Zahl empirischer Untersuchungen zu den Anfängen literarischer Sozialisation zurückzugreifen (vgl. Feneberg 1994; Braun 1995; Wieler 1995; 1997). Denn diese Studien dokumentieren übereinstimmend die dialogische Struktur, den Gesprächscharakter schon des Vorlesens für kleine Kinder. Einen gemeinsamen theoretischen Bezugspunkt bildet dabei das Konzept der ‚Formate', welches J. S. Bruner (1987) im Rahmen seiner Studien zum primären Spracherwerb des Kindes entwickelt hat. Bei einem Format handelt es sich um ein „standardisiertes Interaktionsmuster zwischen einem Erwachsenen und einem Kleinkind, welches als ursprünglicher ‚Mikrokosmos' feste Rollen enthält, die mit der Zeit vertauschbar werden" (ebd., 103). Anschaulich wird ein solches Interaktionsmuster etwa an der folgenden Gesprächssequenz zur gemeinsamen Bilderbuch- Rezeption von Eltern und Kind; darin geht es um die Erläuterungen der Mutter zu einer einzelnen Illustration aus einem Janosch-Bilderbuch. Das Bild zeigt die beiden Tier-Freunde der Geschichte, Tiger und Bär, beim Besuch im Haus ihrer Reisebekannten, Hase und Igel; in dem mit einem Sofa ausgestatteten ‚Wohnraum' hängt eine Obstbirne als ‚Beleuchtung' von der Decke.

M: Bist du müde? [...]Was ist das denn?
K: Ne Birne.
M: [lachen] Ne Birne am/eh/von oben, ne? Weißte wieso ne Birne? Mir ham doch auch immer Birnen in den Lampen.
K: Nööö.
M: Nööö? [leise lachen] Aber andere, ne? (vgl. Wieler 1997: 247).

Das Beispiel dokumentiert den Versuch der Mutter, dem vierjährigen Kind die Einsicht in die metaphorische Struktur eines Bildsymbols zu vermitteln. Zu diesem Zweck greift sie auf eine beiden gleichermaßen vertraute Interaktionsroutine zurück, welche eine spezifische Abfolge von Gesprächsschritten umfasst. Bruners Studien zufolge kennzeichnet dieses Gesprächsritual schon die Interaktion von Eltern mit ihrem noch nicht sprechenden Kleinkind, wenn diese gemeinsam ein Bilderbuch betrachten (vgl. dazu auch Braun 1995). Noch im Gesprächsbeispiel mit dem Vierjährigen ist deutlich zu erkennen, wie marginal die Beiträge des Kindes zur hier geleisteten, relativ komplexen Bedeutungskonstruktion sind. Zugleich aber wird ein musterhafter Grundzug der Erwachsenen-Kind-Kommunikation realisiert: die Anpassung an die aktuell erreichten Fähigkeiten des Kindes, verbunden mit der Möglichkeit zur Überschreitung dieser Fähigkeiten in eine ‚Zone der nächsten Entwicklung' (Vygotsky 1978). Die angelsächsische Spracherwerbsforschung kennzeichnet diese Art von Unterstützungsdiskurs mit dem Begriff des ‚scaffolding' (Bruner 1987; Schieffelin/Gilmore 1986). Gemeinsam ist den entsprechenden Studien, dass sie die unverzichtbare Hilfeleistung durch die erwachsenen (kompetenteren) Interaktionspartner hervorheben, wie sie sich insbesondere in deren (Nach-) Fragen und Kommentaren dokumentiert.

Als Frage stellt sich nun, ob und in welcher Form sich die aufgezeigten Formate, die für die Anfänge und Vorläufer der literarisch-kulturellen Sozialisation nachweislich eine konstitutive Rolle spielen, weiterentwickeln, wie sich der Prozess gestaltet, den Bruner selbst wie folgt beschreibt:

> Wo ein Zuschauer ist, soll ein Teilnehmer werden. Man führt ein Spiel ein, gibt einen Rahmen, der sicherstellt, daß die Schwächen des Kindes aufgefangen und korrigiert werden können, und entfernt diesen Rahmen in dem Maße, in dem die Struktur ‚auf der anderen Seite' selber stehen kann (Bruner 1987: 51).

Erfolgreiches Lernen müsste sich also als Autonomiezuwachs auf Seiten des Kindes dokumentieren, als Umgewichtung von einer eher beobachtenden zu einer zunehmend mitbestimmenden, sinnstiftenden Teilhabe.

Ein entsprechendes Beispiel dokumentiert das folgende Vorlesegespräch zwischen einer Mutter und ihren beiden vierjährigen Zwillingstöchtern:

> M: „Es war einmal ein kleiner Bär und ein kleiner Tiger, die lebten unten am Fluß. <...> ‚Uns geht es gut', sagte der kleine Tiger, ‚denn wir haben alles, was das Herz begehrt'"./K: Was mag die denn gerne?/M: Der sitzt da schön auf dem Schaukelstuhl, ganz gemütlich ... „Der kleine Bär ... kochte jeden Tag das Essen; denn er war ein guter Koch."/K: Der mag gerne Fische. <...>
> M: „Bald fing es auch noch an zu regnen, und das Wasser tropfte vom Himmel."/K: Oh je!/M: „Abends baute der kleine Bär aus zwei Blechtonnen eine Regenhütte. Sie zündeten ein Feuer an und wärmten sich."/K: Wie ehm, das regnet wie draußen/M: Ja, genau, wie's heute hier regnet, ne? (Wieler 1995: 59f.).

Die Fragen und Kommentare der Kinder gelten möglichen Bezügen zwischen der fiktiven Wirklichkeit der Bilderbuchgeschichte und der eigenen Alltagserfahrung – und münden in einen das Vorlesen begleitenden Verständigungsprozess. Insbesondere die Aufmerksamkeit und Wertschätzung, die den Bilderbuch-Kommentaren der Vierjährigen entgegengebracht wird, kennzeichnen das vorgestellte Beispiel als eine besonders günstige Einstiegssituation des Leser-Werdens. Ähnlich wie die Begegnung mit sog. ‚literacy-events' gilt auch diese Form der Interaktion in deutschdidaktischer Perspektive als eine Vorform des Lesenlernens, in diesem Fall als frühe ‚*Entfaltung literarischer Kompetenz*' (Dehn et al. 1999: 573).

Einen möglichen Fortgang der Entwicklung von Literatur-Gesprächen mit Kindern im (Grund-)Schulalter veranschaulicht eine angelsächsische Fallstudie (Fry 1985) am Beispiel transkribierter Literatur-Gespräche mit SchülerInnen im Alter von 8, 12 und 15 Jahren. Das folgende Beispiel dokumentiert ein Gespräch zwischen dem Forscher/Lehrer Donald Fry und dem achtjährigen Clayton über ein ‚Lieblings-Bilderbuch' des Kindes, Raymond Briggs' (1978) ‚The Snowman'. Diese zwischen Traum und Wirklichkeit angesiedelte Bilder(buch)geschichte erzählt von den phantastisch-skurrilen Abenteuern, die ein kleiner Junge während einer Nacht mit einem ‚zum Leben erwachten' Schneemann erlebt - zunächst im Zivilisationshaushalt (Tiefkühltruhe, Zentralheizung) der eigenen Familie, dann auf einer Reise in die fremde Welt des neuen Gefährten:

> C: ...I like that bit where he runs and flies/takes of. And this is my favourite/the sad part/when he melts at the end.
> DF: Yes. Yes it is a bit sad isn't it.

C: Yes. Usually when I/when... I do it I don't look at the end page.
DF: Why?
C: It's so sad.
DF: What/when you read this book you don't look at the last page?
C: No. I always turn it over to the white/to the white pages and then go back.
DF: Even though you know what's on the page.
C: Yes.
DF: I took it down as a present to a little boy of a friend of mine in Wales and he is only three and a half and he got to the last page/I thought he was going to cry/because he was a bit sad about it.
C: Did he?
DF: No, he sort of said Ooooh/he sort of groaned like that you know. He sounded really upset. Did you know it was going to happen?
C: Er, no, not when I first looked at it.
DF: What did you think, how did you think it would end?
C: When he's in bed. Then he goes, then he comes from, um, Frosty (?) and he sleeps in bed, and that's where it ends. That's what I thought (...) I didn't look, I didn't like that piece.
DF: Do you think the book would have been better without that page? Would you sooner have the book without that?
C: No.
DF: So.
C: Would be sillier.
DF: So if that was just a blank page there ...
C: He could make another one! (Fry 1985: 119f.).

An der Art, wie Clayton seinen Umgang mit dem Bilderbuch beschreibt, ist unschwer abzulesen, wie nachhaltig ihn die ‚Schneemann-Geschichte' beeindruckt hat. Schon die Nennung seiner beiden ‚Lieblings-Illustrationen' - diese markieren die beiden extremen Pole des Buch-Geschehens im Spannungsfeld von Fiktion und Realität - ist Indiz für das zumindest ahnungsweise Überschreiten der aktuell erreichten (bzw. emotional verkraftbaren) literarischen Verstehensfähigkeit in eine 'Zone der nächsten Entwicklung' hinein. Erkennbar wird zugleich, dass erst der kommunikative Austausch über die persönliche, zwischen Faszination und Betroffenheit schwankende Reaktion auf die ‚letzte Bilderbuchseite', ferner die Möglichkeit zum Vergleich mit einer ähnlichen Rezeption durch ein jüngeres Kind einem vertieften - reflexive und emotionale Komponenten integrierenden - literarischen Verstehen des Jungen den Weg bahnen. Dabei sind es insbesondere die zunächst überraschten Kommentare des erwachsenen Gesprächspartners, später seine gezielten Nachfragen, bezogen auf ein (erwartetes/gewünschtes) alternatives Ende der Buchgeschichte, die Clayton dazu ermutigen, den zunächst durchaus auch als bedrohlich erfahrenen Verzicht auf ein ‚Happyend' der Buchgeschichte nun als literarisches Qualitätsmerkmal anzuerkennen (‚would be sillier'). Damit öffnet sich das Kind der Einsicht, dass mit dem unwiederbringlichen Verlust des Schneemanns dasjenige Realitätsprinzip die Oberhand behält, das die spielerisch-ironische Brechung oder phantastische Überhöhung in der Fiktion überhaupt erst möglich macht und genau in dieser spannungsreichen Beziehung den ästhetischen Reiz des Bilderbuchs begründet.

Fazit

Gesprächsbeispiele wie das zuletzt angeführte und der Rückblick auf die Anfänge der Lesesozialisation kennzeichnen Prozesse der Verständigung über literarisches Verstehen als unverzichtbare sozialisatorische Interaktion, bei der zunächst das kleine Kind schrittweise mit den ‚Übereinkünften' des Bücherlesens und kulturell geprägten Formen der Bedeutungskonstitution vertraut gemacht wird und später als Schüler im Unterricht zur Verständigung über (literarisches und anderes Text-) Verstehen angeleitet werden kann. Es scheint somit durchaus viel versprechend, die Entwicklungslinien sprachlich-literarischen Lernens auch im weiteren Kindes- und Jugendalter mit Hilfe von Bruners Format-Theorie genauer auszuarbeiten.

Als ‚gelungen' sind die angeführten Gesprächsbeispiele wohl vor allem aufgrund der vornehmlich offenen und fragenden Haltung zu werten, die sowohl die Kinder als auch die Erwachsenen in ihren Kommentaren gegenüber der in Text und/oder Bildern erzählten ‚Geschichte' und ihrer Deutung einnehmen. Dieses tentative Moment der Gesprächsbeiträge korrespondiert mit einem spezifischen Merkmal literarischer Texte, welches Bruner (1986) als Phänomen des ‚subjunctivizing reality' (des ‚In-die-Möglichkeitsform-Setzens' der Realität) charakterisiert. Genau dieses Merkmal kennzeichnet nach seiner Auffassung die Literatur als eine Kunstform, die uns – durchaus vergleichbar mit einem Gespräch in seinem bedeutungskonstituierenden Potential – offen, aufnahmebereit macht für Problemsituationen, für das Hypothetische, für alle möglichen Welten, auf die ein Text verweisen kann (vgl. auch Bruner 1996: 159).

Deutlich wird zugleich: Verständigung erfordert zunächst Verständlichkeit, Vertrautheit, Momente des Wiedererkennens, Affinität; erst auf dieser Grundlage kann das literarische Gespräch sein spezifisches kommunikatives und ästhetisches Potential der Erweiterung (auch) lebensweltlicher Deutungs- und Handlungsperspektiven entfalten.

Literatur

Braun, Barbara (1995): Vorläufer der literarischen Sozialisation in der frühen Kindheit – eine entwicklungspsychologische Fallstudie. Frankfurt/M.: Peter Lang.
Briggs, Raymond (1978): The Snowman. Beccles, London: Puffin Books.
Bruner, Jerome S. (1986): Actual minds, possible worlds. Cambridge, Mass.: Harvard University Press.
Bruner, Jerome S. (1987): Wie das Kind sprechen lernt. Bern: Huber.
Bruner, Jerome S. (1996): The culture of education. Cambridge, Mass.: Harvard University Press.
Christ, Hannelore et al. (1995): „Ja aber es kann doch sein ..." In der Schule literarische Gespräche führen. Frankfurt/M.: Peter Lang.
Dehn, Mechthild/Payrhuber, Franz-Josef/Schulz, Gudrun/Spinner, Kaspar H. (1999): Lesesozialisation, Literaturunterricht und Leseförderung in der Schule: In: Franzmann, B./Hasemann, K/Löffler, D./Schön, E. (eds.): Handbuch Lesen. Im Auftrag der Stiftung Lesen und der Deutschen literaturkonferenz. München: Saur, 568-637.
Ehlich, Konrad/Rehbein, Jochen (1986): Muster und Institution. Untersuchungen zur schulischen Kommunikation. Tübingen: Narr.
Feneberg, Sabine (1994): Wie kommt das Kind zum Buch?: die Bedeutung des Geschichtenvorlesens im Vorschulalter für die Leseentwicklung von Kindern. Neuried: ars una.

Fritzsche, Joachim (1994): Zur Didaktik und Methodik des Deutschunterrichts. Bd.3: Umgang mit Literatur. Stuttgart: Klett.
Fry, Donald (1985): Children talk about books: Seeing themselves as readers. Buckingham, Bristol: Open Iniversity Press.
Härle, Gerhard (2004): Literarische Gespräche im Unterricht. Versuch einer Positionsbestimmung. In: Härle, G./Rank, B. (eds.): Wege zum Lesen und zur Literatur. Baltmannsweiler: Schneider-Hohengehren, 137-168.
Härle, Gerhard/Steinbrenner, Marcus (2003): „Alles *Verstehen* ist ... immer zugleich ein *Nicht-Verstehen*." Grundzüge einer verstehensorientierten Didaktik des literarischen Unterrichtsgesprächs. In: Literatur im Unterricht, Jg. 4, H. 2, 139-162.
Härle, Gerhard/Steinbrenner, Marcus (2004): Das literarische Gespräch im Unterricht und in der Ausbildung von Deutschlehrerinnen und –lehrern. In: Härle, G./Steinbrenner M. (eds.) Kein endgültiges Wort. Die Wiederentdeckung des Gesprächs im Literaturunterricht. Baltmannsweiler: Schneider Hohengehren, 1-24.
Hurrelmann, Bettina (1987): Textverstehen im Gesprächsprozeß - Zur Empirie und Hermeneutik von Gesprächen über die „Geschlechtertausch"-Erzählungen. In: Hurrelmann, B./Kublitz, M./Röttger, B. (eds.) (1987): Man müßte ein Mann sein ...?: Interpretationen und Kontroversen zu Geschlechtertausch-Geschichten in der Frauenliteratur. Düsseldorf: Schwann, 57-82.
Ivo, Hubert (1994): Reden über poetische Sprachwerke. Ein Modell sprachverständiger Intersubjektivität. In: Ivo, H.: Muttersprache, Identität, Nation. Opladen: Westdeutscher Verlag, 221-271.
Ivo, Hubert (1996): Über den Tag hinaus. Begriff einer allgemeinen Sprachdidaktik. In: Didaktik Deutsch (1996), H. 1, 8-29.
Merkelbach, Valentin (1995): „Also die Geschichte ist etwas kompliziert". „Nachts schlafen die Ratten doch" von Wolfgang Borchert in einer 6. Realschulklasse. In: Christ et al. (1995), 129-145.
Merkelbach, Valentin (2004): Aspekte des literischen Gesprächs in der aktuellen fachdidaktischen Diskussion. In. Härle, G./Steinbrenner, Marcus (eds.) (2004), 97-105.
Schieffelin, Bambi B./Gilmore, Peggy (1986): The Acquisition of Literacy: Ethnographic Perspectives. Norwood, New Jersey: Ablex.
Spinner, Kaspar H. (2006): Literarisches Lernen. In: Praxis Deutsch, Jg. 33, H. 200, 6 – 16.
Steinbrenner, Marcus/Wiprächtiger-Geppert, Maja (2006): Literarisches Lernen im Gespräch. Das „Heidelberger Modell" des Literarischen Unterrichtsgesprächs. In: Praxis Deutsch, Jg. 33, H. 200, 14f.
Sutter, Tilmann (2002): Anschlusskommunikation und die kommunikative Verarbeitung von Medienangeboten. Ein Aufriss im Rahmen einer konstruktivistischen Theorie der Mediensozialisation. In: Groeben, N./Hurrelmann, B. (eds.): Lesekompetenz. Bedingungen, Dimensionen, Funktionen. Weinheim, München: Juventa, 80-105.
Ulich, Michaela (2003): Literacy – sprachliche Bildung im Elementarbereich. In: kiga heute Heft 3, 6 – 18.
Vygotsky, Lew S. (1978): Mind in Society. The development of higher psychological processes. Cambridge, Mass.: Harvard University Press.
Werner, Johannes (1996): Literatur im Unterrichtsgespräch - Die Struktur des literaturrezipierenden Diskurses. München: Vögel.
Wieler, Petra (1989): Sprachliches Handeln im Literaturunterricht als didaktisches Problem. Bern, Frankfurt/M., New York: Peter Lang.
Wieler, Petra (1995):Vorlesegespräche mit Kindern im Vorschulalter. Beobachtungen zur Bilderbuch-Rezeption mit Vierjährigen in der Familie. In: Rosebrock, C. (ed.): Lesen im Medien-

zeitalter. Biographische und historische Aspekte literarischer Sozialisation. Weinheim, München: Juventa, 45-64.

Wieler, Petra (1997): Vorlesen in der Familie. Fallstudien zur literarisch-kulturellen Sozialisation von Vierjährigen. Weinheim, München: Juventa.

Wieler, Petra (1998): Gespräche über Literatur im Unterricht. In: Der Deutschunterricht 50 (1998) 1. 26-37.

Willenberg, Heiner et al. (1987): Zur Psychologie des Literaturunterrichts. Frankfurt/M.: Diesterweg.

4. Zweitspracherwerbsforschung

Bernt Ahrenholz
Pädagogische Hochschule Ludwigsburg

Zum Erwerb zentraler Wortstellungsmuster

Der Wortstellung gilt von Beginn der Zweitspracherwerbsforschung an ein besonderes Interesse. In den letzten Jahren hat sich im Bereich Deutsch als Zweitsprache das Interesse an dem Erwerb der Wortstellung wieder verstärkt, da in Zusammenhang mit Studien zum frühen Zweitspracherwerb neue Befunde vorliegen. Das Anliegen dieses Beitrages ist ein zweifaches. Zum einen soll in einem Vergleich von Lernern unterschiedlichen Alters der Frage der Ähnlichkeit oder Unterschiedlichkeit beim Erwerb von Wortstellungsmustern nachgegangen werden, zum anderen soll mit einer neuen Auswertung von Daten aus dem P-MoLL-Korpus eines der bedeutendsten Korpora der Zweitspracherwerbsforschung aus dem von Norbert Dittmar geleiteten Projekt gewürdigt werden.[1] Im Folgenden wird zunächst ein Forschungsüberblick skizziert, um anschließend empirische Befunde für zwei Lerner zu präsentieren und diskutieren.

1   Wortstellungserwerb – einige bisherige Befunde

Bereits in der ersten großen Studie zum ungesteuerten Zweitspracherwerb von 48 italienischen und spanischen Arbeitern, dem Heidelberger Projekt Pidgin Deutsch (HPD), an dem auch der Jubilar mitgewirkt hat, wurde Wortstellung untersucht (Heidelberger Forschungsprojekt "Pidgin-Deutsch" 1977). Es wurde gezeigt, wie mit einer Zunahme der Äußerungskomplexität eine Annäherung an die Verb-Zweitstellung einhergeht (HPD 1977: 79), zu Anfang aber auch Verb-Dritt und andere Stellungen realisiert werden (Beispiel 01), die Verbklammer zunehmend verwendet wird und Nebensätze meist erst bei fortgeschritteneren Lernern zu finden sind, wobei jedoch häufig Verb-Zweit beibehalten wird (1977: 90). Das Interesse des HPD war es, sowohl etwas über die Besonderheit von Lernervarietäten bei Arbeitsmigranten zu erfahren, als auch Grundlagenwissen für DaZ- bzw. DaF-Unterricht bereitzustellen (Rieck 1980).

(01) määstra fo die sulä imc tßimfc (SP-12)
   (Die Lehrerin in der Schule schimpft immer, HPD 1977: 76)

Auch in Folgeuntersuchungen wie dem ZISA-Projekt, in dem in einer Querschnittsstudie 45 spanische, italienische und portugiesische Arbeitsmigranten untersucht wurden, war Wortstellung ein zentraler Untersuchungsgegenstand (Clahsen et al. 1983). Als ein Ergebnis des ZISA-Projektes wurde eine Erwerbsreihenfolge präsentiert, die als universal angesehen wurde. Danach wird beim ungesteuerten Erwerb des Deutschen von Lernern zunächst das Vorfeld mehrfach besetzt (Adverbien neben dem Subjekt), dann die Distanzregel bei zweiteiligen Prädikaten und im

---

1   Deshalb an dieser Stelle auch noch einen herzlichen Dank an Norbert Dittmar für die vielfältigen Möglichkeiten, dieses Korpus zu nutzen.

Folgenden die Verb-Zweit-Regel angewendet, d.h. bei anderweitiger Vorfeldbesetzung das Subjekt nach dem finiten Verb realisiert (auch als Inversion bezeichnet) und in der letzten Phase in Nebensätzen das finite Verb an das Ende gesetzt. Diese Befunde fanden v.a. auch in der Fremdsprachendidaktik große Beachtung, da Wortstellungsmuster ein typisches Beispiel dafür sind, wie Sprachwissen (die Kenntnis einer Regel) und Sprachgebrauch differieren.

In Folgeprojekten zum HPD wie dem von der European Science Foundation geförderten Projekt *Second Language Acquisition by Adult Immigrants* (Perdue 1993) sowie *Structure of Learner Varieties* (Hendriks 2005) wurden in einem konzeptorientierten Ansatz die allgemeinen semantischen und pragmatischen Prinzipien untersucht, die der Wortstellung in Äußerungsstrukturen in den frühen Phasen des Zweitspracherwerbs zugrunde liegen (Klein/Perdue 1992). Der Erwerb der für das Deutsche charakteristischen Distanzstellung und Verb-End in Nebensätzen standen dabei nicht im Fokus. Für den Zweitspracherwerb von Kindern und Jugendlichen, die auch die Normerwartungen der Institution Schule erfüllen müssen, sind sie jedoch von Bedeutung.

Die bisher genannten Untersuchungen beziehen sich auf erwachsene Lerner, die als Migranten in deutschsprachigen Regionen leben bzw. lebten.[2] Entsprechende Studien zur Wortstellung liegen aber auch für andere Altersgruppen und Erwerbskontexte vor.

Pienemann (1981) hat drei italienische Mädchen im Alter von 8 bis 9 Jahren untersucht und die Befunde als Beleg für die ZISA-Folge interpretiert, obwohl die Datenlage äußerst begrenzt war. In Kuhs (1989: 85 ff.) Untersuchung zu 36 schriftlichen Produktionen von 18 griechischen Kindern im Alter von 9-10 Jahren finden sich (in Texten mit anderen auffälligen lernersprachlichen Merkmalen) nur sehr wenige Abweichungen von der zielsprachlichen Wortstellung (insgesamt 17 in allen Texten), die wiederum zu einem großen Teil auf einem Übermaß an Subjektgebrauch in koordinierten Äußerungen beruhen, also in der Anwendung zielsprachlicher Regeln in unangemessenen Kontexten. Darüber hinaus unterscheiden sich die Produktionen der Kinder – in Bezug auf syntaktische Phänomene – v.a. hinsichtlich der Komplexität ihrer Äußerungen. Syntaktisch einfache Produktionen werden dabei von Kuhs als Produkt von Simplifizierungsregeln interpretiert. Kuhberg (1990) untersucht den Deutscherwerb eines Kindes mit Türkisch und eines mit Polnisch als L1 im Alter von 11 Jahren. Für die Verbstellung sieht er einerseits einen Einfluss der L1, da der türkische Junge zunächst v.a. Äußerungen mit unflektierten Verben in Endstellung produziert und das polnische Mädchen von Anfang an SVO-Strukturen (1990: 35f.). Kurz nachdem der türkische Junge Verb-Zweit-Strukturen verwendet, wird auch die Verbklammer gebraucht. Zu Inversionsvorkommen wird nichts gesagt, Verbstellung in Nebensätzen wird nur für das polnische Mädchen thematisiert, die dabei aber im Untersuchungszeitraum (12 Monate) nach der Konjunktion die Wortstellung von Hauptsätzen (SVO) beibehält.

---

2 Die Wortstellung ist über die genannten Projekte hinaus auch für andere Kontexte und Ausgangssprachen untersucht worden, die hier aber aus Platzgründen nicht dargestellt werden können.

Da insgesamt für Kinder keine mit dem HPD oder ZISA vergleichbar großen Untersuchungen durchgeführt wurden, war die Didaktik des Deutschen als Zweitsprache lange Zeit von der Annahme geprägt, dass Wortstellung auch für Kinder und Jugendliche ein zentrales Lernproblem sei (vgl. beispielsweise Rösch 2004), obwohl bereits Harnisch 1993 als Ergebnis einer längeren Unterrichtsbeobachtung darauf hingewiesen hatte, dass die Lernprobleme von Kindern und Jugendlichen eher im Bereich der Nominalflexion liegen würden.[3]

Inzwischen liegen neuere Untersuchungen zur Syntax in Lernervarietäten für verschiedene Altersstufen vor, die insgesamt darauf hindeuten, dass Kinder im Kindergarten- und Vorschulalter die zentralen Wortstellungsmuster im Allgemeinen innerhalb von ca. 18 bis 24 Monaten erwerben, ältere Kinder jedoch eventuell mehr Lernzeit benötigen. Für Kinder zwischen 3 und 6 Jahren zeigen Thoma/Tracy (2006), Kaltenbacher/Klages (2006) oder Jeuk (2006) eine relativ rasche Übernahme der zentralen Wortstellungsmuster im Deutschen. In einer Untersuchung von Haberzettl (2005) zu 2 türkischen und 2 russischen Kindern im Alter von 6 bis 8 Jahren zeigt sich, dass Abweichungen von zielsprachlichen Wortstellungsmustern nur für eine relativ begrenzte Zeit zu beobachten sind, wobei sich – vermutlich aufgrund der Unterschiedlichkeiten in den Erstsprachen – für die türkischen Kinder ein etwas anderer Weg abzeichnet als für die russischen: die türkischen Kinder mit einer SOV-Erstsprache realisieren zunächst ähnlich wie im deutschen Erstspracherwerb SOV und dann rasch SVO, Distanzstellung und Verb-End. Die russischen Kinder mit einer SVO-Erstsprache benötigen mehr Zeit für den Erwerb der Distanzstellung und Verb-End in Nebensätzen (Haberzettl 2006). Dimroth zeigt für zwei russische Mädchen, deren ungesteuerter Deutscherwerb über 1,5 Jahre von Beginn an untersucht wurde (Alter zu Beginn der Untersuchung 8 und 14 Jahre), dass für beide Lernerinnen in den ersten 18 Monaten entscheidende Entwicklungen in Bezug auf die Wortstellung zu beobachten sind: auf anfängliche Kontaktstellung folgt systematische Realisierung der Verbklammer, anfänglicher Verbgebrauch an zweiter, dritter oder vierter Stelle entwickelt sich für die jüngere Lernerin zu systematischem Verb-Zweit-Gebrauch in allen, für die ältere nur in einigen Kontexten, Verb-End in Nebensätzen wird hingegen nur von der jüngeren Lernerin im Untersuchungszeitraum systematisch umgesetzt (Dimroth i. Dr).

In Ahrenholz (2006a) wird im Rahmen des FöDaZ-Projektes (s.u.) anhand von mündlichen Erzählungen von 8 bis 10-jährigen Kindern mit Migrationshintergrund gezeigt, dass zentrale Wortstellungsmuster meist zielsprachlich realisiert werden, obwohl die Kinder sonst zahlreiche Ausdrucksprobleme haben und ihre Varietäten durch verschiedene lernersprachliche Besonderheiten gekennzeichnet sind. Abweichungen von der zielsprachlichen Wortstellung zeigten sich v.a. bei zwei Kindern, wobei in Aussagesätzen zunächst v.a. SVO-Strukturen realisiert und Nebensätze deutlich weniger als von anderen Kindern gebraucht werden. Auch Grießhaber

---

3 Für den unterrichtlich gesteuerten Deutscherwerb haben hingegen Diehl et al. (2000) anhand von ca. 1800 Aufsätzen von Schülerinnen und Schüler aus den Klassen 4 bis 12 in der französischsprachigen Schweiz gezeigt, dass die Wortstellung über viele Jahre einen schwierigen Lernbereich darstellt, wobei sich die Inversion als schwierigste Struktur erweist.

(2006, i. Dr.) hat an Daten von 175 Kindern im Rahmen des Projektes „Deutsch & PC" gezeigt, dass für eine Reihe von Kindern und Jugendlichen Wortstellung ein schwieriger Bereich ist, Nebensätze relativ spät verwendet werden und Inversion schwieriger als die Separierung zweiteiliger Prädikate ist.

Ein Vergleich verschiedener Untersuchungen zum Zweitspracherwerb Erwachsener und dem von Kindern und Jugendlichen zeigt also Unterschiede sowohl in Bezug auf die Schnelligkeit des Erwerbs als auch in Hinblick auf den erreichten Endzustand. Gleichzeitig sprechen einige Befunde für mögliche Unterschiede in Hinblick auf den Verlauf des Erwerbs bei typologisch unterschiedlichen Ausgangssprachen (Haberzettl 2005).

Vor diesem Hintergrund soll im Folgenden anhand einer Fallstudie zu einem erwachsenen Lerner aus dem von Norbert Dittmar geleiteten DFG-Projekt *P-MoLL (Projekt Modalität in Lernervarietäten im Längsschnitt;* vgl. Dittmar et al. 1990*)* und Daten aus dem DFG-Projekt *Förderunterricht und Deutsch als Zweitsprache-Erwerb. Eine longitudinale Untersuchung zur mündlichen Sprachkompetenz bei Schülerinnen und Schülern nichtdeutscher Herkunftssprache (ndH) in Berlin* (FöDaZ) der Erwerbsverlauf bei zwei Lernern unterschiedlichen Alters verglichen werden.

2 Datenbasis

Für das P-MoLL-Projekt wurden Daten des Lerners „Sascha" analysiert, der innerhalb der Gruppe der polnischen Lerner des Projektes als schneller Lerner bezeichnet werden kann (vgl. Dittmar/Skiba 1992). Saschas Deutscherwerb wurde von Anbeginn seines Aufenthaltes in Berlin für 29 Monate in meist monatlichem Abstand dokumentiert. Ausgewertet wurden insgesamt 86 Transkripte, die zusammen etwa 150 000 Tokens und ca. 6500 Types umfassen.

Der Lerner Sascha kam mit 24 Jahren nach Berlin; die Aufnahmen begannen ca. einen Monat danach. Er hatte in Polen Mathematik studiert und Englisch gelernt; in Berlin arbeitete er als Computerfachmann (vgl. Dittmar/Skiba 1992).

Im P-MoLL-Projekt wurden Daten mit einer Vielzahl von Aufgaben zu verschiedenen Diskurstypen in einem zyklischen Design elizitiert. Bei Sascha erstreckte sich die Aufnahmezeit vom ersten bis zum 29. Aufenthaltsmonat (vgl. Dittmar et al. 1990).

Im FöDaZ-Projekt wurden Daten von 29 Kindern mit Migrationshintergrund (L1 v.a. Arabisch, Kurdisch, Polnisch, Russisch, Türkisch) und acht monolingual deutschsprachigen Kindern an zwei Berliner Schulen vom Anfang der dritten bis zum Ende der vierten Klasse erhoben. Im Mittelpunkt der Untersuchung stehen mündliche Erzählungen (vgl. Ahrenholz 2006b)

3 Befunde zu Sascha

3.1 Verbklammer

Die Verbklammer findet sich im Deutschen in verschiedenen Kontexten; besonders frequent ist sie in Zusammenhang mit dem Gebrauch von Modalverben und Perfektkonstruktionen sowie bei trennbaren Verben. Für Sascha wurde der Erwerb der Distanzstellung daher in Zusammenhang mit Modalverbgebrauch und Perfektkonstruktionen untersucht.[4]

Das Modalverb *möchten*[5] wird von Sascha neben *müssen* zuerst gelernt (Ahrenholz 1995, Dittmar/Skiba 1992); Sascha verwendet es von der ersten Aufnahme im ersten Aufenthaltsmonat an. Neben Verwendungen als Vollverb findet sich auch ein Gebrauch mit einem lexikalischen Verb wie in Beispiel (02). Ab dem 6. Aufenthaltsmonat findet sich in Zusammenhang mit *möchte* wie in Beispiel (03) nur noch zielsprachliche Wortstellung.

(02) I-S: no ich/ ich *möchte arbeitet* in kneipe ja^ eh zusammen + mein frau + ?ja^?[6]
(P-MoLL, Sascha, 1. Monat, Kon003, 29)

(03) I-S: hm er *möchte:* eine urlaub (h) + *haben_* und eh s/ eine + ausflug + eh *machen*
(P-MoLL, Sascha, 6. Monat, POB, 19)

Ähnliches gilt für *müssen*, das ab dem 2. Aufenthaltsmonat häufig verwendet wird und zwar im Allgemeinen zunächst wie in Beispiel (04) in Kontaktstellung. Hier kann das pragmatische Prinzips „stelle zusammen, was zusammen gehört" (Klein 1987: 94) wirken oder auch ein Einfluss der L1 vorliegen.

(04) I-S: ich *muss fahre* + in arbeit ja^
(P-MoLL, Sascha, 2. Monat, 2K1001, 58)

Die Verwendung in Kontaktstellung überwiegt bis einschließlich 4. Aufenthaltsmonat (Beispiel 05). Ab dem 6. Monat wird bis auf wenige Ausnahmen die Distanzstellung zielsprachlich realisiert (Beispiel 06).

(05) I-S: okay die barrikade *muss* eh *steht* + in die + rote\
E-N: mhm^
I-S: punkt &?ja?&
(P-MoLL, Sascha, 6. Monat, Malefiz, 20)

---

4 Andere Verwendungskontexte sind u.a. Plusquamperfekt, Futur, Passivkonstruktionen und Funktionalverbgefüge. Die Verwendung von trennbaren Verben wurde aus der Untersuchung vorerst ausgeklammert.
5 Um die Parallelen zu den anderen Modalverben im Gebrauch herauszustellen, wird die Form *möchten* hier trotz gewisser Probleme als Bezeichnung für die Basisform verwendet; es handelt sich um die Konjunktiv II-Form von *mögen*. Im Unterschied zu den anderen Modalverben wird *möchten* wie andere Verben flektiert.
6 P-MoLL-Konventionen
+, +N+ = kurze Pause, längere Pause mit Sekundenangabe
(string) unklare Äußerung
::::stc. Dehnung
string^ steigende Intonation
string_ fallende Intonation
@, @string@ kurzes Lachen, lachend gesprochen
string/ Selbstunterbrechung
%string% leise gesprochen
?string? Frageintonation

(06) I-S: ich muss neue + pass kaufen (h) eh hm:
und dann ich *muss* + weiter +1+ *fahren*
(P-MoLL, Sascha, 6. Monat, 5K1.001, 82)

Die Modalverben *wollen* und *können* werden erst ab dem 10. Aufenthaltsmonat vermehrt verwendet, wobei zielsprachliche Distanzstellung realisiert wird. Die Befunde zu den Modalverbverwendungen können mit dem Gebrauch von *haben* verglichen werden, das ab dem 2. Aufenthaltsmonat neben dem Gebrauch als Vollverb – zunächst vereinzelt – auch für Perfektkonstruktionen eingesetzt wird. Bis zum 7. Monat wird es in diesen Fällen im Allgemeinen in Kontaktstellung verwendet (Beispiel 07), ab dem 9. Monat dann fast ausschließlich in Distanzstellung (08), wobei sich bis zum 11. Monat auch Teilrealisierungen beobachten lassen (Beispiel 09).[7] Dennoch überwiegt ab dem 11. Monat die zielsprachliche Distanzstellung.

(07) E-L: &@@ ?war das& schwer^?
I-S: eh n/ ne/ nei ich/ ich/ i/ + ich *habe* ge/ *gefährt* eh schlecht
(P-MoLL, Sascha, 3. Monat, 3K1.003, 5)

(08) I-S: im dorf^ alle leute *muss* eh sie feier/ verheiratet *sein*
(P-MoLL, Sascha, 9. Monat, Meinungsäußerung OTR)

(09) I-S: neben st/ + war ein eh + kassettenrecorder nur eh + %(sie + und)% + sie/ sie + von/ von dem ich *habe* nur *gehört* deu/ + deutsche eh eh ehm +1+ hym
(P-MoLL, Sascha, 11. Monat, 1K2.003, 120)

Auffallend ist, dass die Distanzstellung zunächst meist über adverbiale Einschübe wie *nicht* oder *auch* realisiert wird. Der Erwerb der Verbstellung konkurriert hier mit dem Erwerb der Negatoren und Fokuspartikeln (vgl. z.B. Dimroth/Klein 1996, Dittmar 2002); Objekte werden – anders als bei den Modalverben – hingegen zunächst ausgeklammert.

3.2 Verb-Zweit und Inversion

Der Äußerungsbeginn, also die Vorfeldbesetzung und Verbstellung ist im Deutschen vielfältig und äußerst undurchsichtig strukturiert. Die als Verb-Zweit bezeichnete Regelhaftigkeit ist an sich schwer zu durchschauen, da Verb-Zweit bedeutet, dass im Allgemeinen nur ein Satzglied vor dem finiten Verb stehen kann. Dieses Satzglied kann aber äußerst komplex und damit für Lerner als solches nicht erkennbar sein, wobei Nebensätze vielleicht die komplexeste mögliche Form darstellen.

Die Verb-Zweit-Struktur ist auch deshalb wenig durchsichtig, weil im Deutschen die koordinierenden Konjunktionen vor dem Vorfeld stehen; hierzu gehört z.B. das kausale *denn*. Dies ist auch insofern verwirrend, als beispielsweise *deshalb* ähnliche kausale Funktionen wie *denn* erfüllt, aber als Adverb im Vorfeld stehen kann (und dann Inversion bedingt).

---

[7] Solche Teilrealisierungen sind auch in anderen Untersuchungen beschrieben worden; vgl. beispielsweise HPD (1977).

Weiter ist das gesprochene Deutsch durch Expansionen am linken Rand gekennzeichnet (dem Vor-Vorfeld), die als Linksherausstellungen oder freie Themen beschrieben werden und ebenso für Komplexität vor dem Verb in Zweitstellung sorgen können (vgl. Auer 1997).

Schließlich gibt es andererseits – mit bestimmten Restriktionen – im gesprochenen Deutsch auch leere Vorfelder, so dass Verb-Erst in Aussagesätzen einen Teil des Inputs bildet (Auer 1993).

Die Gegebenheiten im Deutschen sind also komplexer als die Rede von der Verb-Zweit-Stellung vermuten lässt. Zudem gelten in einem anderen Satzmodus wiederum andere Regeln. Entscheidungsfragen haben Verb-Erst mit Inversion (vgl. zu Interrogationen Rost-Roth), Aufforderungssätze Verb-Erst in der 2. Person ohne Subjektrealisierungen, in der 3. Person mit Subjektrealisierungen.

Ein Teil dieser Vielschichtigkeit spiegelt sich in den Daten. Wir finden bei Sascha klassische SVO-Strukturen mit Verb-Zweit (Beispiel 10), Verben an dritter oder vierter Stelle (Beispiel 11), Verben nach der Subjunktion, gefolgt vom Subjekt (Beispiel 12), Verben an erster Stelle bei Aufforderungen (13), Fragen (14), aber auch Aussagesätzen (15), meist mit anschließendem Subjekt sowie zielsprachliche Inversionsstrukturen (16).

(10) I-S: die nachbarn eh *sind* schrecklich immer + immer SVX
    (P-MoLL, Sascha, Rollenspiel Partnervermittlung, 21. Monat)

(11) I-S: *dadurch die sind* +1+ in dem unfall + rausgeflogen^ XSV
    (P-MoLL, Sascha, Filmnacherzählung CCP, 26. Monat)

(12) I-S: &(h) & ja: (h) hm:: eh das heisst
    wenn arbeiten sie n/ bei eh universität KVS
    das eh sind sie (h) eh (wie) ausbildung
    (P-MoLL, Sascha, Rollenspiel Partnervermittlung, 21. Monat)

(13) I-S: ja^ %und% +1+ *schlägst du* das + runter + V1S
    und + unsere paket ist schon fertig
    (P-MoLL, Sascha, Instruktion Paketbau, 21. Monat)

(14) I-S: und eh ?*möchten sie* + eh dieses partnerschaft als + eine ehe? V1S
    (P-MoLL, Sascha, Rollenspiel Partnervermittlung, 21. Monat)

(15) I-S: &diese & zeitung/ na ja eh eh nja (aber)
    hast du die schenbecher@ + V1S
    hast du tolle aschenbecher zuhause
    (P-MoLL, Sascha, Instruktion Aschenbecher, 23. Monat)

(16) I-S: + und *jetzt drehst du* + dieses paket um^ XVS
    (P-MoLL, Sascha, Instruktion Paketbau, 21. Monat)

In den Daten von Sascha für den 20. bis 27. Aufenthaltsmonat (ca. 2300 Äußerungseinheiten) lässt sich zeigen, dass Inversion auch nach zweieinhalb Jahren Aufenthalt noch problematisch ist. Insgesamt finden sich in den analysierten Äußerungseinheiten 414 Inversionskontexte, von denen 140 als Inversion, 132 in XSV-Abfolge (wie in den Beispielen 11 und 12) und 142 mit V1S-Vorkommen (Beispiel 13 und 15) realisiert werden, wobei der Anteil der V1-Vorkommen in Zusammenhang mit dem Diskurstyp Instruktion dominiert.[8] Bis zum 27. Monat werden nur ca. ein Drittel der Inversionskontexte auch als Inversion realisiert; daneben finden sich ähnlich häufig mehrfache Vorfeldbesetzung wie in (11) und Verb-Erst mit Inversion (wie in 15 etc.). Insgesamt zeichnet sich in den letzten neun Monaten des Untersuchungszeitraumes keine erkennbare Entwicklung ab (vgl. Graphik 1). Die beschriebenen Formen bestehen – in der Anzahl je nach Diskurstyp variierend – bis zum Ende der Aufnahmen nebeneinander, wobei auch keine Präferenzen bei bestimmten Kontexten erkennbar sind; Inversion wie Nicht-Inversion findet sich nach temporalen oder modalen Adverbien, anaphorischen Verweisen ebenso wie bei Referenzerhalt und Neueinführung. In den Lernerdaten finden sich in der hier betrachteten Erwerbsphase im Prinzip zwei Stellungsoptionen für S und V: (x)+**SV**+(y)+(Vinf) und (x)+**VS**+(y)+(Vinf); nicht erkennbar ist, wie die Variation jeweils motiviert ist.

3.3 Verb-End

Für die Analyse der Verbstellung in Nebensätzen wurden im Sascha-Korpus nur Äußerungseinheiten ausgewertet, die von subordinierenden Konjunktionen eingeleitet werden, die in der Zielsprache Verb-End erfordern. Sascha verwendet eine Reihe von Konjunktionen, insbesondere *wenn* (218 Vorkommen, anfangs auch als *wann*, 28 Vorkommen), *dass* (104), *weil* (164) oder *ob* (28).[9] Von diesen 527 Konjunktionen werden nur 5 mit Verb-End verwendet (Beispiel 17). Man kann also sagen, dass Sascha bis zum Ende der Erhebung im 29. Aufenthaltsmonat Verb-End nicht erworben hat.[10]

(17) I-S: + wenn/ *wenn* die leute da/ da/ das/ das *wissen*^
         das f/ f/ von anfang^ + das die kontakt ist eh:m eh ge/ geht eh weiter eh:
         + eh f/ + bis/ bisschen leicht &ja^ &
         (P-MoLL, Sascha, Eindrücke von Deutschland, 11. Monat)

Für den polnischen Lerner Sascha, der anders als vielleicht die HPD- oder ZISA-Informanten lerngeübt ist, Fremdsprachen gelernt hat und viel Deutsch spricht, zeigt sich eine Erwerbssituation, die mit den HPD- und ZISA-Befunden vergleichbar ist. Die Distanzstellung bei zweiteiligen Prädikaten wird rasch gelernt, Inversion folgt, wird aber bis zum Ende der Erhebung nur bei einem Drittel der obligatorischen Kontexte verwendet und Verb-End wird faktisch nicht realisiert, obwohl in großem Umfang Subordination vorliegt.

---

8 Inversionen in Fragevorkommen wurden von der Untersuchung ausgenommen.
9 Daneben finden sich vereinzelt *so dass, wie, wer, wo*; andere, z.B. temporale Konjunktionen werden nicht verwendet.
10 Dieses Gesamtbild ändert sich aufgrund der Datenlage auch nicht, wenn man die Sätze mit *weil* herausrechnet, da sie im gesprochenen Deutsch häufig mit Verb-Zweit verwendet werden (HPD 1977, 90; Günthner 1993)

4 Befunde zu den FöDaZ-Daten

In Übereinstimmung mit verschiedenen Befunden anderer Projekte (s.o.) zeigt sich auch im FöDaZ-Projekt, dass die Kinder mit Migrationshintergrund zwar vielfältige Probleme mit dem Deutscherwerb haben (Lexik, Morphologie), die zentralen Wortstellungsmuster im Deutschen jedoch im Allgemeinen zielsprachlich verwenden (Beispiele 18 u. 19).

(18) TM4: dann hat der junge ehm etwas heisses getrunken.
(FödaZ, TM4, Reksio, 1-2)11

(19) TM3: und ehm er [/] er is immer ausgerutscht.
weil der boden mit voller schnee war.
(FödaZ, TM3, Reksio, 2-2)

Es zeigt sich nur, dass die Äußerungen der Kinder mit Migrationshintergrund häufig weniger umfangreich sind und weniger Nebensätze sowie ein eingeschränkteres Repertoire an Nebensätzen enthalten als dies bei gleichaltrigen Kindern mit Deutsch als L1 zu beobachten ist. Außerdem verwenden sie öfter nachträgliche Spezifizierungen in Rechtsherausstellungen und öfter – ähnlich wie Sascha – Verb-Erst in Aussagesätzen (Ahrenholz 2006, 2007). In der Gruppe der im FöDaZ-Projekt untersuchten Kinder gibt es jedoch zwei Kinder, die häufiger abweichende Wortstellung verwenden: RJ4, ein russischer Junge, der erst während der Untersuchung nach Deutschland gezogen ist und sich am Anfang des Spracherwerbs befindet, und KM1, eine 11jähriges Mädchen mit Kurdisch und Türkisch als Familiensprache, die erst in der zweiten Klasse in eine deutsche Schule kam. Im Folgenden wird der Erwerbsprozess für RJ4 dargestellt.

Eine Auswertung von 8 Aufnahmen mit insgesamt 318 Äußerungseinheiten bei RJ4 zeigt, dass zu Anfang der Datenerhebung (6. Aufenthaltsmonat) Ein-Wortäußerungen überwiegen; daneben gibt es einige kurze Sätze. Im 10. Monat gibt es außer in angemessenen Kontexten kaum noch elliptische Äußerungen. Stattdessen gibt es häufiger SVO-Strukturen, V3-Äußerungen und auch Inversionsstrukturen (in Aussage- wie in Fragesätzen; vgl. Beispiel 20). Im 13. Monat gibt es nur noch sehr wenige V3-Äußerungen (ohne Inversion) und der Prozentsatz der Inversionsstrukturen hat sich mehr als verdoppelt (vgl. Graphik 2). Diese stetige Zunahme der Inversionsstrukturen ist im Vergleich zu Sascha auffallend. Allerdings kann hieraus nicht unbedingt geschlossen werden, dass der Erwerbsverlauf bei RJ4 durch eine lineare Annäherung an zielsprachliche Wortstellungsmuster gekennzeichnet sei, da wie zuletzt in Grießhabers Untersuchung zu 175 Kindern vielfach diskontinuierliche Erwerbsprozesse gezeigt wurden (vgl. Grießhaber 2007).

Die Verbklammer wird von RJ4 neben vereinzelten Vorkommen im 6. Monat, ab dem 10. Monat häufig angewendet (Beispiel 21). In einigen wenigen Fällen werden interessanterweise Hilfsverben weggelassen, Partizip II-Formen für Perfektkonstruktionen aber am Äußerungsende verwendet (22). Hier kann vermutet wer-

---

11 T = Türkisch, M = Mädchen, Reksio = Filmnacherzählung zum Zeichentrickfilm Reksio, 1-2 = erster Zyklus, i.e. dritte Klasse, 2. Aufnahme.

den, dass kommunikative Funktion (Bedeutung des lexikalischen Verbs) und topologische Auffälligkeit den Spracherwerb begünstigen.

(20) RJ4: dann ha/ # im ### und *dann hat er* im fenster # rausgegangn.
(FöDaZ, RJ4, Erzählung PST, 2-4, 10. Monat)
(21) RJ4: dann er hat in diese tür ### weggegangt.
(FöDaZ, RJ4, Erzählung PST, 2-4, 10. Monat)
(22) RJ4: <diese: ## kleine> ### [/]diese kleine junge ## mit ### diese hun(d) gespielt-'
(FöDaZ, RJ4, E PST, 2-4, 10. Monat)

Konjunktionen finden sich in diesen Daten nur sehr vereinzelt und dann mit V2- oder V3. Insgesamt zeigt sich bei RJ4 im Vergleich zu Sascha eine vergleichbare Erwerbsfolge, aber ein wesentlich schnellerer Erwerb der Inversion.

5 Resümee

Die Befunde stimmen bezüglich der Erwerbsfolge mit anderen Untersuchungsergebnissen zu Erwachsenen und Kindern überein, gleichzeitig sprechen sie dafür, dass Kinder bestimmte syntaktische Muster schneller lernen als Erwachsene.

Gezeigt werden sollte, dass der Input in Bezug auf die Positionen von Subjekt, Verb und andere Referenzbereiche unklarer ist als die Rede von der Verb-Zweit-Position nahelegt. Salient scheint die Verwendung von Adverbien am Äußerungsbeginn und die Verwendung der lexikalischen Verben (bei zweiteiligen Prädikaten) am Äußerungsende zu sein. Diese Mittel haben zugleich eine wichtige kommunikative Funktion, die ihnen die Aufmerksamkeit der Lerner sichert.

Da das Subjekt im Deutschen in ca. der Hälfte der Äußerungen im Vorfeld steht und der Anteil zweiteiliger Prädikate relativ hoch ist, bietet der Input neben SV-Strukturen auch hochfrequent Muster vom Typ XVSO und X/SVfinit–S/X/O–Vinf. und damit Zugang zur Voranstellung von Adverbien und Endstellung von infiniten Verben.

Der Erwerb der Inversion scheint mir also durch unklaren Input, Komplexität von L2 und nicht erkennbarer kommunikativer Funktionalität beeinträchtigt.

Die Funktion von Nebensätzen scheint wesentlich über die Konjunktionen transportiert und die werden relativ früh erworben. Die Verwendung von Verb-End wird vermutlich dadurch beeinträchtigt, dass gerade angewendete Muster wieder aufgegeben werden müssen: SVO zugunsten von SOV und v.a. auch SVfinit-X/O-Vinfinit zugunsten von SO-Vinfinit-Vfinit. Da viele Nebensätze auch Perfektvorkommen, Modalverbverwendungen oder andere sprachliche Mittel enthalten, die in Hauptsätzen die gerade gelernte Distanzstellung haben, die hier aufzugeben wäre, liegt ein Konflikt mit zielsprachlichen Wissensbeständen vor.

Wenn diese Überlegungen einen Teil der Erwerbsbedingungen zutreffend charakterisieren, fragt sich, wieso Kinder relativ schnell, jedenfalls schneller als viele Erwachsene, die genannten zentralen Wortstellungsmuster erlernen.

Die Frage nach den Gründen für die Schnelligkeit des Erwerbsprozesses bei Kindern ist an dieser Stelle notwendigerweise spekulativ. Ob sie in unterschiedlicher Motivation begründet ist (Perdue/Klein 1992, Pagonis 2007), etwas mit altersspezifischen Lernfähigkeiten zu tun haben oder damit zusammenhängen, das im schulischen Kontext Sprache zentral ist und dabei spezifische Inputbedingungen vorliegen, muss hier offen bleiben.

Literatur

Ahrenholz, Bernt (1995): Lehrwerkanalyse zum Modalfeld auf der Folie der Zweitspracherwerbsforschung. In: Dittmar, N./Rost-Roth, M. (eds.): Deutsch als Zweit- und Fremdsprache. Methoden und Perspektiven einer akademischen Disziplin. Frankfurt/M.: Lang, 165-193.

Ahrenholz, Bernt (2006a): Wortstellung in mündlichen Erzählungen von Kindern mit Migrationshintergrund. In: Ahrenholz, B. (ed.): Kinder mit Migrationshintergrund - Spracherwerb und Fördermöglichkeiten. Freiburg i.Br.: Fillibach, 221-240.

Ahrenholz, Bernt (2006b): Zur Entwicklung mündlicher Sprachkompetenzen bei Schülerinnen und Schülern mit Migrationshintergrund. In: Ahrenholz, B./Apeltauer, E. (eds.): Zweitspracherwerb und curriculare Dimensionen. Empirische Untersuchungen zum Deutschlernen in Kindergarten und Grundschule. Tübingen: Stauffenburg, 91-109.

Auer, Peter (1993): Zur Verbspitzenstellung im gesprochenen Deutsch. In: Deutsche Sprache, 21, 193-222.

Auer, Peter (1997): Formen und Funktionen der Vor-Vorfeldbesetzung im gesprochenen Deutsch. In: Schlobinski, P. (ed.): Syntax des gesprochenen Deutsch. Opladen: Westdeutscher Verlag, 55-92.

Clahsen, Harald/Meisel, Jürgen M./Pienemann, Manfred (1983): Deutsch als Zweitsprache. Der Spracherwerb ausländischer Arbeiter. Tübingen: Narr.

Diehl, Erika/Christen, Helen/Leuenberger, Sandra/Pelvat, Isabelle/Studer, Thérèse (2000): Grammatikunterricht: Alles für die Katz? Untersuchungen zum Zweitspracherwerb Deutsch. Tübingen: Niemeyer.

Dimroth, Christine/Klein, Wolfgang (1996): Fokuspartikeln in Lernervarietäten. Ein Analyserahmen und einige Beispiele. In: Zeitschrift für Literaturwissenschaft und Linguistik, 26, 104, 73-114.

Dimroth, Christine (i. Dr.): Kleine Unterschiede in den Lernvoraussetzungen beim ungesteuerten Zweitspracherwerb: Welche Bereiche der Zielsprache Deutsch sind besonders betroffen?. In: Ahrenholz, B. (ed.): Zweitspracherwerb. Voraussetzungen, Verläufe, Diagnosen. 2. 'Workshop Kinder mit Migrationshintergrund'. Freiburg i.Br.: Fillibach.

Dittmar, Norbert/Reich, Astrid/Schumacher, Magdalene/Skiba, Romuald/Terborg, Heiner (1990): Die Erlernung modaler Konzepte des Deutschen durch erwachsene polnische Migranten. Eine empirische Längsschnittstudie. In: Info DaF, 17, 2, 125-172.

Dittmar, Norbert/Skiba, Romuald (1992): Zweitspracherwerb und Grammatikalisierung. Eine Längsschnittstudie zur Erlernung des Deutschen. In: Leirbukt, O./Lindemann, B. (eds.): Psycholinguistische und didaktische Aspekte des Fremdsprachenlernens / Psycholinguistic and Pedagogical Aspects of Foreign Language Learning. Tübingen: Narr, 25-61.

Dittmar, Norbert (2002): Lakmustest für funktionale Beschreibungen am Beispiel von auch (Fokuspartikel, FP), eigentlich (Modalpartikel, MP) und also (Diskursmarker, DM). In: Fabricius-Hansen, C./Leirbukt, O/Letnes, O. (eds.): Modus, Modalverben, Modalpartikel. Trier: WVT Wissenschaftlicher Verlag Trier. 142-177.

Grießhaber, Wilhelm (2006a): Die Entwicklung der Grammatik in Texten vom 1. bis zum 4. Schuljahr. In: Ahrenholz, B. (ed.): Kinder mit Migrationshintergrund - Spracherwerb und Fördermöglichkeiten. Freiburg i.Br.: Fillibach, 150-167.

Grießhaber, Wilhelm (i. Dr.): Zu den Bedingungen der Förderung in Deutsch als Zweitsprache. In: Ahrenholz, B. (ed.): Zweitspracherwerb. Voraussetzungen, Verläufe, Diagnosen. 2. 'Workshop Kinder mit Migrationshintergrund'. Freiburg i.Br.: Fillibach.

Günthner, Susanne (1993): "... weil - man kann es ja wissenschaftlich untersuchen" - Diskurspragmatische Aspekte der Wortstellung in WEIL-Sätzen. In: Linguistische Berichte, 143, 37-59.
Haberzettl, Stefanie (2005): Der Erwerb der Verbstellungsregeln in der Zweitsprache Deutsch durch Kinder mit russischer und türkischer Muttersprache. Tübingen: Niemeyer.
Haberzettl, Stefanie (2006): Progression im ungesteuerten Erwerb und im gesteuerten Erwerb. In: Ahrenholz, B. (ed.): Kinder mit Migrationshintergrund - Spracherwerb und Fördermöglichkeiten. Freiburg i.Br.: Fillibach, 203-220.
Harnisch, Ulrike (1993): Grammatische Progression - ein alter Hut? Zur Zweitsprachentwicklung türkischer Schulanfänger. In: Deutsch lernen, 18, 4, 313-334.
Heidelberger Forschungsprojekt Pidgin-Deutsch (1977): Heidelberger Forschungsprojekt Pidgin-Deutsch spanischer und italienischer Arbeiter in der Bundesrepublik: Die ungesteuerte Erlernung des Deutschen durch spanische und italienische Arbeiter. Eine soziologische Untersuchung. Osnabrücker: Osnabrücker Beiträge zur Sprachtheorie, Beiheft 2.
Hendriks, Henriëtte (ed.) (2005): The Structure of Learner Varieties. Berlin/New York: Mouton de Gruyter.
Jeuk, Stefan (2006): Zweitspracherwerb im Anfangsunterricht - erste Ergebnisse. In: Ahrenholz, B. (ed.): Kinder mit Migrationshintergrund - Spracherwerb und Fördermöglichkeiten. Freiburg i.Br.: Fillibach, 186-202.
Kaltenbacher, Erika/Klages, Hana (2006): Sprachprofil und Sprachförderung bei Vorschulkindern mit Migrationshintergrund. In: Ahrenholz, B. (ed.): Kinder mit Migrationshintergrund - Spracherwerb und Fördermöglichkeiten. Freiburg i.Br.: Fillibach, 80-97.
Klein, Wolfgang (1987): Zweitspracherwerb. Eine Einführung. Frankfurt/M.: Athenäum.
Klein, Wolfgang/Perdue, Clive (eds.) (1992): Utterance Structure. Developing Grammars Again. Amsterdam, Philadelphia: John Benjamins.
Kuhberg, Heinz (1990): Zum L2-Erwerb zweier elfjähriger Kinder mit Türkisch und Polnisch als Ausgangssprachen: Eine Longitudinalstudie unter besonderer Berücksichtigung kontrastivlinguistischer Gesichtspunkte. In: Deutsch lernen, 15, 1, 25-43.
Kuhs, Katharina (1989): Sozialpsychologische Faktoren im Zweitspracherwerb. Eine Untersuchung bei griechischen Migrantenkindern in der Bundesrepublik Deutschland. Tübingen: Narr.
Pagonis, Giuliano (2007): Kritische Periode oder altersspezifischer Antrieb: Was erklärt den Altersfaktor im Zweitspracherwerb? Vortrag auf dem 3. Workshop Kinder mit Migrationshintergrund. Aktuelle Forschungen zum Deutsch-als-Zweitsprache-Erwerb und zur Sprachförderung. Ludwigsburg, 16./17. November 2007.
Perdue, Clive (ed.) (1993): Adult Language Acquisition: Cross-Linguistic Perspectives. Vol I, II. Cambridge: Cambridge University Press.
Perdue, Clive/Klein, Wolfgang (1992): Why Does the Production of Some Learners Not Grammaticalize?. In: Studies in Second Language Acquisition, 14, 3, 259-272.
Pienemann, Manfred (1981): Der Zweitspracherwerb ausländischer Arbeiterkinder. Bonn: Bouvier.
Rieck, Bert-Olaf (1980): Zur ungesteuerten Erlernung des Deutschen durch ausländische Arbeiter. In: AKDaF (ed.): Diskussion eines Rahmenplanes "Deutsch als Fremdsprache an den Hochschulen"/Ergebnisse der empirischen Fremdsprachenerwerbsforschung im Bereich Deutsch als Fremdsprache/Literaturvermittlung des Faches Deutsch als Fremdsprache/ Zur Ausbildung von DaF-Lehrern für Kinder ausländischer Arbeitnehmer. Vorträge und Materialien der Jahrestagung Deutsch als Fremdsprache an der Universität Regensburg (7.-9. Juni 1979). (Materialien Deutsch als Fremdsprache 15) Regensburg: FaDaF, 94-131.
Rösch, Heidi (ed.) (2004): Deutsch als Zweitsprache. Sprachförderung. Grundlagen, Übungsideen, Kopiervorlagen. (Unterrichtspraxis Grundschule. Deutsch) Braunschweig: Schroedel.

Rost-Roth, Martina (2006): Nachfragen. Formen und Funktionen äußerungsbezogener Interrogationen. Berlin/ New York: de Gruyter.

Schumacher, Magdalene (1991): Die Entwicklung modaler Ausdrücke beim Deutscherwerb eines polnischen Migranten. (Linguistische Arbeiten und Berichte (LAB) 25) Freie Universität Berlin. Fachbereich Germanistik.

Thoma, Dieter/Tracy, Rosemarie (2006): Deutsch als frühe Zweitsprache: zweite Erstsprache? In: Ahrenholz, B. (ed.): Kinder mit Migrationshintergrund - Spracherwerb und Fördermöglichkeiten. Freiburg i.Br.: Fillibach, 58-97.

Karin Birkner
Albert-Ludwigs-Universität Freiburg

Fremde Wörter lehren und lernen im Gespräch

1 Einleitung

Im Zuge der pragmatischen Wende in den 1970er Jahren veränderte sich bekanntlich auch der wissenschaftliche Blick auf den Spracherwerb. Wegbereiter für die Berücksichtigung kommunikativer Aspekte auf den Erwerbsprozess in Deutschland war das Heidelberger DFG-Projekt „Pidgin-Deutsch" (1974-1979), das den ungesteuerten Spracherwerb in den Fokus rückte (vgl. Dittmar/Rieck 1977; Dittmar 1979). In den 80er/90er-Jahren untersuchte das DFG-Projekt P-MoLL (Modalität von Lernervarietäten im Längsschnitt) unter der Leitung von Norbert Dittmar an der FU Berlin den ungesteuerten Zweitspracherwerb polnischer Arbeitsmigrant/innen in Berlin und berücksichtigte die Pragmatik als einen bestimmenden Faktor (vgl. Dittmar/Skika/Bressem im Erscheinen).

Beschäftigt man sich mit Zweitspracherwerbsprozessen in der Interaktion, fallen Verfahren auf, die maßgeblich auf der Kooperation zwischen Muttersprachler/innen und Nichtmuttersprachler/innen basieren. „Sprache lernen" wird hier häufig sehr explizit und interaktiv exponiert bearbeitet. So beschreibt Birkner (1991) „metalinguistische Fragemuster" bei lexikalischen Lücken im Datenmaterial des P-MoLL-Projektes, in denen Nichtmuttersprachler/innen lexikalische Lücken durch Gesprächspartner/innen auffüllen lassen und in anschließenden Nachsprechübungen die phonetische Form trainieren. Einmal sensibilisiert für Sprachlernprozesse in der Interaktion fallen die Bearbeitung und auch die Vermittlung von Sprachwissen im Gespräch auch in anderen Kontexten ins Auge, beispielsweise in Gesprächen zwischen Aphasikern und Sprachgesunden (Oelschlaeger/Damico 2003; Laakso 2003). Sprachwissensvermittlung, die in diversen Gesprächskontexten und in verschiedenen Formen in unterschiedlichen Funktionen vorkommt, hat ein großes Potenzial für autonomes, selbstgesteuertes Lernen, bei dem außerdem die face-schonende Transformation eines sprachlichen Defizits in eine interaktive Sprachübung ermöglicht wird.

Zwei entsprechende interaktive Ereignisse, in denen ein Transfer sprachbezogenen Wissens im Gespräch, von den Nicht-Wissenden initiiert, interaktiv vollzogen wird, sollen im vorliegenden Beitrag analysiert werden. Ein bestimmender Faktor bei der Auswahl war, dass es sich nicht um institutionalisierte Lehr-/Lernsituationen handelte. In beiden Fällen geht es um die Bearbeitung von lexikalischen Lücken und daraus resultierende Wortsuchen, die in enger Kollaboration mit einem sprachkompetenteren Gesprächspartner realisiert werden.

Das Ziel des Beitrags ist die Beschreibung des Verlaufs und der Funktionen von kollaborativen Wortsuchen als selbstgesteuerte Lernaktivität in verschiedenen Kontexten. Es wird die Frage gestellt, welchen Beitrag solche selbstgesteuerten Lerngelegenheiten zum Spracherwerb leisten und was die Untersuchung von

„Sprache lehren und lernen im Gespräch" zur Sprachlehr-/lernforschung beisteuern kann.

Die Struktur des Beitrags ist folgende: In Kapitel 2 wird die interaktive Entfaltung einer „metalinguistischen Wortsuchsequenz" in einem exolingualen Kontext analysiert; die Wortsuchsequenz im Beispiel „Schnur" ist dem Korpus des P-MoLL-Projektes entnommen. In Kapitel 3 tritt mit dem Beispiel „Schinken" die Kommunikation zwischen einem Aphasiker und seiner sprachgesunden Ehefrau in den Untersuchungsfokus. Der Beitrag schließt mit einer Schlussbetrachtung in Abschnitt 4.

2 Eine Wortsuche im exolingualen Setting: das Beispiel „Schnur"

Das erste Beispiel stammt aus einer Aufnahme des P-MoLL-Projektes mit der polnischen Muttersprachlerin Janka, die sich zu diesem Zeitpunkt seit 12 Monaten in Berlin aufhält. In Rahmen der Erhebung zum Diskurstyp „Instruktion" muss die Nichtmuttersprachlerin eine alltagspraktische Aufgabe in Kooperation mit einer Muttersprachlerin bewältigen und die Deutsche anleiten, ein Postpaket zu packen. Abbildung 1 zeigt die Informantin Janka und Projektleiter Norbert Dittmar mit dem zu verschickenden Pullover und dem Paketset bei der Erläuterung der Aufgabe.

Abbildung 1

Der folgende Transkriptausschnitt mit der Wortsuchsequenz stammt aus der Schlussphase des Paketpackens. Die Transkription folgt den GAT-Konventionen nach Selting et al. (1998); die Auswahl der verwendeten Symbole ist im Anhang abgedruckt.

Beispiel 1 „SCHNUR"
((JA = Polnischmuttersprachlerin, D = Deutschmuttersprachlerin; JA instruiert D, ein Postpaket zu packen))
01 JA: aber jetzt eh (.) <<p>sznurek (katschumon)>
02 D: =mhm?
03 JA: was ist DAS,
04 ((JA hält die Schnur hoch und schaut D. an))
05 D: eine SCHNUR,
06 JA: SCHNU?
07 D: =mhm?
08 JA: =polnisch SZNUrek.
09 D: jaHA?
10 JA: SCHNUR.
11 S: geNAU. (.)
12   [GIBST] du mir die schnur;
13 JA: [ja:.]
14   jetzt GUCK ma s'.

Das Paket ist gepackt und muss noch verschnürt werden. An diesem Punkt fehlt Janka ein Wort und es entsteht eine lexikalische Lücke, die sich in Z. 01 durch die Mikropause, das Verzögerungssignal *eh* und den Wechsel ins Polnische andeutet: *aber jetzt eh (.) <<p>sznurek (katschumon)>*. Nun initiiert Janka ein „metalinguistisches Fragemuster" (Birkner 1991) und steigt aus der laufenden Aktivität des Instruierens aus, um auf eine metasprachliche Ebene zu wechseln: Sie fragt die Muttersprachlerin nach dem deutschen Lexem für den Referenten „Schnur": *was ist DAS?* (Z. 03). Dabei hält sie die Schnur mit beiden Händen ins Blickfeld der ihr gegenüber sitzenden Muttersprachlerin und schaut diese direkt an. Der Referent ist damit deiktisch eindeutig bestimmt und in Z. 05 liefert die Muttersprachlerin die NP *eine SCHNUR*.

Nun könnte es in der Hauptaktivität, dem „Paket packen" weitergehen. Aber kollaborative Wortsuchen sind – das zeigt die Analyse des Datenmaterials (vgl. Birkner 1991) – häufig komplexer strukturiert. Auf die Frage-Antwort-Sequenz folgt eine Übungssequenz, in der an der phonetischen Form gearbeitet wird. Janka wiederholt das Nomen mit Frageintonation und zwar phonetisch leicht abweichend (*SCHNU?* Z. 06), was aber dennoch von D in Zeile 07 ratifiziert wird. Dann kommentiert Janka, dass der Begriff im Polnischen *sznurek* heißt, was ebenfalls von der Deutschen ratifiziert wird (Z. 09). In Z. 10 wiederholt die Sprecherin noch einmal *SCHNUR*, die Muttersprachlerin ratifiziert mit *geNAU* (Z.11) und kehrt zurück zur Hauptaktivität, dem Paketpacken.

Die folgende Aufstellung fasst den Verlauf der Nebensequenz zusammen:

Z. 01-02   Manifestation einer lexikalischen Lücke
Z. 03-04   Reparaturinitiierung: (metalinguistische) Frage
Z. 05   Antwort
Z. 06   Wiederholung I
Z. 07   Ratifizierung
Z. 08   Metakommentar zum Polnischen

Z. 09   Ratifizierung
Z. 10   Wiederholung II
Z. 10   Ratifizierung
Z. 11   Wiederaufnahme der Hauptaktivität

Das Fehlen eines Wortes, eine sog. lexikalische Lücke, macht eine Reparatur notwendig. Ein mögliches Reparaturverfahren sind „metalinguistische Wortsuchsequenzen": sie zeichnen sich dadurch aus, dass die Muttersprachler/innen als Wörterbuch funktionalisiert werden. „Metalinguistische Wortsuchsequenzen" stellen Nebensequenzen dar (Jefferson 1972), sie verlassen die laufende Aktivität, um einen metalinguistischen, objektsprachlichen Aspekt zu bearbeiten. Dem Einstieg in die Nebensequenz geht die Ankündigung der lexikalischen Lücke voraus. Darauf erfolgt die Reparaturinitiierung mittels einer metalinguistischen Frage an die Muttersprachlerin. Diese liefert als konditionell relevante Antwort das Reparandum, indem sie das gesuchte Wort nennt. Im Rahmen der sich nun anschließenden Nachsprechübung wird das Reparandum von der Lernerin wiederholt und diese Wiederholung wiederum wird von der Muttersprachlerin ratifiziert. Dann kommt es zu einem Metakommentar zur phonetischen Ähnlichkeit mit dem polnischen Wort. Im nächsten Schritt wiederholt die Nichtmuttersprachlerin das Lexem ein weiteres Mal übend, was wiederum von der Muttersprachlerin ratifiziert wird. Mit der Wiederaufnahme der Aktivität ist die Nebensequenz abgeschlossen.

In der Sequenz externalisiert Janka einen Lernprozess, den sie sich selbstinitiativ gestaltet. In den übenden Wiederholungen wird ein kognitiver Aspekt des Lernens deutlich: Janka übt die zielsprachliche phonetische Form durch Repetition ein und lässt sie sich von der Muttersprachlerin bestätigen, das Wiederholen dient außerdem als Memorisierungstechnik (Dausendschön-Gay 1987: 66). In diesen Kontext lässt sich auch der in die Nebensequenz eingebettete Metakommentar Jankas *polnisch (sznurek)* in Z. 07/08 einbinden. Vordergründig kommentiert Janka hier die phonetische Ähnlichkeit des deutschen und polnischen Begriffs. Auch hier lässt sie uns an ihrem Lernprozess teilhaben, in dem sie einen Vergleich anstellt zwischen dem Wort der Zielsprache und der Ausgangssprache, was ebenfalls als eine Merkstrategie gelten kann.

Doch Gesprächsereignisse sind häufig multifunktional: In dem Metakommentar steckt auch das Potenzial, den Aufmerksamkeitsfokus auf die exolinguale Kontaktsituation und die Interkulturalität der Begegnung zu rücken. Interkulturalität entsteht hier nicht allein dadurch, dass eine Deutsche und eine Polin miteinander interagieren, sondern wird von den Beteiligten relevant gemacht. Als ein Mittel dazu dienen explizite Verweise auf kulturelle Sachverhalte, sog. „accounts" (Dausendschön-Gay/Krafft 1998). Lexikalische Elemente eignen sich gut als interkulturelle Schibbolets; das wurde beispielsweise auch in Ost/West-Bewerbungsgesprächen festgestellt (Birkner 2002; im Erscheinen). Kern (2000: 84ff) beschreibt beispielsweise eine Ostdeutsche, die im Gespräch mit westdeutschen Personalverantwortlichen den ostdeutsch konnotierten Begriff „Armee" mit „Bund" übersetzt. Damit setzt sie ihn zugleich äquivalent und bringt in der Differenz einen Gleichwertigkeitsanspruch zum Ausdruck. Eine ähnliche Funktion könnte im vorliegenden Beispiel möglicherweise ebenfalls vorliegen (vgl. a. Dittmar 1984: 250 zum Einsatz der Ausgangssprache bei einem spanischen Muttersprachler).

Nach Birkner (1991) haben solche Sequenzen deutliche intersubjektive Funktionen in Zusammenhang mit der Etablierung eines exolingualen Arbeitsbündnisses, mit dem Face-Bedrohungen aufgrund der asymmetrischen Sprachkompetenz abgewendet werden können. „Metalinguistische Wortsuchsequenzen" wurden bei allen Informat/innen des P-MoLL-Projektes gefunden; allerdings lassen sich idiosynkratische Vorlieben und Frequenzunterschiede je nach Erwerbsstadium und Diskurstyp unterscheiden (Birkner 1991).

3 Eine Wortsuche in aphasischer Kommunikation: das Beispiel „Schwarzwälder Schinken"

Betrachten wir nun eine Wortsuche, die während eines Abendessens und damit in einem informellen Kontext stattfindet. Die Videoaufnahme stammt aus dem Freiburger DFG-Projekt „Adaptationsstrategien in der familiären Interaktion zwischen Aphasikern und ihren Partner/innen".[1] Wir befinden uns im Wohnzimmer der Familie K. Herr K. hat vor ca. 5 Monaten einen Schlaganfall erlitten und ist nach einem längeren Krankenhaus- und Rehaaufenthalt vor Kurzem nach Hause zurückgekehrt. Er hat eine Aphasie vom Wernicke-Typ, die sich u. a. in Lexikalisierungsstörungen äußert (vgl. auch Auer/Rönfeld 2004).

Beispiel (2) „Schwarzwälder Schinken"
((Herr K (HK) und Frau K (FK) sitzen am Abendbrottisch.))
01 HK: <<kauend>(.........);
02   <<kauend>(JETZT mal bitte) <<kauend>(ZU sissem);
03   öhm (-) was isch das für ein material da; (1)
04   ((führt Hand an den Schinkenteller))
05   WAS isch dAs,(1)
06   wAs isch DAS, (1)
07 FK: überLEG mal; (2)
08 HK: ich kreise so nicht (-) [((.............)]
09 FK: [des haben=wir doch] aus
              dem BAUernmarkt;
10 HK: im ga ja im ga GAUtelt ham=mir;
11   ja,
12 FK: =BAUernmarkt; ne?
13 HK: JA;
14   aber du musst [(mir)]
15 FK: [des] is SCHWARZwälder, (.)
16 HK: ach JA;
17   sch scho SCHOmu; (-)
18 FK: hm=HM,
19   [SCHIN-]

---

1 Ich danke Angelika Bauer und Peter Auer für die Bereitstellung des unveröffentlichten Datenmaterials (vgl. Bauer 2007 für nähere Angaben zum Projekt).

```
20   HK:   [ SCHUN]ger; (-)
21         ((hebt halbes Brötchen hoch))
22   FK:   SCHINken;
23   HK:   sch SCHINker SCHINgert (-)
24   FK:   <<deutlich>SCHINken;>
25         <<deutlich>SCHWARZwälder schInken;>
26         [genau;
27   HK:   [ja.
28         kannsch a bissel da DRAUF geben,
29         [zu dem,              ]
30   FK:   [<<vom Brötchen abbeissend>(...)] geb (dir=s) HER.>
31         ((reicht HK den Schinkenteller))
```

Wie im Beispiel „Schnur" besteht unter den Beteiligten eine Asymmetrie in der Sprachkompetenz, allerdings basiert die Differenz nicht auf unterschiedlichen Sprachkenntnissen, sondern auf kognitiven Sprachfähigkeiten. Auch hier ist die Wortsuche in eine nicht-sprachlernbezogene Aktivität eingebunden, und zwar in das Abendessen. Herr K. möchte, dass seine Frau ihm den Schinken herüberreicht. Dieses Anliegen kündigt sich in Zeile 01 und 02 bereits an, wird aber nicht verbalisiert, da Herrn K., wie sich zeigen wird, das entsprechende Lexem fehlt. Nun wechselt Herr K. auf die metalinguistische Ebene und erfragt das fehlende Lexem *was isch das für ein material da;* (Z. 03), während er gleichzeitig darauf zeigt und blickt.[2] Das Reparandum ist verbal wie nonverbal durch das Demonstrativpronomen und die Zeigegeste eindeutig identifiziert, so dass die Grundvoraussetzung für eine interaktive Verständigung, nämlich die gemeinsame Orientierung auf den Referenten und damit das Reparandum, gegeben ist. Frau K. antwortet jedoch nicht (vgl. die Pausen in Zeile 03, 05, 06) und Herr K. wiederholt zweimal *WAS isch dAs* (Z. 05-06).

Ab hier nimmt die „metalinguistische Wortsuchsequenz" nun einen anderen Verlauf als in Beispiel (1). Die Interaktionspartnerin Frau K. liefert das gesuchte Wort nicht, sondern spielt den Ball zurück und initiiert eine Benennübung: *überLEG mal;* (Z. 07). Als Herr K. jedoch das Wort nicht äußert (Z. 08), gibt sie ihm einen Kontexthinweis: *des haben=wir doch aus=dem BAUernmarkt;* (Z. 09). Dies ist ein Alltagsverfahren, wenn ein Wort „vergessen" wurde und man sich zu erinnern sucht. Die Hilfestellung bringt Herrn K. jedoch nicht weiter und in Z. 14 appelliert er an seine Frau *aber du musst (mir).* Nun liefert Frau K. den ersten Teil der Fügung „Schwarzwälder Schinken" (Z. 15), auch das ein Verfahren, das in der Kommunikation mit Sprachgesunden (z.B. Nichtmuttersprachlern oder Kindern) bekannt ist, wenn als Erinnerungshilfe phonetische Hinweise gegeben werden (Blanken 2002: 372). Ihre Stimme bleibt am Ende der Äußerungseinheit erhoben, womit sie prosodisch Unvollständigkeit markiert und zur Komplettierung auffordert. Mit *ach ja* (Z. 16) signalisiert Herr K. sein Erinnern und produziert den Anlaut des gesuchten Wortes, die Vokale und der Nasal entsprechen jedoch noch nicht dem Ziellexem

---

2 Das Lexem „Material" verwendet Herr K. als eine Art Platzhalter für Dinge, auf deren Bezeichnung er aufgrund der pathologischen Störung nicht zugreifen kann (Blanken 2002).

sch scho SCHOmu; (Z. 17). Frau K. ratifiziert diese Bemühungen (Z. 18) und liefert nun die erste Silbe des Zielwortes *SCHIN* (Z. 19). Auch hier macht sie intonatorisch durch die final gehaltene Stimmführung deutlich, dass noch etwas folgen muss, so dass z.B. klar ist, dass das gesuchte Wort mindestens zwei Silben hat. Herr K. greift die Vorlage – bis auf den Vokal – auf und ergänzt sie um eine zweite Silbe: *SCHUNger* (Z. 20). Damit kommt er dem Zielwort allmählich näher. Schließlich gibt Frau K. ihre didaktisch motivierte Verweigerung auf und nennt das vollständige gesuchte Wort *SCHINken;* (Z. 22).

An diesem Punkt ist die metalinguistische Frage-Antwort-Sequenz, die von Herrn K. in den Zeilen 03-06 initiiert wurde, abgeschlossen. Nun schließt sich eine bereits aus dem vorangegangenen Beispiel bekannte Nachsprechübung an. Herr K. produziert die Lautform des Zielwortes mit leichten Abweichungen: *sch SCHINkEr SCHINgert* (Z. 23). Seine Frau spricht es ihm noch einmal überdeutlich vor, ratifiziert dann mit *genau* (Z. 26), parallel mit Herrn K.s *ja* in Zeile 27. Damit ist der Abschluss der Nebensequenz ratifiziert und es geht weiter mit der Hauptaktivität des Abendessens.

Der Gesamtverlauf ist in der folgenden Aufstellung schematisiert:

Z. 01-02	Manifestation einer lexikalischen Lücke
Z. 03-06	Reparaturinitiierung: (metalinguistische) Frage
Z. 07	Gegenfrage
Z. 08	Ausbleiben der Antwort auf Gegenfrage
Z. 09	1. Hilfestellung
Z. 14	Reetablierung der metalinguistischen Frage/Hilfsappell
Z. 15	2. Hilfestellung
Z. 17	partielle Antwort auf Gegenfrage
Z. 19	3. Hilfestellung/partielle Antwort/Korrektur I
Z. 20	Übende Wiederholung I
Z. 22	Antwort auf (metalinguistische) Frage/Korrektur II
Z. 23	Übende Wiederholung
Z. 24-25	Korrektur III
Z. 26/27	Ratifizierung/Ratifizierung
Z. 28	Wiederaufnahme der Hauptaktivität

Die Sequenz beginnt ähnlich wie das Beispiel 1 „Schnur" mit der Ankündigung einer lexikalischen Lücke, die zu einer Wortsuchsequenz führt. Der Sprecher wendet sich eigeninitiativ mit einer Reparaturinitiierung in Form einer Metafrage an die Gesprächspartnerin. Die sprachgesunde Teilnehmerin verweigert sich jedoch zunächst als „Wörterbuch" und etabliert mit ihrer Gegenfrage stattdessen eine Sprachübung. Über verschiedene Stationen des übenden Wiederholens und Korrigierens nähern sich der Aphasiker und die Sprachgesunde an die Zielform des Reparandums an, bis dass Frau K. in Z. 22 schließlich das gesuchte Wort und damit die Antwort auf Herrn Ks metalinguistische Frage in Z. 03-06 liefert. Nach einer weiteren Übungssequenz aus Wiederholung und Korrektur wird die Nebensequenz durch eine gemeinsame Ratifizierung abgeschlossen.

Frau K.s Zurückweisung des Hilfegesuchs und die Gegenfrage mögen auf den ersten Blick unkooperativ erscheinen. Damit etabliert sie eine deutlich asymmetrische Partizipationsstruktur, die an einen Lehr-/Lernkontext wie z.B. in der Sprachtherapie erinnert. Tatsächlich gibt es jedoch keine Anzeichen für kommunikative Irritationen. Frau K. hält den Blickkontakt aufrecht, bleibt in der fokussierten Interaktion und signalisiert während der didaktischen Sequenz fortlaufend Kollaborationsbereitschaft. Nachdem verschiedene Versuche von Herrn K. gescheitert sind, erhält er die Antwort auf seine Frage und schließlich auch den gewünschten Belag für sein Brot. Bauer/Kulke (2004) interpretieren solche Ereignisse als eine Form des kollaborativen Aphasie-Managements. Der didaktische Konsens, den Herr und Frau K. hier zeigen, symbolisiert auch ein gemeinsames Schultern der Folgen der Aphasie. Diese Form der Bearbeitung einer Wortsuche kommt beim Ehepaar K. übrigens nur vor, wenn keine weiteren Beteiligten anwesend sind. Eine solche komplexe metalinguistische Wortsuchsequenz im Beisein von Dritten abzuhalten, würde die Sprachstörung von Herrn K. exponieren und vermutlich als zu facebedrohend empfunden werden.

4 Schlussbetrachtung

Lexikalische Lücken in der fortlaufenden Sprachproduktion stellen kommunikative Notlagen her, und zwar besonders dann, wenn die sprachlichen Mittel zur Bearbeitung der lexikalischen Lücke nur eingeschränkt verfügbar sind, wie es z.B. bei Nichtmuttersprachler/innen oder Aphasiker/innen der Fall ist. Im vorliegenden Beitrag wurden zwei Beispiele für den Umgang mit einer solchen Notlage präsentiert, der darauf basiert, dass die Gesprächspartner/innen aktiv als Lieferanten des benötigten Wortmaterials in die Reparatur einbezogen werden.

Wissenstransfers im Gespräch stellen eine Asymmetrie zwischen Wissenden und Nicht-Wissenden her und sind mit einem ‚kommunikativen Gefälle' (Keppler 1989: 539) verbunden. Außerhalb institutioneller Lehr/Lern-Kontexte wirkt ein Wissenstransfer schnell facebedrohend; Keppler (1989; 1994) zeigt, dass in alltäglichen Kommunikationssituationen wie in Tischgesprächen oder an Dia-Abenden die Fremdinitiierung von Wissenstransfers gegenüber der Selbstinitiierung präferiert ist, da letztere schnell als „Belehrungen" empfunden werden. Wissenstranfers werden deshalb z.B. mittels Fragen durch die Nicht-Wissenden initiiert, wodurch interaktiv unter den Gesprächsbeteiligten Konsens über den Vollzug etabliert ist (Keppler 1989: 546). Vergleichbares geschieht in den vorgestellten Beispielen. Die Lernerin und auch der Aphasiker lizensieren den Transfer lexikalischen Wissens durch eine metalinguistische Frage an die Muttersprachlerin bzw. die Sprachgesunde und initiieren damit den konversationellen Sprachwissenstransfer selbst. Mit der Antwort auf die metalinguistische Frage, die das fehlende Lexem liefert, kann zwar die kommunikative Notlage als behoben gelten, es schließt sich jedoch eine Nachsprechübung an, in deren Verlauf die phonetische Form des Lexems in den Fokus genommen wird. Dieser Verlauf von „metalinguistischen Wortsuchsequenzen" ist in mehrerlei Hinsicht aufschlussreich.

1) In Bezug auf das Lernpotenzial lassen sich hier potenzielle Lerngelegenheiten erkennen, wie sie z.b. Henrici (1995) als „kurzfristiges Lernen" beschrieben hat. Interaktionsteilnehmer/innen organisieren und steuern ihre Lehr-/Lernaktivitäten im Gespräch, indem sie den Input über das Steuerungselement der Frage eigeninitiativ dosieren. Das findet in klar abgegrenzten Nebensequenzen, unter Anhalten der Hauptaktivität, statt; in dieser „Auszeit" kann der gesamte Aufmerksamkeitsfokus auf das Lernen gerichtet werden. In der Sprachlernforschung werden unter dem Stichwort des „noticing" (Schmidt 1995) Aufmerksamkeitsfokussierung und Bewusstheit („attention" und „awareness", vgl. Tönshoff 2005: 9) als wesentliche Faktoren von erfolgreichem Sprachlernen bestimmt. Die Realisierung als Nebensequenz ermöglicht diese Aufmerksamkeitsfokussierung, weil in diesen kurzen, klar abgegrenzten Phasen alle Aufmerksamkeit auf das Lernen gerichtet werden kann. Ist eine Nebensequenz einmal etabliert, kann die/der Lernende selbst bestimmen, wann sie abgeschlossen und zur Hauptaktivität zurückgekehrt werden kann.

Im übenden Nachsprechen kommt bei den Lernenden selbst ein „focus on form" (Tönshoff 2005: 9) zum Ausdruck, wie er in der Fremdsprachendidaktik in jüngerer Zeit verstärkt diskutiert und gefordert wird. In den selbstinitiierten Wiederholungsübungen wird der Lernprozess externalisiert; Lernende verschaffen sich so Gelegenheiten, „output" zu produzieren, was als dem Lernen förderlich gilt (Tönshoff 2005: 10; vgl. auch Swain 1997). In der Selbstinitiierung dieser Lehr-/Lernsequenzen drückt sich ein hohes Maß an Selbststeuerung und Lernerautonomie aus (Breuer 2001).

2) Die „metalinguistischen Wortsuchsequenzen" lassen neben dem Lernpotenzial auch eine soziale, interaktive Funktion eines Arbeitsbündnisses erkennen: Die mangelnde Sprachkompetenz und daraus resultierende kommunikative Hindernisse werden zu einem gemeinsamen Problem gemacht und im Prozess der kollaborativen Wortsuchen lassen sich Hilfsbedürftigkeit ebenso wie Hilfsbereitschaft signalisieren. Im Display von Lernbereitschaft und „aktivem Lernen" signalisiert der/die Lernende seine Beteiligung bei der Lösung der kommunikativen Notlage. Aus der Perspektive der Gesprächsforschung verwundert das nicht: Sprecherinnen und Sprecher sind in erster Linie selbst verantwortlich für ihren Gesprächsbeitrag und Selbstinitiierung von Reparaturen ist vor Fremdinitiierung präferiert (Schegloff/ Sacks/Jefferson 1974). Bauer/Kulke (2004) stellen z.B. fest, dass unter Paaren, die ein erfolgreiches Aphasie-Management aufweisen, fremdinitiierte Reparaturen eher selten sind. Je mehr die Autonomie des Aphasikers gewahrt wird, desto erfolgreicher verläuft die Anpassung des Familiensystems an die neue Situation.

3) Der Verlauf der „metalinguistischen Wortsuchsequenzen" und insbesondere die sich anschließenden Nachsprechübungen verweisen außerdem auf Laientheorien über das Sprachlernen. Beispielsweise lässt die Sprachübung, die Frau K. etabliert, den Rückschluss zu, dass sie Parallelen zwischen Wortfindungsproblemen bei Sprachgesunden (das „Tip-of-the-tongue"-Phänomen, vgl. Dittmann 2002: 286) und der Sprachstörung ihres Mannes zieht: Sie liefert Kontextinformationen, phonetische Cues wie den Anlaut, die erste Silbe etc. In Bezug auf die Nachsprechübungen scheint sie davon auszugehen, dass sich das übende Wiederholen günstig

auf den Verlauf der Rehabilitation ihres Mannes auswirkt. Dasselbe trifft auf die Lernerin Janka zu.
Beide Beispiele erinnern unweigerlich an den Fremdsprachenunterricht und damit an kulturell geprägte Lernpraktiken. Die Beteiligten bringen Erfahrungen aus gesellschaftlichen Institutionen des Lernens ein, passen jedoch dann diese in der Lernsozialisation erworbenen Muster den Erfordernissen der Situation an. Wie diese Muster in verschiedenen Kommunikationsgemeinschaften strukturiert sind, in welcher Weise sie sich auf Spracherwerbsprozesse und auch auf die Adaptation an Sprachpathologien auswirken und welche Potenziale für erfolgreiches Lernen ihnen innewohnen, harrt seiner weiteren Erforschung.

Literatur

Auer, Peter/Rönfeldt, Barbara (2004): Prolixity as Adaption. Prosody and Turn-Taking in German Conversation with a fluent Aphasic. In: Couper-Kuhlen, E./Ford, C. (eds.): Sound Patterns in Interaction. Amsterdam, Philadelphia: John Benjamins Publishing Company, 171-200.
Bauer, Angelika (2007): Miteinander im Gespräch bleiben. Partizipation in aphasischen Gesprächen. Dissertation an der Universität Freiburg.
Bauer, Angelika/Kulke, Florian (2004): Language Exercises for Dinner: Aspect of Aphasia Management in Family Settings. In: Aphasiology, 18, 12, 1135-1160.
Birkner, Karin (1991): Interaktion im ungesteuerten Zweitspracherwerb. Funktion und Grenzen von Fragemustern in Wortsuchverfahren. In: Linguistische Arbeiten und Berichte Berlin (LAB), 26, Berlin: Fachbereich Germanistik der Freien Universität, 1-24.
Birkner, Karin (2002): Wörter in der Gruppe. Zur Soziolinguistik der Wörter. In: Dittmann, J./Schmidt, C. (eds.): Über Wörter. Freiburg i.Br.: Rombach, 233 – 258.
Birkner, Karin (im Erscheinen): Gesprächsanalytische Perspektiven auf die Kommunikation zwischen Ost- und Westdeutschen. In: Roth, K.S./Wienen, M. (eds): Diskursmauern. Bremen: Hempen Verlag.
Blanken, Gerhard (2002): Fehlende Wörter. Pathologische Störungen der Einzelwortverarbeitung. In: Dittmann, J./Schmidt, C. (eds.) Über Wörter. Freiburg i.Br.: Rombach, 359– 382.
Breuer, Jens (2001): Selbstgesteuertes Lernen, kooperatives Lernen und komplexe Lehr-/Lernmethoden – Analyse der Formen im herkömmlichen Präsenzlernen sowie deren Unterstützung durch das Internet. In: Esser, F.H./Twardy, M./Wilbers, K. (eds.): E-Learning in der Berufsbildung, Telekommunikations-unterstützte Aus- und Weiterbildung im Handwerk. Köln: Eusl-Verlagsgesellschaft, 85-171 [auch: http://www.fbh-mercur.de/team/breuer/Downloads/Lernmethoden.PDF (letzter Zugriff 17.09.2007)].
Dausendschön-Gay, Ulrich (1987): Lehren und Lernen in Kontaktsituationen. In: Gerighausen, J./Seel, P.C. (eds.): Aspekte einer interkulturellen Didaktik. München: Goethe-Institut, 60-93.
Dausendschön-Gay, Ulrich/Krafft, Ulrich (1998): Kulturelle Differenz als account. In: Apfelbaum, B./Müller, H. (eds.): Fremde im Gespräch, Gesprächsanalytische Untersuchungen zu Dolmetschinteraktionen, interkultureller Kommunikation und institutionalisierten Interaktionsformen. Frankfurt a.M.: IKO, 163-197.
Dittmann, Jürgen (2002): Wörter im Geist: das mentale Lexikon. In: Dittmann, J./Schmidt, C. (eds.): Über Wörter. Freiburg i.Br.: Rombach, 283-310.
Dittmar, Norbert (1979): Fremdspracherwerb im sozialen Kontext. In: Klein, W. (ed.): Sprache und Kontext. Zeitschrift für Literaturwissenschaft und Linguistik, 33, 84-103.

Dittmar, Norbert (1984): Semantic Features of Pidginized Learner Carieties. In: Anderson, R.W. (ed.): Second Languages. Rowley, Mass.: Newbury House, 243-270.

Dittmar, Norbert/Rieck, Bert-Olaf (1977): Datenerhebung und Datenauswertung im Heidelberger Forschungsprojekt Pidgin-Deutsch ausländischer Arbeiter. In: Bielefeld, H-U./Hess-Lüttich, E.W.B./Lundt, A. (eds.): Soziolinguistik und Empirie. Beiträge zum Berliner Symposium Corpusgewinnung und Corpusauswertung. Wiesbaden: Athenaion, 59-89.

Dittmar, Norbert/Skiba, Romuald/Bressem, Jana (Im Druck): Planning, Collecting, Exploring and Archiving Longitudinal Data of Naturalistic L2 Acquisition: The Contribution of the Berlin P-MoLL project. In: Ortega, L./Byrnes, H. (eds.): The Longitudinal Study of Advanced L2 Capacities. Mahwah, NJ: Lawrence Erlbaum. Mahwah.

Henrici, Gert (1995): Spracherwerb durch Interaktion? Eine Einführung in die fremdsprachenerwerbsspezifische Diskursanalyse. Baltmannsweiler: Schneider-Verlag Hohengehren.

Jefferson, Gail (1972): Side sequences. In: Sudnow, D.N. (ed.): Studies in Social Interaction. New York, NY: Free Press, 294-333.

Keppler, Angela (1989): 'Schritt für Schritt'. Das Verfahren alltäglicher Belehrungen. In: Soziale Welt 40, 538-556.

Keppler, Angela (1994): Tischgespräche. Über Formen kommunikativer Vergemeinschaftung am Beispiel der Konversation in Familien. Frankfurt: suhrkamp taschenbuch.

Kern, Friederike (2000): Kulturen der Selbstdarstellung. Ost- und Westdeutsche in Bewerbungsgesprächen. Wiesbaden: Deutscher Universitätsverlag.

Laakso, Minna (2003) Collaborative Construction of Repair in Aphasic Conversation: Interactional Issues. In: Goodwin, C. (ed): Conversation and Braindamage. Oxford: Oxford University Press, 163-188.

Oelschlaeger, Mary L./Damico, Jack S. (2003): Word Searches in Aphasia. A Study of the Collaborative Responses of Communicative Partners. In: Goodwin, C. (ed): Conversation and Braindamage. Oxford: Oxford University Press, 211-227.

Schegloff, E. A./Gail Jefferson/Harvey Sacks (1977): The Preference for Self-Correction in the Organisation of Repair. In: Language, 53, 361-382.

Schmidt, Richard (1995): Consciousness and Foreign Language Learning. In: Schmidt, R. (ed.): Attention and Awareness in Foreign Language Learning. Honolulu, Hawai'i: University of Hawai'i, Second Language Teaching & Curriculum Center, 1-63.

Selting, Margret/Auer, Peter/Barden, Birgit/Bergmann, Jörg/Couper-Kuhlen, Elizabeth/Günthner, Susanne/Meier, Christoph/Quasthoff, Uta/Schlobinski, Peter/Uhmann, Susanne (1998): Gesprächsanalytisches Transkriptionssystem (GAT). In: Linguistische Berichte 173, 91-122.

Swain, Meryll (1997): The Output Hypothesis, Focus on Form and Second Language Learning. In: Berry, V./Adamson, B./Littlewood, W. (eds.): Applying Linguistics. Hong Kong: University of Hong Kong, 1-21.

Tönshoff, Wolfgang (2005): Mündliche Fehlerkorrekturen im Fremdsprachenunterricht. Ein Blick auf neuere empirische Untersuchungen. In: Zeitschrift für Fremdsprachenforschung 16, 1, 3-21.

Verwendete Transkiptionssymbole nach GAT (vgl. Selting et al. 1998)

bla [bla bla] [worte]	eckige Klammern markieren simultane Passagen
=	Verschleifung/schneller Anschluss
(wort)	vermuteter Wortlaut
wo'	Abbruch; (phonetisch eindeutig markiert)
blaBLA	Akzent (Primärakzent)
blablA	Sekundärakzent (nicht immer transkribiert)
bla:bla:	Dehnung
(.)	Mikropause
(-)	kurze Pausen von ca. 0.25 Sekunden
(2)	gezählte Pause in Sekunden
wort,	leicht steigende Intonation
wort?	stark steigende Intonation
wort;	leicht fallende Intonation
wort.	stark fallende, finale Intonation
<<p>wort>	leise gesprochene Passage, endet bei >
<<kauend>wort>	das Sprechen begleitende Phänomene, endet bei >
((hustet))	Kommentar

Heidi Byrnes
Georgetown University Washington D.C.

Grammatical metaphor as a marker of evolving L2 advancedness: Some conceptual and textual considerations

In the age of globalization and migration, what constitutes "advanced" or "competent" levels of ability in a language has gained considerable prominence. As societies grapple with numerous challenges related to both native and non-native languages, they especially need to know what language-educational efforts might enable individuals and entire groups to flourish in their respective environments. However, though language competence has become a political flashpoint, the strongly language-based nature of human knowing and learning continues to be underappreciated and underspecified, not only in public policy discussion but even among language professionals. This is so despite noteworthy research in Europe and the U.S. that clearly reveals that connection for L1 and, more important for this discussion, also for L2 acquisition (e.g., Carroll & Lambert 2006; Carroll & von Stutterheim 2003; Hyland 2006; von Stutterheim & Carroll 2006; Swales 1990, 2004). Work inspired by systemic-functional linguistics (SFL), a meaning- and text-oriented theory of language elaborated over more than four decades by the British-Australian linguist Halliday and his followers (e.g., Halliday; Christie, Derewianka, Martin, Matthiessen, Ravelli, Rothery) stands out by explicitly links ways of knowing and learning to ways of languaging. More recently that connection has begun to be investigated in L2 environments in the U.S. (e.g., Achugar & Colombi, Byrnes, Colombi, Schleppegrell) as a way of bolstering L2 teaching and learning.

My reflections in this paper speak to those issues by way of the theoretical concept of 'grammatical metaphor' (GM), a central construct in SFL. I restrict myself to descriptive matters, leaving aside important educational and assessment concerns. I delimit the topic even further by focusing on how the most prominent among various linguistic realizations of GM, that of nominalization, particularly deverbal and de-adjectival nominalization, along with the textual features made possible by this semiotic resource, can be used as indicators of an evolving advanced L2 writing ability.

The nature of Grammatical Metaphor: an overview

Within the SFL literature the construct of GM is at once extensively referenced, variantly described and interpreted, and differentially focused (Derewianka 1995). However, irrespective of a preference for a more liberal, semantic-textual interpretation (generally held by Martin, e. g., 1993) or a more conservative one (as represented primarily in diverse writings by Halliday and Matthiessen), there exists a set of characteristics that place and define GM within the core assumptions in SFL about language and its phylogenetic, ontogenetic, and textual development (see particularly the introductory chapter in Halliday 1994): (1) Language has evolved the way it has because it is functional in that it serves human needs of making meaning in oral and written texts, in terms of the evolution of the system, the elements of linguistics structures, and in terms of the form this realization in texts takes. (2) The components of language are organized to express two metafunctions, "which underlie all uses of language: (i) to understand the environment (ideational), and (ii) to act on the others in it (interpersonal). Combined with these is a third metafunctional component, the 'textual', which breathes relevance into the other two" (xiii). (3) Each unit of such a functional grammar (that is, its clause complexes, clauses, phrases, and so on) is interpreted as functional with respect to the whole: it "realizes" meanings that arise at all levels of the system, from the cultural and situational context within which a particular kind of language use occurs (best described in terms of register and genre), all the way down to specific wordings at the clause and phrase level, what SFL refers to as the lexicogrammatical system of a language. (4) SFL recognizes two separate strata in the content system of a language, semantics and lexicogrammar. The relation between these two systems is not arbitrary but moves along a continuum from more congruent to more metaphorical realizations of meaning. As Halliday emphasizes, "since construing experience in the form of language is already an inherently metaphorical process" (1994: 343), part of knowing a language is knowing what is considered the more typical, or 'congruent' form of expression in a speech community and what constitutes a deliberate choice on the part of a speaker and is therefore inherently meaningful in certain ways. (5) A congruent realization of the ideational function of a clause begins by selecting for the 'figure' of intended meaning the typical way of saying things in terms of the following components: one of the major process types for the verb (e.g., of doing, happening, signifying, sensing, being), realized as a configuration of transitivity functions within the clause (the kinds of processes, participants, circumstances typically found for these process types), which are in turn realized as group-phrase classes (verbal group, nominal group, adverbial group, prepositional phrases and their subclasses). (6) Clauses occur in sequences within clause complexes, which can be examined in terms of the degree of their interdependence (taxis: parataxis and hypotaxis, and embedding) and the system of logicosemantic-relations between them, captured in terms of projection (ideation, locution) and expansion (elaboration, extension, enhancement).

By contrast – and this specifically addresses GM – a more metaphorical realization 'skews' this typical relationship between the two separate strata of semantics and lexicogrammar into a noncongruent form of semiosis, by "forcing apart the two 'facets' of the sign so that each could take on a new partner – sequences could be realized by other things than clause complexes, processes could be realized by other things than verbs, and so on" (Halliday & Matthiessen 1999: 237). The result is a significant expansion of the semantic resources for construing experience using a range of lexicogrammatical resources in all functional environments, the ideational, interpersonal, and textual functions, with particular consequences for the ideational and the textual.

For example, taking a functional perspective, the wordings *We hope that peace will soon be restored.* → *Our hope for an early restoration of peace* ... illustrates two processes in two clauses (*hope, be restored*) being realized metaphorically as nouns, which turns them into pseudo-things (=>*hope, restoration*); a participant (*we*) is realized as a possessive (=>*our*); another participant (*peace*) is realized as the qualifying expansion of a thing (=> *restoration of peace*); and an adverbial (*soon*) turns into an epithet (=>*early*). A number of these realizations may appear to be no more than transcategorizations between word classes (e.g., verb → noun, *work* → *worker*), a frequent phenomenon in languages. But the nouns *hope* and *restoration* are respectively a 'mental thing' and a 'material/behavioral thing', that is, both retain the qualities of their fused elemental semantic categories of mental and material/behavioral processes, a characteristic of GMs. Moreover, they participate in a rank shift whereby a paratactic relationship of projection between two clauses is being realized as a noun phrase. This rank shift creates a new platform, as it were, of extended meaning making. *Hope*, now a fusion between the mental process of *hoping* and the thinginess of an object in conceptual space, can take on the particular qualities associated with nouns, in terms of pre- and postmodification, typically through embedded phrases and clauses (e.g., *which his speech had raised*), and can be classified, qualified, quantified, identified and described in various ways. Functionally, it can become a participant in a process of its own, serving as the beginning point, the theme, for new information being provided in relation to *hope* in an additional verbal phrase (e.g., *was soon severely dashed*).

Neither every rank shift nor every class shift is metaphorical; they become so when "the 'shifted' term creates a **semantic junction** with the original" (Halliday & Matthiessen 1999: 260, original emphasis), part of a continuum from more congruent to more metaphorical semogenetic resources. Furthermore, both phylogenetically and in its realization in a particular text, what started out as a GM may ultimately lose its metaphorical quality and become a 'dead' or 'faded metaphor.' Many technical terms and abstract nouns, particularly compound nouns, have that metaphorical ambivalence. For the insider a technical term such as *division of labor* may largely have lost its metaphorical quality while for someone just learning about various ways of organizing economic activity it would be important to "unpack" who is doing the dividing, for what purpose, with what intentions or consequences.

Faded metaphors frequently combine nearly empty verbal processes, e.g., *have, be, make*, with nouns of behaving and sensing. SFL identifies high-frequency constructions like German *Ich habe Hunger* or *Ich nehme ein Bad* ("I have hunger; I take a bath") as process + range constructions and notes that, from the semiotic perspective, *ich bin hungrig* or *I am bathing* would have been the more congruent realizations. Languages (e.g., French, German, English) differ in the extent to which one or the other or both choices are available and whether their verbal realizations carry certain marked meanings, all the way to trivial awkwardnesses. Where such forms do exist, however, they provide developmentally early instances of a verbal process +

noun construction, often through fixed collocations, that is, they offer models for subsequent creative constructions of GMs. From an L2 developmental perspective they become early indicators of a gradual movement toward the potentialities of GM, both from the formal and the functional side.

Finally, the above example illustrates two additional points: first and taking a syntagmatic view, GMs tend to occur in clusters or syndromes; second, from a paradigmatic perspective they show how the lexicogrammatical resources of a language can participate in both a process and a product way of construing 'reality', with the developmentally later metaphorical reconstrual tending to create a drift toward 'objectification' of the world. In the end, metaphoricity is a kind of 'having it both ways', a matter of degree within the system, and a matter of interpretation with regard to a particular instantiation within a given text. Such a characterization favors a dynamic interpretation of meaning-making as contrasted with the division into 'literal' and 'non-literal' meanings that typifies discussions about lexical metaphor, the usual focus of engagement with metaphor (but see recent work in metaphor in cognitive linguistics, e.g., by Tyler and Evans). More important, it also addresses textual phenomena, including information structuring and, ultimately, the ability to build coherent, logical arguments.

To summarize, Halliday and Matthiessen (1999) interpret the cognitive and textual aspects of use of GM in the following fashion:

1. Because of the drift towards 'things' (which increases the options for creating participants) "there is an increase in textual meaning, since participants have the most clearly defined status as information: in particular, they can be construed (by the thematic and information systems) into a 'backgrounded + foregrounded' pattern which maximizes the information potential of the figure;
2. There is a loss of experiential meaning, since the configurational relations are now inexplicit and so are many of the semantic features of the elements ...
3. There is a further loss of experiential meaning, since the categories of experience become blurred ... and the construction of reality becomes a construction of unreality, detached from ordinary experience ...
4. There is however a *gain* in the *potential* for experiential information, because the participant, more than any other element, can be expanded in respect of a wide range of semantic features" (270-271, original emphases).

I suggest that these features are a particularly rich way of describing L2 advancedness and of specifying where along the continuum of expanded semogenetic resources a particular learner is located.

Exploring GM development in a curricular context: a longitudinal case study

In the remainder of the paper I exemplify these potentials of GM in a longitudinal case study of a single L1English-L2German learner's writing within the genre-based and literacy oriented curriculum that characterizes the educational work of my home department, the German Department at Georgetown University. Specifically, I refer to writing samples produced at the end of three consecutive curricular levels, roughly from Low Intermediate to High Intermediate/Advanced. They constitute the so-called prototypical performance writing tasks that were created to reflect the developmental and genre-based expectations for curricular levels 2–4 in a five-level curriculum. Respectively these represent a total of 170, 255, and 310 50-minute periods of instruction. The genres in question are:

Level 2: a narrative task, in which students find an alternative, imaginative ending to Patrick Süskind's novel *Die Geschichte von Herrn Sommer*; this requires them to place narration about personal lives into the context of a literary work;

Level 3: a journalistic treatment of the situation of Vietnamese immigrants in Germany; this task expects them to consider personal experiences within a broader social context; and

Level 4: a public speech before a German civic club about similarities or differences between the founding of the United States and the creation of a unified Europe; this requires students to make an argument for interrelationships among social, political, and economic developments in societies.

The case study gains interpretive depth in that the data are part of an extensive cross-sectional investigation of students' syntactic development in writing across curricular levels (N = 329; word count = 212 796) as well as a longitudinal analysis of 23 students who completed a minimum of three consecutive curricular levels. Table 1 below provides a delimited, though highly suggestive snapshot of his syntactic development, including *Mean Length of T-Unit* (MLTU: an overall estimate of syntactic complexity), *Mean Length of Clause* (MLC: an estimate of clause-internal complexity), and *Clauses per T-Unit* (C/TU: an estimate of the combination of clauses within a T-Unit). White bands report his own values; grey bands provide the overall mean values for the longitudinal reference group.

Table 1. Global Syntactic Complexity Measures for Student 1096 Compared to Mean Values for the Longitudinal Reference Group over Three Curricular Levels

Curricular Level	Words	T-units	Clauses	Total Clauses	MLTU	MLC	C/TU
2	569	78	32	110	7.30	5.17	1.41
2	612.26	65.04	46.96	116.43	9.49	5.64	1.69
3	698	61	42	103	11.44 (+4.14)	6.78 (+1.61)	1.69 (+0.28)
3	707.65	57.96	41.82	97.54	12.52 (+3.03)	7.12 (+1.48)	1.75 (+0.06)
4	1406	98	50	148	14.35 (+2.91)	9.50 (+2.72)	1.51 (-0.18)
4	1245.36	87.50	56.38	145.06	14.28 (+1.76)	8.91 (+1.39)	1.61 (-0.14)

Both the individual and the group data show an increase in the value of these key syntactic measures. For subject 1096 they consistently lag behind the corresponding group means at both levels 2 and 3 and do so particularly dramatically for MLTU and C/TU at level 2. Indeed, his C/TU score at level 3 is identical to that of the mean value for the group at level 2. And yet, by level 4 his individual values exceed those of the group for both MLTU and MLC (14.35 and 9.50), indicating a willingness to be expansive in his writing and an ability to engage in considerable syntactic elaboration on the clause level. Turning to the group values, we find strong increases between level 2 and 3 in MLTU (+3.03) but a kind of leveling off in C/TU growth (+ 0.06), as though some implicit ceiling had been reached. That makes the decrease in the C/TU value between level 3 and 4 for both the group (-0.14) and subject 1096 (-0.18) all the more intriguing: the level 4 group value falls to below that of level 2 and subject 1096 settles in even lower, though above his own level 2 C/TU value. These interrelations suggest additional interpretive possibilities for this writer's unusually high score for MLC: 9.50 as compared with a mean group value of 8.91. While one might characterize his developmental path as decidedly different from group means—some might even have considered it slightly worrisome earlier on—, by level 4 he surpasses group mean values, thereby indicating, at the very least, different cognitive/lexicogrammatical preferences.

Indeed, relating these individual and group data to the analysis of the full cross-sectional group (of which they are a subgroup) reveals complex interrelationships among these syntactic indices. Specifically, varying their combinations for the purpose of discriminant analysis resulted in different levels of predictiveness for correctly "placing" a particular student performance at a specific curricular level. Of interest here is the fact that predictions for level 4 were unusually trustworthy when MLC was added to the values of both MLTU and C/TU. This indicates that clause length is a strongly distinguishing characteristic of level 4 learners. It also makes the level 4 writing performance of subject 1096 particularly convincing in terms of his continued growth within the curriculum.

Turning now to an exploration of the impact of GMs on these global values of syntactic development, the following projections suggest themselves. First, higher values can be hypothesized (1) for both MLTU and MLC, inasmuch as nominalization makes possible an expanded repertoire of pre- and post-nominal modifications; and (2) for MLC, inasmuch as the rank shift from clause complex to clause simplex can be expected to condense the information previously contained in a sequence into one figure, again facilitated and realized by diverse possibilities for modification. Second, at the same time one can expect a certain reduction in C/TU values as facility in the creative use of GM increases: when the characteristic rank shift through GM from sequences of clauses into single clauses is realized as nominalizations the number of clauses should show some, though presumably not an overwhelming reduction. Third, these syntactic characteristics can be anticipated within a general increase in length of writing, captured by the numerical values for words, T-units, clauses, and total clauses, an increase that itself is a complex reflection of factors such as students' increased lexicogrammatical repertoire, more demanding writing tasks in terms of more expository forms of writing that demand the gradual development of a coherent argument over an extended text, an expanding knowledge-based about L2 cultural content, and increased comfort-levels on the students' part as they find their own non-native voice in the L2.

Table 2 shows how these projections play themselves out in a quantitative analysis of GM for the writing of student 1096[1]. Because the clause is the pivotal analytical context for GM, the table repeats MLC values; because the realization of GMs through nominalization inherently relates them to the occurrence of other nouns and, by extension, to the occurrence of other word classes, word and noun counts and their relative occurrences take on significance.

Table 2. Occurrence of GM across curricular levels in relation to noun use and syntactic development measures

Curric. Level	Total Words	Total Clauses	MLC	Total Nouns (NN)	NN/words	Total GM	GM/NN	NN/Clause	GM/Clause
2	569	110	5.17	88	0.15	3	0.03	0.80	0.03
3	698	103	6.78	128	0.18	32	0.25	1.24	0.31
4	1406	148	9.50	331	0.24	73	0.22	2.24	0.49

Most striking about these values is the near absence of GM in the level 2 writing of subject 1096. By contrast, he dramatically increases his use of GM at level 3 and again at level 4. In fact, nearly half of the clauses at level 4 include GM, and 22% of nouns at level 4, that is, nearly one fourth of all nouns, are GM.

A second, qualitative longitudinal analysis of the data reveals the following developmental aspects for his GM use.[2]

For level 2, GM use is minimal and confined to transcategorizations in well-known lexical items (e.g., erfahren – Erfahrung) that happen to result in fusion or rank shift. They receive no further modification.

The profusion of GM at level 3, however, shows increasing ability to use to advantage the semogenetic potential of GM. (1) In contrast with level 2, GM at this level are well modified pre- and postnominally (e.g., *die* **Einwanderung** *der Vietnamesen nach Deutschland*), thereby contributing to the above-group-median increase in MLC. (2) The writer now seizes upon the textual potential of GM in various ways: through rheme-theme connections across clauses (e. g., ... *aber sie hat sich fremd*

---

1 In line with the variant interpretations of GM, coding regimes are at once critical and flexible. For this study the following coding conventions were used for the initial identification of GM: (1) The nominalization must have a congruent agnate. (2) While not every rankshift is metaphorical, it is a strong indicator for GM. (3) Class shift indicates a GM when the "shifted" term creates a junction with the original. (4) A GM is coded when the textual context "creates" a GM rather than "assuming" a technical term. (5) Include collocations/fixed phrases in order to trace development.

2 All examples are presented in the original, uncorrected form.

*gefühlt. Dieses **Gefühl** ...*). Such GMs can be strategically enhanced by the use of demonstratives (as in this example) or have a kind of minimal summarizing function by including attributive adjectives that are motivated by earlier textual passages (*einen neuen Beginn*). (3) GMs now increasingly occur in compound nouns (e.g., *Kulturschock*). While these often appear as nothing but "regular" abstract nouns or as technical terms (e.g., *Aufenthaltsgenehmigung*), their use over segments of the text often shows the build-up from congruent to metaphorical semiosis on the part of the writer, for which GM use is but the most tell-tale indication. (4) Such an awareness of the potential of GM and a desire to harness it for one's argument is most evident in "new creations", particularly when they are in some fashion infelicitous, even incorrect. In the sentence *der **Erkennungsprozess** der Vietnamese hat ihre Hoffnung als eine Grundlage* the writer unwittingly strays into philosophical terminology when a more congruent wording *wie die Vietnamesen ihre Situation sehen, ergibt sich aus ihrer Hoffnung/ihrem Optimismus* might actually have been more appropriate. (5) The level 3 text reveals a considerable increase in various text-structuring collocations or fixed phrases, such as *im Vergleich zu*.

Finally, level 4 continues these trends, in order to harness and benefit from the greater information density and better sculpted texts that GM use affords. As these resources are being drawn on even more heavily, they both open up entirely different possibilities – and entirely different limitations, even pitfalls. (1) Of particular note among the former are a greater bundling of series of nouns, where the desired or thematically necessary use of abstract nouns creates pressures to shift to GM in order to be able to serialize an entire thought element within a figure: *die Kriegserinnerung, die Währungsunion, und die Wesenheit*. Here the technical term *Währungsunion* exerts pressure to express through GM what the writer had previously discussed as the challenge of dealing with the consequences of war in Europe and subsequently foregrounds as the need to create new forms of identity. Again, the text increases considerably the number of collocations and fixed phrases that organize thought units of varying lengths: e.g., *im Vergleich zu, mit Bezug auf, im Hinblick auf*. Possibilities arise as well with clearly creative GMs, such as when the writer juxtaposes the term *Euroskeptiker*, which had appeared frequently in the background texts, with his own position as an *Euroglauber*. While earlier use of GM typically extended only across shorter intervening textual passages, they are now used as text structuring devices that link and structure expansive textual chunks over long distances; the previously named triad of issues was used in exactly that fashion. In other words, this writer shows an emerging awareness of what Martin and Rose call the periodicity of information flow and the strategic use of hyper Themes with their predictable rhythm in order to enable the writer/reader/listener to construe and interpret intended meanings efficiently. One component of such differentiated and deliberate textual sculpting is the strategic use of marked Theme, such as in *Mit manchen Empfehlungen und Warnungen lasse ich Sie*. Finally, there is no doubt that this writer has begun to appropriate the advantages of GM as a way of giving himself an assured and authoritative voice: by placing nominalizations into conceptual space little room remains for counterarguing his construal of reality.

(2) Not surprisingly, the corresponding pitfalls are a consequence of wishing to benefit from these very possibilities of GM. Thus we find cases when a noncongruent realization might actually have been more appropriate (see above). There are instances when the bundling of nominalizations in postnominal position or within the clause is so heavy as to render the clause next to unintelligible or, at least, to conjure up a bureaucratic, clumsy writing style. Inept choices increase as well for the verbal processes that need to shape the transitivity relations within the clause. Clearly, a considerable increase in the kinds of verbs that tend to make up the network of those favored to co-occur with certain nouns would be necessary for this learner to continue enhancing his writing ability. Thus, a phrase like *dass Europäer den Sprachenlernen nicht nur auf den Schulunterricht machen sollen*, is all the more problematic for its intended but ultimately unfulfilled registerial reach in conjunction with the expansive use of nominalized GM.

Far from negating the power both of the use of GM , much less the felicitousness of the construct for gaining a better understanding of the nature of an evolving L2 advancedness, the previous, seemingly mixed picture accomplishes the opposite. Not only does it allow for a rich differentiation of what we mean by advanced language abilities in the first place. More influential for our understanding of second language capacities, it strongly suggests a developmental path that can be incorporated into program structuring, curriculum planning, materials development, pedagogical recommendations, and a variety of assessment practices. Most important, its major characteristics should prove to be highly beneficial to both teachers and learners of advanced L2 capacities as they gain the kind of meta-awareness that is, perhaps, the most comprehensive way of describing an advanced l2 user.

References

Achugar, Mariana/Colombi, M. Cecilia (in press): Systemic-functional linguistic explorations into the longitudinal study of advanced language capacities. The case of Spanish heritage language learners. In: Ortega, L./Byrnes, H. (eds.): The longitudinal study of advanced L2 capacities. Mahwah, NJ: Lawrence Erlbaum.

Byrnes, Heidi. (ed.). (2006): Advanced language learning: The contribution of Halliday and Vygotsky. London: Continuum.

Carroll, Mary/Lambert, Monique (2006): Reorganizing principles of information structure in advanced L2s: French and German learners of English. In: Byrnes, H./Weger-Guntharp, H./Sprang, K. A. (eds.): Educating for advanced foreign language capacities: Constructs, curriculum, instruction, assessment. Washington, DC: Georgetown University Press, 54-73.

Carroll, Mary/von Stutterheim, Christiane (2003): Typology and information organisation: Perspective taking and language-specific effects in the construal of events. In: Ramat, A. G. (ed.): Typology and second language acquisition. Berlin: de Gruyter, 365-402.

Christie, Frances/Martin, James R. (eds.) (1997): Genre and institutions: Social processes in the workplace and school. London: Continuum.

Colombi, M. Cecilia (2006): Grammatical metaphor: academic language development in Latino students of Spanish. In: Byrnes, H. (ed.): Advanced language learning: The contribution of Halliday and Vygotsky. London: Continuum, 147-163.

Derewianka, Beverly (1995): Language development in the transition from childhood to adolescence: the role of grammatical metaphor. Unpublished Ph.D. dissertation. Sydney: Macquarie University.

Derewianka, Beverly (2003): Grammatical metaphor in the transition to adolescence. In: Simon-Vandenbergen, A.-M./Tavernier, M./Ravelli, L. (eds.): Grammatical metaphor: Views from systemic functional linguistics. Amsterdam/Philadelphia: John Benjamins, 185-219.

Halliday, M. A. K. (1994): An introduction to functional grammar. London: Edward Arnold. 2nd. ed.

Halliday, M. A. K. (1998): Things and relations: Regrammaticising experience as technical knowledge. In: Martin, J. R./Veel, R. (eds.): Reading science: Critical and functional perspectives. London: Routledge, 185-235.

Halliday, M. A. K. (1999): Grammar and the construction of educational knowledge. In: Berry, R./Asker, B./Hyland, K./Lam, M. (eds.): Language analysis, description and pedagogy. Hong Kong: Language Centre, The Hong Kong University of Science & Technology and Department of English, Lingnan University, 70-87.

Halliday, M. A. K. (2002): Spoken and written modes of meaning. In: Webster, J. J. (ed.): On grammar. London: Continuum, 323-351.

Halliday, M. A. K. (2004): Language and knowledge: the 'unpacking' of text. In: Webster, J. J. (ed.): The language of science. London: Continuum, 24-48.

Halliday, M. A. K. (2007): A language development approach to education. In: Webster, J. J. (ed.): Language and education. London: Continuum, 368-382.

Halliday, M. A. K. (2007): On the concept of "educational linguistics". In: Webster, J. J. (ed.): Language and education. London: Continuum, 354-367.

Halliday, M. A. K./Matthiessen, C. M. I. M. (1999): Construing experience through meaning: A language-based approach to cognition. London/New York: Continuum.

Hyland, Ken/Bondi, Marina (eds.). (2006): Academic discourse across disciplines. Frankfurt: Peter Lang.

Martin, James R. (1993): Life as a noun: Arresting the universe in science and humanities. In: Halliday, M. A. K./Martin, J. R. (eds.): Writing science: Literacy and discursive power. London: The Falmer Press, 221-267.

Martin, James R. (1997): Analysing genre: Functional parameters. In: Christie, F./Martin, J. R. (eds.): Genre and institutions: Social processes in the workplace and school. London: Continuum, 3-39.

Martin, James R. (2002): Writing history: Construing time and value in discourses of the past. In: Schleppegrell, M. J./Colombi, M. C. (eds.): Developing advanced literacy in first and second languages: Meaning with power. Mahwah, NJ: Lawrence Erlbaum, 87-118.

Martin, James R./Rose, David (2003): Working with discourse: Meaning beyond the clause. London: Continuum.

Matthiessen, Christian M. I. M. (1995): Lexicogrammatical cartography: English systems. Tokyo: International Language Sciences Publishers.

Ravelli, Louise J. (1988): Grammatical metaphor: An initial analysis. In: Steiner, E./Veltman, R. (ed.): Pragmatics, discourse and text: Some systemically-inspired approaches. London: Pinter, 133-147.

Ravelli, Louise J. (2004): Signalling the organization of written texts: hyper-Themes in management and history essays. In: Ravelli, L. J./Ellis, R. A. (eds.): Analysing academic writing: Contextualized frameworks (pp. 104-130). London: Continuum, 104-130.

Rothery, Joan (1996): Making changes: developing an educational linguistics. Hasan, R./Williams, G. (eds.): Literacy in society (pp. 86-123). London: Longman, 86-123.

Schleppegrell, Mary J. (2004): The language of schooling: A functional linguistics perspective. Mahwah, NJ: Lawrence Erlbaum.

Swales, John M. (1990): Genre analysis: English in academic and research settings. Cambridge: Cambridge University Press.
Swales, John M. (2004): Research genres: Explorations and applications. New York: Cambridge University Press.
Tyler, Andrea/Evans, Vyvyan (2003): The semantics of English prepositions. Cambridge: Cambridge University Press.
von Stutterheim, Christiane/Carroll, Mary (2006): The impact of grammatical temporal categories on ultimate attainment in L2 learning. In: Byrnes, H./Weger-Guntharp, H./Sprang, K.A. (eds.): Educating for advanced foreign language capacities: Constructs, curriculum, instruction, assessment. Washington, DC: Georgetown University Press, 40-53.

Marina Chini
Università degli Studi di Pavia

Individuazione del topic in testi di apprendenti, fra teoria ed empiria

0 Introduzione

Nell'ultimo decennio la riflessione sulle varietà di apprendimento, dopo un periodo di forte focalizzazione su tematiche morfosintattiche (Klein/Dittmar 1979, Clahsen/Meisel/Pienemann 1983 per il tedesco L2; sintesi sull'italiano L2 ai capp. 3-5 di Giacalone Ramat 2003), si è occupata più specificamente di aspetti relativi alla struttura dell'informazione e del discorso in L2, ambiti in cui i mezzi morfosintattici della lingua d'arrivo posseduti (pur se elementari; von Stutterheim 1998) vengono piegati a finalità comunicativo-discorsive relativamente complesse, per es. narrare un evento, descrivere un percorso, dare istruzioni[1]. Spesso in tale campo si è operato paragonando testi prodotti da apprendenti con testi prodotti da nativi sulla base dello stesso stimolo (serie di immagini, brevi filmati) in relazione a specifiche dimensioni testuali[2]. Ne è emerso che, anche laddove la competenza morfosintattica in L2 è avanzata, il livello testuale sembra risentire del modello materno; precisi confronti di passaggi paralleli mostrano infatti che certe scelte degli apprendenti, pur non errate, conducono ad una testualità non del tutto *native-like*, almeno per alcuni aspetti (modi della coesione, grado di esplicitezza dei riferimenti e di attenzione alla costituzione temporale degli eventi; cf. n. 2).

Molti studi di tale filone utilizzano un quadro applicabile, a nostro avviso, a tutti i livelli di competenza: il Modello della *Quaestio*, che considera i testi coerenti come risposta a una domanda, esplicita o implicita, la *quaestio* appunto. Essa governa la struttura portante del testo, condizionando il movimento referenziale, la suddivisione in primo piano e sfondo (*Hauptstruktur/Nebenstruktur*) e la struttura topic/focus degli enunciati (von Stutterheim/Klein 1989, Klein/von Stutterheim 1992; von Stutterheim 1997), con modalità in parte condivise e strutturalmente determinate, in parte specifiche alle singole lingue[3]. In effetti lo studio di testi orali paralleli

---

[1] In verità in ambito europeo già le ricerche dell'ESF degli anni '80 prendevano in esame pure discorsi narrativi e descrittivi in varietà iniziali, studiandovi le espressioni relative a domini semantici con valenze testuali (riferimento a persone, tempo e spazio), la struttura tematica degli enunciati, oltre al lessico e a fenomeni di intercomprensione (Klein/Perdue 1992; Perdue 1993).

[2] Ad es. forme del movimento referenziale nell'ambito di temporalità, spazio, persona, modalità; selezione delle informazioni codificate linguisticamente; forme della coesione e gerarchizzazione dei testi, ecc. (cf. per es. Ahrenholz 1997; Chini/Giacalone Ramat 1998; Carroll/von Stutterheim 2003; alcuni saggi in Dimroth/Starren 2003; Carroll/Lambert 2003, 2005; Hendriks 2005).

[3] Tale modello sembra costituire una cornice adeguata a spiegare gli elementi strutturali condivisi da testi in L1 e L2, e nello stesso tempo può utilmente fungere da sfondo comune contro

prodotti in varie lingue, L1 e L2, rispondenti tutti alla medesima domanda (ad es. *Che cosa è successo a X?* per narrazioni), evidenzia, accanto a tratti comuni (es. la scelta di focalizzare l'attenzione su eventi e azioni riguardanti X), sia divergenze prevedibili, in ragione di un lessico e di una grammatica diversi, sia scelte differenti dal punto di vista quantitativo o qualitativo fra opzioni talora ugualmente possibili[4], a conferma dell'esistenza di un *thinking for speaking* linguistico (Slobin 1987)[5].

Su questo sfondo teorico inseriamo la nostra riflessione sul topic, inteso, in prima approssimazione (cf. par. 1), come l'argomento su cui in un enunciato si asserisce qualcosa, il tema su cui verte la frase (o il discorso, nel caso del topic discorsivo). Tale concetto risulta una nozione utile per l'analisi semantico-pragmatica di frasi e testi formulati in tutte le varietà linguistiche, comprese le interlingue, anche elementari[6] (Klein/Perdue 1992, 1997). A livello testuale il topic risulta di norma ben identificabile in base alla *quaestio*: si tratta dell'entità, nominata nella domanda, a proposito di cui il testo della risposta fornirà informazioni (es. *X* nel caso della domanda *Che cosa è successo a X?*). Analogamente a livello di enunciato il topic sarà identificabile come l'entità su cui l'enunciato dà ragguagli. In chiave acquisizionale e comparativa sarà interessante verificare eventuali divergenze nella scelta del topic (di frase o discorsivo) e nella sua codificazione nelle varietà native e in L2. Verosimilmente in testi paralleli prodotti da soggetti di lingue differenti, in L1 e L2, il topic discorsivo coincide, ma le scelte del topic di frase e dei mezzi per codificarlo possono divergere. Tali divergenze rimanderanno, oltre che a scelte stilistiche individuali, al livello di competenza dei soggetti (condizionante la gamma dei mezzi morfosintattici usati) e a preferenze di prospettiva sugli enunciati e gli stati di cose presentati, ambiti di stretta interazione fra lingua e concettualizzazione.

In questa occasione non ci proponiamo tuttavia di soffermarci su tali eventuali divergenze, bensì di compiere un primo passo preliminare, di tipo metodologico, riflettendo sui criteri per l'individuazione del topic in testi narrativi in italiano L2 (e L1), con cenni al suo trattamento[7]. Non potendo passare in rassegna le varie defini-

---

il quale si profilano scelte testuali differenti (pur coerenti con la *quaestio*), sensibili alla grammatica delle varie lingue o ad altri fattori (es. il livello di competenza in L2).

4 Ad es. in testi di inglese L1 la tendenza ad assegnare il ruolo sintattico di soggetto di frasi principali a forze ambientali è all'incirca doppia che in testi paralleli in francese o tedesco L1: cf. strutture come *as he is walking around/ a piece of paper flies in his face* con il tedesco *und wird von einem Fetzen Papier umgeschmissen* (struttura passiva in cui la forza ambientale è declassata a complemento d'agente-causa efficiente) o con il francese *il évite une feuille qui lui tombe dessus* (dove la forza ambientale assurge sì a soggetto, ma di frase subordinata; Carroll/Lambert 2005).

5 Nei termini psicolinguistici di Levelt (1989) si direbbe che il "concettualizzatore" (che seleziona e prepara l'informazione da codificare linguisticamente nel messaggio preverbale, che poi il "formulatore", specifico ad ogni lingua, codifica con lessico e grammatica specifici) non prescinda dalla lingua in cui il messaggio è formulato, dalla sua grammatica e dalle sue preferenze.

6 Ad esse è stato talora riconosciuto un carattere *topic-prominent* (es. Fuller/Gundel 1987).

7 Di tali tematiche ci occupiamo da qualche tempo proprio con Norbert Dittmar e altri colleghi di varie Università europee (in particolare Michela Biazzi, Henriëtte Hendriks, Nathalie Mednikov-Topaj, Marzena Watorek), nel "Topic component group", coordinato da chi scrive,

zioni di topic presenti in letteratura, sceglieremo un'accezione di riferimento (par. 1), proporremo alcuni criteri per individuare il topic (par. 2), li applicheremo poi su vari estratti narrativi, evidenziando taluni problemi (par. 3) e concluderemo con una breve sintesi, aperta a possibili risvolti teorici dell'analisi empirica (par. 4).

1 Il topic

La nozione di topic è notoriamente una delle più dibattute in letteratura[8]. Da taluni viene intesa come una categoria pragmatica universale (Lambrecht 1994: 147), da altri più in chiave semantico-cognitiva (Maslova/Bernini 2006), o, nell'orizzonte generativo attuale, come una testa funzionale alla periferia sinistra della frase deputata a segnalare una specifica proprietà discorsiva (Rizzi 1997). Pure nel campo funzionalista (ad es. nei saggi in Dittmar 1992) sono diverse le posizioni in merito ai suoi criteri definitori. In questa sede ci soffermiamo sul topic di frase, nozione privilegiata da molti studiosi su quella di topic discorsivo[9] (Dik 1978; Foley/Van Valin 1984; Lambrecht 1994), mentre per altri (Givón 1992: 12) andrebbe riconosciuto rilievo funzionale solo al topic di discorso. Quanto a noi, riteniamo che l'esame di scelte topicali locali, a livello di clausole (che tenga però conto dell'orizzonte testuale complessivo), consenta di cogliere possibili elementi "fini" (concettuali e formali) del tessuto e della logica testuale. La struttura informativa della clausola, unità sintattica e informativa di base del testo, si relaziona infatti in modo dialettico con la struttura informativa dell'intero testo, non solo contribuendo alla sua coerenza e coesione, ma anche sviluppando informazioni secondarie e ruotando attorno a topic di frase relativamente autonomi dal topic discorsivo. Il parlante, nativo o apprendente, dispone infatti di più opzioni per esprimere un certo stato di cose, può scegliere prospettive informative diverse a livello di clausola, pur salvaguardando (in misura e modi differenti) la necessaria continuità tematica e la coerenza del testo. In tale quadro l'individuazione (e poi il trattamento) del topic di frase in testi di nativi e apprendenti può rivelare aspetti non banali dell'interazione fra concettualizzazione del testo e sua resa linguistica.

---

all'interno del Progetto europeo *Learner Varieties: The comparative approach to second language acquisition*, coordinato dal Max-Plank Institute di Nimega (NL). Ringraziamo i membri del Progetto, in particolare di quelli del gruppo del topic, per gli utili stimoli e suggerimenti che ci hanno offerto.

8 Tale nozione si trova pure veicolata da altri termini (non sempre del tutto equivalenti), ad es. "soggetto psicologico" o "tema" (sintesi in Berretta 1995; van Kuppevelt 1994; Sornicola 2006).

9 Siamo consapevoli che vi è un che di artificiale nel considerare separatamente le frasi di un testo per individuarvi un topic di frase, in quanto nella scelta di un topic per una frase un narratore non può prescindere dal resto del discorso. Spesso anzi può capitare, per es., che in clausole di testi (narrativi) tendenzialmente coerenti, ruotanti attorno a uno o più protagonisti, il topic di frase coincida con il topic discorsivo, il protagonista (ciò va ovviamente verificato di volta in volta).

Per la definizione di topic di frase partiamo da Lambrecht (1994), distinguendo il "topic", referente su cui con la frase si forniscono informazioni rilevanti, dall'"espressione del topic", costituente (nominale) codificante il referente topicale:

> (1) TOPIC: "A referent is interpreted as the topic of a proposition if in a given situation the proposition is construed as being about this referent, i.e., as expressing information which is relevant to and which increases the addressee's knowledge of this referent.
> TOPIC EXPRESSION: "A constituent is a topic expression if the proposition expressed by the clause with which it is associated is pragmatically construed about the referent of this constituent" (Lambrecht 1994: 131)

L'accezione di Lambrecht 1994 e altre simili (Dik 1978, Gundel 1988, Molnár 1993, Berretta 1995) si riferiscono al topic di frase in termini di *aboutness*, dunque di rilevanza e pertinenza; non la interpretiamo in termini unicamente semantici[10], ma vi scorgiamo un nesso con il livello pragmatico-enunciativo, in quanto (1) rimanda sia alla proposizione che all'intenzione del parlante di trasmettere un'informazione rilevante per il destinatario sul topic scelto in un contesto specifico[11]. Il topic è dunque di norma un referente discorsivo (entità, eventualmente proposizione, mai predicato in Lambrecht 1994) su cui verte l'enunciato e per il quale quanto vi si afferma è rilevante. A livello cognitivo le sue caratteristiche sono identificabilità, stato di attivazione alto nella memoria, accessibilità (Chafe 1976; Givón 1983); a livello informativo vi corrisponde uno scarso dinamismo comunicativo (reso iconicamente da scarso rilievo prosodico), a fronte di un comment "dinamico"[12].

Sulla nozione di topic di frase tornano in chiave semantica Maslova e Bernini (2006) che distinguono tre costruzioni topicali (o *templates*[13]) universali, su cui

---

10 A differenza di quanto fa Sornicola (2006: 766), che ritiene "interamente" semantica l'accezione di topic di Lambrecht (1994) e ne propone una di taglio pragmatico rimandante al livello enunciativo. Secondo Sornicola (2006: 768) la rappresentazione pragmatica di una frase del tipo *John loves the sea* con *John* come topic sarebbe: *as for John, I am telling you that John loves the sea*, dove *I am telling* è un predicato di livello superiore rispetto a *loves* e rappresenta il "modus" dell'atto di enunciazione (mentre *loves* appartiene al "dictum", alla proposizione).

11 In ragione di tale valenza pragmatico-informativa del topic non adottiamo (anche se hanno una loro giustificazione) accezioni che identificano il topic nel primo elemento della frase (Halliday 1967), nel soggetto grammaticale o in una posizione sintattica (Rizzi 1997), in elementi che forniscono un *frame* o quadro spazio-temporale per l'enunciato (Chafe 1976; Stark 1999) o altre (cf. van Kuppevelt 1994, Sornicola 2006); non basta poi per il topic essere informazione data o presupposta. Non adottiamo neppure l'accezione di topic in termini di alternative proposta nel Modello della *quaestio* ("As any question, the *quaestio* raises a set of alternatives and the answer specifies one of these. Such a set of possible alternatives is called the topic of the utterance, and the one which is selected and specified, the focus of the utterance", Klein/Perdue 1992: 341).

12 A partire da questi criteri si muove Grobet (2002) nell'identificazione del topic nei dialoghi: il topic sarebbe l'informazione situata nella memoria discorsiva che funziona da "punto di ancoraggio immediato" per le unità discorsive minimali (e per l'interpretazione del comment); sarebbe identificabile, attivo, contraddistinto da relazione di *aboutness* (*à propos*) e pertinenza.

13 Hanno in comune la funzione di opporre espressioni referenziali escluse dall'operatore di illocuzione (topicali) al resto della frase (relativo all'evento o stato di cose asserito); sono: 1) una costruzione *s(ubject)-topic* basata sulla relazione fra l'evento e il(i) suo(i) partecipante(i) pri-

poggerebbero le codificazioni del topic nelle singole lingue. Ad esse si collegano tre aspetti centrali della topicalità: la funzione di *aboutness* riferita ai partecipanti primari dell'evento, la funzione di inquadramento (*frame setting*) riferita alle localizzazioni spaziali, la funzione di ancoraggio che rimanda ai punti di riferimento (*reference points*, o entità legate a uno dei partecipanti; Maslova/Bernini 2006: 83, 99).

Fra le suddette funzioni per la nostra analisi privilegeremo, sulla base di Lambrecht (1994), la funzione di *aboutness* e la sua codificazione, con particolare attenzione ai partecipanti primari degli eventi (pur essendo consapevoli delle possibili valenze topicali di altri elementi). Terremo inoltre presenti alcune correlazioni tipologiche preferenziali fra il topic e certi ruoli sintattici (in particolare fra topic e soggetto, topic e oggetto; Givón 1983; 1992: 11), e il principio iconico della "quantità del codice" ("Information that is already activated requires the smallest amount of code"; Givón 1992: 25), per cui mezzi referenziali leggeri pronominali o vuoti sono particolarmente adatti a codificare referenti accessibili quali sono di norma i topic.

2 Criteri adottati per l'individuazione del topic

Nell'identificare il topic di frase nei brani narrativi del corpus, sulla base di Lambrecht (1994) escludiamo dall'analisi come prive di topic le frasi con *sentence focus* (tetiche, Sasse 1987), dove tutta l'informazione è nuova, rematica (come in *È arrivata la primavera*, in risposta a: *Come mai sei così allegra?*), e le frasi con focus su un argomento (scisse del tipo: *È il suo atteggiamento che non mi convince*, in risposta per es. a: *Ti sembra che non abbia detto la verità?*).

I criteri adottati per identificare il topic di frase o clausola[14] sono i seguenti:
1. il topic di una clausola è il referente su cui il parlante intende fornire informazioni per mezzo della clausola stessa (criterio di *aboutness*);
2. il referente topicale è accessibile, identificabile, attivo, di solito è espresso da costituenti prosodicamente non salienti[15]; referenti nuovi (*brand-new*), anche se nel ruolo di soggetto (spesso postverbale in italiano), non possono essere topic (è il caso di soggetti di frasi presentative e identificative);

---

mario(i), di norma il soggetto, topic fortemente attivato e inferibile (*PP-template*, *PP=primary participant*); 2) una struttura *h(anging)-topic* fondata sulla relazione fra l'evento e un elemento topicale collegato a un partecipante all'evento (meno accessibile del soggetto; *RP-template*, *RP=reference point*); 3) una struttura *f(ronting)-topic*, relativa al rapporto fra l'evento e il suo quadro spazio-temporale, spesso anteposto (*SF-template*, *SF=spatial frame*; Maslova/Bernini 2006: 83, 103).

14 Nel lavoro citato Grobet (2002: 11) propone un processo di identificazione del topic a più tappe, per alcuni aspetti simili al nostro, che, partendo dal ruolo dell'intuizione e della soggettività dell'analista, ne esplicita i fattori linguistici (lessicali, sintattici; marginali qui quelli prosodici) e discorsivi (salienza contestuale, struttura gerarchica e concettuale del discorso, ecc.).

15 Ciò vale per topic non constrastivi, enunciati non topicalizzati o con topic a destra, mentre topicalizzazioni a sinistra hanno in italiano una marcatura prosodica, l'innalzamento della f0 sull'ultima tonica del costituente topicalizzato (*il senso generale lo capisco*; Mereu/Trecci 2004).

3. n strutture con *predicate-focus* (es.: *(Eva) ha perso il treno*, in risposta a *Che èsuccesso a Eva?*) il soggetto è di solito il topic se sono soddisfatti criteri 1 e 2;
4. laddove sono plausibili più candidati al ruolo di topic, evenienza non esclusa dalla bibliografia (Lambrecht 1994; Grobet 2002: 120), viene privilegiato il topic con il ruolo di soggetto, topic grammaticalizzato, se risponde ai requisiti (l'esempio, tradotto, è di Lambrecht 1994; cf. Givón 1992: 11):

(02) egli$_i$ sposò Rosa$_2$ (c. 1; egli$_i$ rimanda al referente topic della c. 1, già noto)
ma 0$_i$ non l'$_2$amava   (c. 2; riteniamo topic primario il referente cui rimanda
veramente   0$_i$, considerando Rosa, codificata da l'$_2$, topic secondario)[16].

5. normalmente non consideriamo topic un soggetto post-verbale, a meno che compaia dislocato a destra, deenfatico (es. Ha comperato un camper, Giovanni);
6. talora l'identificazione del topic è controversa, ad es. in sequenze come:

(03)   X passeggia   (c. 1, con X = topic, se già introdotto in precedenza)
      Y vede X, o: X è visto da Y   (c. 2, con X = topic, se Y nuovo, non accessibile)
      Y chiama X   (c. 3: fra i due candidati topic X e Y scegliamo Y come topic, essendo soggetto accessibile e attivo, mentre X topic è secondario; X sarebbe nella nostra analisi topic primario in una struttura passiva: *X è chiamato da Y*)[17]

In casi come (3) con conflitti di indizi la scelta del topic di frase comporta un certo grado di arbitrarietà; per rifarci ad un criterio oggettivo, stanti i criteri sopra elencati, possiamo risolvere il conflitto a favore dell'indizio sintattico dato dal ruolo di soggetto. Va detto comunque che, a livello globale del discorso, pur non essendo topic di clausole come c. 3 (nell'es. 3), X può continuare ad essere topic discorsivo.

3 Individuazione del topic in testi narrativi in italiano L1 e L2

Nella nostra analisi privilegeremo il topic di frase (*sentence topic*), pur considerando sempre frasi collocate in un preciso contesto testuale, e lasceremo in secondo piano il topic discorsivo (*discourse topic*), che pur talora coincide nei testi con il topic di frase. In quanto segue esemplifichiamo l'applicazione dei suddetti criteri in testi narrativi prodotti in italiano L2 postbasico da apprendenti tedescofoni e ispanofoni,

---

[16] Lambrecht motiva così tale scelta: "Although the sentence primarily adds to our knowledge of John (John being the primary topic), it also has the effect of increasing our knowledge of Rosa, by informing us that she was not loved by her husband. Both John and Rosa are under discussion at the time the clause [c. 2] is uttered" (Lambrecht 1994: 148).

[17] Nell'uso spontaneo di italofoni nativi la sequenza (3) suonerebbe: *X passeggia* (c. 1), *Y lox vede* (c. 2), *e 0y lox chiama* (c. 3). Il topic delle cc. 2-3 nell' analisi proposta corrisponderebbe alle espressioni meno esplicite (il clitico alla c. 2, il pronome soggetto 0 alla c. 3). Un'opzione naturale per introdurre Y sarebbe l'anteposizione alla c. 2 di una formula presentativa come *Arriva Y*; in tal caso il topic di *Y lox vede* sarebbe Y (codificabile da un pronome 0 o da un relativo: *Arriva Y, 0y lox vede/ chey lox vede*).

Individuazione del topic in testi di apprendenti   209

preceduti da brani analoghi in italiano L1[18], senza fornire un resoconto quantitativo del fenomeno[19], ma identificando alcuni problemi di metodo. In molti passaggi l'individuazione del topic (=T) sulla base dei predetti criteri risulta abbastanza agevole. Riportiamo tre esempi da *Modern Times* in italiano L1 (4) e L2 (5 e 6[20]):

(4)
*MIR: Dunque l'attore *Charlie Chaplin* si trova per strada (introd. referente 1)   Ir1
        0 (=T1) sta passeggiando tranquillamente   T1
        mh 0 (=T1) sta per attraversare la strada   MT1
        0 (=T1) vede *un* eh *camioncino* (introd. referente 2)   MT1
    5 dal camioncino dal retro sporge *una:/una bandiera* (introd. referente 3)   Ir3
        questa bandiera (=T3) cade   T3

(5)
*DOR: c'è *un uomo* (introd. referente 1)   Ir1
        che: (=T1) va in città   (T1)
        e lui (=T1) eh trova *una bandiera* – (introd. referente 2)   MT1-Ir2
        che:/perché c'è *una macchina* (introd. referente 3)   (Ir3)
    5 che (=T3) 0 (=T2?) ha persa   (T3 o T2?)
        e lui (=T1) prende la bandiera   ST1
        e:+eh + lui (=T1) vuole: riprendere 0 al eh/al uomo de/della macchina MT1

(6)
*ANU: *U(n) uomo* va- caminando per la strada (introd. referente 1)   Ir1
        0 (=T1) trova *una bandera* (introd. referente 2)   T1-Ir2
        che (=T2) cade di- di *un camion* (introd. referente 3)   (T2)
        0 (=T1) la prende   MT1 o ST1
    5 e- lui (=T1) no- no se è acorto,   MT1
        y [=e] 0 (=T1) se trova a la testa di- di *una manifestazione* (introd. ref. 4) MT1-Ir4
        e 0 (=T1) bedi   MT1
        che- *tutti i poliziotti,* ehm- vanno a- a prendere a la gente (introd. ref. 5) (Ir5)
        lui (=T1) vuole escapare,   MT1
   10 pero' alla fine 0_5 lo- lo_1 arrestano   MT1 o ST5?

Negli esempi troviamo, specie all'inizio, clausole prive di topic, che introducono referenti rematici, potenziali topic (es. 4, cc. 1, 5; es. 5, cc. 1, 4; es. 6, cc. 1, 8), con diverse modalità, rappresentate sia in italiano L2 che in L1[21]. Una volta presentato,

---

18 Si tratta di narrazioni basate su uno stimolo filmico (il primo episodio di una versione ridotta del film muto *Modern Times* di Charlie Chaplin) e su uno stimolo visivo (la nota *Frog story*, che consta di una ventina di immagini senza testo; cf. Berman/Slobin 1994).
19 Qualche primo dato quantitativo si trova in Chini (i.s.).
20 DOR è apprendente tedescofono, ANU è ispanofona. Negli esempi useremo le seguenti sigle e abbreviazioni: introd. = introduzione, T = topic e sua espressione (segue un indice che identifica il referente), Ir = introduzione di referente (possibile topic; segue numerazione); MT = mantenimento del referente topicale dall'ultima clausola con topic; ST = *shift* di topic rispetto alla clausola precedente; STp= *shift* di topic parziale. Sono fra parentesi le indicazioni relative a frasi subordinate, in corsivo le prime menzioni dei referenti passibili di divenire topicali nel seguito.
21 Come soggetto postverbale codificato con un sintagma nominale (SN) indefinito in costruzioni esistenziali o presentative (es. 5 cc. 1, 4), come oggetto indefinito di verbo transitivo,

il referente, ora noto e accessibile, diviene e rimane topic nelle clausole seguenti se risponde ai criteri elencati al par. 2. Ciò accade per il referente Charlie (=T1) quando, dopo la sua introduzione, viene codificato nel ruolo di soggetto, vuoto o pronominale, di verbi relativi a sue azioni o esperienze di rilievo narrativo. Come risulta da conteggi eseguiti per altri lavori (Chini i.s.) in tali casi la codificazione pronominale esplicita del topic (es. 5, cc. 3, 6-7; es. 6, c. 5) è più frequente in italiano L2 che L1, dove invece, nel ruolo di soggetto, è relativamente più presente il pronome zero per soggetti topicali (es. 4). Localmente, qui e in brani di altri apprendenti, pure altri referenti divengono topic di clausola: la bandiera (4, 6), il camioncino (5), i manifestanti, la polizia (6), con il tipico ruolo di soggetto espresso da SN pieni definiti (es. 4, c. 6) o da relativi (es. 5 c. 5). Meno tipica la ripresa di un referente, appena introdotto, nel ruolo di oggetto obliquo (es. 4 c. 5: *dal camioncino sporge una bandiera)*, che, pur occupando la posizione iniziale di frase e svolgendo una funzione di localizzazione spaziale, affine concettualmente al topic (cf. il *f-topic* di Maslova/Bernini 2006 e *supra* par. 1), non viene qui categorizzato come topic poiché non risponde al criterio 1 (par. 2; la c. 5 non ci pare propriamente formulata con l'intenzione di fornire informazioni sul camioncino).

Controversa è poi l'identificazione del topic in frasi subordinate, perciò qui messa fra parentesi: possiamo escluderla per principio (essendo esse prive di forza illocutiva; cf. Sornicola 2006), oppure, in una prospettiva più elastica attenta al contesto discorsivo, accettare che pure alcune subordinate possano contenere un topic (cf. es. 34 in Mereu/Trecci 2004), come indicato per le (pseudo)relative in (5, 6), dove il pronome relativo (che rimanda a referente noto su cui la relativa fornisce informazioni) pare codificare il topic appena introdotto. Nella stessa prospettiva non escluderemmo neppure la possibilità di identificare un topic in alcune avverbiali (specie se preposte alla principale)[22] e completive[23]. Emerge infine talora come problematica la scelta fra due possibili topic (es. 5, c. 5; es. 6, c. 10).

---

spesso di percezione (es. 4 c. 4, es. 5 c. 3, es. 6 c. 2), talora come soggetto, anche preverbale (eventualmente oggetto), espresso da nome proprio (es. 4 c. 1) o da SN indefinito o definito (es. 4 c. 1, es. 6 c. 1).

22 Quanto alle subordinate avverbiali, di norma prive di forza illocutiva, dal punto di vista informativo se premesse alla principale spesso appartengono alla porzione di inquadramento (se non proprio topicale) dell'enunciato e, in senso lato, si può pensare che includano un topic, mentre le avverbiali posposte più facilmente veicolano informazioni rematiche. Cf. le avverbiali (sottolineate) *quando GiovanniG guardava la televisione*, 0G si addormentava, con GiovanniG topic (se già noto) vs. Giovanni si addormentava sempre *appena iniziava il telegiornale*, avverbiale senza topic (ma in Giovanni si addormentava sempre *appena 0G iniziava a vedere la TV*, si può ritenere che 0G sia espressione del topic in quanto nell'avverbiale introdotta da *appena* si sta ancora parlando di lui).

23 Non identifichiamo alcun topic nella completiva retta da *bedi* 'vede' (es. 6 c. 8: *bedi/ che tutti i poliziotti vanno a prendere la gente*), ma ci pare possibile identificarne uno nella completiva (c. 10, sottolineata) in *Charlie Chaplin laB raccoglie/ 0 segnalando al camionistaC/ che 0C l'B aveva persa* (ROS cc. 8-10), dove il topic locale di cui si afferma qualcosa è il camionista (0C), o eventualmente la bandiera (*l'B*), anche se il topic discorsivo resta Charlie (topic delle due clausole precedenti).

Individuazione del topic in testi di apprendenti   211

In racconti relativi alla *Frog story* troviamo una variazione rispetto ai casi precedenti (contenenti mantenimento, MT, o cambiamento di topic, ST), nella fattispecie si hanno passaggi (qui sottolineati) da un topic a più topic, incluso il precedente o, viceversa, il passaggio da più topic a uno solo di essi (= STp parziale). I criteri scelti paiono però ugualmente applicabili. Vediamo in merito tre esempi, uno di un nativo (ARM), e due di apprendenti (ALE, tedescofona, ASU ispanofona):

(7)
*ARM: 0 (=il bambino₁ e il suo cane₂=T1+T2) cominciano a cercare la rana₃   MT1+MT2
prima 0 (T1+T2) cominciano a cercarla in casa   MT1+MT2
il cane (T2) infila la testa nel vasetto di vetro [...]   MT2 (STp)
il bambino (T1) invece [sott.: comincia] a guardare negli stivali   ST1 (STp)
0 (T1) mette un po' sottosopra la camera   MT1
ma 'sta rana (T3) non si trova   ST3
allora 0 (T1+T2) cominciano a guardare fuori   ST1+ST2

(8)
*ALE: 0 (=il bambino₁ e il suo cane₂=T1+T2) andavano a/ehm avanti   ST1+MT2
0 (T1+T2) cercare la rana ehm fuori della casa fuori della giardino   (MT1+MT2)
il piccolo ragazzo (T1) chiamava ancora per tante volte la rana   MT1 (STp)
ma 0 (T1) non la troveva/trovava   MT1
mentre il/la/il cane (T2) cominciava a seguire *un:/una folla di api* ₐ   ST2 – IrA
[...] e loro (T1+T2) seguivano li api fino a questo albero   ST1+MT2

(9)
*ASU: e poi da un buc/un albero [...] esci *un gufo*_G (introd. referente G)   IrG
e che_G (TG) penso   (TG)
che era addormentato
e 0 _G (TG) le se spaventa (o: el se espaventa)   MTG
el bambino (T1) cade per terra   ST1
e in questo anche arrivano tute le api_A (= ripresa referente A)   (senza T)
che _A (TA) el cane ha disturbato   (TA)
e loro due (T1+T2) e il cane (T2) e lui (T1) eh comensano a correre   ST1+ST2
perché 0 (T1+T2) hano paura del ucelo del ape   (MT1+MT2)

Nei passaggi da due topic a uno solo di essi (da T1+T2 a T1 o T2) i mezzi utilizzati da nativi e apprendenti sono di norma sintagmi nominali definiti (*il cane, il bambino, il piccolo ragazzo*, in 7 e 8), pure per topic molto accessibili (codificati in precedenza con soggetti sottintesi, cf. pronomi 0 in 7 e 8): per il mantenimento di topic parziale, restrittivo, o meglio il parziale *shift* di topic (STp), si ritiene opportuna una codifica lessicale, disambiguante. Nella transizione da uno a più topic, incluso il precedente (mantenimento di topic additivo) si trovano invece mezzi più leggeri, pronominali (*loro* in 8; *loro due* in 9, con l'esplicitazione successiva *il cane e lui*, e poi in 12) o vuoti (*0* nel nativo, es. 7 ultima riga), senza differenze qualitative fra L1 e L2.

I criteri proposti incontrano applicazioni talora problematiche in contesti in cui non è immediatamente chiaro se si possa identificare il referente topicale nel soggetto o piuttosto nell'oggetto, diretto o indiretto della clausola. In tali casi, desiderando individuare un solo referente topicale primario, riteniamo si possa procedere utilizzando una griglia di criteri e optando per il referente che nel contesto soddisfi

un numero maggiore di criteri, dunque proponendo un "gradiente di topicalità". I criteri utilizzati per tale griglia sono sia locali (1-3) che contestuali (4-6):
1. ruolo sintattico della *topic expression*: dal più tipico per un referente topicale, il soggetto, ai meno tipici, oggetto diretto e poi oggetto indiretto (Givón 1992: 11);
2. "quantità di codice" ovvero forma di SN assunta dalla *topic expression*: più leggera è la sua codificazione morfologica, più si tratterà di un topic accessibile, dunque tipico (si rimanda qui alla scala di accessibilità del topic di Givón 1983);
3. presenza di eventuali costruzioni di topicalizzazione (es. dislocazioni);
4.-6. il (candidato) topic di clausola è anche topic del testo (4), o topic della clausola precedente (5) o della successiva (6).

Vediamo ora tre esempi problematici per l'individuazione del topic (perciò segnalati con ?) con la successiva relativa griglia di analisi (in essa i criteri comparativamente più chiari a favore della topicalità del referente saranno seguiti da un +); un quarto esempio (13), in tedesco L1, viene analizzato secondo la stessa griglia[24]:

```
(10)
*ROS: questa bandiera_B(=TB) probabilmente rossa eh cade dal eh/dal camion    MTB
    8 ehm e Charlie Chaplin₁ (=T1) la_B raccoglie/rac [topic =T1 o TB?]       ST1 o MTB?
      0₁ segnalando al camionista_C                                            (MT1)
   10 ehm che 0_C l'_B aveva persa [topic = camionista o bandiera?]           (STC o STB?)

(11)
*ALE: 0_{1+2} hanno cominciato a cercarla₃ dentro li/i stivali grandi del ragazzo₁   T1+T2
      e: la/il suo amico il cane₂ cer/la₃ cercava dentro anche il bicchieri           MT2 (STp)
      e 0₂ ha messo dentro/la sua testa dentro il bicchiere                           MT2
   20 ma 0_{1+2} la rane₃ non trove/trovavano [topic = rana o ragazzo e cane?]

(12)
*ASU: 0₂ [il cane =T2] cade per la finestra quando la-/con il pezzo del vaso   MT2
      0₂ cade di testa a la estrada                                            MT2
   25 che fa male
      ma il bambino₁ (=T1) lo₂ prende [topic = bambino o cane?]                T2 o ST1?
      0₁ lo₂ cocola un po' [topic = bambino o cane?]                           MT2 o MT1?
      e loro due (=T1+T2) vano al bosco                                        T1+T2

(13)
*ALE: es war das Geweih eines Hirsches (introd. referente H)                   IrH
      und als er₁ (=T1, il bambino) sich an diesem Geweih festhielt            (ST1)
      erwachte der Hirsch (=H) aus seinem Schlaf                               TH?
      und er₁ (T1) fiel zwischen das Geweih des Hirsches                       ST1
      und der Hirsch trug ihn₁ auf dem Kopf davon [topic =T1 o TH?]            MT1 o STH?
      denn er_H war natürlich erschreckt [per: erschrocken]                    TH
```

---

[24] ROS è nativa italofona, ALE apprendente tedescofona, ASU apprendente ispanofona.

Tabella 1. Griglia per l'individuazione di espressioni topicali (T) (casi problematici ess. 10-12)

Es., c.: forma	Ruolo sint.	Forma SN	Costr. top.	T testo	T in F prec.	T in F seg.	Totale indizi pro T
10, 8: Charlie	S +	NPRO	+			(+)	2(+1)
10, 8: la $_B$	O	CLIT +			+		2
10, 10: 0c	S +	ZP +		-	-	-	2
10, 10: l' $_B$	O	CLIT		-	-	-	0
11, 20: 0$_{1+2}$	S +	ZP +		+	+	+	5
11, 20: la rane	O	DETN	+		-	-	1
12, 26: il b.$_1$	S +	DETN		+	-	?	2
12, 26: lo$_2$	O	CLIT +			-	?	1
12, 27: 0$_1$	S +	ZP +		+	-	+	4
12, 27: lo$_2$	O	CLIT			+	+	2
13: der Hirsch	S +	DETN			-	+	2
13: ihn$_1$	O	PRO +			+	+	3

Nell'es. 10 c. 8 l'assegnazione del ruolo di topic di clausola a Charlie o alla bandiera è piuttosto incerta, in quanto entrambi lo sarebbero sulla base di due criteri sicuri, uno locale e uno contestuale; Charlie emerge però come favorito se gli si riconosce un ruolo di topic anche nella clausola successiva, subordinata (c. 9). Nell'es. 10, volendo trovare un topic per la c. 10, completiva, risulta invece favorito per due criteri locali il referente 'camionista'. Nell'es. 11 c. 20 il referente 'rana' è presente come oggetto preverbale in una costruzione topicalizzante (un nativo avrebbe forse usato una dislocazione a sinistra: *ma la rana non la trovavano*), ma gli altri criteri locali e contestuali segnalano i due cercatori (il bambino e il suo cane) come topic (primari), lasciando alla rana il ruolo di topic secondario. Nell'es. 12 c. 26 il dubbio sul topic può essere risolto a favore del referente 'bambino' per un solo indizio di scarto, di tipo contestuale, mentre nella successiva c. 27 lo scarto a suo favore è più chiaro e si situa a livello di indizi locali (ruolo sintattico di soggetto e forma di codificazione più leggera), essendoci parità fra quelli contestuali[25]. Nella penultima clausola dell'es. 13 in tedesco L1, infine, sulla base della griglia il referente 'bambino' (*ihn*) risulta più topicale del cervo, che pur nel seguito sarà per alcune clausole topic incontrastato.

---

[25] Nell'es. 12 alla c. 26 al cane potrebbe essere assegnato un ulteriore indizio contestuale (+) come topic della frase precedente se non si tiene conto della relativa (c. 25), in quanto subordinata; del resto, tenendo conto dell'esito della nostra analisi per la c. 27, anche il bambino avrebbe un ulteriore indizio a suo favore alla c. 26 come topic della c. 27, la clausola precedente, il che porterebbe a ristabilire un certo suo primato come topic della c. 26.

4 Conclusione

Nell'analisi abbozzata si sono proposti e applicati alcuni criteri di individuazione del topic di clausola a brani narrativi in italiano L2 e L1. Consapevoli della vaghezza e problematicità della nozione di topic, si è scelto di partire dalla definizione di Lambrecht (1994), coniugando considerazioni pragmatico-informative sul topic di clausola (come referente noto su cui si fornisce un'informazione rilevante) con criteri più formali relativi alle codificazioni morfosintattiche più prototipiche del topic, quali emergono per es. da lavori tipologici (in particolare Givón 1983, 1992). Operando su brevi passaggi di un corpus in italiano L2 e L1 si è poi potuto constatare che tali criteri in molti casi consentono di identificare in modo sufficientemente univoco il topic di clausola (che può essere diverso dal topic discorsivo). Per contesti in cui tale individuazione risulta meno sicura si è proposta una griglia di criteri, locali e contestuali, che consentono di confrontare e soppesare il grado di topicalità dei referenti potenziali topic, e spesso di individuarne uno "più topicale" di un altro (o un topic primario rispetto ad uno secondario).

Come risvolto di carattere teorico di tale limitata analisi empirica, ci pare di poter concludere che, se è normalmente netta l'opposizione fra parte topicale della clausola (sottratta all'operatore di illocuzione) e parte non topicale, rematica e focalizzata, pensiamo si possa riconoscere in alcuni contesti un gradiente di topicalità differente a referenti appartenenti alla parte nota e tematica degli enunciati, gradiente sensibile all'effetto combinatorio delle seguenti scale:

(14) Topicalità e ruoli sintattici: soggetto > oggetto diretto > oggetto indir. (Givón 1992: 11)
(15) Topicalità e codificazione morfosintattica (cf. scala di accessibilità del topic; Givón 1983): pronomi zero > pronomi clitici > pronomi tonici > SN definiti > SN topicalizzati
(16) Influsso del contesto (inteso come topic di altre clausole) sul topic della clausola: topic discorsivo > topic della frase precedente (>) topic della frase seguente

Il modo in cui tali scale si possono combinare è vario e va approfondito[26]; di norma comunque si può ritenere che, in caso di competizione fra topic, più un referente si caratterizza per i tratti sulla sinistra delle scale, maggiore sarà il suo grado di topicalità nella clausola.

Bibliografia

Ahrenholz, Bernt (1997): Modalità e movimento referenziale in istruzioni. Un confronto fra istruzioni orali prodotte in tedesco e in italiano L1. Studi Italiani di Linguistica Teorica e Applicata 26/3, 449-478.
Berman, Ruth/Slobin, Dan I. (eds.) (1994): Relating events in narrative: A crosslinguistic developmental study. Hillsdale NJ: Lawrence Erlbaum.

---

26 Va ulteriormente soppesato e ordinato il ruolo di fattori qui solo menzionati: 1) il rapporto fra topic e componenti semantiche (ipotesi: partecipanti primari > altri partecipanti > quadro spazio-temporale); 2) fra tipi di topic (topic non constrastivi, enunciati non topicalizzati o con topic a destra, deenfatici; topicalizzazioni a sinistra, prosodicamente marcate; Mereu/Trecci 2004).

Berretta, Monica (1995): Ordini marcati dei costituenti maggiori di frase: una rassegna. Linguistica e Filologia 1: 125-170.
Carroll, Mary/Lambert, Monique (2003) Information structure in narratives and the role of grammaticised knowledge. In: Dimroth/Starren, 267-287.
Carroll, Mary/Lambert, Monique (2005): Problems in reorganising principles of information structure in advanced L2s: a study of French and German learners of English. Georgetown University Round Table on Languages and Linguistics.
Carroll, Mary/von Stutterheim, Christiane (2003): Typology and information organisation. In: Giacalone Ramat, A. (ed.): Typology and second language acquisition. Berlin: Mouton de Gruyter, 365-402.
Chafe Wallace L. (1976): Givenness, contrastiveness, definiteness, subjects, topics, and point of view. In: Li, Ch. N. (ed.): Subject and Topic. New York: Academic Press, 27-55.
Chini, Marina (i.s.): Acquiring the grammar of topicality in L2 Italian: a comparative approach. In: Mereu L./Banti, G. (eds.): Information structure and its interfaces. A study of regional and standard Italian and other European and non-European languages. Berlin: Mouton de Gruyter.
Chini, Marina/Giacalone Ramat, Anna (a cura di) (1998) Strutture testuali e principi di organizzazione dell'informazione nell'apprendimento linguistico. Studi Italiani di Linguistica Teorica e Applicata 27/1.
Clahsen, Harald/Meisel, Jürgen M./Pienemann, Manfred (1983): Deutsch als Zweitsprache. Der Spracherwerb ausländischer Arbeiter. Tübingen: Narr.
Dik, Simon (1978): Functional Grammar. Amsterdam: North Holland.
Dimroth, Christine/Starren, Marianne (eds.) (2003): Information structure and the dynamics of language acquisition. Amsterdam: Benjamins.
Dittmar, Norbert (ed.) (1992): Topic – From Grammar to Discourse. Linguistics 30.
Foley, William/Van Valin, Robert D. (1984): Functional syntax and Universal Grammar. Cambridge: Cambridge University Press.
Fuller, Judith W./Gundel, Jeannette K. (1987): Topic-prominence in Interlanguage. Language Learning 37: 1-18.
Giacalone Ramat, Anna (a cura di) (2003): Verso l'italiano. Percorsi e strategie di acquisizione. Roma: Carocci.
Givón, Talmy (1983): Topic continuity in discourse: An introduction. In: Givón, T. (ed.): Topic continuity in discourse: A quantitative cross-language study. Amsterdam: Benjamins, 1-41.
Givón, Talmy (1992): The grammar of referential coherence as mental processing instructions. In: Dittmar (ed.): 5-55.
Grobet, Anne (2002): L'identification des topiques dans les dialogues. Bruxelles: De-Boeck-Duculot.
Gundel, Jeannette K. (1988): Universals of topic-comment structure. In: Hammond, M./Moravcsik, E.A./Wirth, J.R. (eds.): Studies in Syntactic Typology. Amsterdam: Benjamins, 209-239.
Halliday, Michael (1967): Notes on transitivity and theme in English. Part II. Journal of Linguistics 3: 199-244.
Hendriks, Henriëtte (ed.) (2005): The structure of learner varieties. Berlin: Mouton de Gruyter.
Klein, Wolfgang/Dittmar, Norbert (1979): Developing grammars. Berlin: Springer.
Klein, Wolfgang/Perdue, Clive (1992): Utterance structure. Amsterdam: Benjamins.
Klein, Wolfgang/Perdue, Clive (1997): The basic variety, or: Couldn't natural language be much simpler. Second Language Research 13 (4): 301-347.
Klein, Wolfgang/von Stutterheim, Christiane (1992): Textstruktur und referentielle Bewegung. Zeitschrift für Literaturwissenschaft und Linguistik 86: 67-92.
van Kuppevelt, Jan (1994): Topic and Comment. In: Asher, R. E./Simpson, J. M.Y. (eds.): Encyclopedia of Language and Linguistics. Vol. 9. Oxford: Pergamon Press, 4629-4633.

Lambrecht, Knud (1994): Information structure and sentence form. Topic, focus, and the mental representations of discourse referents. Cambridge: Cambridge University Press.
Levelt, Willem (1989): Speaking. From intention to articulation. Cambridge Mass.: MIT Press.
Maslova, Elena/Bernini, Giuliano (2006): Sentence topics in the languages of Europe and beyond. In: Bernini, G./Schwartz, M.L. (eds.): Pragmatic organization of discourse in the languages of Europe. Berlin: Mouton de Gruyter, 67-120.
Mereu, Lunella/Trecci, Alessandra (2004): Focus sul topic. In: Albano Leoni, F./Cutugno, F./Pettorino, M./Savy, R. (a cura di): Il parlato italiano. Atti del Convegno nazionale. Napoli, 13-15 febbraio 2003. Napoli: D'Auria (CD-Rom).
Molnár, Valeria (1993): Zur Pragmatik und Grammatik des TOPIK-Begriffes. In: Reis, M. (Hrsg.): Wortstellung und Informationsstruktur. Tübingen: Niemeyer, 155-202.
Perdue, Clive (ed.) (1993): Adult language acquisition. Cross-linguistic perspectives. 2 voll. Cambridge: Cambridge University Press.
Rizzi, Luigi (1997): The fine structure of the left periphery. In: Haegeman, L. (ed.): Elements of grammar. Dordrecht: Kluwer, 281-337.
Sasse, Hans-Jürgen (1987): The thetic/categorical distinction revisited. Linguistics 25/3: 511-580.
Slobin, Dan I. (1987): Thinking for speaking. In: Proceedings of the Thirteenth Annual Meeting of the Berkeley Linguistic Society, 435-445.
Sornicola, Rosanna (2006): Topic and Comment. In: Brown, K. (ed.): Encyclopedia of Language and Linguistics. 2nd Edition, vol. 12. Oxford: Elsevier, 766-773.
Stark, Elisabeth (1999): Antéposition et marquage du thème (topic) dans les dialogues spontanés. In: Guimier, C. (éd.): La thématisation dans les langues. Bern: Lang, 337-358.
von Stutterheim, Christiane (1997): Einige Prinzipien des Textaufbaus. Tübingen: Niemeyer.
von Stutterheim, Christiane (1998): Global principles of information organisation in texts of L2 speakers. In: Chini/Giacalone Ramat (a cura di), 89-110.
von Stutterheim, Christiane/Klein, Wolfgang (1989): Referential movement in descriptive and narrative discourse. In: Dietrich, R./Graumann, C.F. (eds.): Language processing in social context, Amsterdam: Elsevier: 39-76.

Rainer Dietrich und Jürgen Weissenborn
Humboldt Universität zu Berlin

Erwerbsprozesse im Erstspracherwerb und Zweitspracherwerb

Im Folgenden wollen wir, ausgehend von neueren Forschungsergebnissen zu den frühen Phasen des kindlichen Erstspracherwerbs (L1) und des Zweitspracherwerbs von Erwachsenen (L2), anhand des Deutschen eine Reihe von Überlegungen zu den sich daraus ergebenden Folgerungen für die Frage nach Übereinstimmungen und Unterschieden zwischen den mit den beiden Erwerbsmodalitäten verbundenen Erwerbsprozessen diskutieren. Wir gehen dabei von der Beobachtung aus, dass die Mehrwortäußerungen sowohl des Erst- wie des Zweitsprachlerners von der Zielsprache abweichen und dass diese Abweichungen nicht beliebig und zufällig sind, sondern dass ihnen lernertypische Regularitäten zugrunde liegen. Diese sind jedoch, wie die folgenden Beispiele zeigen, unterschiedlicher Natur.

Charakteristisch für die ersten Mehrwortäußerungen im L1 des Deutschen ist der vorwiegende Gebrauch von infinitivischen Verbformen sowie das Fehlen von lexikalischen Elementen der geschlossenen Klasse wie Artikel, Pronomen, und Modalverben, in Äußerungen wie

(1) *schuh ausziehn* Simone (1;11.13)

(2) *Maxe auch (mu)sik mache(n)* Simone (1;11;14)
    Daten M. Miller, CHILDES Datenbank

die im Redekontext als

(1') **ich will den** Schuh ausziehen/**ich ziehe den** Schuh aus

(2') Max **soll** auch Musik machen/Max **macht** auch Musik

zu interpretieren sind.

Diese Äußerungen sind entweder mögliche zielsprachliche Äußerungen, etwa in Fragekontexten wie:

(1') Was machst du? *„schuh ausziehn"*

oder aber wie (2) in dem Sinne syntaktisch wohlgeformt, als die ihnen zugrunde liegenden Regelmäßigkeiten Teil der Grammatik der Zielsprache sind (s. hierzu ausführlich Weissenborn 1994).

Eine Äußerung wie (1) ist gegebenenfalls nur insofern von der Zielssprache abweichend, als die kontextuellen, d.h. pragmatischen Voraussetzungen für den Gebrauch dieser syntaktischen Konstruktion fehlen.

Im Gegensatz zur (m) L1 handelt es sich bei den Abweichungen in der L2 vor allem um nicht-zielsprachliche Verwendungen von in der Äußerung vorhandenen Elementen, wie Flexionsformen, Artikeln, oder um lernerspezifische Wortstellungen, z.B.:

(3) *main mann mit de schwester **sprechen de** deutsche* (Angelina; ESF-Corpus)
    (mein Mann mit ART Schwester sprechen ART Deutsche)

(4) *ich muss **sprechen deutsch*** (Tino, ESF-Corpus)

(5) *iß vaisä dizä v0rtä **vailä** iß **hurrä E fiil loitä*** (Casco, ESF-Corpus)
(ich weiß diese Wörter weil ich höre viele Leute)

Was können diese frühen L1- und L2-Lerneräußerungen mit ihrem unterschiedlichen Verhältnis zur Zielsprache über die Erwerbsprozesse aussagen, deren Resultat sie sind?

1 Erstspracherwerb

Mehr und mehr deutet darauf hin, dass die von Anfang an zu beobachtende formale Übereinstimmung der Strukturen der Kindersprache mit der Zielsprache das Resultat von Erwerbsprozessen ist, die – auf der Basis der anfänglichen Sensibilität des Kindes für die prosodisch-segmentalen Eigenschaften der Zielsprache, sowie für die Erkennung von Vorkommensmustern der durch diese Eigenschaften gekennzeichneten Elemente – die Identifizierung erster sprachlicher Einheiten und ihrer Kombinationsregeln im kontinuierlichen Sprachstrom ermöglichen. Dabei spielt die Bedeutung des Inputs vermutlich zunächst keine Rolle, d.h. der Lernprozess ist rein perzeptuell gesteuert.

Wenn dies der Fall ist, stellt sich die Frage, warum die lexikalischen Einheiten der geschlossenen Klasse, die in einer Sprache wie dem Deutschen zu den häufigsten Inputelementen gehören, vom Kind anfänglich nicht realisiert werden.

Dies ist unter anderem darauf zurückgeführt worden, dass sie im Vergleich zu Inhaltswörtern wie Nomen und Verben im Input lautlich weniger auffällig zu sein scheinen: So sind funktionale Elemente im Allgemeinen einsilbig und unbetont, d.h. sie weisen akustisch eine geringere Dauer, Grundfrequenz und Intensität auf, was ihre Wahrnehmung erschweren und so den Aufbau einer lexikalischen Repräsentation verzögern könnte (vgl. hierzu Gleitman/Wanner 1982). Eine zunehmende Zahl von Untersuchungen hat jedoch übereinstimmend festgestellt, dass unbetonte Elemente der geschlossenen Klasse wie Inhaltswörter schon im ersten Lebensjahr, das heißt im vorsprachlichen Alter, in kontinuierlicher mündlicher Sprache wiedererkannt werden. Deutsch lernende Kinder sind dazu mit 7;5 Monaten in der Lage (Höhle/Weissenborn 2003). Die ersten Artikelformen in der Sprachproduktion sind dagegen erst gegen Ende des 2. Lebensjahres zu beobachten (Penner/Weissenborn 1996). Mit 11 Monaten verfügen die Kinder über diskrete lexikalische phonologische Repräsentationen von Artikelformen (Höhle/Weissenborn/Kiefer/Schulz/Schmitz 2002), und mit 15 Monaten können sie Artikel zur Kategorisierung eines unbekannten Wortes als Substantiv heranziehen (Höhle/Weissenborn/Kiefer/Schulz/Schmitz 2004). Mit 19-20 Monaten werden nicht-lokale Abhängigkeiten zwischen funktionalen Morphemen, wie dem Auxiliar *haben* und der Partizipialflexion (***hat den Apfel gekauft***) (Höhle/Schmitz/Santelmann/Weissenborn 2006) sowie zwischen der Präsenz bzw. dem Fehlen einer Konjunktion wie *dass* und der Stellung des finiten Verbs im Nebensatz erkannt (Weissenborn/Höhle/Kiefer/Cavar 1998, Weissenborn 2002), wohlgemerkt lange bevor entsprechende Konstruktionen in der Sprachproduktion der Kinder auftreten. Das heißt, dass anders als bisher angenommen, davon ausgegangen werden kann, dass funktionalen Elemente schon ab dem ersten Lebensjahr eine wichtige Rolle bei der Analyse des sprachlichen Inputs in lexikalische Elemente und der Erkennung der ihrer Kombination zu komplexen syntaktischen Einheiten zugrundeliegenden Regelmäßigkeiten zukommt, die dann in der Produktion zu der von Anfang an zu beobachtenden zielsprachlichen Wohlgeformtheit der kindlichen Mehrwortäußerungen führt.

Der Zeitpunkt, zu dem funktionale Elemente in der Sprachproduktion auftreten, hängt offensichtlich von der Komplexität ihrer Gebrauchsbedingungen ab, etwa davon, ob eine Regel allgemeiner oder partieller Natur ist, d.h. ob sie für alle Einheiten einer syntaktischen Kategorie gilt oder nicht. Solange das Kind z.B. die partiellen Regeln des Artikelgebrauchs bei generischen Nomina, wie Stoff- und Gattungsnamen, nicht erworben hat, wird zuerst der expletive, d.h. rein syntaktische, nicht-referentielle Artikel in der Subjektposition verwendet, wo er, unabhängig von den lexikalischen Eigenschaften des Nomens, immer möglich ist: vgl. *(Der) Tee ist ein anregendes Getränk*. Alle Objektnomina werden dagegen zunächst wie leichte Nomina, eine Unterklasse der Generika, die mit bestimmten Verben eine Einheit eingehen können, in der bei nicht-referentiellem Gebrauch des Substantivs der Artikel ausgelassen werden muss, vgl. *Zeitung lesen* gegenüber dem ungrammatischen **Buch lesen*, behandelt (s. Penner/Weissenborn 1996).

Dieses anfängliche Auslassen des Artikels in der Objektposition unterstützt die Annahme, dass die Bildung der frühen Mehrwortäußerungen des Kindes von einem Prinzip bestimmt wird, das man als das Prinzip der minimalen Struktur bezeichnen kann. Das heißt, dass das Kind, solange es die Anwendungsbedingungen einer zielsprachlichen Regel nicht kennt, vorzugsweise eine Äußerungsstruktur wählt, die unter Anwendung des zu diesem Zeitpunkt schon erworbenen zielsprachlichen grammatischen Wissens den geringsten Aufwand an morphosyntaktischen Prozessen erfordert, in unserem Beispiel also die Verwendung der Konstruktion der 'leichten Nomina', die ohne die Artikeleinsetzung auskommt.

Was vor diesem Hintergrund jedoch noch einer Erklärung bedarf, ist die Beobachtung, dass selbst wenn man davon ausgehen muss, dass das Kind funktionale Elemente und ihre Gebrauchsbedingungen erworben hat, 'minimale' und kanonische zielsprachliche Strukturen nebeneinander vorkommen. So verwendete ein 32 Monate altes Kind, das die Verbalflexion, die Verbzweitregel und die Kongruenzregeln erworben hatte, noch 13 % infinitivische Verbendsätze (Weissenborn 1990).

Möglicherweise ist die parallele Verwendung von 'minimalen' und kanonischen zielsprachlichen Strukturen neuropsychologisch gesehen der Ausdruck einer in diesem Alter noch nicht vollzogenen Automatisierung grammatischer Prozesse, die die kognitive Belastung der Sprachproduktion reduziert, die aus den mit dem Gebrauch von funktionalen Elementen verbundenen morphosyntaktische Operationen wie Wortstellungsveränderungen, Kongruenzmarkierung oder Artikelinsertion resultiert

(Friederici 1994, Penner/Weissenborn/Friederici ²2006). Das heißt, vor dieser Automatisierung kann gegebenenfalls auf minimale, von funktionalen Elementen freie Strukturen ausgewichen werden, die eine Verringerung der kognitiven Komplexität der zu lösenden Sprachproduktionsaufgabe mit sich bringen. Verallgemeinernd kann man sagen, dass das Kind anfänglich über eine Grammatik oder Grammatiken verfügt, die es erlaubt bzw. erlauben, Strukturen, die Vorstufen der Produktion einer erwachsensprachlichen Äußerung darstellen, als sprachlichen Output zu realisieren.

2 Zweitspracherwerb

Auf welche Erwerbsprozesse lässt die Form der frühen Äußerungen schließen?

Wie schon anfänglich bemerkt, sind im Gegensatz zur L1 häufig Abweichungen von der Zielgrammatik zu beobachten.

Die Abweichungen in

(3) *main mann mit de schwester* **sprechen** *de deutsche*
(mein Mann mit ART Schwester sprechen ART Deutsche)

(4) *ich muss* **sprechen** *deutsch*

(5) *iß vaisä dizä vOrtä* **vailä** *iß hurrä E fiil loitä*
(ich weiß diese Wörter weil ich höre viele Leute)

ließen sich z.B. durch eine Übertragung der Fokusstruktur des Italienischen, das fokussierte Elemente satzfinal realisiert (vgl. Nespor/Guasti 2002), auf das Deutsche erklären:

ad
(3) mio marito con la sorella parla (l') **italiano** (fett = Fokus)

(4) (io) devo parlare **italiano**

(5) (io) conosco queste parole perché (io) sento **molta gente**

Auch der Artikel in '*de deutsche*' könnte auf eine Übertragung der Subkategorisierung von *parlare* zurückgehen; vgl.:

Parlare l'italiano neben *parlare italiano, parlare in italiano*

Diese sog. Kontrastivitätsannahme ist durch zahlreiche Beobachtungen gestärkt worden, allerdings nicht für alle Erwerbsbereiche. Unbestreitbar ergibt sich aus der L2-Forschungslage heute, dass – neben außersprachlichen Umständen wie Intensität des Sprachkontakts, Alter, Bildung, Motivationsstärke etc. – der Verlauf des L2-Erwerbs von drei Faktoren geprägt wird: vom zielsprachlichen Input, vom ausgangssprachlichen Wissen und von universalen syntaktischen, semantischen und pragmatischen Strukturierungsprinzipien. In den Erklärungsansätzen des zweitsprachlichen Syntaxerwerbs werden im Wesentlichen universalgrammatisches Wissen der Lerner oder – wie in der sog. Basic-Variety-Konzeption – kommunikative Funktionen angenommen. Eine Gegenüberstellung exemplarischer Untersuchungen enthält Eubank (1991), die forschungsleitenden UG-Ansätze sind vergleichend in Schwartz/Eubank (1996) dargestellt, die funktionale Konzeption in Perdue

(1993), eine eingehende Diskussion darüber in Jordens (1997). Diese Sammlung enthält auch einen Vorschlag zu einer Zusammensicht von UG- und Basic-Variety-Konzeption Klein/Perdue (1997). Besonderer Aufschlusswert kommt in den Studien dem Zusammenspiel zwischen zwei Entwicklungsbereichen zu, der Finitheit des Verbs im Satz und der syntaktischen Struktur in der vorfiniten gegenüber der finiten Phase des Erwerbs; vgl. Beck (1997) und zur Diskussion Dietrich/Nietdner (2007). Der Grund dafür ist, dass die Erwerbsreihenfolgen in diesen beiden Bereichen anscheinend unvereinbar verschieden sind. Im Erstspracherwerb des Deutschen geht mit dem Erwerb der Verbflexion die Positionierung des Finitums in Zweitposition einher, im L2-Erwerb nicht. Im zweitsprachlichen Deutsch sind nicht-finite Verbzweit-Äußerungen belegt, Verbdritt und Verbzwei in Nebensätzen. Betrachtet man allerdings die Verteilung der L2-Belege für die Beherrschung von Verbmorphologie und zielsprachlicher Satzstruktur über den Erwerbsverlauf und getrennt nach Produktion und Perzeption, ergibt sich ein Bild, das eine Perspektive für die Bezugnahme sowohl auf die Ausgangssprache der Lerner als auch auf den L1-Erwerb bietet. Um diese Besonderheit empirisch genauer zu belegen, haben Dietrich/Niedtner (2007) eine kontrollierte Untersuchung mit einem Querschnittsdesign unternommen. Die Daten waren:
1. Spontansprache der Lerner
2. Morphologisches Wissen
3. Syntaktisches Wissen – rezeptiv
4. Syntaktisches Wissen – produktiv

Die Spontansprachendaten wurden mit einer freien Erzählaufgabe anhand von Szenen einer Bildergeschichte erhoben. Der Versuchsperson wurden dabei Bilder aus dem Buch „Ich habe Freunde, die sind Bauern" von Susanne Schürmann vorgelegt und sie erzählte die dargestellten Szenen spontan mündlich. Die Äußerungen wurden auf Tonträger aufgenommen und transkribiert.

Morphologische und syntaktische Beherrschung der L2 wurden experimentell ermittelt, die Beherrschung der Flexionsregularitäten mit einer Formenbildungsaufgabe, die passive Beherrschung der Satzsyntax mit einer Grammatikalitätsbeurteilungsaufgabe (gramatical judgement) und die produktive Syntaxbeherrschung mit einer Satzergänzungsaufgabe mit Mehrfachwahl.

Die Auswertung ergibt die folgende Entwicklung:

Tabelle 1. Entwicklung von Verbflexion und Verbposition in L2-Deutsch

Erwerbsstufe	Verbflexion		Wortstellung	
	Rezeption	Produktion	Rezeption	Produktion
Muttersprachliche Kontrollgruppe	keine Vergleichsdaten	ca. 99,4% korrekt	ca. 95,4% korrekt	ca. 98,4% korrekt
L2-Lerner Stufe A (≈ Basisvarietät)	dto.	keine Verbflexion	keine Daten	(X) NP Vinf NP
L2-Lerner Stufe B (≈ Postbasisvarietät 1)	dto.	Finitheit und Flexion im Präsens zu ca. 97% korrekt	ca. 84% korrekt	ca. 80% bei Subjekt voran; ca. 72% bei Inversion
L2-Lerner Stufe C (≈ Postbasisvarietät 2)	dto.	Finitheit und Flexion im Präsens zu ca. 97% korrekt	ca. 97,2% korrekt	ca. 98% korrekt

Wie diese Verteilung zeigt, gibt es im L2-Erwerb eine Zeitspanne, in der die Lerner die Verbflexion im Präsens fast zielsprachlich beherrschen, die zielsprachliche Verbsyntax aber noch nicht (Phase B); Anlage und weitere Details der experimentellen Datenerhebung enthält Dietrich/Niedtner (2007: 19-32). Was die Datenlage nicht differenziert zeigt, ist der Übergang von der Lernervarietät A zur Varietät B. Da der Übergang von A zu B gewiss nicht über Nacht vonstatten geht, ist eine Zwischenstufe sehr plausibel, die, wie in B, schon eine fortgeschrittene Beherrschung der Verbmorphologie aufweist und eine gegenüber Phase B noch deutlicher abweichende Beherrschung der Verbsyntax. Aus dieser Betrachtung ergeben sich eine Feststellung und mindestens eine Frage. Festzustellen ist, dass es durchaus einen Zusammenhang zwischen dem Erwerb der Verbmorphologie und dem Erwerb der Verbsyntax geben könnte. Die Besonderheit im L2-Erwerb liegt darin, dass dieser Zusammenhang sich nicht zeitlich eng gekoppelt auf die Erwerbsprozesse auswirkt sondern zeitlich gedehnt. Die Frage richtet sich auf die Phase des Übergangs: Welche Regularitäten liegen der Äußerungsproduktion des L2-Lerners in dieser Zwischenphase zugrunde? Plausibel ist die Annahme, dass, im Gegensatz zum Ablauf im Erstspracherwerb, im Zweitspracherwerb Produktions- und Verstehensrepräsentationen zumindest anfänglich teilweise von zwei unterschiedlich parametrisierten Grammatiken generiert werden.

Das führt zu der weiteren Annahme, dass das zielsprachennähere Wissen, das der rezeptiven Verarbeitung zugrunde liegt, bei der Äußerungsproduktion von L1-Regeln überschrieben wird. Theoretisch lässt sich diese Annahme durch mehrere Beobachtungen plausibel machen. Vainikka/Young-Scholten (1996: 16 ff) präsentieren Daten aus dem zweitsprachlichen Deutscherwerb von Lernern mit Koreanisch, Türkisch, Italienisch bzw. Spanisch als Muttersprache. Sie zeigen zum einen, dass die frühen lernersprachlichen Äußerungen keine funktionalen Köpfe enthalten und ausschließlich den syntaktischen Prinzipien des X-bar-Schemas der Verbphrase entsprechen. Zum zweiten beobachten sie in der „vorsyntaktischen" Phase einen ausgangssprachlichen Einfluss auf die Wortstellung in der Lernersprache. Lerner mit einer ausgangssprachlichen SOV-Reihenfolge bilden auch die L2-Äußerungen für einige Zeit verbfinal, eine Phase, die bei Italienisch- und Spanischsprachigen nicht belegt ist. Damit ist zunächst einmal grundsätzlich eine Kontrastivitätswirkung im ungesteuerten L2-Erwerb nachgewiesen.

Klein/Perdue (1992: 334 ff) analysieren Basisvarietätsäußerungen von Lernern mehrerer L1-L2-Paare und stellen ebenfalls einen L1-Einfluss auf die Wortstellung fest. Für unsere Fragestellung besonders aufschlussreich ist die Beobachtung von NP–NP–V-Äußerungen bei arabophonen und türkischen Lernern des Holländischen. Diese Wortstellung verschwindet bei den marokkanischen Lernern früh und bleibt aber bei türkischen Lernern (L1 ist SOV) länger erhalten. Aber ebenso die türkischen Lerner produzieren auch NP–V–NP-Äußerungen. Die Variation ist, so Klein und Perdue, durch spezifische Kontexte gesteuert. Die NP–NP–V-Äußerungen werden gebildet, wenn bestimmte Bedingungen der Vorerwähntheit der NP-Referenten vorliegen, nämlich beide NPs definite Referenten bezeichnen, der erste aber unmittelbarer vorerwähnt ist. Pronominale Referenzen gehen daher immer den nichtpronominalen voran – aber eben VOR dem verbalen Element.

Angesichts solcher Beobachtungen erscheint auch die anfänglich geäußerte Vermutung plausibel, dass die nicht zielsprachlichen Wortstellungsmuster der L2-Belege italienischer Lerner in (3)-(5) das Ergebnis einer Übertragung der italienischen informationsstrukturellen Satzgliederung mit obligatorischer satzfinaler Stellung des fokussierten Elementes auf das Deutsche sind.

3 Erstsprache und Zweitsprache

Gemäß dieser Annahmen finden in L1 und L2 partiell gleiche, partiell aber auch verschiedene Erwerbsprozesse statt.

Dem Erst- wie dem Zweitspracherwerb liegt offenbar eine Fähigkeit zugrunde, in den Input-Daten Muster zu erkennen, deren Elemente zu Kategorien zusammenzubringen und formale Beziehungen zwischen ihnen unbewusst zu analysieren und zu formalen Regularitäten zu generalisieren. Diese Ähnlichkeit ist prima facie nicht augenfällig, weil der Aufbau zweitsprachlichen Wissens und zweitsprachlicher Verwendungsroutinen von einer ganzen Reihe von zusätzlichen Faktoren geprägt ist und diese fundamentale Kreativität im Entdecken grammatischer Strukturen im Ergebnis des L2-Erwerbs überlagert. Für ihre Existenz sprechen eher indirekt darauf zu beziehende Tatsachen. Die großen Testbatterien für die Ermittlung der Fremdsprachlerneignung zum Beispiel enthalten einen Subtest, in dem die Ausprägung einer sog. Strukturanalysefähigkeit mittels Minigrammatiken in konstruierten, nicht-natürlichen Sprachen ermittelt wird. Carroll (1963: 1088) nennt sie „grammatical sensitivity" und befindet generell: „Foreign language aptitude is not specific to particular languages; the same battery of tests predicts success in languages as diverse as German and Chinese with approximately the same degree of validity."

Direkte experimentelle Evidenz für die Ähnlichkeit von erst- und zweitsprachlicher „grammatical sensitivity" in diesem Sinne liefert eine Studie von Friederici/Steinhauer/Pfeifer (2002) zur Verarbeitung gesprochener Äußerungen einer künstlichen aber syntaktisch quasinatürlichen Minisprache, BROCANTO, durch Erwachsene Lerner dieser Sprache. Im Vergleich zu untrainierten zeigten trainierte Lerner auf „ungrammatische" Äußerungen hin EEG-Signale ähnlich den bekannten ELAN- und P600-Potenzialen bei syntaktischen Abweichungen in natürlichsprachlichen Sätzen.

Ein grundlegender Unterschied zwischen Erst- und Zweitspracherwerb besteht hingegen darin, dass letzterer Varietäten aufweist, in denen die Lerner Strukturen verwenden, die mit der Zielsprache nicht vereinbar sind; das ist für den Erstspracherwerb nicht belegt, übrigens auch nicht für syntaktisch reduzierte Äußerungen von Aphasiepatienten (vgl. Kolk/Heeschen 1992). Unter Bedingungen sogenannter minimaler Strukturierung, wie sie eben auch im Sinne der Basic Variety in frühen L2-Erwerbsstadien herrschen, wirken sich auf den L2-Erwerb offenbar L1-Strukturen aus, seien es zielsprachenfremd parametrisierte Phrasenstruktur oder zielsprachenfremde Ausdrücke der muttersprachlichen Informationsgliederung. Zur systematischen Testung dieser Annahme könnte man an ein Experiment mit Zweitsprachensprechern denken, in dem eine Sprachproduktionsaufgabe unter zunehmender kognitiver Belastung zu bewältigen ist, also eine fremdsprachliche Reportageaufgabe bei zunehmend beschleunigter Ereignispräsentation. Entsprechend ließe sich auch die Vermutung testen, dass das Zurückgreifen fortgeschrittener L1-Lerner auf minimale Strukturen bei schon vorhandenem erwachsenensprachlichem grammatischem Wissen ebenfalls auf Faktoren der Informationsverarbeitung wie erhöhte kognitive Belastung zurückzuführen ist.

4 Literatur

Beck, Maria-Luise (1997): Regular Verbs, Past Tense and Frequency: Tracking Down a Potential Source of NS/NNS Competence Differences. In: Second Language Research 13 (2), 93-115.

Carroll, John B. (1963): Research in Teaching Foreign Language. In: Gage, N.L (ed.): Handbook on Research in Teaching. Chicago: Rand McNally.

Dietrich, Rainer/Niedtner, Friederike (2007): Finitheit und Verbanhebung – noch einmal. In: Zeitschrift der Koreanischen Gesellschaft für Deutsch als Fremdsprache 7, 7-36.

Eubank, Lynn (ed.) (1991): Point Counterpoint. Universal Grammar in the Second Language. Amsterdam, Philadelphia: Benjamins.

Friederici, Angela D. (1994): Funktionale Organisation und Reorganisation der Sprache während der Sprachentwicklung: Eine Hypothese. In: Neurolinguistik 8, 41-55.

Friederici, Angela D./Steinhauer, Karsten/Pfeifer, Erdmut (2002): Brain signatures of artificial language processing: Evidence challenging the critical period hypothesis. In: PNAS 99, 8, No. 1, 529-534.

Gleitmann, Leila R./Wanner, Eric (1982): Language acquisition: The state of the art. In: Wanner, E./Gleitman, L.R. (eds.): Language Acquisition: The State of the Art. Cambridge: Cambridge University Press, 3-48.

Höhle, Barbara/Schmitz, Michaela/Santelmann, Lynn M./Weissenborn, Jürgen (2006): The Recognition of Discontinuous Verbal Dependencies by German 19-Month-Olds: Evidence for Lexical and Structural Influences on Children's Early Processing Capacities. In: Language Learning and Development, 2 (4), 277-300.

Höhle, Barbara/Weissenborn, Jürgen/Kiefer, Dorothea/Schulz, Antje/Schmitz, Michaela (2002): The origins of syntactic categorization for lexical elements: The role of determiners. In: Costa, J./Freitas, M.J. (eds.) Proceedings of the GALA 2001 Conference on Language Acquisition. Lisboa, Associação Portugesa de Linguística, 106-111.

Höhle, Barbara/Weissenborn, Jürgen (2003): German-learning infants' ability to detect unstressed closed-class elements in continuous speech. In: Developmental Science 6 (3), 154-159.

Höhle, Barbara/Weissenborn, Jürgen/Kiefer, Dorothea/Schulz, Antje/Schmitz, Michaela (2004): Functional elements in infants' speech processing: The role of determiners in segmentation and categorization of lexical elements. In: Infancy, 5 (3), 341-353.

Jordens, Peter (ed.) (1997): Introducing the Basic Variety. Special Issue. Second Language Research 13 (4). Arnold: London.

Klein, Wolfgang/Perdue, Clive (1992): Utterance Structure. Amsterdam, Philadelphia: Benjamins.

Klein, Wolfgang/Perdue, Clive (1997): The Basic Variety (or: Couldn't natural language be much simpler?). In: Second Language Research 13 (4), 301-347.

Kolk, Hermann/Heeschen, Claus (1992): Agrammatism, paragrammatism and the management of language. In: Language and Cognitive Processes 7, 89-129.

Nespor, Marina/Guasti, Maria Teresa (2002): Focus-stress alignment and its consequences for acquisition. In: Lingue e Linguaggio 1, 79-106.

Penner, Zvi/Weissenborn, Jürgen (1996): Strong continuity, parameter setting and the trigger hierarchy. On the acquisition of the DP in Bernese Swiss German and High German. In: Clahsen, H. (ed.): Generative Perspectives on Language Acquisition: Empirical Findings, Theoretical Considerations, Crosslinguistic Comparisons. Amsterdam, Philadelphia: Benjamins, 161-200.

Penner, Zvi/Weissenborn, Jürgen/Friederici, Angela D. (^{2}2006): Sprachentwicklung. In: Karnath, H.-O/Thier, P. (eds.): Neuropsychologie. Berlin, Heidelberg: Springer, 632-639.

Perdue, Clive (ed.) (1993): Adult Language Acquisition: cross-linguistic perspectives. Vol II. Cambridge: Cambridge University Press.

Schwartz, Bonnie, D./Eubank, Lynn (eds.) (1996): Initial State. Special Issue. Second Language Research 12 (1). London: Arnold.

Weissenborn, Jürgen (1990): Functional categories and verb movement in early German. The acquisition of German syntax reconsidered. In: Rothweiler, M (ed.), Spracherwerb und Grammatik. Linguistische Untersuchungen zum Erwerb von Syntax und Morphologie. Linguistische Berichte, Sonderheft 3, 190-224.

Weissenborn, Jürgen (1994): Constraining the child's grammar: Local wellformedness in the development of verb movement in German and French. In: Lust, B./Whitman, J./Kornfilt, J. (eds.): Syntactic Theory and Language Acquisition: Crosslinguistic Pespectives. Vol.1: Phrase Structure. Hillsdale, N.J.: Lawrence Erlbaum, 215-247.

Weissenborn, Jürgen (2002): The acquisition of verb placement in German: A new look. In: Witruk, E./Friederici, Angela .D./Lachmann T. (eds.): Basic Functions of Language, Reading and Reading Disability. Dordrecht: Kluwer, 79-10.

Weissenborn, Jürgen/Höhle, Barbara/Kiefer, Dorothea/Cavar, Damir (1998): Children's sensitivity to word-order violations in German: Evidence for very early parameter-setting. In: Greenhill, A./Hughes, M./Littlefield, H./Walsh, H. (eds.): Proceedings of the 22 Annual Boston Conference on Language Development, Vol.2, Somerville, Mass.: Cascadilla Press, 756-767.

Vainikka, Anne/Young-Scholten, Martha (1996): Gradual development of L2 phrase structure. In: Schwartz, B.D./Eubank, L. (eds.): Initial State. Special Issue. Second Language Research 12 (1). London: Arnold, 7-39.

Christine Dimroth und Stefanie Haberzettl
Max-Planck-Institut für Psycholinguistik Nijmegen, Universität Bremen

Je älter desto besser: der Erwerb der Verbflexion im Kindesalter

Der Einfluss des Alters auf das menschliche Spracherwerbsvermögen ist eines der spannendsten, aber auch umstrittensten Themen der Spracherwerbsforschung. Dabei ist der Ausgangsbefund relativ klar: Kinder gelangen normalerweise zur perfekten Beherrschung ihrer Erstsprache(n). Sie lernen dabei durch bloßen Kontakt mit dem sprachlichen Input in kommunikativen Situationen und ohne dass ihnen jemals jemand erklären müsste, wie in ihrer Muttersprache etwa Verben flektiert werden. Unter guten Bedingungen, d.h. wenn genug Sprachkontakt gegeben ist, ist es nicht ungewöhnlich, dass Kinder auch eine zweite Sprache bis zur Perfektion lernen, so dass kein Unterschied zwischen ihrem Sprachverhalten und dem der Umgebung feststellbar ist. Bei erwachsenen Lernern ist dies eine seltene Ausnahme (Bongaerts 1999, van Boxtel 2005). Der Spracherwerb Erwachsener bleibt typischerweise auf einer Entwicklungsstufe stehen, die mehr oder weniger weit von der Zielsprache entfernt ist. Der auf diesem Ausgangsbefund basierende Slogan „The younger – the better" (z.B. Singleton/Ryan 2004) ist zu Recht weithin akzeptiert.[1]

Mit dieser Verallgemeinerung geht üblicherweise die Vorstellung einher, dass der frühe Zweitspracherwerb umso erfolgreicher verläuft, je größer die zeitliche Nähe zum Erstspracherwerb ist (vgl. etwa Thoma/Tracy 2006). Manche Wissenschaftler führen dies darauf zurück, dass sich jüngere Kinder in einer zeitlich begrenzten Entwicklungsphase befinden, in der das Gehirn für den natürlichen Spracherwerb noch besonders rezeptiv ist (z.B. Hyltenstam/Abrahamson 2003, Long 1990, Meisel 2007). Andere gehen davon aus, dass bei einem frühen Hinzutreten der Zweitsprache das muttersprachliche Wissen noch nicht so weit ausgebaut und L1-basierte Verarbeitungsmechanismen noch nicht so stark eingeschliffen sind, und so den Zweitspracherwerb weniger stark beeinflussen (z.B. Ellis im Druck).[2]

Die vorliegende Untersuchung vergleicht den Erstspracherwerb mit dem Zweitspracherwerb älterer Kinder (7-9 Jahre alt) in einem Kernbereich der deutschen Grammatik, der Verbflexion. Weil sich nicht nur die muttersprachlichen Kinder im Erstspracherwerb, sondern auch die hier untersuchten älteren Kinder in diesem Bereich am Ende des Beobachtungszeitraumes nicht mehr von der Zielsprache unterschieden, so dass man auf dieser Grundlage nicht beurteilen kann, ob die jüngeren oder die älteren Lerner 'besser' abgeschnitten haben, wurde die Erwerbsdauer als Vergleichskriterium herangezogen. Während die meisten Untersuchungen zum

---

1 Die Ursachen dafür, dass Kinder beim Zweitspracherwerb in der Regel soviel besser abschneiden als Erwachsene, werden kontrovers diskutiert (vgl. z.B. Birdsong 2005; Long 2005).
2 Es gibt noch eine Menge anderer Altersfaktoren, die zur Erklärung der beobachteten Unterschiede herangezogen werden. Als besonders einschlägig sind hier noch affektive Faktoren zu nennen, die zu einer alterstypischen Motivation für den Spracherwerb führen können (Schumann 1975; Pagonis 2007).

Einfluss des Alters auf den Spracherwerb auf den erreichten Endstand fokussieren, wird in der vorliegenden Studie also der Prozess, genauer die Geschwindigkeit, mit der der Spracherwerb verläuft, in den Vordergrund gestellt. Die folgenden Abschnitte befassen sich mit der Frage, wie schnell Kinder im Erstspracherwerb und im Zweitspracherwerb die zielsprachlichen Paradigmen zur Markierung der Subjekt-Verb-Kongruenz im Deutschen aufbauen, und welche Zwischenschritte sie dabei durchlaufen.

1 Verbflexion in der Zielsprache Deutsch

Wir beschränken uns in diesem Beitrag auf das Präsensparadigma regelmäßiger Vollverben; vgl. Tabelle 1.

Tabelle 1. Präsensparadigma regelmäßiger Vollverben

mach-en	Singular	Plural
1. Person	mach(-e)	mach-en
2. Person	mach-st	mach-t
3. Person	mach-t	mach-en

Sprachvergleichende Untersuchungen (vgl. die Beiträge in Bittner et al. 2003) haben gezeigt, dass eine reiche Verbalmorphologie und eine möglichst eindeutige Zuordnung von Formen zu Funktionen den Idealfall für den (Erst)spracherwerb darstellen (z.B. Morphologieerwerb im Türkischen, s. Aksu-Koç/Ketrez 2003). Wie aus Tabelle 1 hervorgeht, weist die Zielsprache Deutsch zwar eine vergleichsweise reiche Verbmorphologie auf, es gibt aber keine 1:1-Entsprechung von Formen und Funktionen. So finden wir beispielsweise alternative Formen für die Kennzeichnung der 1. Person Singular (-0 oder -e), und mehrdeutige Formen kommen ebenfalls vor (innerhalb des Präsensparadigmas beispielsweise -en, darüber hinaus aber auch -0 (auch für Imperative) und -t (auch beim Partizip Perfekt)).

Dies macht die Aufgabe für den Lerner, aber auch die Interpretation früher Lerneräußerungen für den Wissenschaftler nicht leichter. Hinzu kommt noch die Schwierigkeit der verschiedenen Arten von Stammwechsel in den diversen Klassen irregulärer Verben. Diese wird von uns im Folgenden jedoch vernachlässigt, da der Fokus auf der Emergenz des Suffix-Paradigmas für die Subjekt-Verb-Kongruenz im Präsens liegt. Wir werden uns jetzt der Frage zuwenden, wieviel Zeit Kleinkinder im Erstspracherwerb und ältere Kinder im Zweitspracherwerb dafür brauchen, diese Suffixe regelmäßig, produktiv und zielsprachenadäquat einzusetzen.

2 Erwerb der Verbflexion

Das Thema Verbflexion wurde in der Vergangenheit eher vernachlässigt (außer im Hinblick auf Temporalität, vgl. Behrens 1993). So finden sich beispielsweise nur einige Anmerkungen in dem Überblick von Mills (1985), die alle bis dato verfügbaren Daten zusammenfasst. Ansichten über die Dauer des Prozesses variieren erheblich. So geht beispielsweise Wexler (1998) davon aus, dass die Verbflexion zusammen mit dem Erwerb der V2-Stellung gleichsam automatisch auftritt, bezeichnet junge Kinder als „little inflection machines" und stellt fest: „young German speaking children [...] do not make agreement mistakes" (p. 41).

Massive Gegenevidenz zu dieser Position findet sich in den aufwändigen Langzeitdokumentationen von Bittner (2003) und Klampfer (2000, 2003). Anders als frühere Datenanalysen (z.B. Clahsen 1986) machen diese Veröffentlichungen präzise Angaben zu den Erwerbskriterien sowie zum zeitlichen Verlauf des Ausbaus der Verbflexion. Es ist nicht nur dokumentiert, wann erste isolierte Formen auftreten und wie sie sich zu (Teil)paradigmen entwickeln, es werden auch genaue Angaben zum Verblexikon gemacht, so dass klar erschließbar ist, welche Verben von bestimmten Erwerbsschritten betroffen sind, und ab wann es zu Verallgemeinerungsprozessen kommt.

Die von Bittner (2003) und Klampfer (2000, 2003) zusammengestellten zeitlichen Angaben zur Entwicklung der Verbflexion im Erstspracherwerb werden deshalb als Vergleichsdaten für die vorliegende Untersuchung zum Zweitspracherwerb bei Kindern herangezogen (s. 2.2). Um eine Vergleichbarkeit mit den L2-Daten zu gewährleisten, werden auch dieselben Erwerbskriterien angelegt.

2.1 Untersuchungsmethode und L2-Daten

Welche Kriterien müssen erfüllt sein, damit eine bestimmte Form in einer Langzeituntersuchung als 'erworben' gelten kann? Bittner (2003) und Klampfer (2003) schlagen für den Erstspracherwerb folgende Erwerbskriterien vor:
- Das Suffix muss bei mindestens drei verschiedenen Verbtypes auftreten, z.B. *läuf-t, mach-t, sag-t*,
- dabei mindestens 50% der Fälle (tokens) zielsprachenadäquat sein, z.B. 3/7 *-t* (3 types, 7 tokens) im zielsprachlichen Kontext 3sg – vs. *2/5 *-t* im Kontext 3pl.

Wir haben diese Kriterien für unsere L2-Untersuchung übernommen, sind allerdings insofern etwas strenger, als wir auch noch verlangen, dass der entsprechende Kontext nicht häufiger (tokens) mit anderen Suffixen markiert ist (z.B. 3sg: 6/12 *-t* vs. *4/7 *-en*[3]).

Allerdings bleibt bei dieser Herangehensweise ungeklärt, ob ein Paradigma eines bestimmten Verbs aufgebaut wird, oder verschiedene Verben in jeweils nur einer Form verwendet werden (sog. *verb islands*; vgl. Tomasello 2001). Der Schlüsselbegriff in diesem Zusammenhang ist der des 'Mini-Paradigmas' (Bittner et al. 2003: xxix). Von einem Mini-Paradigma ist die Rede, wenn innerhalb eines Monats mindestens drei verschiedene Formen eines Verblemmas[4] in verschiedenen, zielsprachenadäquaten Kontexten belegt sind. Mini-Paradigmen stellen einen entscheidenden Meilenstein beim Erwerb der Flexionsmorphologie dar. Sie zeigen an,

---

3 Ob dies in den L1-Daten der Fall ist, geht aus den Tabellen in Bittner (2003) und Klampfer (2000, 2003) nicht immer eindeutig hervor.
4 Dabei werden auch Vorkommen von Partikelverben mitgezählt (z.B. *kaufen* und *einkaufen*). Infinitive, Imperative und Partizipien werden ebenfalls berücksichtigt.

dass der Lerner die Phase der holistisch gelernten Verbformen verlassen hat und beginnt, systematische Beziehungen zwischen verschiedenen Formen zu erkennen. Diese ersten zielsprachlichen Differenzierungen im Gebrauch flektierter Verben lassen auf morphologische Kompetenz der Lerner schließen. Da das System aber weiterhin in Entwicklung und der Endstand noch nicht erreicht ist, wird diese Phase auch 'Protomorphologie' genannt (Bittner et al. 2003).

Beim Vergleich der Erwerbsdauer in Erst- und Zweitspracherwerb werden wir auf Daten von insgesamt sieben Kindern zurückgreifen (s. Details in Tabelle 2). Für das Erreichen der oben genannten Erwerbskriterien ist natürlich auch die Korpusgröße entscheidend (s. Angaben zu 'Verbtokens gesamt'), da die Produktivität bestimmter Formen in einem größeren Korpus früher feststellbar ist. In unserem Falle sind die L2-Korpora eher kleiner als die L1-Korpora, so dass die älteren L2-Lerner hier keinen Vorteil haben.

Tabelle 2. L1-Lerner und kindliche L2-Lerner (L1 = Russisch) im Vergleich

Kind	L1-Lerner				L2-Lerner****		
	Jan*	Kath.**	Car.***	Anna***	Eugen	Anast.	Nastja
Beobachtungszeitraum (Alter des Kindes)	1;5-2;0	2;0-2;4	1;6-2;2	1;8-2;1	7;8-8;0	8;6-8;11	8;7-8;10
Aufnahmehäufigkeit (Wochen)	1-4	1-2	2	2	1-4	4	1
Verbtokens gesamt	2188	1489	1110	1370	830	712	1248

Quellen: *Klampfer (2003); **Klampfer (2000); ***Bittner (2003); ****Details s.u. (Abschnitt 2.3)

2.2 Erwerbsdauer im kindlichen Erstspracherwerb

Die Ergebnisse der Langzeitbeobachtungen von vier Kindern aus Bittner (2003) und Klampfer (2000, 2003) sollen hier in aller Kürze zusammengefasst werden. Tabelle 3 gibt die Entwicklung vom ersten Auftreten von Verben bis zum Erreichen der protomorphologischen Phase für *Anna* wieder, die hier als Beispiel dienen soll. Die Tabelle ist grau unterlegt, sobald die in 2.1 angegebenen Erwerbskriterien erfüllt sind. Die ersten vier Zeilen zeigen an, in welchem Kontaktmonat die einzelnen Suffixe den Kriterien entsprechend als erworben gelten können. Die letzte Zeile enthält Informationen zum Auftreten von Miniparadigmen.

Tabelle 3. *Anna*[5] – Kontaktmonate/Suffixrepertoire

	1;8	1;9	1;10	1;11	2;0	2;1
-*t*	▓	▓	▓	▓	▓	▓
-*e*				▓	▓	▓
-*en*				▓	▓	▓
-*st*					▓	▓
Mini-Paradigmen					▓	▓

Anna ist die schnellste der vier untersuchten L1-Lerner(innen). Im Alter von 1;8 kennt sie bereits eine Reihe von Verben und das Suffix –*t* wird produktiv verwendet. Bis zum Erwerb des letzten Suffixes (-*st*) und den ersten Mini-Paradigmen mit 2;0.29 vergehen allerdings mindestens 5 Monate. Stellt man die Erwerbsdauer für alle vier untersuchten Kleinkinder in entsprechender Weise zusammen, so ergibt sich das in Tabelle 4 zusammengefasste Bild.

Tabelle 4. Erwerbsdauer L1-Kinder (in Monaten ab den ersten Verb-Belegen)

Kind	alle Suffixe*	Miniparadigmen
Anna	5+[6]	5+
Jan	8	6
Katharina	5	6
Caroline	8+	7+

*ohne Disambiguierung des Suffixes –*en*

Fünf bis acht (oder mehr) Monate vergehen, bevor die vier L1-Kinder alle Suffixe des Präsensparadigmas zielsprachenkonform einsetzen. Mini-Paradigmen tauchen spät und selten auf. Die Erwerbsreihenfolge der einzelnen Suffixe variiert – dies hängt von den Kontexten, aber auch von Lernerpersönlichkeiten ab.

2.3 Erwerbsdauer im Zweitspracherwerb durch 7-9 jährige Kinder

Erwachsene Lerner bilden in den frühen Stadien des ungesteuerten Zweitspracherwerbs typischerweise eine sogenannte 'Basisvarietät' aus (Klein/Perdue 1997). Diese hat einfache, meist pragmatisch motivierte Wortstellungsregeln und keine produktive Flexionsmorphologie, d.h. es fehlt auch die morphologische Markierung der Subjekt-Verb-Kongruenz (vgl. (1)).

---

5 Tabelle 3 enthält Informationen aus den Tabellen 9 und 17 sowie Abbildung 1 in Bittner (2003).
6 Die mit '+' markierten Zahlen sind Mindestangaben, da der Beginn des Verbgebrauchs bei den Lernerinnen unbekannt ist. Zu Beginn der Datenerhebung sind bei *Caroline* 9, bei *Anna* bereits 25 verschiedene Verben (Lemmas) belegt!

(1) *chef arbeit sprechen, chaplin jetzt eh komm das arbeit, chaplin komm arbeit, aber das arbeit nich gut, kaputt, nicht arbeit, weg arbeit, chaplin eh gehen eh strasse, kommen geh spazier (...), guck-mal das frau auto...* (Lernerin *Janka*, L1 Polnisch, nach ca. 1 Jahr Aufenthalt in Deutschland[7])

Vergleichbares ist uns aus dem kindlichen Zweitspracherwerb nicht bekannt. Im Gegensatz zu Erwachsenen 'ignorieren' Kinder im Zweitspracherwerb morphologische Markierungen syntaktischer Relationen auch in frühen Erwerbsphasen nicht. Der Umgang mit solchen Markierungen wird von den hier untersuchten L2-Kindern früh souverän gemeistert. Die zugrundegelegten Langzeitdaten entstammen dem Augsburg-Korpus (Lerner *Eugen* und *Anastasia*; vgl. Wegener 1992; Haberzettl 2005) und dem DaZ-AF Korpus (Lernerin *Nastja*; vgl. Dimroth 2007).

Die Erstsprache der drei Kinder ist Russisch. Die Kinder waren bei Ankunft in Deutschland zwischen 7 und 8 Jahre alt und sprachen zu Hause weiterhin Russisch (*Eugen* am wenigsten, bzw. abnehmend). Durch den Besuch deutscher Grundschulen hatten sie im Vergleich mit vielen erwachsenen Migranten gute bis sehr gute Input-Bedingungen. Die Sprachproduktionsdaten wurden in freien Gesprächen in Kombination mit kontrollierteren Elizitationsmethoden erhoben (Bildergeschichten; besonders *Anastasia* und *Eugen*).

Tabelle 5. *Eugen* – Kontaktmonate/Suffixrepertoire [Originalkorpus: Eu5 – Eu9]

Suffix \ Monat	01	02					03	04	05
		aufn 1	aufn 2	aufn 3	aufn 4	aufn 5			
-*t*									
-*(e)*									
-*st*									
-*en* [1p]									
-*en* [3p]									
Verben mit ersten Mini-Paradigmen									
essen									
sehen									
sagen									
schlagen									
gehen									
machen									
haben									
schauen									
lesen									
kommen									
brauchen									
hören									
spielen									
schlafen									
nehmen									

---

7 Zu Angaben zum Korpus, vgl. Dittmar 1991.

Der Lerner *Eugen* (Tabelle 5) war zu Beginn der Aufnahmen 7;8 Jahre alt und seit vier Monaten in Deutschland, hatte jedoch erst ab dem Schuleintritt im 5. Aufenthaltsmonat nennenswerten Zugang zu deutschsprachigem Input (dieser Monat wird deshalb in Tabelle 5 als erster echter Kontaktmonat (01) aufgeführt). Im folgenden Monat (02) wurden fünf kürzere Aufnahmen mit *Eugen* durchgeführt, während sonst nur eine Aufnahme (ca. 35 Minuten) pro Monat vorliegt.

Anastasia war 8;6 Jahre alt, als sie mit ihrer Familie nach Deutschland emigrierte. Da die Familie die ersten 18 Aufenthaltsmonate in einem Übergangswohnheim verbrachte, hatte *Anastasia* außerhalb der Schule, die sie ab dem ersten Aufenthaltsmonat besuchte, praktisch keinen Zugang zu deutschen Gesprächspartnern. Die Aufnahmen (ca. 45 Minuten lang) fanden ab dem ersten Aufenthaltsmonat statt (s. Tabelle 6).

Tabelle 6. *Anastasia* – Kontaktmonate/Suffixrepertoire

Suffix \ Monat	01	02	03	04	05	06	07	08	09	10	11
-*t*											
-*(e)*											
-*en* [3p]											
-*en* [1p]									zu wenig Kontexte		
-*st*											

Verben mit ersten Mini-Paradigmen

Monat	01	02	03	04	05	06	07	08	09	10	11
kaufen											
legen											
gehen											
machen											
stecken											
haben											
stellen											
kommen											
lachen											
sagen											

Die Lernerin *Nastja* (Tabelle 7) war bei Ankunft in Deutschland 8;7 Jahre alt und besuchte ebenfalls von Beginn an eine deutsche Grundschule. Die ca. einstündigen Aufnahmen fanden vom Ende der 3. Aufenthaltswoche an wöchentlich statt.

Tabelle 7. *Nastja* – Kontaktwochen/Suffixrepertoire [Originalkorpus: Nas-01 – Nas13]

Woche \ Suffix	1. Monat		2. Monat			3. Monat				4. ...
	W 3	W 4	W 5	W 6	W 7	W 8	W 9	W 10	W 11	W 12	W 13	W 14
-t	■	■	■	■	■	■	■	■	■	■	■	■
-(e)	■	■	■	■	■	■	■	■	■	■	■	■
-st			■	■	■	■	■	■	■	■	■	■
-en [1p]						■	■	■	■	■	■	■
-en [3p]											■	■
Verben mit ersten Min-Paradigmen												
haben			■	■	■	■	■	■	■	■	■	■
machen			■	■	■	■	■	■	■	■	■	■
gehen				■	■	■	■	■	■	■	■	■
schlafen				■	■	■	■	■	■	■	■	■
spielen					■	■	■	■	■	■	■	■
geben						■	■	■	■	■	■	■
schreiben						■	■	■	■	■	■	■
nehmen							■	■	■	■	■	■
sagen								■	■	■	■	■
sitzen									■	■	■	■
fahren											■	■

Für eine produktive Verwendung der Suffixe durch die kindlichen L2-Lerner sprechen vor allem frühe Selbstbildungen bei Verben mit Stammvokalwechsel (Beispiele (2) und (3)) sowie Übergeneralisierungen des Suffixes *–t* auf Modalverben in der 3. Person Präsens (4).

(2) *ich läufe* (Nastja, W 3)
(3) *katze schlaft* (Eugen, 2. Monat – 1. Aufnahme)
(4) *M. willt sitzen mit mir* (Nastja, W 6)

Wie aus den Tabellen (5) bis (7) hervorgeht, verwenden die L2-Kinder schnell verschiedene Verbformen, und sie verwenden sie zielsprachenadäquat. Im Hinblick auf die Markierung der Subjekt-Verb-Kongruenz verläuft der L1-Erwerb im Vergleich keineswegs rasch und mühelos. Die hier untersuchten L2-Lerner sind tendenziell um einiges schneller, d.h. die älteren Kinder kommen schneller voran als die jüngeren L1-Lerner und brauchen weniger Zeit für die ersten zielsprachenadäquaten Form-Funktions-Korrelationen und für den produktiven Gebrauch morphologischer Markierungsmittel, wie er sich vor allem in den Miniparadigmen äußert. Tabelle 8 fasst die Dauer des Erwerbs der einzelnen Suffixe sowie die Dauer bis zum Auftreten der ersten Mini-Paradigmen für L1-Lerner und L2-Lerner zusammen.

Tabelle 8. Erwerbsdauer L1- und L2-Kinder im Vergleich
(in Monaten ab den ersten Verb-Belegen)

Kind		alle Suffixe*	Miniparadigmen
L1	*Anna*	5+	5+
	Jan	8	6
	Katharina	5	6
	Caroline	8+	7+
L2	*Eugen*	4	2
	Anastasia	5	4
	Nastja	3	2

*ohne Disambiguierung des Suffixes *–en*

Unsere Untersuchung zur Emergenz von Verbalparadigmen im kindlichen L2-Erwerb des Deutschen und der Vergleich der Ergebnisse mit entsprechenden Befunden aus der L1-Forschung lässt also nur den folgenden Schluss zu:
Je älter desto besser – trotz halb so viel Input!

3 Diskussion

Angesichts dieser Ergebnisse drängt sich natürlich die Frage auf, welche Vorteile dazu führen, dass die L2-lernenden Kinder sowohl im Vergleich mit erwachsenen L2-Lernern als auch im Vergleich mit dem kindlichen Erstspracherwerb so gut abschneiden. Wir nehmen an, dass der Erfolg der 7-9 Jährigen wahrscheinlich in einer Kombination vorteilhafter Lernvoraussetzungen und -strategien begründet liegt. Die in Tabelle 9 genannten Faktoren sind als Diskussionsvorschlag und nicht als erschöpfende Aufzählung zu verstehen. Wir werden unten im einzelnen auf die Faktoren eingehen.

Tabelle 9. Lernvoraussetzungen und –strategien in Relation zum Lebensalter

	Kleinkind	älteres Kind	Erwachsener
präzise Input-Imitation	+	+	-
weniger Einfluss der L1	Ø	+	-
kognitive Reife	-	+	+
Erfahrung bei der Input-Analyse	-	+	+

Präzise Input-Imitation, auch bekannt als Formel-Lernen oder *chunk learning*, beschreibt eine Lernstrategie, die auch bei erwachsenen Lernern vorkommt, bei Kindern aber generell stärker ausgeprägt zu sein scheint (vgl. Wong Fillmore 1994). Wie Beispiel (5) veranschaulicht, erfolgt der Einstieg, den die von uns untersuchten

L2-Kinder wählen, ähnlich wie im L1-Erwerb über die Reproduktion von *chunks* aus dem Input (hier vermutlich dem Mathematikunterricht).

(5) I: *Wieviel Kinder seid ihr?*
    Eu: *(...) Mein Schwester und mein Bruder - ist gleich drei - drei.*
    I: *Drei, seid ihr drei, und dann noch die Mama.*
    Eu: *Und Mama ist gleich vier.* (*Eugen*, 1. Monat)

Das Beispiel illustriert das in unseren Augen für kindliche L2-Lerner typische und günstige Freisein von Hemmungen, Bausteine aus dem Input zu reproduzieren, auch wenn sie sie nicht durchschaut haben und Unvollständigkeit bzw. Fehlerhaftigkeit riskieren.

Bei dem Faktor **Einfluss der L1** geht es darum, dass Sprachverarbeitungsmechanismen, die Rezeption und Produktion der L1 zugrunde liegen, mit zunehmendem Alter stärker eingeschliffen und schwerer zu verändern sind. Mit wachsender Automatisierung können solche L1-abhängigen Mechanismen der effizienten Verarbeitung des L2-Inputs immer stärker im Wege stehen (Ellis, im Druck). Es ist daher anzunehmen, dass dieser 'Störfaktor' im Kindesalter noch nicht so ausgeprägt ist wie im Erwachsenenalter (wobei Tabelle 9 maskiert, dass diese Entwicklung eher graduell ist).

Im Vergleich zu Kleinkindern beim Erstspracherwerb ordnet das Kriterium **Kognitive Reife** unsere älteren Kinder eher auf Seiten der Erwachsenen Lerner ein (s. beispielsweise Schneider (2002) zur Entwicklung der Gedächtnisspanne in verschiedenen Lebensaltern). Dank ihrer fortgeschrittenen kognitiven Fähigkeiten sind ältere Kinder vermutlich in der Lage, Muster in kleineren Datenmengen zu erkennen, und somit schneller zu abstrahieren und zu generalisieren. Dies würde bedeuten, dass Abstraktionsprozesse bereits bei einer geringeren Menge von als *verb islands* gespeicherten Formen einsetzen können.

Dieser Faktor ist allerdings nur schwer von dem Vorteil der **Erfahrung bei der Input-Analyse** zu trennen, den erwachsene Lerner und ältere Kinder aus dem bereits erfolgten Erstspracherwerb mitbringen. Dazu muss man sich vergegenwärtigen, dass Kinder beim Erstspracherwerb zunächst einmal darauf kommen müssen, was Verben sind (im Gegensatz zu Nomen, die – nicht unumstritten – als erste erworben werden, neben *social words* wie *Hallo*). Diesen Schritt sparen sich die erfahrenen Lerner, was ihnen einen direkteren Einstieg in die Zielkategorien erlaubt, der im Gegensatz zum L1-Erwerb ohne Umweg über protogrammatische Kategorien und Funktionen verlaufen kann.

Wenn einige dieser Überlegungen auch zwangsläufig spekulativ anmuten, so können wir doch festhalten, dass sieben- bis neunjährige Kinder in den Anfangsphasen des Zweitspracherwerbs schneller vorankommen als Kleinkinder beim Erstspracherwerb – und dies trotz potentiell schlechterer Inputbedingungen. Sie scheinen dabei sowohl von den Form-orientierten Lernstrategien und der unvoreingenommenen Herangehensweise kleiner Kinder, als auch von der Spracherwerbserfahrung und der Gedächtnisspanne älterer Lerner zu profitieren. Weitere

Forschung ist nötig um genauer herauszuarbeiten, welche Faktoren dabei die größte Rolle spielen.

Literatur

Aksu-Koç, Ayhan/Ketrez, F. Nihan (2003): Early verbal morphology in Turkish: Emergence of inflections. In: Bittner, D./Dressler, W. U./Kilani-Schoch, M. (eds.): Development of Verb Inflection in First Language Acquisition. Berlin: Mouton de Gruyter, 27-52.

Behrens, Heike (1993): Temporal reference in German child language: Form and function of early verb use. PhD thesis, Universiteit van Amsterdam.

Birdsong, David (2005): Interpreting age effects in second language acquisition. In: Kroll, J.F./DeGroot, A. M.B.(eds.): Handbook of Bilingualism: Psycholinguistic Perspectives. Cambridge, Cambridge University Press, 109-127.

Bittner, D./Dressler, W. Ulrich/Kilani-Schoch, M. (2003) (eds.): Development of Verb Inflection in First Language Acquisition. Berlin: Mouton de Gruyter.

Bittner, Dagmar (2003): The emergence of verb inflection in two German-speaking children. In: Bittner, D./Dressler, W. U./Kilani-Schoch, M. (eds.): Development of Verb Inflection in First Language Acquisition. Berlin: Mouton de Gruyter, 53-88.

Bongaerts, Theo (1999): Ultimate attainment in foreign language pronunciation: The case of very advanced late foreign language learners. In: Birdsong, D. (ed.): Second language acquisition and the Critical Period Hypothesis, Mahwah (N.J.): Erlbaum, 133-159.

Clahsen, Harald, (1986): Verb inflections in German child language: acquisition of agreement marking and the functions they encode. In: Linguistics, 24, 79-121.

Dimroth, Christine (2007): Zweitspracherwerb bei Kindern und Jugendlichen: Gemeinsamkeiten und Unterschiede. In: Anstatt, T. (ed.): Mehrsprachigkeit bei Kindern und Erwachsenen. Tübingen: Attempto, 115-138.

Dittmar, Norbert (1991): Berliner Längsschnittstudie zum Deutscherwerb von polnischen Migranten. In: Zeitschrift für Fremdsprachenforschung 2, 1, 112-118.

Ellis, Nick (im Druck): Usage-based and form-focused language acquisition: The associative learning of constructions, learned-attention, and the limited L2 endstate. In: Robinson, P./Ellis, N. (eds.): Handbook of cognitive linguistics and second language acquisition, Mahwah (N.J.): Erlbaum.

Haberzettl, Stefanie (2005): Der Erwerb der Verbstellungsregeln in der Zweitsprache Deutsch durch Kinder mit russischer und türkischer Muttersprache. Tübingen: Narr.

Hyltenstam, Kenneth/Abrahamson, Niclas (2003): Maturational Constraints in SLA. In: Doughty, C. J./Long, M. H. (eds.): The Handbook of Second Language Acquisition, Oxford: Oxford University Press, 539-588.

Klampfer, Sabine (2000): Early verb development in one Austrian child. In: *ZAS Papers in Linguistics*, 18, 7-20.

Klampfer, Sabine (2003): Emergence of verb paradigms in one Austrian child. In: Bittner, D./Dressler, W. U./Kilani-Schoch, M. (eds.): Development of Verb Inflection in First Language Acquisition. Berlin: Mouton de Gruyter, 297-322.

Klein, Wolfgang/Perdue, Clive (1997): The Basic Variety, or Couldn't natural languages be much simpler? In: Second Language Research 13, 301-347.

Long, Michael (1990): Maturational constraints on language development. In: Studies in Second Language Acquisition, 12, 251-185.

Long, Michael (2005): Problems with supposed counter-evidence to the Critical Period Hypothesis. In: International Review of Applied Linguistics, 43, 287-318.

Meisel, Jürgen (2007): Mehrsprachigkeit in der frühen Kindheit: Zur Rolle des Alters bei Erwerbsbeginn. In: Anstatt,T. (ed.): Mehrsprachigkeit bei Kindern und Erwachsenen. Tübingen: Attempto, 93-114.

Mills, Ann (1985): The Acquisition of German. In: Slobin, D. I. (ed.): The Crosslinguistic Study of Language Acquisition. Hillsdale, NJ: Erlbaum, 141-254.

Pagonis, Giulio (2007): Der Einfluss des Alters auf den Spracherwerb. Eine empirische Fallstudie zum ungesteuerten Zweitspracherwerb des Deutschen durch russische Lerner unterschiedlichen Alters. Doktorarbeit, Universität Heidelberg.

Schneider, Wolfgang, (2002): Memory development in childhood. In: Goswami, U. C. (ed.): Handbook of childhood cognitive development. London: Blackwell, 236-256.

Schumann, John (1975): Affective Factors and the Problem of Age in Second Language Acquisition. In: Language Learning 25, 209-35.

Singleton, David/Ryan, Lisa (2004): Language Acquisition: The Age Factor. Clevedon: Multilingual Matters.

Thoma, Dieter/Tracy, Rosemarie (2006): Deutsch als frühe Zweitsprache: zweite Erstsprache? In: Ahrenholz, B. (ed.): Kinder mit Migrationshintergrund. Spracherwerb und Fördermöglichkeiten, Freiburg: Fillibach, 58-79.

Tomasello, Michael, (2001): The item-based nature of children's early syntactic development. In: Tomasello, M./Bates, E. (eds.): Language Development: The Essential Readings. Oxford: Blackwell, 169-186.

van Boxtel, Sonia (2005): Can the late bird catch the worm? Ultimate attainment in L2 syntax, Utrecht: LOT.

Wegener, Heide (1992): Kindlicher Zweitspracherwerb. Untersuchungen zur Morphologie des Deutschen und ihrem Erwerb durch Kinder mit polnischer, russischer und türkischer Erstsprache. Eine Längsschnittuntersuchung. Habilitationsschrift, Universität Augsburg.

Wexler, Kenneth (1998): Very early parameter setting and the unique checking constraint. A new explanation of the optional infinitive stage. In: Lingua 106, 23–79.

Wong-Fillmore, Lilly (1994): Second-language learning in children. In: Bialystok, Ellen (ed.): Language processing in bilingual children. Cambridge: Cambridge University Press, 49-69.

Anna Giacalone Ramat and Stefano Rastelli
Università degli Studi di Pavia

Learning actionality: an investigation of L2 Italian data

1 Introduction

In this paper we wish to present a new perspective on the notion of actionality in language acquisition. By actionality we mean Aktionsart, or semantic Aspect, or Inner Aspect; in other terms, the semantic and temporal properties of verbal predicates. As is well-known, this is one of the three main dimensions according to which predicates have been analyzed, both in linguistic semantic studies (Verkuyl 1993, among others) and in event structure studies (Pustejovsky 1995), as well as in L1 and L2 research. We cannot do justice to the enormous literature on tense, aspect and actionality, but it is necessary to specify that in principle we adhere to the view that aspectual and actional categories should be treated as autonomous entities (Bertinetto 1986, Bertinetto/Delfitto 2000, Tatevosov 2002). Moreover, we assume that actionality is a parameter that allows for different settings in different languages (Tatevosov 2002:324).

The topic we are concerned with in this study, namely second language acquisition, seems to provide evidence that tense, aspectual categories and actionality types in a specific language are learned out of the available input. Learner languages, at least in their initial stages, show an intricate interplay of temporal and aspectual dimensions that suggest that we adopt a global perspective on events (see section 2). Thus, we do not postulate an innate character for the semantic categories of actionality, not even for L2 learners who have an L1 competence at their disposal. In order to highlight the research question investigated in this paper, we would like to start by mentioning Vendler's classification. This classification has played an important role in acquisitional studies and continues to be used as a well-established tool. However, it has long been pointed out in the literature that Vendler's classification - as it was utilized in various theoretical frameworks such as for example Richard Dowty's and Robert van Valin's - is heavily lexically based and doesn't take sufficient account of the effect that other constituents in the sentence may have on the actionality of the sentence's predicate. Even if we accept that verbal predicates have an actional prototipicality, or even a constant meaning, we must recognize that they are open to contextual variation, which depends on a number of factors, including the morphological marking of tense and aspect on the predicate itself, and the syntactic configuration of the verb phrase: presence of direct objects, number and definiteness of objects, types of adverbial modifier and so on. Consider the following Italian sentences:

(1) Giovanni ha scritto la lettera   (telic, accomplishment)
    John   has written the letter

(2) Giovanni ha scritto   lettere tutto il giorno   (atelic, activity)
    John   has written letters all the day

Similarly, telic predicates can lose or at least blur their telicity when viewed from an imperfective/habitual point of view:

(3) ogni giorno Giovanni partiva   alle sei
    every day   John   leave-IMPF   at six-o-clock   (habitual, deletiicized)

This means that telic predicates fulfil their inherent potential only in perfective situations (Bertinetto/Delfitto 2000:193).

In semantic research, the "compositionality of aspect" was the key-notion that allowed linguists to distinguish the information contributed by the verbal predicate from the information provided by complements and adverbials (Verkuyl 1972, 1993). We agree with Verkuyl's (1993) proposal that aspect is compositional. However, it should be kept in mind that in Verkuyl's approach the word "aspect" includes both inner aspect (actionality) and outer aspect (grammatical aspect), the former being the result of the combination of the lexical meaning of the verb with the internal (and possibly also the external) arguments. In this paper, however, we will use the term actionality to refer only to what Verkuyl calls "inner aspect". It should also be noted that there exists cross-linguistic variation in the domain of actionality, so that we cannot assume that an Italian verb has the same actional character as its closest English counterpart (Tatevosov 2002:322, quoting Ebert 1995). This should suggest caution in straightforwardly applying the Vendlerian classes in cross-linguistic comparisons between mature languages. We would like to argue that even greater caution is needed when trying to detect the actional content of predicates in second language data. In fact, we cannot rely too much on the constraints for telicity valid for the target language to assess the extent to which a certain verb is telic or atelic in learner languages. Notwithstanding, the view that actionality in second languages is learned on the basis of some kind of innate universal endowment has gained wide acceptance in second language research[1].This is precisely the approach we won't adopt in this paper. In section 2 we deal with the issue of the "Primacy of Aspect", drawing attention to the role of prototypes as applied to the acquisition of verbal categories. In section 3 we present how our data were collected and analyzed and discuss the applicability of actionality tests to acquisitional data. Section 4 is devoted to the study of the acquisition of telicity in the case of *imparare* "learn", while section 5 examines the two basic verbs of motion *andare* and *venire*. In section 6 conclusions are drawn and future research is outlined.

---

[1] A recent investigation by Slabakova (2001), who used a corpus of native speakers of Bulgarian learning English, has introduced a "telicity marking parameter". Her working hypothesis is that the four verb types proposed by Vendler are language universals (see however Tatevosov 2002 for the opposite claim). The author argues for the hypothesis that adult learners initially employ the L1 value for this parameter and subsequently reset the parameter according to the target language.

2 Tense and Aspect in acquisition and the role of prototypes

The so-called "Primacy of Aspect Hypothesis" (Andersen 1991, 2002; Andersen/ Shirai 1996) comes both in strong and weak versions, but the basic idea in either case is that the emergence of past inflections for English or perfective marking for languages such as Chinese or Spanish both in children's speech and in adult L2 learners is initially limited to achievement verbs which are semantically marked [+telic], [+result], [+punctual]: *went to school, fell down, brought, broke* (Shirai/Andersen 1995, Table 7). In other words, children and adult learners would initially form incorrect form/meaning mappings and as a result early inflections (i.e. tense and aspect morphemes) would carry the semantics of telicity rather than the tense or grammatical aspect semantics these morphemes have in the target language (Verkuyl/de Swart/van Hout, 2005:11). This hypothesis, however, does not explain why learners should follow such an atypical pattern, nor, more generally, how learners establish form/meaning mappings for tense and aspect. A cognitive, prototype-based explanation was provided by Andersen himself to account for these problems. As is well-known, the notion of prototype is a model of human categorization which was proposed by psychologists independently of acquisition (Taylor 1989) and has gained wide acceptance in functional typology (Dahl 1985, Croft 2003). As for language acquisition, it has been argued that children acquire grammatical categories starting from the prototypes of these categories and later extend marking to less prototypical or more marginal cases (Taylor 1989, Shirai/Andersen 1995:758). The same should hold true for L2 acquisition. A considerable amount of experimental data has confirmed the predicted associations, although some problematic results have been reported (Andersen/Shirai 1996 for some discussion)[2].

We believe that the adoption of the prototype approach may help clarify the notion of core meaning in aspect and tense categories and solve the conflicting claims as to whether early past morphology encodes either aspect or tense. We will argue, however, that the relevance of the notion of "prototype" to the "Primacy of Aspect theory" and to the whole issue of tense/aspect acquisition should be partially revised. Most importantly, the implications of the notion of prototype for acquisition have to be made explicit by asking first where prototypes come from and secondly how prototypes are formed in the child's mind or in the L2 learner's mind. Andersen and Shirai suggest that there exists a "natural predisposition" (Andersen 2002:81) to access the prototypical meaning of a verb or of a *gram* (grammatical element). Thus, children (and L2 learners) are credited with the ability to detect the actional information couched in lexical predicates. As we will try to demonstrate, there is in fact no evidence that actional categories are available as such to learners

---

2 A criticism levelled at the Primacy of Aspect hypothesis is that for certain languages (Germanic languages) tense marking precedes (grammatical) aspect marking (Dietrich/Klein/Noyau, 1995). Some motivation is probably to be found in the properties of the target languages, if the target languages, as is the case for German, do not explicitly mark aspect in the grammar through verb endings.

in the initial stages of acquisition. In fact, the analysis of the data shows that learners attempt to reconstruct actional meanings also for the most frequent predicates. A similar criticism against the predisposition to discovering actional values is advanced by Bertinetto/Noccetti (in prep.) for L1 acquisition. Our hypothesis in investigating learner data will be that beginning L2 learners are not aware of the lexical properties of verbs in the sense of Vendler's lexical classes[3]. This means that initial learners' predicates are underspecified and that learners both assemble the appropriate features to express tense/aspect distinctions and understand the semantic properties of actionality gradually. Our perspective differs from Andersen's in that it does not allow for any cognitive predisposition, beyond the human linguistic capacity and the cognitive ability of inductive generalization. Interestingly, we have found evidence of a number of syntactic strategies, which tend to spread verb actionality in the syntax at the VP level. However, the notion of prototype will still prove useful to account for the acquisition path, not so much as the initial trigger of the process, as is the case in Andersen's view, but rather as an inductive regularity that emerges as the main morphological codings of tense/aspect of the target language are learned and the number of lexical items increases. Prototypes offer a model which accounts for the process of mapping events types onto verb types in that event types are defined by a number of conceptually congruent features. In L2 research the impact of the prototypes of the perfect and the past tense has already been pointed out and empirical evidence has been provided as to how both past events with no duration and resultant states readily receive a past perfective marking (Andersen 1991, Giacalone Ramat 1995, Bardovi-Harlig, 2002) on the basis of the prototypical principle of semantic congruence. Subsequently, learners also learn to combine non-congruent features in a non- prototypical perspective. The prototype model can be usefully extended to other tense-aspect forms, including the present, progressive, and future. This is a fruitful path of investigation which should be taken into account in future research.

In conclusion, prototypical associations appear to be a guiding criterion not only in choosing tense and aspect morphological marking, but also in guiding lexical selection, for instance in cases where the learners' lexicon includes two items with similar meanings but differing actional properties, such as Italian *vedere* "see" and *guardare* "look" (Giacalone Ramat/Rastelli, in prep.). In the remainder of this paper we will discuss evidence from L2 data which supports the partial revision of the notion of prototype in second language acquisition we have advocated for. As to the question of where prototypes come from, our position is that they are "discovered" by learners on the basis of their linguistic and non-linguistic experience and subsequently become active principles in the organization of the linguistic system: no innate predisposition is assumed.

---

3 This study is limited to second language acquisition, therefore we will not discuss issues related to first language acquisition, although the two acquisitional paths have often been compared and similarities have been found (Shirai/Andersen 1995). For L1 Italian we refer the reader to the ongoing work by Bertinetto/Noccetti, in prep.

3 Design and method

Our data derive from a corpus of Italian as a second language which has been collected over the last twenty years at the Universities of Pavia, Bergamo and Milan (Giacalone Ramat 2003, Andorno/Bernini 2003 for more details). We chose in particular two learners - MK and AB – both with Tigrinya, an ethio-semitic language of Eritrea, as an L1.

The main data concerning the learners are summarized in Table 1. At the time of the first recording, AB had been living in Italy for one year while MK for just one month. The observation lasted seven months.

Table 1. Learners data

Learners	Age	Home country	L1	Job	No. of rec.	Period of rec.	Time spent in Italy on first rec.
AB	21	Eritrea	Tigrinya	householder	12	7 months	1 year
MK	20	Eritrea	Tigrinya	electrician	12	7 months	1 month

As far as the method adopted for the analysis is concerned, from what has been said so far it follows that the actional content of L2 predicates should not be taken for granted. Thus, we decided to look carefully at event compositionality at the VP as well as higher levels (number and types of arguments, kinds of adverbials, contribution of lexical V, values of Tense-Aspectual morphemes) and to privilege those contexts where two or more verbs, which we suppose to be close in meaning, are put in contrast or where the same verb is used and marked for temporal or for aspectual values.

It should be added that the elicitation of the data is based both on oral film and story retelling and on biographical episodes. So, when inferences are made by us in order to disambiguate expressions, they always rely on a careful check of contextual conditions. This caution is necessary if we consider the extent to which the classical actionality tests are likely to fail in detecting the actional content in L2 data. For instance, it is well known how temporal adverbials such as "for x-time" and "in x-time" have often been exploited to assess aspectual values (for Italian see Bertinetto, 1986; Bertinetto/Delfitto 2000 and in a typological perspective Tatevosov 2002: 350). As a matter of fact, in our data we found a number of cases of actional misinterpretation or mismatch between the temporal adverbial and the (presumed) actionality of the predicate:

(4) FR\ si si una volta vediamo quando **arriva per un po' di più giorni** ti telefono
     FR\ yes, sometimes we'll see, when she arrives for some more days   I'll call you
     [FR, L1 German]

The adverbial of duration "per un po' più di giorni" is incompatible with *arrivare* since, in native Italian, the inherent telicity of *arrivare* rules out any duration after the endpoint (unlike *venire* "to come", which allows a sentence like *sono venuto per una settimana* "I've come for a week"). We may wonder whether the meaning intended by this German learner of Italian was *rimanere* "to stay, to remain" instead of *arrivare*, or whether the actional content of *arrivare* is still unavailable to her.

(5) \I\ perchè subito Milano? perchè c'era tua mamma?
\MK\ no primo **c'era** mia madre **per sett'anni otto anni a Roma**
\I\ ah **è stata** a Roma
\I\ why Milan straightaway? Because your mum was there?
\MK\ no, before there was my mum for seven years eight years in Rome
\I\ Ah she was in Rome
[MK, 12]

In the example above the association of imperfective stative *c'era* with the bounded time-expression *per* sett'anni *otto anni* is inappropriate. A native speaker would use a perfective, as is indeed shown in the sentence uttered by the native interviewer: *ah, è stata a Roma*. Accordingly, we are led to the conclusion that the actionality tests are of little use. The point we would like to make is that the actional content of L2 predicates is not available at the beginning of the learning process and is actually built up gradually, alongside with Tense and (grammatical) Aspect, as the next section will try to show.

4   Learning "to learn"

Imparare "learn" seems to work very well as a testing ground for telicity in learners' data, since the early uses of this verb show how the telicity of a verb, far from being innate, has to be learned. The verb *imparare* is a gradual completion verb (for some discussion of this category see Bertinetto/Squartini 1995). Semantically, gradual completion verbs (such as *sorgere* "rise", *maturare* "ripe"), though being telic, express events made up of a sequence of successive, partial achievements rather than only one final achievement. The verb *imparare* appears very late in MK, i.e. only in the ninth recording:

(6) \MK\ adesso io dico che cosa io fatto la scorsa settimana la scorsa settimana **fino () fino a mercoledì ho imparato a al classe**
\MK\ Now I'll say what I did last week last week **until Wednesday I have learned in class**
[MK, 9]

In Italian the verb *imparare* in the past perfective (*ho imparato*) is not compatible with durative-culminative adverbials of the type used by MK (*fino a mercoledì*, "until Wednesday"). In the eleventh recording, we find one more attempt on the part of MK to fit the verb *imparare* into a bounded time-span frame, which is expressed by the adverbial expression *tre quattro mesi* ("three four months"):

(7) \MK\ beh, quando sono arrivato: son veeh son venuto qua per: (im)parare la lingua, **quando son ho imparato la lingua, tre quattro mesi qualcosa** ho cominciato un'altra:un altro corso di elettricista

\MK\ well, when I arrived: I came to learn the language **when I had been learning/??I learned the language, three four months something** I started another, an electrician course
[MK, 11]

We are thus led to conclude that MK still does not recognize any telicity (either gradual or punctual or semelfactive) in the verb *imparare*. Only in the twelfth and last recording does MK seem to contrast *sto imparando* "I'm learning" with *non ho imparato bene* "I did not learn well". By combining properly the actional content of *imparare* with imperfective and perfective aspectual grams, MK finally seems to have fully acknowledged the peculiar twofold (+telic and + activity) feature of this verb:

(8) \MK\ allora sono arrivato a Milano, sto: mh facendo qua eh: la lingua no **sto imparando**
\I\ eh ormai \MK\ sì \I\ ormai hai quasi finito
\MK\ mh? ma però ancora non ho eh st sto parlando bene la lingua [...] eh? **non ho imparato bene**
\MK\ Then I arrived in Milan, I'm mh doing here the language no **I'm learning**
\I\ Well, by now \MK\ yes \I\ you are almost done \MK\ mh? but I'm not speaking the language well yet [...] eh? **I did not learn well**
[MK, 12]

We may conclude firstly that tests based on adverbials are of little use to assess the actionality of learners predicates (as was pointed out in section 3), and secondly that cases can be found which shed some light on the process by which actionality is learned. The peculiar telicity of *imparare* was acquired by MK after some infelicitous attempts to focalize the actional content of this predicate so that we may say that he finally learned how to use the verb *to learn* properly.

5 The motion verbs *andare* and *venire*

The difficulty in detecting the actional content in L2 data may also arise from the fact that there seem to exist verbs which are over-used by learners in place of verbs which belong broadly to the same semantic category but have a different actionality. The existence and the role in the learning process of the so-called "basic verbs" have been pointed out by e.g. Viberg (1993, 1999, 2002a). "Basic verbs" are the most frequent verbs in a language, while "nuclear verbs" (like for instance "go", "come", "see", "say") are basic verbs which are attested in most languages (of course frequency and crosslinguistic attestation may relate, but they don't necessarily overlap). Viberg found that, in learners' data, nuclear verbs tend to replace more specific verbs especially at early stages and that, among nuclear verbs, learners prefer those having a more concrete meaning. For instance, "look" would often replace "see" (2002b: 13).

Keeping Viberg's findings as a background – even if we won't discuss why some verbs should be more basic than others – in this section we limit ourselves to describe the behavior of the two most frequent verbs which convey the idea of movement, deictic oriented *andare* "go" and *venire* "come" (see Ricca, 1993 for a crosslinguistic typological investigation)[4]. Other verb pairs (such as *dire/parlare* "say/talk", *vedere/guardare* "see/look" and *sapere/conoscere* "know") are currently under investigation (see Giacalone Ramat/Rastelli, in prep.).

The frequency of *andare* in MK is much higher than in AB (who is ahead in the learning process) especially at the beginning and in the middle of the recording period. The reason is that the verb *andare* is frequently used by MK in place of other more lexically specific verbs such as *tornare* "return", *partire* "leave", *visitare* "visit", *accelerare* "speed up", *volare* "fly". For instance, in the first recording MK uses *andare* instead of *tornare*, despite the native interviewer's attempt to suggest the proper verb:

(9) \I\ eeh poi, tornerai torni in Etiopia? o in Eritrea? \MK\ **dorni? \I\ tornare \Mk\ dornare? \I\ andare in Etiopia?** \Mk\ **io non andare sì**
\I\ eeh then, will you return to Ethiopia? Or to Eritrea? \MK\ return? \I\ to return \MK\ to return? \I\ to go to Ethiopia \MK\ I not to go yes
[MK, 1]

In examples (10) and (11), both taken from the second recording session, *andare* is used instead of *volare* "fly" and instead of *gettarsi col paracadute* "parachute", respectively:

(10) \MK\ questo (l'apro) aereopla aereoplane **eh andato alla cita**
this airplane airplane (has) gone to the city
[MK, 2]

(11) \MK\ paracadute, sì \I\ mh mh \MK\ eh **vado a para cadute**
\MK\ parachute, yes \I\ mh mh \MK\ eh (I) go to parachute
[MK, 2]

The overuse of *andare* then decreases and in later recordings other motion verbs (such as *uscire* "to go out" and *scappare* "to escape") appear beside *andare*. In AB's early recordings too, the verb *andare* seems to work as a kind of prototype for a broad range of motion events like *tornare/ritornare* "return", *trasferirsi* "move", *visitare* "visit", as is clearly shown by the next example in which she's talking about the advantages for Eritreans of being in Italy (rather than in any other European country) as far as the permission to visit their home country and to come back is concerned:

(12) \AB\ solo che non possono **andare a vedere nostro paese** questo è il problema di loro [...] perciò eh no **noi non voliamo andare di Italia per l'altri paesi** \I\ mentre da qui potete \AB\ **andare in Asmara**
AB\ just that they can't go and see our country this is their problem [...] for this reason we don't want to go from Italy to other countries \I\ on the contrary, from here you can \AB\ to go to Asmara
[AB, 3]

---

4   A recent study by Bernini (2006) has analyzed the lexicalization strategies of motion verbs in the acquisition of Italian as an L2 by three learners of the Pavia corpus, one of whom is the learner MK.

The verb *venire* "come" is available quite early in both AB's and MK's lexicons. However, some overuses are still easy to find. In example (13), *venire* - in association with *fuori* "out" (see section 6) - is used in place of *scappare* "escape":

> (13) \MK\ sì, eh non c'è la: la strada di vieni qua sì? eh tutti li uomini **voglino voglino vieni fuori** da nostra cità perchè non c'è pace
> \MK\ yes, eh, there is no road to come here yes? and all the men want want to come out of our city because there is no peace
> [MK, 5]

As soon as MK's lexicon increases, *venire* contrasts properly with other motion verbs such as *arrivare*, the former referring to the anaphoric event of "arriving in Italy", the latter to the deictic event of "coming to school" (where the interview is taking place):

> (14) \MK\ quando **sono arrivato: son veeh son venuto** qua per: (im)parare la lingua
> \MK\ when I arrived I've come here to learn the language
> [MK, 11]

In conclusion, *andare* seems to work as the "basic" (in the sense of Viberg 2002a) motion verb which can cover all types of motion events. *Venire* also shares with *andare* something of a basic value, in that it is sometimes preferred to other motion verbs which generally are specified as +[telic], such as *arrivare*. Such overuse of *andare* and - partially - of *venire* decreases as the recording session progresses and other motion verbs gradually emerge in the learner's dictionary with their full actional and configurational features.

6 The "re-construction of Actionality" and the role of syntax

In the previous section we saw that some basic verbs may "cover" other more specific (and, also, actionally different) verbs. If we take a closer look at the examples, we see that the lexical content of *andare* and *venire* alone does not bear the whole range of meanings which would be required by the situations described by the learners. Their arguments, adjuncts and tense-aspect markings are what makes the difference in that they contribute to their lexical semantic specification. In fact, these items co-determine the meaning of the lexical verb. For this reason we take issue with those L2 studies which take the classification of verbs into the four Vendlerian classes as granted. Rather, we suggest that in L2 data the actional content of a verb should not be isolated from the contribution of the context (if available), namely of the Adverbial Frame, of Tense and Aspect. In learners' data, aspectual markers, adverbials, tense inflections and lexical meaning can sometimes merge together and cooperate in order to convey the intended meaning. The semantic dimensions of temporal reference, aspect and actionality may appear intertwined in a way that is specific to learner varieties and is undetermined with respect to their use in the target language. Admittedly, in mature or native varieties too, the morphosyntactic context contributes to determining the actionality of predicates (see §1), the difference being that in L2 data either the lexical verb may not be the expected one (e.g. a more basic verb has taken its place) or the context

includes items which are not appropriate to or even compatible with the lexical verb (as in example (16)).Thus, our research aims to identify the items involved and the possible stages of (and hierarchy in) the process of "Actionality reconstruction".
In example (15), AB is telling about when she happened to slip on the snow:

(15) \I\ certo sei già caduta, qualche volta? \AB\ sì: \I\ sei scivolata? [...] cos'hai fatto? raccontami come hai fatto a cadere? \AB\ **sono caduta e poi: sempre rido**
\I\ sure, have you ever fallen, anytime? \AB\ yes \I\ did you slip? What did you do? Tell me, how did you fall? \AB\ **I have fallen and then I always laugh**
[AB, 4]

To interpret the apparent clash of the perfective form *caduta* and the present *rido* the actional content (+ telic) of *cadere* "fall" has to be redetermined taking into account
- the perfective marking of *caduta* "fallen" (maybe triggered by the native speaker's question), which may highlight the resultative phase of the event of falling;
- the temporal value of the adverb *poi* "then", which connects one perfective event with a habitual event of laughing;
- the value of the adverb *sempre* "always", which agrees with the habitual interpretation of *rido* "I laugh" and might project the habitual meaning onto the participle.

If this hypothesis is correct, the sentence would roughly mean: *Ogni volta che cado, quando sono per terra rido sempre* "Every time I fall, when I'm on the ground I always laugh". Thus, the feature [+telic] of *cadere* would not be present and the actional content would in this case incorporate the feature [+ stative] of *essere per terra* "be on the ground".

From what has been said it follows that - as far as some "basic verbs" are concerned - actionality might be spread outside the verb, that is, it might have to be looked for and accounted for in the verb's syntactic environment. Learners might arrive at the meaning of lexically underspecified verbs through the meaning of the elements that compose their verb phrases. According to this hypothesis, the developmental path of the expression of the actional content might progress from compositionality at early stages to lexical coding at later stages, when it is likely that the learner's vocabulary has enriched and many more lexical entries are stored individually. Against this background, the notion of prototype might play a role. Prototypes of such semantic categories as the past or the progressive develop gradually out of the learner's experience of various different situations and probably also reflect their distribution in the native input. As an illustration, consider how such a "compositional perspective" (or bottom-up perspective) can account for a sentence like (16), where AB is telling how she spent Easter:

(16) \AB\ Nel pasqua nel giorno di pasqua **ho passato qui a Milano** [...]
dove c'è la chiesa di San Francesco e lì **abbiamo passato fino a mezzanotte**, e così è **passata**.
\AB\ At easter **I spent** Easter **Sunday here in Milan** [...] where San Francesco's church is and **there we stayed until past midnight**, and that's how **our Easter went by**.
[AB, 11]

AB uses the same verb *passare* three times, with at least two very different meanings:
- *passare* "spend" (the Easter Sunday) and then "go by", both being telic predicates
- *passare* "stay until past midnight", a stative predicate, not used in native-like fashion.

It is important to acknowledge that what triggers the actional shift from one *passare* to the other is the semantic contribution of the expressions *qui a Milano* "here in Milan" (which is compatible with telic predicates) and *fino a mezzanotte* "until midnight" (which is not compatible with telic predicates in perfective tenses). We suggest that such expressions should not be considered merely as "V-adjuncts" because they are not just features added to the lexical verb. Their function here does not seem that of just modifying a (supposed) kernel-meaning of the verb *passare* (actually a native speaker here would have used two different verbs). AB seems to upgrade the phrases *qui a Milano* and *fino a mezzanotte* to the rank of proper V-arguments in order to co-determine the meaning of the verb compositionally.

In conclusion, this study has tried to bring empirical evidence in support of the claim that learners reconstruct the meaning of verbs, in terms of their actional and aspectual properties, using a number of elements which may accompany the verb. They sometimes also use non-standard combinations, which are significant because they reveal learners' mental processes.

7   Directions for future research

A lot of work awaits to be done along these lines of research: new data from different learners should be investigated, new lexical items should be analyzed and compared and, finally, a theory should be developed which describes how the semantic features of Tense, Aspect and Actionality conflate in order to build up the meaning of lexical verbs especially in the early stages of the learning process. We would also like to emphasize that such L2 acquisition research has obvious implications for a general theory of Actionality, Tense and Aspect.

References

Andersen, Roger (1991): Developmental sequences: the emergence of aspect marking in second language acquisition. In: Huebner T./Ferguson C.A. (eds.): Crosscurrents in SLA and Linguistic Theories, Amsterdam-Philadelphia, John Benjamins.
Andersen, Roger (2002): The dimension of pastness. In: Salaberry, R./Shirai, Y. (eds): The L2 Acquisition of Tense-Aspect Morphology, Amsterdam-Philadelphia, John Benjamins.
Andersen, Roger/Shirai, Yasuhiro (1996): Primacy of Aspect in first and second language acquisition: the pidgin/creole connection. In: Ritchie W.C./Bathia T.K. (eds.): Handbook of second language acquisition, San Diego, Academic Press.
Andorno, Cecilia/Bernini, Giuliano (2003): Premesse teoriche e metodologiche. In: Giacalone Ramat A. (ed.), 27-36.
Bardovi-Harlig, Katerina. (2002): Analyzing Aspect. In: Salaberry, R./Shirai, Y. (eds.): The L2 Acquisition of Tense-Aspect Morphology, Amsterdam-Philadelphia, John Benjamins, 129-154.

Bernini, Giuliano (2006): Strategie di lessicalizzazione e input ambiguo nell'acquisizione di L2: I verbi di moto in italiano. In: Grandi, N./Iannaccaro, G. (eds): Zhi. Scritti in onore di Emanuele Banfi in occasione del suo 60° compleanno, Caissa Italia Editore, Roma, 65-84.

Bertinetto, Pier Marco (1986): Tempo, aspetto, azione nel verbo italiano: il sistema dell'indicativo, Firenze, Accademia della Crusca.

Bertinetto, Pier Marco/Noccetti, Sabrina (in prep.): Prolegomena to ATAM Acquisition. Theoretical premises and corpus labeling.

Bertinetto, Pier Marco/Squartini, Mario (1995): An attempt at defining the class of Gradual Completion Verbs. In: Bertinetto, P.M. et al. (eds): Temporal reference, Aspect and Actionality. Vol. I: Semantic and Syntactic perspectives, Torino, Rosenberg & Sellier, 11-26.

Bertinetto, Pier Marco/Delfitto, Denis (2000): Aspect vs. Actionality: why they should be kept apart. In: Dahl, Ö. (ed): Tense and Aspect in the Languages of Europe, New York-Berlin, Mouton de Gruyter, 189-227.

Croft, William (2003): Typology and Universals, Cambridge, Cambridge University Press.

Dahl, Östen (1985): Tense and aspect systems, Oxford, Basil Blackwell.

Dietrich, R./Klein, W./Noyau, C. (1995). The acquisition of temporality in a second language. Amsterdam, Philadelphia: Benjamins.

Ebert, Karen (1995): Ambiguous perfect-progressive forms across languages. In: Bertinetto, P.M. et al. (eds.): Temporal reference, Aspect and Actionality, Torino, Rosenberg & Sellier, Vol. II, 185-204.

Giacalone Ramat, Anna (1995): Tense and Aspect in Learner Italian. In: Bertinetto, P.M. et al. (eds.): Temporal reference, Aspect and Actionality, Torino, Rosenberg & Sellier, vol. II, 289-307.

Giacalone Ramat, Anna (ed.) (2003): Verso l'italiano: percorsi e strategie di acquisizione, Roma, Carocci.

Giacalone Ramat, Anna/Rastelli, Stefano (in prep.): The Actionality of basic verbs in L2 Italian.

Pustejovsky, James (1995): The generative Lexicon, Cambridge-MA, MIT Press.

Ricca, Davide (1993): I verbi deittici di movimento in Europa: una ricerca interlinguistica, Firenze, La Nuova Italia.

Shirai, Yasuhiro/Andersen, Roger (1995): The acquisition of Tense-Aspect morphology: a prototype account (Language 71), 743-762.

Slabakova, Roumyana (2001): Telicity in the second language, Amsterdam-Philadelphia, John Benjamins.

Tatevosov, Sergej (2002): The parameter of Actionality, (Linguistic Typology 6), 317-401.

Taylor, John (1989): Linguistic Categorization. Prototypes in linguistic theory, Oxford, Clarendon Press.

Viberg, Åke (1993): Crosslinguistic perspectives on lexical organization and lexical progression. In: Hyltenstam, K./Viberg, Å. (eds.): Progression and regression in language, Cambridge, Cambridge University Press, 340-385.

Viberg Åke (1999): Lexical Development in a second language. In: Extra, G./Verhoeven, L. (eds.): Bilingualism and Migration, Berlin-New York, Mouton de Gruyter, 165-185.

Viberg, Åke (2002a): Basic verbs in lexical progression and regression. In: Burmeister, P./Piske, T./Rohde, A. (eds.): An Integrated View of Language Development. Papers in Honor of Henning Wode, Wissenschaftlicher Verlag Trier, 109-134.

Viberg Åke (2002b). Basic verbs in second language acquisition. Revue Française de Linguistique Appliquée VII:2, 51-69.

Verkuyl, Henk (1972): On the compositional nature of the Aspects, Dordrecht, Reidel.

Verkuyl, Henk (1993): A Theory of Aspectuality, Cambridge, Cambridge University Press.

Verkuyl, Henk/Swart, Henriette de/Hout, Angeliek van (eds.) (2005): Perspectives on Aspect, Dordrecht, Springer.

Fumiya Hirataka
Keio University Fujisawa

Verwendung von Nachfragen bei japanischen Deutschlernenden – eine empirische Analyse von Lernervarietäten vor und nach dem Aufenthalt in Deutschland[1]

1 Einleitung

„Was Sie sagen, ist zwar richtig, aber das sagen die Deutschen so nicht." Viele Deutschlerner sind beim Sprechtraining wohl schon einmal mit diesem Kommentar bedacht worden. Liegt der Fokus im Unterricht vor allem auf korrekter Grammatik und angemessenem Gebrauch des Wortschatzes, klingen auch fehlerfreie Teilnehmeräußerungen oft „hölzern". Der Hinweis, dass man das so nicht sage, hilft dem Lerner jedoch zunächst wenig, sich „flüssiger" zu äußern und lässt ihn eher rat- und sprachlos dastehen.

Um Lernern Hilfestellungen zu geben, ihre Äußerungen und Gespräche ein wenig „flüssiger" zu gestalten, bieten sich verschiedene sprachliche Mittel auf der pragmalinguistischen Ebene an: Nachfragen, Füllwörter, Reparaturen u.a. Entsprechende Redemittel finden in japanischen Curricula, Lehrwerken und Klassenzimmern bisher jedoch kaum Berücksichtigung, und so wird es meistens dem einzelnen Lerner überlassen, sie sich anzueignen. Für japanische Deutschlerner, die im Alltag fast keine Gelegenheit haben, Deutsch zu benutzen, ist ein Feriensprachkurs im deutschsprachigen Raum eine sehr gute Gelegenheit, ihre Deutschkenntnisse zu verbessern. Er bietet ihnen nicht nur den Sprachunterricht, sondern viele Chancen, in außerunterrichtlichen Situationen auf Deutsch zu kommunizieren. Es wäre auch anzunehmen, dass sie bei zwanglosen Gesprächen im Alltag solche pragmalinguistischen Sprachmittel aufnehmen und beginnen, sie versuchsweise selbst zu verwenden.

Die vorliegende Arbeit befasst sich mit der Verwendung von Nachfrageformen und -funktionen von japanischen Deutschlernern. Nachfragen sind hier definiert „als Fragen, die sich auf vorausgehende Äußerungen der Gesprächspartner beziehen" (Rost-Roth 2003). Bei den Informanten handelt es sich um Deutschlerner der Keio-Universität Fujisawa auf dem Anfängerniveau, die entweder in den Frühjahrs- oder in den Sommerferien an einem drei- oder vierwöchigen Sprachkurs in Deutschland teilgenommen haben.

Im Mittelpunkt der Untersuchung stehen die folgenden vier Fragestellungen:
1) Wie, d.h. mit welchen sprachlichen Mitteln realisieren japanische Deutschlerner Nachfragen? Wie sehen die Formen und Funktionen des Nachfragens aus?
2) Wann benutzen japanische Deutschlerner mehr Nachfragen, vor oder nach dem Feriensprachkurs?

---

[1] Für die Korrektur der früheren Version danke ich Martina Rost-Roth und Marco Raindl.

3) Trägt der Sprachaufenthalt von japanischen Deutschlernern in Deutschland zum Erwerb von Nachfrageformulierungen bei?
4) Was sind mögliche Gründe?

Im Folgenden werden zunächst Forschungsergebnisse referiert (Kapitel 2). Nach Angaben zur Datenbasis im daran anschließenden Kapitel werden im Kapitel 4 die Nachfrageformulierungen unserer Informanten im Hinblick auf Formen und Funktionen analysiert. Kapitel 5 enthält eine Zusammenfassung der Ergebnisse und deren Diskussion.

2 Kurze Skizze zur bisherigen Forschung

Hier soll auf wichtige Untersuchungen zu Nachfragen und Zweitspracherwerb verwiesen werden, die für die vorliegende Arbeit von Bedeutung sind. Es ist nicht beabsichtigt, einen allgemeinen Forschungsüberblick zu geben; dieses Kapitel soll vielmehr zur Standortbestimmung der Arbeit dienen.

Im Bereich der Konversationsanalyse liegen bereits zahlreiche Untersuchungen vor, die sich mit Feedback, Reparaturen, Füllwörtern etc. beschäftigen. Zum Thema Nachfragen im Deutschen gibt es eine Reihe von Untersuchungen von Rost-Roth[2], auf die sich die vorliegende Arbeit wesentlich stützt. Sonnenberg (2000) geht auf die Verständigungsproblematik ein und Kameyama (2004) behandelt die gleiche Problematik in deutsch-japanischen Diskursen.

In letzter Zeit wird immer mehr Aufmerksamkeit auf die Wirkung und die Bedeutung von Sprachaufenthalten im Kontext des Zweitspracherwerbs gerichtet. Diese Forschungsrichtung ist vor allem im angelsächsischen Raum unter den Begriffen „Study abroad" oder „Residence abroad" verbreitet.[3] Der Ansatz von Freed (1995), der acht Elemente[4] nennt, die sich auf die „fluency" auswirken, sowie die Ausführungen von Lafford (1995) zu Kommunikationsstrategien[5] stellen wichtige Anknüpfungspunkte für die vorliegende Arbeit dar. Im Bereich Deutsch als Fremdsprache in Japan liegen bisher nur wenige Untersuchungen vor. Hirataka/Waragai (2001) und Kimura/Waragai/Hirataka (2003) haben bei der Untersuchung von Lernervarietäten japanischer Studenten, die einige Jahre Deutsch gelernt hatten und dann an einem drei- oder vierwöchigen Hochschulferienkurs im deutschsprachigen Raum teilgenommen haben, nachgewiesen, dass sich bei den meisten Lernern nach ihrer Rückkehr vom Sprachaufenthalt eine Entwicklung der kommunikativen Kompetenz feststellen lässt, die sich u.a. im schnelleren Sprechtempo und in der Erweiterung des Wortschatzes niederschlägt.

---

2 Verwiesen sei auf Rost-Roth (2003), Rost-Roth (2004) und Rost-Roth (2006).
3 Zum Forschungsüberblick vgl. Coleman (1997).
4 1. Amount of speech, 2. Rate of speech, 3. Unfilled pauses, 4. Frequency of filled pauses, 5. Length of fluent speech runs, 6. Repairs, 7. Clusters of dysfluency (Freed 1995).
5 "Lafford (1995) found that learners of Spanish who study abroad develop a broader range of communicative strategies for initiating, maintaining and terminating an interaction, while their speech is more rapid and contains more repairs" (Coleman 1997: 15).

3 Datenbasis

Die Datenbasis dieser Untersuchung sind Interviews mit Studenten an der Keio-Universität Fujisawa. Im Rahmen des Deutschunterrichts erhalten die Studenten, nachdem sie zwei bis drei Semester in Intensivkursen Deutsch gelernt haben (ca. 200 - 300 Unterrichtseinheiten à 45 Minuten), die Gelegenheit, in den Frühjahrs- oder Sommerferien drei bis vier Wochen an einem Feriensprachkurs einer deutschen Hochschule teilzunehmen. Es handelt sich dabei nicht um Gruppenreisen, vielmehr wählen die Interessenten selbst eine Universität aus, melden sich eigenständig an und fahren allein zum Kursort.

Seit 1999 wird das 'Interviewprojekt' durchgeführt. Einige der Teilnehmer werden je einmal vor und nach dem Aufenthalt in Deutschland von einem deutschsprachigen Dozenten interviewt. Die beiden Interviews sind inhaltlich fast identisch und bestehen aus einem einleitenden Gespräch, drei Rollenspielen (Gespräch über die japanische Wirtschaft, Klassenwechsel im Hochschulferienkurs und Einladung des Deutschlehrers zum Biertrinken)[6] und der Nacherzählung eines Ausschnitts aus einem Chaplin-Film. Die Gesamtdauer des Interviews liegt bei 30 - 40 Minuten. Die Interviews werden auf Video und Digital Audio Tape (DAT) aufgezeichnet, die Daten werden transkribiert.

Tabelle 1. Informantinnen und Informanten im Interview-Projekt

Informanten	M/F	Deutsch-unterricht	Fremdsprachen-kenntnisse	Auslands-aufenthalte	Kursort	Kurs-dauer	Inter-view
I	F	1,5 J	Engl. 6 J	GB 3 W BRD 6 W	Bonn	2.3.- 28.3.05	1.2.05 15.4.05
N	M	1,5 J	Engl. 6 J	keinen	Dresden	7.3.- 30.3.05	31.1.05 19.4.05
T	F	2 J	Engl. 6 J Korean. 6 M Ital. 6 M	Neuseeland 1 J BRD 2 W	Freiburg	2.3.- 28.3.05	1.2.05 19.4.05
S	M	1,5 J	Engl 8 J Dt. 1 J	Canada 1 J	Freiburg	2.8.- 29.8.05	19.7.05 4.10.05
M	F	2 J	Engl. 8 J Dt. 1,5 J Frz. 1 J	BRD 2 J USA 5 J	München	2.8.- 27.8.05	19.7.05 4.10.05
W	F	1,5 J	Jap. 10 J Engl. 12	China 11 J	Bremen	8.8.- 2.9. 05	19.7.05 4.10.05

Die vorliegende Arbeit stützt sich auf die Äußerungsdaten von sechs Informantinnen und Informanten. Ihre Sprachlernbiographien unterscheiden sich – für japanische Verhältnisse – deutlich voneinander (vgl. Tabelle 1): Die meisten Lerner

---

6 Die Themen für die Informanten im Sommer 2005 waren Fahrkartenkauf, Weihnachten in Japan und Urlaubszeiten von Japanern.

haben in der Mittel- und Oberschule sechs Jahre Englisch und bis zum Zeitpunkt des ersten Interviews in der Universität eineinhalb bis zwei Jahre Deutsch gelernt. S und M hatten bereits in der Schule Deutsch- und M auch Französischunterricht. T hat in der Universität je sechs Monate Koreanisch und Italienisch gelernt. Die meisten Informanten haben schon in der Schulzeit einen Auslandsaufenthalt erlebt. Das Spektrum reicht von der dreiwöchigen Studienreise in England von I bis zum Aufenthalt von fünf Jahren in den USA von M. W ist in China geboren und dort aufgewachsen. Ihre Muttersprache ist Chinesisch. In Japan lebt sie seit ihrem 11. Lebensjahr. Die Informanten I, N und T waren im Frühjahr 2005 in Deutschland, während S, M und W ein halbes Jahr später im Sommer 2005 in Deutschland einen Ferienkurs besuchten. Angaben zum Kursort und zur Kursdauer sind ebenso in der Tabelle 1 enthalten.

4 Analyse der Lerneräußerungen

In diesem Kapitel werden die Äußerungsdaten im Hinblick auf Formen und Funktionen von Nachfragen analysiert. Bei der Analyse geht es zuerst um den Aspekt der Häufigkeit von Nachfragen und ihre sprachlichen Realisierungsformen.

4.1 Nachfrageformen und Häufigkeit

Untersucht man die Form der Nachfragen bei den sechs Informanten, so fällt auf, dass die meisten Nachfragen von japanischen Deutschlernern sehr kurz sind. Das stimmt mit dem Ergebnis von Rost-Roth (2004) überein, nach dem relativ kurze Nachfragen für Nichtmuttersprachler typisch sind. Bei unseren Informanten bestehen 54,2% der insgesamt vorkommenden Nachfragen aus nur einem Wort (vgl. Tabelle 2, Zahlen in Klammern verweisen auf Nachfragen aus einem Wort).

Tabelle 2. Häufigkeit des Vorkommens von Nachfragen

Informanten	I	N	T	S	M	W	Summe
Vor der Reise	15 (11)	8 (3)	13 (8)	11 (2)	3 (2)	13 (5)	63 (31) 100% (49,2 %)
Nach der Reise	8 (6)[7]	5 (4)	5 (2)	7 (4)	1 (1)	7 (4)	33 (21) 100% (63,6 %)
Summe	23 (17)	13 (7)	18 (10)	18 (6)	4 (3)	20 (9)	96 (52) 100% (54,2 %)

Beispiel 1 W (NACH)[8]
I und wohin sind sie gefahren^   hm
W   (.) wohin^   hm ah hamburg^ füssen^ münchen^

---

7 Bei der Aufnahme von Informantin I nach der Reise fehlt der Teil der Filmnacherzählung.
8 Die hier verwendeten Transkriptionskonventionen sind wie folgt: VOR/NACH vor/nach dem Aufenthalt in Deutschland, I Interviewer, ^ steigende Intonation, (.) (..) Pause (je nach Länge), : :: Dehnung (je nach Länge), *xx* japanische Äußerungen.

Beispiel 2 N (VOR)
I   vielleicht können sie mir noch mal sagen ähm wohin fahren sie in deutschland was
N
I   machen sie in deutschland   mhm sprechen
N   in deutschland^   hm

Hier zeigen sich die „Beschränkungen in kommunikativen Kompetenzen der Nichtmuttersprachler" (Rost-Roth 2004).
Des Weiteren ist das häufige Vorkommen von *Wie bitte?* für unsere Lerner kennzeichnend. Beim Informanten S handelt es sich bei sechs von elf Einträgen vor der Studienreise um die Verwendung von *Wie bitte?*.

Beispiel 3 S (VOR)
I   sie möchten einen platz reservieren äh raucher^ oder nichtraucher   rauchen
S   wie bitte^ ah
I   sie^   sie rauchen nicht   okay
S   nein   ich rauch nicht

Das reduziert sich bei ihm auf nur ein einmaliges Vorkommen von *Wie?* nach dem Deutschlandaufenthalt. *Wie bitte?* ist natürlich der Ausdruck für Nachfragen schlechthin, der den Lernern im Klassenzimmer schon in den ersten Deutschstunden vermittelt wird. Den Lernern, die noch nie im Ausland waren, bleibt nichts Anderes als der Gebrauch derjenigen Wendungen, die sie im Unterricht in Japan gelernt haben. Hierzu gehören u.a. *Bitte?, Was heißt ...?* und *Was ist ... ?*, für die sich auch in unseren Daten Belege finden.

4.2 Nachfragefunktionen

Die Funktionen von Nachfragen unserer Informanten werden hier nach dem Klassifizierungsvorschlag von Rost-Roth (2003) untersucht, die folgende vier Typen unterscheidet:
1) Signalisierung von Verständnisproblemen
2) Signalisierung von Erwartungsproblemen
3) Vergewisserungsfunktion
4) weitere Nachfragefunktionen

Nachfrageformulierungen werden einerseits verwendet, wenn man Verständnisprobleme signalisiert. Auch unsere Informanten greifen oft auf diese Funktion zurück:

Beispiel 4 M (VOR)
I   möchten sie einen platz im abteil oder im großraumwagen   abteil^ ja verstehen sie
M   ah abteil^   ja
I   abteil
M   ah nicht im zimmer

Bei den Wissensdefiziten der Nachfragenden handelt es sich am häufigsten um die Bedeutung (Beispiel 4). Neben der Verwendung der in 4.1 genannten formelhaften Ausdrücke wie *Was heißt ...?* oder *Was ist ...?* signalisieren die Informanten Verständnisprobleme oft durch eine Wiederholung des nicht Verstandenen mit steigender Intonation, es finden sich aber auch Realisierungen mit fallender Intonation (Beispiel 5):

Beispiel 5 S (NACH)
I   also die leute machen keine überstunden^   überstunden ist wenn man
S   überstunden
I   wenn man mehr arbeitet als normal

Sehr häufig finden sich Nachfrageformulierungen, mit denen sich der Informant der Absicht der vorausgehenden Äußerung versichern will (Beispiel 6). Für unsere Deutschlerner, die die Sprache noch nicht so lange gelernt haben und im Alltag kaum Gelegenheit haben, auf Deutsch zu kommunizieren, ist es nicht verwunderlich, dass sie im Gespräch nicht so schnell reagieren könnnen. Ihre Rezeptionsfähigkeit ist noch begrenzt, und sie sind sich oft unsicher, ob sie den Sinn der Äußerung ihres Gesprächspartners richtig verstanden haben. Die Formulierungen von Nachfragen zur Vergewisserung zeigen diese Unsicherheit des Sprechers. Gleichzeitig dienen sie ihm auch zum Zeitgewinn. Unsere Informanten brauchen diese Zeit, um eine Antwort auf die Äußerung des Interviewers zu formulieren.

Beispiel 6 W (NACH)
I   haben sie denn ähm so in ihrer freizeit auch viel deutsch gesprochen^   hm
M   freizeit^   ja:^ uh mit
I   hm
M   studenten aus ah von zum beispiel spanien^ italien^   ja

Ein interessantes Beispiel ist in den Daten von Informantin T enthalten (Beispiel 7):

Beispiel 7 N (VOR)
I   und was machen sie in freiburg^   ah ja hm und machen sie
T   (LACHT)   in freiburg lerne ich deutsch^   und
I   danach noch was anderes haben sie noch pläne^   ja oder wo anders
T   in freiburg^

Ihre Nachfrage bezieht sich nicht direkt auf die vorausgehende Äußerung des Interviewers. In dem Sinne liegt hier streng genommen keine Nachfrage vor. Die Sprecherin verlässt den Kontext jedoch nicht und möchte sich vergewissern, wovon die Rede ist.

Ein Beleg für die Signalisierung von Erwartungsproblemen (Beispiel 8) findet sich beim Informanten N. Bei der Gesprächssituation handelt es sich hier um ein Rollenspiel, bei dem der Informant in der Rolle des Kursteilnehmers im Sprachkurs in Deutschland den Interviewer, der die Rolle des Kurslehrers spielt, zu einem Bier einladen soll. In der Nachfrage *arbeiten*^ kommt das Staunen des Informanten zum Ausdruck:

Beispiel 8 N (NACH)
I   heute abend muss ich noch sehr lange arbeiten   ja also bis zehn oder elf
N   arbeiten^

Für weitere Funktionen, die in Rost-Roth (2003) genannt sind, z.B. den Ausdruck von Belustigung, finden sich in unseren Daten keine Belege.

5 Diskussion

Zusammenfassend können wir sagen, dass die Formen von Nachfragen in den hier analysierten Daten wenig variabel sind. Die meisten Nachfragen bestehen aus einem Wort. Charakteristisch dabei ist holophrastischer Fragewort-Gebrauch und die Wiederholung der am Ende der Äußerung des Gesprächspartners stehenden Wendungen. *Wie bitte?* kommt häufig vor. Nachfragen werden benutzt, um Verständnisprobleme zu signalisieren, sich der Absicht der vorausgehenden Äußerung zu vergewissern und um Zeit zu gewinnen.

Insgesamt ist die Häufigkeit von Nachfragen in unseren Daten nicht groß. Das ist auf die Anlage der Untersuchung in Form eines Interviews zurückzuführen. Außerdem ist das häufige Vorkommen von Nachfragen in Kontexten nicht zu erwarten, in denen der Informant überwiegend monologisch spricht, wie im Falle der Filmnacherzählung.

Nach dem Deutschlandaufenthalt verwenden unsere Informanten weniger Nachfrageformulierungen als vor der Reise, der Anteil von Nachfragen aus einem Wort wächst aber noch: Das Verhältnis zur Gesamtzahl von Nachfragen liegt vor dem Deutschlandaufenthalt bei 49,2%, danach bei 63,6%.

Ob sich der Auslandsaufenthalt auf die Verwendung von Nachfrageformulierungen ausgewirkt hat, ist schwer zu beurteilen. Die Reduktion der Häufigkeit von Nachfragen nach der Rückkehr aus Deutschland ist möglicherweise auf folgende Gründe zurückzuführen:

1) Weil die Informanten Fortschritte in Deutsch gemacht haben, mussten sie nicht nachfragen. Sie haben die Äußerungen des Interviewers gleich verstanden.
2) Sie waren zwar in Deutschland, aber die Kontaktsituationen mit Muttersprachlern waren nicht ausreichend, so dass sie nicht viele Realisierungsformen von Nachfragen gehört haben.
3) Weil das Interview vor und nach der Reise gleichartig gestaltet war, waren die Informanten schon auf die meisten Äußerungen des Interviewers vorbereitet.

Aussagen zur syntaktischen Konstruktion der Nachfragen in unseren Daten zu treffen ist schwierig, da es sich fast ausschließlich um Wiederholungen eines Wortes handelt. In den oben erwähnten Phrasen wie *Was heißt ...?* oder *Was ist ...?* ist zwar die Verb-Zweit-Stellung zu beobachten; da es sich jedoch um formelhafte Ausdrücke handelt, die unsere Lerner auswendig gelernt haben, kann dies nicht als ein Beleg für die sichere Realisierung der Verb-Zweit-Stellung gewertet werden.

Auffallend ist, dass Konstruktionen wie Ergänzungsfragen mit Verb-Letzt-Stellung in unseren Daten überhaupt nicht vorkommen. Dies deutet darauf hin, dass sich der Sprachaufenthalt auf unsere Informanten nicht so ausgewirkt hat, dass sie sich diese Form hätten aneignen können. Um darüber zu diskutieren, ob das auf die Länge des Aufenthalts (Quantität) oder auf den Faktor *Kontakt* (Qualität) zurückzuführen ist, fehlen uns noch vergleichbare Daten von Informanten, die beispielsweise ein Jahr in Deutschland gewohnt haben. Die schwierigere Konstruktion Ergänzungsfrage mit Verb-Letzt-Stellung ist unseren Lernern an sich nicht unbekannt, weil sie gelernt haben, Nebensätze und auch indirekte Fragesätze zu bilden.

Sie sind jedoch noch nicht in der Lage, die Ergänzungsfrage mit Verb-Zweit-Stellung, die sie im Dialog gestellt bekommen, in eine Ergänzungsfrage mit Verb-Letzt-Stellung umzuformulieren.

Beispiel 9 N (VOR)
```
I    und hm wenn ich auf der Straße bin oder in einem park bin kann ich probleme sehen
N                     hm
I    in japan^        hm oder auf der Straße^                   hm
N          ah: pa park^                          aah ah: (..) zu in tokio   in tokio ist das sehr
I                     ja          ah was ist schlecht^
N    sehr schle schlecht schlecht           (LACHT) was ist schlecht^
```

Der Informant N kann im Beispiel 9 zwar die vorausgehende Äußerung wiederholen, ist aber noch nicht in der Lage, aus der vorangegangenen Ergänzungsfrage eine Ergänzungsfrage mit Verb-Letzt-Stellung zu bilden.

Auch Ergänzungsfragen ohne Fragewörter finden sich nicht in unseren Daten, obwohl diese Konstruktion im Unterricht vermittelt wird. Das dreibändige Lehrbuch für die Grundstufe „Modelle", das an der Keio-Universität Fujisawa entwickelt wurde, behandelt in Band 3 (Hirataka/Riessland/Waragai/Kimura 2006) eine Reihe von Ausdrücken, die man zum Nachfragen verwenden kann. Darunter ist folgende Konversationssequenz:

S ... die Vorbesprechung beginnt um zehn Uhr im Zimmer 314.
G Äh, Zimmernummer ...?[9]

Die Untersuchung hat ergeben, dass unsere Lerner den Schlüsselsatz, den sie im Unterricht gelernt haben, noch nicht selbst benutzen können.

Deutschlehrer in Japan haben möglicherweise das Vorurteil, dass sie im Unterricht in nichtdeutscher Umgebung zwar Grammatik und Wortschatz vermitteln können, der Erwerb pragmatisch und interaktiv bedeutsamer Elemente jedoch den Lernern selbst überlassen und bis zu einem Aufenthalt in deutschsprachiger Umgebung aufgeschoben werden sollte. Unsere Informanten haben in Deutschland sicher verschiedene Nachfrageformulierungen gehört, aber die Realisierungsformen sind nach der Rückkehr keineswegs vielfältiger geworden. Vielmehr hat sich die Häufigkeit des Vorkommens von Nachfragen reduziert. Diese Ergebnisse zeigen, dass es unseren Lernern allein nicht viel hilft, sich in eine deutschsprachige Umgebung zu begeben, um sich adäquate Nachfrageformulierungen anzueignen. Diese werden nicht automatisch erworben, zumindest nicht bei einem vierwöchigen Aufenthalt. Um Nachfragen angemessen zu verwenden, muss der Lerner bewusst mit ihrer Form und Funktion umgehen können. Daher haben Nachfragen und andere pragmalinguistische Mittel sehr wohl ihren Platz im Unterricht.

---

9 Hirataka/Riessland/Waragai/Kimura (2006: 10). S: Sachbearbeiterin, G: Goro, Student aus Japan.

Literatur

Coleman, James A. (1997): Residence abroad within language study. In: Language Teaching. 30, 1-20.
Freed, Barbara (1995): What Makes Us Think that Students Who Study Abroad Become Fluent? In: Freed, B. F. (ed.). Second Language Acquisition in a Study Abroad Context. Amsterdam, Philadelphia: John Benjamins, 123-148.
Hirataka, Fumiya/Waragai, Ikumi (2001): Kaigaikenshu-zengo no hatsuwa-bunseki nikansuru yobiteki-kosatsu – Doitugo-unyonoryoku no henka wa dokoni arawareruka (Studien der Lernervarietäten vor und nach dem Aufenthalt im Ausland – Wo erscheint die Veränderung der kommunikatiken Kompetenz?). In: *Doitsugo-Koiku* (Deutschunterricht in Japan) 6: 21-34.
Hirataka/Riessland/Waragai/Kimura (2006): Modelle 3. Tokio: Sanshusha.
Kameyama, Shinichi (2004): Verständnissicherndes Handeln. Zur reparativen Bearbeitung von Rezeptionsdefiziten in deutschen und japanischen Diskursen. Münster: Waxmann.
Kimura, Goro Christoph/Waragai, Ikumi/Hirataka, Fumiya (2003): Zu welchem Zweck untersucht man Deutschlernende? Zur Analyse von Lernervarietäten vor und nach dem Aufenthalt in Deutschland. Zweites Internationales Kolloquium der Japanischen Gesellschaft für Germanistik an der Tohoku-Universität, Sendai, 18. 10. 2003
Lafford, Barbara A. (1995): Getting Into, Through and Out of a Survival Situation. A Comparison of Communicative Strategies used by Students Studying Spanish-Abroad and ‚At Home'. In: Freed, B. F. (ed.). Second Language Acquisition in a Study Abroad Context. Amsterdam/Philadelphia: John Benjamins. 97-121.
Rost-Roth, Martina (2003): Fragen – Nachfragen – Echofragen. Formen und Funktionen von Interrogationen im gesprochenen Deutsch. In: Linguistik Online. Festschrift für Harald Weydt, 13,1 [http://www.linguistik-online.de/13_1/rostRoth.html, 43 Seiten]
Rost-Roth, Martina (2004): Strukturelle Komplexität von Nachfragen: Muttersprachler und Nichtmuttersprachler im Vergleich. Dokumentation des 20. Kongress für Fremdsprachendidaktik DGFF, Frankfurt am Main, 2.-4. Oktober 2003.
Rost-Roth, Martina (2006): Nachfragen. Formen und Funktionen äußerungsbezogener Interrogationen. Berlin, New York: Walter de Gruyter.
Sonnenberg, Ute (2000): Native und nicht-native Sprecher im Dialog. Eine empirische Untersuchung zur Verständigungsproblematik. (Materialien Deutsch als Fremdsprache 56) Regensburg: Fachverband Deutsch als Fremdsprache.

Peter Jordens, Ayumi Matsuo and Clive Perdue
Vrije Universiteit Amsterdam, University of Sheffield, Université Paris 8

Comparing the acquisition of finiteness. A cross-linguistic approach.[1]

1 Introduction: semantic and morphological finiteness

It may seem strange at first blush to submit a chapter dealing with first language acquisition to this volume, which pays homage to the sociolinguist and second language expert who is Norbert Dittmar. But the aspect of Dittmar's work we wish to highlight in this contribution is that he was among the first to take seriously the very first stages of second language acquisition – 'proto-modals', etc. - as a necessary prerequisite to understanding the whole of the acquisition process. In particular, he did not wait around until verb-argument structure was in place before attempting to characterise the organisational principles underlying the learner's first attempts at arranging words in simple utterances. This is precisely what we try to do here, in describing the two- and three-word utterances of some young children acquiring German, Dutch, French and Japanese.

Finiteness is traditionally associated with the morpho-syntactic categories of person and tense. In this paper we distinguish, however, between the *semantic concept* of finiteness and the way languages *mark* it, for example with the help of verbal morpho-syntax as in standard Dutch or German.

Following Klein (1998), semantic finiteness results from two separate pragmatic operations which we term here 'anchoring' and 'linking'. *Anchoring* provides the spatio-temporal and/or personal co-ordinates into which the rest of the utterance is embedded (e.g. the topical place and time and/or person about which the utterance makes a claim), and *linking* validates the state of affairs expressed in the utterance for these co-ordinates. Linking expresses that this state of affairs is indeed true[2] for the particular spatio-temporal and/or personal anchorpoint talked about.

While both anchoring and linking functions are fused in one finite verb form in the target languages under investigation, child and adult language learners clearly separate the two. Initially, the items used to express linking (e.g. particles and adverbials) do not adapt their form to the anchoring information. Example (1) from a second language learner of Dutch illustrates the point in case.

(1) *Ik wél hard rijen.*
    I indeed fast drive
    'Indeed I can drive fast.'

---

1 We are most grateful to Christine Dimroth and Petra Gretsch for many helpful comments on an earlier version of this paper. Address for correspondence: p.jordens@mpi.nl.
2 Or questions whether the state of affairs holds, or requests that the state of affairs hold, see below. In this paper, we largely restrict ourselves to assertions.

Here *wel* ('indeed') is used to indicate a particular claim, while anchoring with respect to tense obtains no explicit formal expression. Only later in the acquisition process is this done with the adequate target language means of morphological finiteness. It allows the learner to express the spatio-temporal anchoring information, too.

A shared property of L1 Dutch and German learner varieties is the expression of a topic (explicitly or implicitly) and a state of affairs, such that the state of affairs is claimed to hold for the topic. This relation is established through what we have called a *validation* or *linking device*. It is this relation of linking which receives different linguistic expression at consecutive stages of language acquisition.

The first linking expressions do not stem from the category of verbs. Lexical verbs are used in the part of the utterance that refers to the situation expressed, for example *hard rijen* ('drive fast') as in (1), but they are not made finite. At this early stage of acquisition, purely functional carriers of finiteness (e.g. auxiliaries) are absent, too. Learners do not use the complex verbal morphology that involves both markings relevant to tense and formal adaptations like person and number agreement. Instead, they prefer lexical solutions when linking needs to be marked explicitly. It is only at later stages of acquisition that learners develop linking elements that can carry the specific combination of information relevant to the *semantic concept* of finiteness in one form, namely finite verbs. At the same time, learners also work on the devices for context embedding, since the form of the finite verb depends on the kind of (temporal and/or personal) anchoring chosen.

Linking is the complex of operations which allows the speaker to assert, question or request a state of affairs in relation to a topic. Grammatical finiteness (as one prominent possibility to express linking) is taken to be an (abstract) category that operates on an informationally-structured proposition. Its function is to validate the relation between the state of affairs described in the predication part of this proposition and its topic, which necessarily comprises a temporal reference point and perhaps other components, as we have seen.

The most straightforward relation is a speaker's assertion that some predicate holds for the topic. But linking can also take place with some different illocutionary force (it is possible to ask if the predicate is or is not true for the topic, or to request that the predicate be or be not true for the topic, etc.). Furthermore, the linking relation can be made more informative with the help of particles and adverbials such as Dutch and German *ook, auch* ('too'), *weer, wieder* ('again') or *zelf, selbst* ('myself'). Some of the elements that can semantically enrich the linking function of finiteness turn out to be the precursors of grammatical finiteness marking in early stages of acquisition (Penner, Tracy & Wymann, 1999).

In very early learner languages, frequently no validation device is expressed at all. We often find some topic and predicate in a juxtaposition relation and even predicates occurring alone. Predicates are commonly realized by a full noun, an adjective or a verb particle rather than by a verb. If modal operators are used, they are precursors in the acquisition of the functional properties of finiteness. Characteristic is the use of the negator *nee* ('no') in L1 Dutch and *nein* ('no') in L1 German. It functions as a modal operator with scope over the clause structure as a whole.

2 Conceptual ordering in Dutch and German

The term *conceptual ordering* refers to the fact that both the selection and the sequential ordering of constituents in learner grammar is determined by principles of information structuring. At the relevant stage of acquisition child utterances consist of three structural positions each for constituents with a particular informational function. As we said, the *topic* occurs in initial position, functioning as an anchoring element. The predicate occurs in final position. It refers to a particular state of affairs which holds for the topic element, the relation between the two being established by a linking element. This linking element occurs between the topic and the predicate.

Linking devices are thus used to validate relations between the predicate and the topic. They constitute a closed class of lexemes which can be classified along three broad pragmatic categories: (a) the expression of positive and negative assertion, (b) the expression of assertive force in the use of scope particles, and (c) other illocutionary forces as indicated by the fixed expressions which occur as precursors for grammatical imperatives or modal verbs. As the default value of interpretation, only the positive assertion occurs covertly.

Prototypical examples are given in (2).

(2) Linking devices in L1 Dutch and German

L1 Dutch (examples from Jordens 2002: 724ff.)

Topic	Link	Predicate	
	kanwel	optille. (Jasmijn 1;10)	can-do up-lift
Mijnie	kanniet	drinke melk drin. (Jasmijn 1;11)	M cannot drink milk in-it
Jaja	mag	dop opdoen. (Andrea 2;0)	J may lid on-do
poppie	nee	ape. (Andrea 2;0)	doll no sleep

L1 German (examples from Dimroth et al. 2003: 73ff.)

Topic	Link	Predicate	
des	auchnoch	rausmach. (Lisa 2;0)	that too out-do
nein, ich	kannich	sosse würfel,	no, I cannot big dice,
den	damannich	essen. (Valle1;11)	that can-one-not eat
dann ich	kann	bum bum dann. (Benny 2;9)	then I can bum bum then

The two aims of this paper are (i) to investigate what kind of validation devices are expressed at which stage of development in other child languages; namely, French and Japanese and (ii) to determine how language specific effects (such as a different surface word order) affect the conceptual ordering stage in each language. In French and Japanese, there is a word order variation for syntactic as well as pragmatic reasons.

The paper is organized as follows. Section 3 introduces characteristics of the target languages, focussing on a basic word order, what kind of discourse condition changes this word order, and different validation devices expressing volition, assertion, negation and question. Different word orders involving topic in utterance-initial position, antitopic, and topic in utterance-final position are also discussed. We move to children's spontaneous production data in section 4. We will discuss what kind of data we used, what the linguistic repertoires of the children were (including their MLUs) and how we analyzed the data. Throughout the paper, we focus on the conceptual ordering stages in French and Japanese.

3 Characteristics of the target languages Japanese and French

3.1 French

Spoken French utterances are characterised by a pragmatic ordering of the full arguments of the verb, with pre-verbal clitics spelling out the syntactic relationship of argument and verb. Trévise (1986) gives 30 different ways of expressing "John likes apples" in spoken French. We give the 10 most relevant to the present study. Note that there is just one intonation contour on (3)a-j, which indicates that these are single utterances.

(3)
a. Jean aime les pommes. (SVO)
   J. likes the apples
b. Jean il aime les pommes. (topic)
   J. he likes the apples
c. Jean les pommes il les aime. (topic)
   J. the apples he them likes
d. Les pommes Jean il les aime. (topic)
   the apples J. he them likes
e. Il aime les pommes Jean. (anti-topic)
   he likes the apples J.
f. Il les aime les pommes Jean. (anti-topic)
   he them likes the apples J.
g. Il les aime Jean les pommes. (anti-topic)
   he them likes J. the apples
h. Les pommes il les aime Jean les pommes. (topic/anti-topic)
   the apples he them likes J. the apples
i. Les pommes il aime ça les pommes Jean. (topic/anti-topic)
   the apples he likes that the apples J.
j. Ya Jean il les aime les pommes. (presentational)
   there-is J. he them likes the apples

We can see from the examples that the full arguments of the verb can appear in any order with respect to the verb, and to each other: dislocated to the left (so-called 'topic' patterns), to the right (so-called 'anti-topic' patterns) or explicitly presented by 'ya' (a variant of written *il y a* 'there is'). Topic and anti-topic patterns attest either one or both arguments to the left/right of the verb. The pre-verbal clitics *il* ('he') and *les* ('them') specify the semantic role relations of the arguments to the verb.

The clitic system allows pronoun copies of oblique indefinites, but nominative clitics only copy definitely referring NPs. Thus (4a) is scarcely attested.

(04)a. *Un monsieur il a parlé a Jean.
       a mister he has spoken to J.

However, nominative clitics may copy indefinite NPs in presentational form, as in (4)b.

(04)b. Ya un monsieur il a parlé à Jean.
there's a mister he has spoken to J.

This use of the presentational makes it very rare for a specific, indefinite NP to be found utterance-initially.

The pre-verbal clitic-auxiliary sequences of spoken French comprise complex ordering and co-occurrence constraints as well as morphological person/number/tense/case markings, and are held to be hard to perceive and acquire. The alternation which will most concern us in this paper is between the 'canonical' SVO order, the topic- and the anti-topic pattern.

The SVO pattern as in (3a) is used in connected discourse in contexts of reference maintenance where S is a pronoun. The topic pattern as in (3b-d) is used in discourse contexts where mutually known (or inferrable) referents are in potential contrast. This context includes the case where a known referent is re-introduced into the discourse thus replacing a more recent topic, or where a referent is extracted from a (given) set of referents (a sub-case of which is the well-known 'contrastive topic'). The example (5) illustrates the latter case.

(05) Q: Est-ce que tes parents viendront?
'Are your parents coming?'
A: papa il viendra, mais ma mère elle aime pas le rugby.
'Dad, he will come, but my mother she doesn't like rugby'

Contrast is not possible with the anti-topic pattern as in (3e). The difference between the SVO pronoun pattern and the anti-topic pattern is that whereas both are used with a referent which is not in contrast, the anti-topic is used of a referent that needs to be named to be identified. This referent is "backgrounded" (in final position) to "emphasize" the focus information, as in the famous *ils sont fous, ces Romains!* ('They're crazy, these Romains!') of Astérix le Gaulois.

3.2 Japanese

The basic word order in Japanese is assumed to be SOV; however, the availability of flexible positioning of verbal arguments makes it possible to have various word orders. See examples (6) to (10).

(06) Taro-ga   hon-o   yomu.   (basic SOV order)
      Taro-Nom   book-Acc   read-Present
      'Taro reads books.'

(07) hon-o   Taro-ga   yomu.   (OSV order)
      Book-Acc   Taro-Nom   read-Present
      'Taro reads books.'

(08) hon-wa   Taro-ga   yomu.   (topic: OSV)
      book-Topic   Taro-Nom   read-Present
      'Taro reads book.'

(09) Taro-ga   yomu,   hon-o.   (anti-topic: SVO order)
     Taro-Nom   read-Present,   book-Acc
     'Taro reads books.'

(10) hon-o   yomu,   Taro-ga.   (anti-topic: OVS order)
     book-Acc   read-Present,   Taro-Nom
     'Taro reads books.'

To complicate matters, Japanese allows Topic-drop, in other words, Taro in (6) can be dropped as in (11) if Taro is an already established Topic.

(11) Taro-wa   totemo   hon-ga   suki da.
     Taro-Topic   very   book-Nom   please-Present
     'Taro likes books very much.'
     mainichi   hon-o   yomu.
     everyday   book-Acc   read-Present
     'He reads books every day.'

To interpret a language with a flexible word order such as Japanese, one can rely on the case particles -*ga* (nominative marker), -*ni* (dative marker), -*o* (accusative marker), and -*no* (genitive marker) that serve grammatical functions; however, some of these are optional in colloquial speech.

Interestingly, in Japanese colloquial speech (but not written text) a wide variety of post-verbal and usually sentence-final particles are used to mark illocutionary force (Clancy 1985, Kamio 1997). Here, we introduce three types of sentence-final particles: particles of (i) *insistence*, (ii) *confirmation*, and (iii) *rapport* (Kamio 1997, Iwasaki 2002). Particles of *insistence* are *ya, yo, yoo, ze, zo* and *wa*. The particle of insistence *yo* is used by male speakers (Sachiko and McGloin 1991) in declarative sentences as in (12) to strongly assert information which belongs to the speaker's territory.

(12)
Speaker A:
     Wolfgang-wa   hon-o   kesshite   yomanai.
     Wolfgang-Topic books-Acc   never   read-NEG-Present
     'Wolfgang never reads books.'
Speaker B:
     E?! Takusan   yomu   yo.
     No! a lot   read   particle of insistence
     'No! He reads a lot.'

Particles of insistence in Japanese are used similarly to 'indeed' in English.

Particles of *confirmation* are *ne, na, no, nee*. As illustrated in (13), they are used to remind the addressee of certain information or to confirm the speaker's information with the addressee. The English equivalent of the particles of confirmation are tag-questions.

(13) Wolfgang-wa   hon-o   yomu   nee.
     Wolfgang-Topic   books-Acc   read-Present   particle of confirmation
     'Wolfgang reads books, do you agree?'

Particles of rapport are *ne, na,* and *wa. Wa* as a particle of rapport is found in female speech (Sachiko and McGloin 1991). Particles of rapport are used to elicit the addressee's attention during conversation. This type of particles can be found across phrasal boundaries in addition to sentence-final position as in (14). This is rather similar to 'I guess', 'you know' and 'I mean' in English.

(14) Wolfgang-ga *ne,* takusan hon-o *ne* ugokasita *ne.*
Wolfgang-Nom part many books-Acc part move-Past part
'Wolfgang moved many books, I guess.'

On a developmental note, Clancy (1985) reports that the first sentence-final particle appears in child language between 1;6 and 2 years. These particles appear at the same time as the early two-word utterances, but earlier than the case particles which appear around 2;1 years old.

There are other particles such as a particle of question *ka*, a particle of addition *mo* and a topic particle *wa*. The particle of question is a useful particle that changes any affirmative sentence into an interrogative sentence just by adding *ka* as in (15).

(15) (a) Wolfgang-wa hon-o takusan motte-imasu.
Wolfgang-Topic book-Acc a lot own-Present
Wolfgang owns a lot of books.'
(b) Wolfgang-wa hon-o takusan motte-imasu ka.
Wolfgang-Topic book-Acc a lot own-Present Q
'Does Wolfgang own a lot of books?'

The particle of addition *mo* usually replaces a case marker such as *ga* and *o*, as in example (16).

(16)
Jon-wa ringo-otabeta, sosite momo-*mo* tabeta.
John-Topic apples-Acc t eat-Pas and peaches-also eat-Past
'John ate apples and also peaches.'

In (16), the particle of addition shows that John ate apples as well as peaches. Finally, as shown in various examples discussed so far, including (8), (11), (12), (13), (15), (16) an NP can appear with the topic marker *wa*, which has a role of establishing an NP as a discourse topic.

To summarize this section, although Japanese is SOV and allows topic drop, and French is SVO and does not, both languages allow identifiable topics to occur in utterance-final position, both allow flexible verb-argument orders, and both have devices – case-markers in Japanese, clitic pronouns in French – to express the syntactic relationship of argument and verb. These properties allow surface word orders which are at variance with the information structure Topic - Link - Predicate which concerns us here. Note, however, that the basic Japanese constituent order SOV is more at variance with this structure than French SVO which maps onto it more straightforwardly. The question to be pursued is to establish to what extent the spoken target input from each language influences the organization of early child utterances.

4 Data for the present study

4.1 A note on methodology: how to interpret very early utterances?

For Japanese L1, we relied on the video recordings that the subject's father provided (Ishii 2003). The investigator's/transcriber's comments were also useful but they were very limited compared to the French files. There were many utterances that we could not understand in the earlier files (even with video recordings). We include the data analysis from age 1;11.7, by which time the subject's utterances were more interpretable.

For French L1, we relied on two main sources of interpretation, namely, the subject's mother, and the investigator, both of whom were present during all the audio-recordings. They provide very systematic scaffolding for the little boy, which includes paraphrases of what (they think that!) he has just said, and keep up a running metalinguistic conversation between themselves. Furthermore, the comment line of the transcript is quite detailed, with 'rich interpretation' of the utterances in context, and phonetic transcriptions of the subject's utterances where the transcriber deems this necessary. We did not however have access to the original recordings. Interpretation needs to be handled warily, nevertheless. We have systematically added the investigator's/transcriber's comments from the %com line of the CHAT transcription (MacWhinney 2000), where available.

4.2 L1 French: Grégoires repertoire

The data set consists of the first 2 recordings of Grégoire from the CHILDES data base (MacWhinney 2000: 327-8), made available by Christian Champaud. The recordings took place over a period of ten days, when Grégoire was aged between 1;9.18 and 1;9.28, with notes taken by Champaud on the days in between. These two recordings have been chosen because much of the morpho-syntax traditionally associated with finiteness is absent from them: the period is characterized by complete absence of 1st and 2nd person pronouns, and virtual absence of definite and indefinite articles. But we do find a demonstrative pronoun *ça*. The only verb-types that show incipient morphological oppositions are *manger* ('eat') and *fermer* ('shut'); all others appear in invariant form. There are a dozen tokens of holophrastic *non* ('no') four tokens of the unanalysed *apu* (French *il n'y en a plus* = 'allgone'), but only one token of sentence negation *pas* (plus one that is a direct repeat). MLU is 1.87.

Patterns

Grégoire has many one-word, two-word and three-word utterances, which map onto the information-structural Topic - Link - Predicate (called hereafter 'Pattern A'). We give some examples, before looking in more detail at the linking words. The glosses try to give an idea of the discourse context.

(17) Pattern A: no link

	Topic	Link	Predicate
(17)a.	0	0	lampe
	('This)	(is)	'(a) light.'
(17)b.	pinpin	0	lapin
	'Pinpin	(is a)	rabbit.'
(17)c.	là-bas	0	voiture
	'Over there	(is a)	car.'
(17)d.	télé	0	papa
	'(The) TV		(belongs to) dad.'
(17)e.	crocodile	0	joli
	'(The) crocodile	(is) pretty.'	
(17)f.	puzzle	0	cassé
	'(The) puzzle	(is)	broken'

We see that the topic can be realized as noun (N), adverb (Adv) (or the demonstrative pronoun, see 18a), and the predicate as noun (N), adjective (Adj) or a verbal form.

The linking item

As for the linking items, there are three elements used regularly [e], [(v) œ], [(i)ja)], and two – *aussi* ('also') and *va* ('go(es)') - which are each used a few times. By far the most frequently used is [e], which both investigator and transcriber comment on. Here are some examples.

(18) Pattern A: explicit link

	Topic	Link	Predicate
(18)a.	ça	[e]	[mãze]
	'That	is	for food/to eat with'
(18)b.	singe	[vœ]	monter
	'Monkey	want(s)	(to) climb up'
(18)c.	christian	[ija]	cheveux
	'Christian	has	hair'
(18)d.	[ekok]	aussi	dents
	'(The)crocodile	(has) also	teeth'

Investigator and transcriber both notice an element transcribed as [e], which can occur between the topic and the predicate (cf. 18a). This item is very frequently commented on, as "its function seems dubious".

(19)   *CHI: maman est beau !   'Mummy is beautiful'
             %pho: /mamã E bo !/
             %com: notice the e or E in <mamã E bo>, its function seems still dubious

The element [e] corresponds to *est* 'is', *et* 'and' and *ai* 1st sing. 'have' in French. It is transcribed by Champaud as *est* ('is') when the context would impose *est* on an adult speaker, in identificational and predicative sentences, amongst which we include resultative past participles. Thus in the first recording, there are 20 tokens of *est* in the freq from the *CHI tier of the first recording, 17 of which have either *tombé* 'fallen' or *cassé* 'broken' as the predicate. Other items in the same context are transcribed [(i)ja] ('il (y) (a)'?) and [(v)œ] ('veux'?). From our perspective, it seems justified to consider this set as linking elements, asserting the validity of the predicate for the topic at the time of utterance. We also find one attempt by G. at the prospective *va* ('going to').

There is, as we said no clear example of the negator *pas* in the data set. G. directly repeats part of his mother's utterance *est pas là* ('is not there'), and the only spontaneous use of *pas* is in the following example, which we give with Champaud's comment.

(20) @Situation: the kleenex is not clean
 *CHI: papropre [= pas propre] !
 %pho: /papwop/
 %sit: mother throws out a kleenex in the dust-bin
 %com: it is the first documented occurrence of the form "papropre" (dirty) maybe involving a negative prefix with the word "propre"

However, *apu* ('allgone') occurs (4x) in front of a noun *apu papa*. From this, admittedly slim, evidence, we can only observe that the negator is placed immediately before its domain of application, which is a predicate.

(21) Pattern A: negative link
 Topic - Link - Predicate
 [ ] [Neg] {N, Adj, Adv}

To summarize, we have a small number of (aspectual/modal) assertion markers occurring between the topic and the predicate, and in the simple case of assertion, the link may be left implicit. Although the modal links are more restricted than in Dutch or German, and the sentence negation evidence is slim, the situation is otherwise comparable so far.

Exceptional cases

In the following example, the topic *Pinpin* in fact occurs twice, in initial and in final position.

(22) CHI: Pinpin fait [?] dodo Pinpin.
 %pho: /pe~pe~ E dodo pe~pe~/
 'Pinpin is asleep Pinpin'

We subsume under "Pattern B" those utterances with the topic expression in final position. Pattern B allows for the anti-topic pattern discussed above in example (3) of section 3.1.

(23) Pattern B
 Topic - Link - Predicate -   Topic
 N   [E]   {N, Adj, V}   N

Consider now the following example (24), together with the transcriber's comments.

(24) @Situation: having lunch, sitting at table
 *CHI: [mãZe] salade Adrien .
   eat salad, Adrien
 %com: this kind of word order is systematic in Grégoire's utterances (with subject full NP in final position); according to his mother, it could be related to certain sentences in the input ("il mange sa salade, Adrien") but not to imperatives like "mange ta salade, Adrien".

An informal scan of the input does indeed show that these anti-topic utterances are prevalent in the adults' speech, but G. does not simply repeat the constructions, as example (25) shows.

(25)   *MOT: boumbadaboum!
      *MOT: la cocotte + minute est tombée.
      *CHI: est tombée cocotte.
      %pho: /E bobe: kokot:/
      %sit: the stew-pan falls
      %com: notice the form of mother's utterance, and of child's adaptation of it; notice also type of verb and tensed form.

In (25), the subject of the mother's utterance is pre-verbal, whereas G.'s utterance shows the order Link - Predicate - Topic.

(26) Pattern B: anti-topic
Link - Predicate - Topic
[*est*] - [V-*é*]   - [N]

Other verbs occurring with this pattern are the 17 examples of *tombé, cassé* already mentioned, and *monté* ('ascend') and *caché* ('hidden'). In Pattern B the predicate may also be nominal, and the link implicit. This is shown in (27).

(27) GRE: voiture Pinpin
            car, Pinpin

The mother's comment to (27) is (in translation): "I don't know if it's 'Pinpin wants a car', or 'we'll put a car with Pinpin' ". In both glosses, it is clear that *Pinpin* is the established referent (topic), and, possibly, that the car is new information (predicate). Finally, the predicate in Pattern B may be an adverb. This is shown in (28).

(28) GRE: dedans Pinpin!
            in there, Pinpin!

In sum, (variants of) the anti-topic pattern B are prevalent in G.'s production at this stage, apparently conforming to the target function of backgrounding an identifiable referent.

Discussion

Grégoire has got quite some way towards mastering the informational functioning of spoken French. In predicative utterances contrasts on the topic are utterance-initial, whereas the anti-topic pattern does not express contrast on the (established) topic. Non-contrastive, definite nominal topics thus occur initially or finally.

Ferdinand (1996) has analysed G.'s data from a generative perspective. She notes the restriction that only one constituent is possible in pre-verbal position both at this stage, and at a more advanced stage. She posits a "single focus first" rule which includes what we have called "contrastive topic", and notes at the later stage that the anti-topic is in complementary distribution with an utterance-initial focussed element: "...right-dislocated subjects cannot be contrastively focussed" (1996: 239). The anti-topic is base-generated (1996: 222). This (elegant) structural explanation meshes with the hypothesis that the utterance-discourse interface is elaborated in line with cognitive development. Our analyses differ however in that Ferdinand restricts herself to utterances containing recognisable verbs, whereas we have seen that the predicate can have other structures than simply VP.

What G. has not yet mastered is the (preverbal) pronoun-auxiliary system, i.e., the morpho-syntactic means of the target language to link the predicate to the topic by subject-verb agreement and tense. We may say, though, that his utterances are *semantically* finite: they assert the here-and-now validity of a predicate for a topic entity. We have noticed four explicit 'linking words': [E] (which is frequently commented by the investigator) and [(i)ja] express simple assertion which can also be left implicit; [(v)œ] and [va] have a prospective value. Note that no time adverbials are used – they are not part of the system. G.'s reference time always coincides with the time of utterance, a fact which is concordant with his lack of verb morphology, and of a clitic pronoun and article system. Ferdinand (1996), looking at data from a later stage, interprets these linking words as auxiliaries *être, avoir, aller, vouloir* base-generated under VP, with an "abstract" tense (1996: 88-89), in effect restricting temporal interpretation to the here-and-now. Where our analysis has recourse to an implicit assertion marker, she postulates that "non-finite root sentences have an interpretation that includes a null element with an aspectual or modal meaning" (1966: 109). However, these structural and functional analyses are not incompatible.

4.3 L1 Japanese: Jun's repetoire

The Japanese data set consists of the 12 files of the Jun corpus which were made public by Ishii (2003) in the CHILDES database (MacWhinney 2000). Jun is a boy with two older siblings. The family members all speak in Kyoto dialect. Each bi-weekly recording is around 15 minutes long. Currently, there are 61 files available; however, we discuss the data from the relevant age range, i.e. files 31-43). Jun was 1;11 in file 31 and 2;2 in file 43. Compared to the French subject discussed earlier, Jun's MLU is much lower. The influence of the input must be great; this is shown by the fact that Jun makes use of argument drop freely. Jun's MLU of file 31 (age 1;11) is 1.29 and it slowly goes up to 1.57 when Jun reaches 2;2 years old.

As in Clancy's (1985) data, Jun already uses various kinds of sentence-final particles in file 31 (1;11.7). Among them are particles of *insistence* (*wa, ya yo, yoo*), particles of *confirmation* (*ne*) and a particle of *question* (*ka*). Particles of *addition* (*mo*) do not appear until 19 days later (1;11.26). As pointed out by many developmental psycholinguists including Clancy (1985), the case particles appear later compared to the sentence-final particles. However, in the earliest file (1;11) we analyzed Jun's repertoire already includes the topic marker *wa* (see 29e). The nominative case marker *ga* appears a little later in file 41 (age 2;2.5).

As discussed in section 3.2, Japanese basic word order is SOV. This surface order of input utterances clearly influences Jun's information structuring (Topic-Link-Predicate) and contrasts to the order observed in V2 languages such as Dutch and German. That is, particles that are used as linking elements to mark illocutionary force occur in utterance-final position. Jun's utterances from 1;10.15 and 2;0.2 include structures with

Predicate alone (29a), Link alone (29b), Predicate-Link (29c), Topic-Predicate (29d), Topic-Link (29e) and Topic-Predicate-Link (29f).

(29)	Topic	Predicate	Link		
(29)a.		atta.		(1;10)	'Here it is.'
		koko!		(1;11.7)	'Here!'
(29)b.			iya.	(2;0.2)	'I don't want to.'
(29)c.		hikooki	ya.	(1;10)	'It's a plane.'
		ookii densha	ya.	(1;11)	'It's a big train.'
		non	no?	(....)	'Are you going to ride (in a train)?'
(29)d.	kore-wa	ookii.		(1;11)	'This is big.'
	kore-wa	buubuu.		(2;0)	'This is a car.'
	[FAT: piipoopiipoo doko itta? 'Where did the ambulance car go?']				
	piipoo	nai.		(2;0)	'The ambulance car is gone.'
(29)e.	[FAT: dore ga kowai no? 'Which one is scary?']				
	koko		mo.	(2;0)	'Here is also (scary).'
(29)f.	zoo	ookii	yaa.	(1;11)	'The elephant is big.'
	kankan	kowai	yoo.	(2;0)	'The crossing is dangerous.'
	wanwan	nai	yo.	(2;0)	'The dog is gone.'

The frequency of each order (29a-g) differs according to which stage Jun is at. The most frequent combination is the Predicate-Link combination. This constitutes one half of the analyzable utterances in the earlier files when Jun is 1;11. Predicate alone is also common in situations where Jun is engaged in naming pictures, objects, toys etc. (as high as 70%). However, this goes down to 20% at age 2;0.23. A full-fledged Topic-Predicate-Link order becomes more frequent in file 36 (2;0.23). The percentage goes up from 0.7% to 5%. This order seems to be less frequent because topic drop is very common.

As expected the interaction between syntax and discourse constraints influences children's utterance formation. Such a phenomenon is observed in the example (30) which has a topic in utterance-final position. It is similar to the French anti-topic construction.

(30) buubuu issho, buubuu. (2;0.23)
'The car, it's the same, the car.'

Dimroth et al. (2003) and Jordens & Dimroth (2004) argue for Dutch and German L1- and L2-data that illocutionary phrases that serve as linking elements include scope particles such as *ook* ('too') and *zelf* ('myself'). The Japanese equivalent of *ook* is the particle *mo*, which attaches to an NP or a VP over which it has scope. As shown in (31), it does not appear sentence-finally in adult Japanese.

(31) kore-mo iya. (....)
this also don't want
'I don't want this, either.'

It is interesting to note, however, that Jun's utterances include an ungrammatical utterance such as (32) instead of (31).

(32) *iya mo. (2;0.17)
don't want also
'I don't want this either.'

Here, it seems that Jun mistakenly treats *mo* to be a linking element as in Dutch and German.

To sum up, we have discovered that Jun's utterances are highly influenced by the surface word order and the characteristics of discourse structuring of his Japanese dialect. The main elements that appear in the conceptual ordering stage such as Topic, Link and Predicate remain constant between Japanese and the Germanic languages that have been studied so far. However, the ordering is different. The was no instance of Topic-Link-Predicate order in Japanese; the Link always appears after predicates.

5   Summary and discussion

We have attempted to build on concording results from two closely related languages - German and Dutch - which show that there is a developmental stage in child language where semantically finite utterances are either interpreted as such from the context or are explicitly marked by devices linking the topic and predicate which signal the illocutionary force of the utterance. At this stage there is no true tense marking and no subject-verb agreement. In other words, the categories traditionally associated with finiteness (in European languages) are largely missing. Full utterances at this stage are thus composed of three informational units: the topic, a linking element and the predicate, produced in that order. The aim of the paper has been to ascertain, from this baseline, the extent of cross-linguistic variation in the production of two children of similar age (and whose linguistic repertoires indicate that they are at the same stage) one of whom is French and the other Japanese.

We found clear formal differences from the original scheme: Topic-Link-Predicate, reflecting those of the surface ordering of French and Japanese utterance-final topics in both languages and more rarely an utterance with the same topic form in both utterance-initial and utterance-final position. The two corpora differ between themselves in two main respects - the number of explicit topics in Japanese is considerably smaller than in French (the 'topic-drop' feature of Japanese); the respective ordering of Pred-Link and Link-Pred as a precursor of the head-initial vs. head-final typological differences between the two languages which will emerge later.

The similarities are obviously that the main constituents of the conceptual ordering stage - Topic-Predicate-Link - are constant across the four languages. The explicit topic expression in all four languages almost always refer to entities, and very rarely to time or place. We may say that whereas the two-year old child needs to identify the entities talked about, (s)he talks about them (in this data set at least) almost exclusively in relation to the here-and-now, thus the temporal-spatial grounding of the utterance can be left implicit. Gretsch (2003) discusses at length why there is such a paucity of temporal adverbs in young children's production and points out furthermore that in the contexts where one *does* find such information, it occurs to the left of the linking element: thus in child German, contrary to adult German, two major non-verbal constituents expressing temporal and personal information may be found at the beginning of an utterance. All the linking elements have in common that they express the illocutionary force of the utterance, in addition, i.e. the prospective or completive aspect in relation to the here-and-now. None express purely temporal relations (non-coincidence of reference time to time of utterance), nor do they show any agreement relation with the topic entity. We therefore see no distributional reason to assign the status of grammatical subject to the initial expression referring to an entity.

We observe a difference in the linking elements used for a particular language: the modal particles of German, Dutch and Japanese are more varied than in French. For this language the only clear correspondence to the Dutch and German volitional modals is /voe/. The status of the Japanese additive particle *mo* with respect to linking topic and predicate is less clear than in other languages. But the same sentence types: predicative, identificational, modal, additive and negative occur - more or less frequently - in all corpora.

There are dangers in speculating about the results of so small a data set. Thus, we simply conclude with questions for future research:

(1) The utterance type 'conceptual ordering' seems to be a creative construction of the children in all four languages: it is systematic and, despite the surface word order correspondence, has no direct equivalent in any of the target languages. This piece of evidence needs to be further explored and can contribute to arguments for and against the "continuity hypothesis" in L1 acquisition research.
(2) More evidence is needed to (dis)confirm that marking illocutionary force is more fundamental a link than person or tense at the conceptual ordering stage.
(3) It remains of course to relate the lexical and ordering analyses of this paper to a study of the intonation patterns of the utterances.

References

Clancy, Patricia (1985): The Acquisition of Japanese. In: Dan Isaac Slobin (ed.): The Cross-Linguistic Study of Language Acquisition, Vol.1, Lawrence Erlbaum Associates, Hillsdale, New Jersey.
Dimroth, Christine/Gretsch, Petra/Jordens, Peter/Perdue, Clive/Starren, Marianne (2003): Finiteness in Germanic languages: a stage-model for first and second language development. In: Dimroth, C./Starren, M. (eds.): Information Structure and the Dynamics of Language Acquisition. Amsterdam: Benjamins, 65-93.
Ferdinand, Astrid (1996): The Development of Functional Categories. The Acquisition of the Subject in French. The Hague: Holland Academic Graphics.
Gretsch, Petra (2003): On the similarities of L1 and L2 acquisition: How German children anchor utterances in time. In: Dimroth, C./Starren, M. (eds.): Information Structure and the Dynamics of Language Acquisition. Amsterdam: Benjamins, 95-117.
Ide, Sachiko/McGloin Naomi H. (1991): Aspects of Japanese women's language. Journal of Pragmatics 16: 596-99.
Ishii, Takeo (2003): The JUN Corpus, unpublished.
Iwasaki, Shoichi (2002): Japanese. Amsterdam: John Benjamins.
Jordens, Peter (2002): Finiteness in early child Dutch. Linguistics 40, 687-765.
Jordens, Peter/Dimroth, Christine (2004): Finiteness in children and adults learning Dutch. In: Gagarina, N./Gülzow, I. (eds.): Discovering the World of Verbs. Dordrecht: Kluwer, 167-195.
Kamio, Akio (1997). Territory of Information. Amsterdam: John Benjamins.

Klein, Wolfgang (1998): Assertion and finiteness. In: Dittmar,N/Penner, Z. (eds.): Issues in the Theory of Language Acquisition. Bern: Lang, 225-245.

MacWhinney, Brian (2000): The CHILDES project: tools for analyzing talk. Volume 1: Transcription format and programs. Volume 2: The database. 3rd. ed. Hillsdale, NJ Lawrence Erlbaum.

Penner, Zvi/Tracy, Rosemarie/Wymann, Karin (1999) : Die Rolle der Fokuspartikel AUCH im frühen kindlichen Lexikon. In: Maibauer, J./Rothweiler, M. (eds.): Das Lexikon im Spracherwerb. Tübingen and Basel: UTB Franke, 229-251.

Sachiko, Ide/McGloin, Naomi H. (1991): Aspects of Japanese women's language. Journal of Pragmatics 16: 596-99.

Trévise, Anne (1986): Is it transferable, topicalisation? In: Kellerman, E./Sharwood-Smith, M. (eds.): Crosslinguistic Influence in Second Language Acquisition. Oxford: Pergamon.

Kathrin Kirsch
Carl von Ossietzki Universität Oldenburg

Baustein ohne grammatikalische Funktion? Zur Bedeutung multifunktionaler Elemente in Lernersprachen anhand des Gebrauchs von *das ist* bei russischen Sprechern des Deutschen

Kopulasätze mit dem Neutrum-Demonstrativpronomen *das* haben einen festen Platz in der gesprochenen deutschen Sprache. Neben dem deiktischen Gebrauch, wie in Beispiel 01, finden wir häufig Linksversetzungen mit prädikativer NP oder mit Subjekt NP in Kopulakonstruktionen, wie in den Beispielen 02 und 03.

(01) *Das* (da) *ist* das Buch! Das werde ich mir sofort bestellen.

(02) Ein Glücksgriff, *das ist* dieses Auto nicht gerade!

(03) Eine Auszeit, *das ist* immer der letzte Schritt.

Übereinstimmungen mit dem Personalpronomen *es* zeigen sich in den Beispielen 04 und 05. Bei korrelativem Gebrauch in Beispiel 04 steht *das* für ein extraponiertes Satzglied (Nebensätze, Infinitivphrasen) als Platzhalter ähnlich dem korrelativ gebrauchten *es*.

(04) *Das/Es* ist erfreulich, dass er Fortschritte macht.

Bei anaphorischem Gebrauch erfüllt *das* gewöhnliche Satzgliedfunktion. Auch hier ist es vergleichbar mit anaphorischem *es*.

(05) Er arbeitet viel im Garten. *Das/Es* ist gut für seine Gesundheit.

Auch in Lernersprachen konnte eine auffällig häufige Verwendung von *das ist* festgestellt werden (z.B. Bast 2003). Das Demonstrativpronomen *das* bietet im Gegensatz zu den anderen Demonstrativpronomen die Möglichkeit, sich auf Prädikate oder prädikativ gebrauchte NPs zu beziehen und ist somit in Verbindung mit der finiten Kopula ein produktives Mittel zur Diskursstrukturierung, das finite lexikalische Verben umgehen lässt.

Bast 2003:144 stellt fest, dass es sich bei Kopulasätzen mit dem Neutrum-Demonstrativpronomen um „eine feste Einheit handeln müsse", da sich weder Demonstrativpronomen noch Kopula in Numerus oder Genus an das Objekt anpassen würden. Auch würde *das ist* noch stets als Einheit verwendet, wenn Personenkongruenz mit der Kopula bereits erworben sei.

Die Verwendung der Einheit *das ist* soll im Folgenden anhand der Daten von Lernern des Deutschen mit russischer Ausgangssprache näher beschrieben werden.

1 Datengrundlage

Als Datenbasis wurden die soziolinguistischen Interviews des israelisch-deutschen Projektes RUSIL (1998-2001) verwendet. Das Projekt verfolgte die sprachliche

Integration russischsprachiger Kontingentflüchtlinge in Deutschland und Israel.[1] Von den meist zweistündigen Interviews wurden Ausschnitte von ca. 20 Minuten Länge transkribiert. Die Interviews wurden nach einem Leitfaden durchgeführt und bestehen aus einem Querschnittsinterview mit 36 Informanten und einer Längsschnittstudie von 6 Zyklen mit anfänglich 9, später 7 Informanten. Zwischen dem Querschnittsinterview und dem ersten Longitudinalinterview befand sich ein Abstand von einem Jahr. Spätere Interviews der Längsschnittstudie wurden in einem Abstand von drei Monaten durchgeführt. Die thematische Ausrichtung der Interviewleitfäden führt zu Unterschieden in der Häufigkeit der jeweilig gebrauchten grammatikalischen Strukturen. Somit ist eine streng quantitative Vergleichbarkeit der Längsschnittdaten in bezug auf den Gebrauch von *das ist* nicht gegeben[2]. Dennoch erfolgt nach einem Vergleich der jeweiligen Querschnittsinterviews eine Beschreibung einer einzelnen Lernerin auf Grundlage einzelner Längsschnittinterviews.

Die jeweiligen Transkriptionen liegen im CHAT-Format vor. Angeführte Beispiele folgen somit den CHAT Konventionen.

2 Der Gebrauch von *das ist* in verschiedenen Lernersprachen

2.1 Allgemeine Bemerkungen

Von den Querschnittsinterviews wurden die derjenigen Lerner ausgesucht, die die Einheit *das ist* verwenden. Tabelle 1 führt diese Lerner geordnet nach ihrem allgemeinen Sprachstand in vier Gruppen auf. Dabei ist rs08 die am wenigsten fortgeschrittene Lernerin, rs10, rs12 und rs13 sind ebenfalls einem elementaren Lernerniveau mit wenigen finiten lexikalischen Verben zuzuordnen, während rs17, rs33, rs35 und rs19 einem mittleren Lernerniveau zugeordnet werden können und rs37, rs30, rs31 und rs34 relativ zielsprachennah sind.

Eine Analyse der Daten der Querschnittsstudie zeigt, dass sich allgemein drei Verwendungen des Musters *das ist* unterscheiden lassen (siehe Tabelle 1).

---

1 RUSIL ("Convergence and Divergence in Second Language Acquisition and Use") hatte zum Ziel, auf der Schnittstelle von externem sozialen Kontext und individuellem Spracherwerb, den Einfluss sozial-psychologischer Faktoren auf den Lernprozess des Einzelnen zu untersuchen (Dittmar et al. 1998). Die Studie erfolgte in Deutschland an FU Berlin unter der Leitung von Norbert Dittmar und an der Bar-Ilan Universität unter der Leitung von Bernard Spolsky.

2 So ist aufgrund der stark visuell ausgelegten Elizitierung von sozialen Netzwerken in den Längsschnittinterviews L1 und L6 eine überdurchschnittlich häufige Verwendung des deiktischen Demonstrativpronomens das zu erwarten.

Baustein ohne grammatikalische Funktion? 279

Tabelle 1. *Das ist* - Querschnittsstudie

Spr	(i) Diskursmarker				(ii) DemPro		(iii) LSS		Σ
	Fkt	inf	T-ini	T-fin	Kop	Thema	Subj	Fin	
rs08	9	3	1	8	4	12	1	11	49
rs10	2	-	-	-	15	5	-	2	24
rs12	1	-	-	-	8	6	-	-	15
rs13	-	-	-	-	9	1	-	3	13
rs17	1	1	1	-	15	2	-	1	21
rs33	10	1	3	1	35	13	3	1	67
rs35	2	1	1	-	9	9	-	1	23
rs19	-	-	-	-	7	3	-	-	10
rs37	2	-	-	-	8	2	-	-	12
rs30	-	-	-	-	7	1	-	-	8
rs31	-	-	1	1	10	3	-	-	15
rs34	-	-	1	-	7	7	-	-	15

Abkürzungen: Spr: Sprecher
              DemPro: Demonstrativpronomen
              LSS: Lernersprachenspezifisch
              Fkt: Flüssigkeit   inf: inferentiell
              T-ini: Turn-initial   T-fin: Turn-final
              Kop: Kopulasatz   Thema: Thematisierung
              Subj: Subjunktor   Fin: Finitheitsmarker

2.2 Zielsprachennahe Verwendung von *das ist*

Am häufigsten tritt *das ist* in Kopulasätzen wie in Beispiel 06, und als Herausstellung zur Topikalisierung wie in Beispiel 07 auf[3].

(06) rs19q natürlich # das ist ein ganz normales gymnasium nur # äh # mit äh # diesexxx besonderheit # dass wir unsere kindern lernen hebräisch.

(07) rs13q ich habe englisch gelernt das ist interessiert kein mensch wenn ich so was sage.

In beiden Fällen ist die Bedeutungskomponente des Demonstrativpronomens tragend. Die Kopula wird häufig nicht als finites Element analysiert, wie Beispiel 07 oder Beispiele 08 und 09 zeigen, ermöglicht jedoch in den meisten Fällen einen zielsprachennahen Diskurs.

(08) rs33q also das ist nicht negativ das ist in Ukraine war # ein ganz normales wort.

(09) rs08q Das ist # schwer war.

Die Unterscheidung zwischen Linksversetzung und freiem Thema wird üblicherweise an der Kasuskongruenz mit der referierten NP festgemacht (Altmann 1981, Schwitalla 2006, Selting 1993), die bei Linksversetzungen gegeben sein muss. Die

---

3 Tabelle 1 erfasst diesen Gebrauch in der Kategorie Demonstrativpronomen unter Kopulasatz und Thematisierung für Herausstellungen.

Kasuskongruenz ist jedoch in der Lernersprache zum größten Teil noch nicht markiert, wie die NP *Peter* in Beispiel 10 veranschaulicht.

(10) rs13q ah da@r Peter das ist nicht sch am schlechter, # schlechter ist Dzukov denkmal äh Dzukov

Die Kategorie Thematisierung der Tabelle 1 enthält somit sowohl *das ist* Konstruktionen mit satzinternem anaphorischen und kataphorischem pronomialen Gebrauch (Beispiele 11 und 12) als auch satzübergreifende Konstruktionen (Beispiel 13[4]).

(11) rs10q also für mich # diese äh ## sprache äh über antisemitismus das ist unmöglich in meine äh kommunistische ## heimat.

(12) rs19q na in Russland das ist normal wenn # drei generationen wohnen unter einem dach aber hier natürlich nicht und # meine eltern haben eine zweizimmerwohnung am Alexanderplatz

(13) rs30q aber wenn es um ausgehen geht # dann ist es # normalerweise nicht gemischt das ist # entweder die oder die normalerweise.

Herausstellungen wie in den Beispielen 10-13 bieten nicht nur die Möglichkeit, die Zweitstellung des finiten Verbs auf eine einfache Art zu realisieren, sondern strukturieren zugleich die Topic-Comment Struktur nach einem deutlichen Schema. Die Flüssigkeit und die Informationsstrukturierung profitieren von diesem Satzbau.

2.3 *das ist* als Diskursmarker

Die zweite Verwendung des Musters *das ist* ist der zielsprachlich weniger akzeptierte Gebrauch als Diskursmarker[5]. Eine Besonderheit dieser Kategorie ist die lexikalische Entleerung der beiden Bedeutungskomponenten Demonstrativpronomen und Kopula. Beispiele 14 und 15 illustrieren den turn-einleitenden und turnausleitenden Gebrauch.

(14) rs35q das ist ## warum # m: # wenn ich äh # zweimal # fahre nach Kiev ja?

(15) rs33q ich habe ein oder zwei mal gelesen und dann diese information ist uninteressant das ist # ja?

Zudem ist die Einheit nicht nur am Satzrand, sondern auch im Mittelfeld anzutreffen. In diesen Fällen lässt sich die Funktion des Musters am besten als Flüssigkeitsmarker beschreiben.

(16) rs08q # er ist # das ist in schule deutsch sprechen ‚a@r hier russische wir sprechen.

Als Flüssigkeitsmarker ist die Einheit *das ist* absolut bedeutungsleer. Es lassen sich jedoch Verwendungen aufzeigen, worin *das ist* eine inferentielle Bedeutung

---

4 Dieses Beispiel verdeutlicht, dass der Gebrauch des Musters das ist keineswegs komplementär zum Erwerb von es ist zu sein scheint. Ein Großteil der Lerner, die es ist erworben haben, gehören auch zu den Sprechern, die weiterhin das ist als diskursives Mittel verwenden.
5 Tabelle 1 erfasst diese Kategorie unter *Diskursmarker*.

übernimmt, die sich am besten mit der Verwendung des Diskursmarkers *also* vergleichen lässt (Dittmar 2005). Die Bedeutung des Markers, ein Diskurselement näher zu erläutern, ist bereits durch die Bedeutungskomponenten der Einheit *das ist* angelegt, bezieht sich hier jedoch auf die Diskursebene. *Das ist* kann sich dabei auf größere Einheiten wie in Beispiel 17 oder auf einzelne NPs (Beispiel 18) beziehen.

(17)   rs33q   nein das ist bei mir arbeitet eine mächen„ ja? # sie studiert theaterwissenschaft und einmal wir haben gesprochen

(18)   rs08q   # ah mein mann jetzt bekommen das ist # a+b+m„# a+b+m ja?

Es liegt die Vermutung nahe, dass diese Verwendung der Einheit *das ist* als Diskursmarker eine Interferenz aus der russischen Ausgangssprache ist. Im Russischen findet das Demonstrativpronomen *eto* nicht nur Verwendung in spezifizierenden Kopulakonstruktionen (wobei im Präsens die Kopula nicht realisiert wird, vgl. Blaszcak/Geist 2000), sondern auch als Diskursmarker. Zemskaja 1983 führt *eto* noch nicht unter den semantisch leeren Flüssigkeitsmarkern[6] auf, aber sehr wohl als inferentieller Marker (Konkretisierungswort Zemskaja 1983:38). Blankenhorn 1999:105 beschreibt *eto* jedoch bereits als russisches „Verzögerungssignal: Pausenfüller" im Deutsch russlanddeutscher Aussiedler.

Kravchenko 2003 zeigt eine wesentliche Ausweitung des Gebrauchs des Pronomens *eto* in der gesprochenen russischen Sprache auf, die über die einer Diskurs- bzw. Abtönungspartikel hinausreicht. *Eto* übernimmt u.a. auch Platzhalterfunktion für Prädikate[7] wie auch stark diskursive Funktionen.

(19)   Kravchenko   U menja zavtra urok v 10, a ja eshchjo nichego ne eto.
(2003:231)   *Ich habe morgen um 10 Unterricht, und ich habe noch überhaupt nicht eto.*

Diese Funktionsvielfalt von *eto* im gesprochenen Russisch legt die Vermutung nahe, dass russischsprachige Lerner des Deutschen von einem breiten Funktionsspektrum des Musters *das ist* ausgehen und erst mit fortschreitender Angleichung an die Zielsprache die deiktische und die finite Bedeutungskomponente der Einheit *das ist* trennen.

Wie Tabelle 1 zeigt, verliert sich die Verwendung der Einheit *das ist* als Diskursmarker mit steigendem Lernerniveau ebenso wie die Verwendung der dritten Kategorie (*Lernersprachenspezifisch*), unter der die Funktionen als Finitheitsmarker und Subjunktor erfasst sind. Beides sind Kategorien, die eine grammatikalische Funktion der Einheit nahe legen. Folgende Überlegungen anhand der Daten einer Lernerin sollen aufzeigen, dass das Muster *das ist* zwar als Platzhalter für ein finites Element, jedoch nicht als grammatikalisches Einheit analysiert werden kann.

---

6   Pronomina werden jedoch ganz allgemein als Pausenfüller und als den Partikeln nahe Einheiten kategorisiert, wie Zemskaja 1983:138 anhand der Beispiele zeigt: *Ty eto samoje/priezshaj poran'she* (*Du eto samoje/komm etwas früher); A on eto govorit (Und er eto sagt); Lezhu ja eto na pesochke... (Ich liege eto auf dem Sand...*).

7   Wie Kravchenko zeigt, kann *eto* dabei sogar flektiert werden (*otetovala* Kravchenko 2003:232).

3 *das ist* als Baustein mit grammatikalischer Funktion?

Die Lernerin rs08 ist die am wenigsten fortgeschrittene Lernerin der Studie. Auch im Verlaufe der L-Studie erreicht sie nicht das Niveau der fortgeschritten Sprecher der Querschnittstudie. Zwar nimmt der Anteil der finit gebrauchten Verben etwas zu, doch wie aus Tabelle 2 ersichtlich, nimmt weder der lernerspezifische Gebrauch von *das ist* noch die Verwendung von *das ist* in Diskursmarkerfunktion ab. Tabelle 3 zeigt, dass die Lernerin gegen Ende der Studie ebenso wie zu Beginn die Konstruktion *das ist* in Verbindung mit einem lexikalischen Verb verwendet.

Tabelle 2. *das ist* - Längsschnittdaten rs08

Int #	(i) Diskursmarker				(ii) DemPro		(iii) LSS		Σ
	Fkt	inf	T-ini	T-fin	Kop	Thema	Subj	Fin	
rs08q	9	3	1	8	4	12	1	11	49
rs08l1	21	10	4	7	27	22	3	8	102
rs08l2	8	3	6	3	3	21	6	3	53
rs08l4	11	4	5	16	9	3	5	11	64
rs08l5	15	6	5	7	11	3	4	4	55

Abkürzungen: Int: Interview
 DemPro: Demonstrativpronomen
 LSS: Lernersprachenspezifisch
 Fkt: Flüssigkeit   inf: inferentiell
 T-ini: Turn-initial   T-fin: Turn-final
 Kop: Kopulasatz   Thema: Thematisierung
 Subj: Subjunktor   Fin: Finitheitsmarker

Beispiel 20 illustriert die Schwierigkeit der Kategorisierung multifunktionaler Elemente wie *das ist*.

(20) rs08q ich a bisschen englisch das is erinnern, aber ## schwer deutsch.

Wie beide Teilsätze zeigen, befindet sich die Lernerin in einer Phase ohne produktive finite Verbmorphologie. Stattdessen finden wir die Einheit *das ist*, die hauptsächlich der Aufrechterhaltung des Redeflusses (Flüssigkeitsmarker) zu dienen scheint, auf der anderen Seite jedoch auch Träger einer finiten Komponente, der Kopula, ist. Konstruktionen der Form Kopula plus lexikalisches Verb haben in der Zweitspracherwerbsforschung bereits viel Beachtung gefunden (Haberzettl 2003, van der Craats 2005, Verhagen 2007) und ihre Bedeutung für den Erwerb von Finitheit wurde diskutiert.

Tabelle 3. Finitheit - Längsschnittdaten rs08

Session	Hilfsverben/ Kopula	Modalverben	*ist* + Vlex	*das ist* + Vlex
rs08q	haben, waren, war	müssen	1	5
rs08l1	sein, war	brauchen, möchten, können, müssen	-	3
rs08l2	waren, habe, gibt es, (das) war	wollen	-	2
rs08l4	war, sind, hat, habe, gibt es, ist	müssen, wollen	1	3
rs08l5	war, ist, sind		-	3

Abkürzungen: Vlex: lexikalisches Verb

Die vorliegenden Daten des RUSIL-Projektes weisen in ihrer Gesamtheit auf einen wesentlich breiteren Funktionsrahmen der präfiniten Kopula in Verbindung mit dem Demonstrativpronomen *das* hin. Diese schließt, wie Beispiel 21 zeigt, die Verwendung als finites Platzhalterelement zwar ein, verbindet diese jedoch mit einer stark diskursiven Funktion, welche mit weiterer Elaborierung der Lernersprache ausgebaut wird.

(21) rs08q ihr mann das is äh # do # deutsch, äh # sie polen

Die Verwendung von *das ist* in Kopulakonstruktionen und in Verbindung mit infiniten lexikalischen Verben scheint durch die finite Kopula des Musters ermöglicht zu werden. Im Gegensatz dazu legt neben der inferentiellen semantischen Bedeutung die lautliche Übereinstimmung des Demonstrativpronomens mit der Subjunktion im Komplementsatz (*dass*) die Verwendung von *das ist* als einleitendes Nebensatzelement nahe.

(22) rs08q und dann ein bisschen müssen müssen # ‚ich seh ‚das is wir müssen selbst.

Tabelle 1 zeigt, dass der auffällige Gebrauch von *das ist* im Mittelfeld als Diskursmarker oder als Finitheitsmarker erst in fortgeschrittenen Lernersprachen mit einer Analyse der beiden Komponenten Demonstrativpronomen und Kopula aufgegeben wird. Somit ist für die Lernerin rs08 selbst am Ende der Längsschnittstudie trotz einem Zuwachs an Flüssigkeit und größerem Lexikon von lexikalischen Verben eine produktive grammatikalische Finitheit unwahrscheinlich.

4 Zusammenfassung

Dieser Beitrag beschäftigt sich mit dem auffälligen Gebrauch der Einheit *das ist* in der Sprache russischer Sprecher des Deutschen. Das multifunktionale Potential der Konstruktion führt zu einem überdurchschnittlich hohen und vielfältigen Gebrauch von *das ist*.

Zusammenfassend lässt sich sagen, dass weit fortgeschrittene Lerner die Verbindung *das ist* (neben seiner klassischen Verwendung im Kopulasatz mit Demonstrativpronomen) vor allem am Satzrand verwenden, jeweils im Vor- oder

Nachfeld und fast ausschließlich zu der Diskursebene zugehörigen Funktionen, wie als turn-initialer Diskursmarker oder Links- oder Rechtsherausstellungsmittel. Weniger fortgeschrittene Lerner verwenden *das ist* ebenfalls als diskursstrukturierendes Mittel, jedoch tritt die Verbindung ebenso häufig im Mittelfeld wie im Vor- oder Nachfeld auf.

Besonders auffällig ist die Verwendung von *das ist*, sobald die Verbindung grammatikalische Funktionen zu übernehmen scheint. Dies ist der Fall, wenn *das ist* anstelle des finiten Verbs oder anstelle einer Subjunktion anzutreffen ist. Ist davon auszugehen, dass in Diskursmarkerfunktion *das ist* als nicht analysierte Einheit verwendet wird, so zeigen andere Verwendungen eine unterschiedliche funktionale Gewichtung der beiden Teile, dem Demonstrativpronomen und der Kopula. Dennoch ergibt sich bei den meisten Vorkommen eine Überschneidung der jeweiligen Funktionen (z.B. als Flüssigkeits- und Finitheitsmarker), so dass eine strikt quantitative Erfassung des Phänomens *das ist* keine adäquate Beschreibung seiner Verwendung durch die einzelnen Lerner bieten kann.

Das ist trägt sicher keine ausgeprägten grammatikalischen Funktionen, sondern kann als Platzhalter für grammatikalische Elemente zu einem Zeitpunkt auftreten, an dem diese noch nicht produktiv erworben wurden. Doch ebenso wenig wird hier die Verwendung von *das ist* als ein „tinkering with chunks" (Haberzettl 2003) verstanden. Die Verwendung von *das ist* beruht weniger auf einer bloßen Kopie der Oberflächenstruktur als auf einer Übergeneralisierung der Gesamtheit der beiden Bedeutungskomponenten: Demonstrativpronomen und finites Element. Beide Komponenten haben einen Anteil an der produktiven Verwendung der Einheit *das ist*, sowohl in elementaren als auch in fortgeschrittenen Lernervarietäten.

Literatur

Altmann, Hans (1981): Formen der „Herausstellung" im Deutschen. Rechtsversetzung, Linksversetzung, Freies Thema und verwandte Konstruktionen. Tübingen.

Bast, Conny (2003): Der Altersfaktor im Zweitspracherwerb. Die Entwicklung der grammatischen Kategorien Numerus, Genus und Kasus in der Nominalphrase im ungesteuerten Zweitspracherwerb des Deutschen bei russischen Lernerinnen. Dissertation, Universität Köln.

Blaszcak, Johanna & Geist, Ljudmila (2000): Zur Rolle des Pronomens to/eto in spezifizierenden Kopulakonstruktionen im Polnischen und Russischen. In: G. Zybatow, U. Junghanns, G. Mehlhorn, L. Szucsich (eds.) Current Issues in Formal Slavic Linguistics, Frankfurt am Main. 247-257.

Blankenhorn, Renate (1999): Pragmatische Spezifika der Kommunikation von Russlanddeutschen in Sibirien: Entlehnung von Diskursmarkern und Modifikatoren sowie Code-Switching. Berlin.

Craats vd, Inneke (2005): 'IS' als voorloper van finietheid. Toegepaste Taalwetenschap. In: Artikelen, 74, 157-167.

Dittmar, N., Spolsky, B., und Walters, J. (1998): Grammaticalization and social convergence in second language aqcuisition. In S. Hickey, Raymond and Puppel (eds.), A Festschrift for Jacek Fisiak on his 60th Birthday, Nr. 101 in Trends in Linguistics. Studies and Monographs, S. 1713–1732, Berlin.

Dittmar, Norbert (2005): Also in den deutschen Lernervarietäten russischer Juden: Adverbkonnektor und Diskursmarker im fortgeschrittenen Erwerbsprozess. In: Deutschunterricht in Japan 10, 4-33.

Haberzettl, Stefanie (2003): 'Tinkering' with chunks: Form-oriented strategies and ideosyncratic utterance patterns without functional implications in the IL of Turkish speaking children learning German. In: C. Dimroth & M. Starren (eds.): Information structure and the dynamics of language acquisition. Amsterdam.

Kravchenko, Alexandr V. (2003): Fenomenologija i kognicija v semantike russkogo eto. In: Solov'ev, V. & Poljakov, V. (eds.) Mezhdunarodnaja konferencija „Kognitivnoe modelirovanie v lingvistike". Sbornik dokladov: 229-237.

Schwitalla, Johannes (2006): Gesprochenes Deutsch. Eine Einführung. Berlin.

Selting, Margret (1993): Voranstellungen vor den Satz. Zur grammatischen Form und interaktiven Funktion von Linksversetzungen und Freiem Thema im Deutschen. In: Zeitschrift für Germanistische Linguistik 21: 291-319.

Starren, Marianne (2001): The Second Time. The acquisition of temporality in Dutch and French as a second language. Proefschrift, Universiteit van Tilburg.

Verhagen, Josje (2007): Proto-auxiliaries, auxiliaries and the acquisition of finiteness in L2 Dutch, Vortrag DGfS 2007.

Zemskaja, Elena A. (1983): Russkaja razgovornaja rech'. Fonetika. Morfologija. Leksika. Zhest. Moskau.

Wolfgang Klein
Max-Planck-Institut für Psycholinguistik Nijmegen

The topic situation[1]

1 What it is about

1.1

Is the following sentence, when uttered on some occasion, true or false?

(1) It was snowing.

The sentence is easy to understand, if you know English. But even if you know when, where and by whom the sentence is uttered, and also what the weather is like at any time and any place, you will not be able to answer the question. You must also know about which situation the speaker is talking. If, for example, the assertion is meant to be about Jan. 25, 2005, in Riva Faraldi, then it is false, and if it is about Jan. 25, 2005, in Bergen, it is true. If it is about Jan. 29, 2005, in Riva Faraldi, it is false, and if it is about Jan. 29, 2005, in Bergen, it is also false. In all four cases, the situation talked about or TOPIC SITUATION, as I will say, is different, and accordingly, the truth value of 1 may vary. Now, reasonable communication does not necessarily require that the interlocutor be able to determine the truth of what he understands. He simply can believe it, or not believe it, and in fact, this is probably the normal case (otherwise, communication would not be very informative). But even then, the speaker's belief is relative to some situation about which he assumes the sentence is, and 1 could be about many different situations. How does he or she know?

All of this is, of course, not only true for sentences like 1, which contain no lexical argument, let alone a specific argument, but for all sentences:

(2) a. The light was on.
 b. John left early.
 c. (Headline:) Dog bitten by man.

Sentence 2a could be true with respect to the kitchen, but not to the bathroom, at a given time, sentence 2b could be true with respect to John Barleycorn but false with respect to John Hungerbühler at a given time and a given place, and 2c could be true with respect to Fido but false with respect to Melac.

---

1 In March 2007, at a workshop on second language acquisition in Bergamo, Norbert Dittmar and his group presented some findings and raised some problems on the role of the „topic" in learner language, but also in fully-fledged languages. This discussion left me in deep thought about this difficult notion, its definition, the way in which it is marked, and which role it might play in the structure of human language. The present paper is an attempt to makes theses thoughts a bit clearer. I am afraid it is longer than what we had agreed to write for this Festschrift. But after all, we have now been friends for 38 years - and half a page per year is by far not enough! - I wish to thank the members of the project „Information structure in language acquisition" at the MPI for Psycholinguistics (Nijmegen) for most helpful comments.

In what follows, I shall sometime use the term SENTENCE BASE. This is the non-finite component of a full sentence, for example [be snowing], [the light be on], etc. In general, such a sentence base consists of a (non-finite) verb and an appropriate filling of its argument slots; it can be enriched by other elements, notably adverbials, particles etc., as in [the light be on yesterday in the kitchen] or [the light be most likely on yesterday from 2 - 4]. Such a sentence base has a certain descriptive information which comes from the lexical meaning of the words and they way in which they are put together. I will refer to this information as the „descriptive content" or „lexical content" of the sentence base. In English, as in many other languages, a sentence base can normally not be used as an utterance; it must be transformed into a finite sentence. The word SITUATION is used as an overall term for events, processes, activities, states (Comrie 1978). Thus, a situation is a spatio-temporal constellation which may be long or short, bound to a specific place or not, and involve various persons and objects - in short, any type of entity that can be described by a declarative sentence.

In an utterance, a sentence base and a situation are brought together, and this is what happens when the sentence is made finite. By uttering 1, for example, the speaker asserts that a situation X has the properties [be snowing]. He or she ASSERTS something about X. In questions, the speaker challenges the interlocutor to assert something with respect to such an X, and in commands, he instructs the interlocutor to do something with respect to X. In what follows, I will be mainly concerned with assertions; but most considerations apply analogously to other types of speech acts. I will not examine subordinate clauses; they raise problems beyond the scope of his paper.

If the interlocutor is to understand what the assertion is, he must understand the sentence base. But he must also know what the situation talked about? Somehow, this must be indicated, either by information which comes from beyond the sentence, for example from communicative context, or from information which is comes from the sentence itself. Consider 3:

(3) a. I arrived on Jan. 29th in Bergen. It was snowing.
    b. On Jan. 29th in Bergen, it was snowing.

In 3a, the topic situation of the second sentence is inferred from the first sentence: the assertion is confined to the time and the place at which the speaker arrived. In 3b, the two initial adverbials serve the same function. In both cases, the topic situation is „It was on Jan. 29th in Bergen."; this spatio-temporal constellation is then assigned further properties, here [be snowing].

I shall call these two possibilities „external topic situation identification" and „internal topic situation identification", respectively. The main aim of this paper is to discuss these two notions and to show that they might help us to get a better understanding of some aspects of information structure.

1.2

The topic situation (henceforth often abbreviated TS) is a spatio-temporal constellation about which something is said. Such a constellation can be „very large". Thus, the speaker might want to say something that holds for any „any time and any place in any imaginable world". Mathematical statements are such a case:

(4) a. 4011 is a prime number.

In 4a, there is no explicit marking that the TS is so broad. It naturally results from the type of statement, and any restriction would be odd:

b. In Idaho, 4011 is a prime number.
c. Yesterday at five, 4011 was a prime number.

But note that contexts are imaginable in which such a restriction would make sense, for example in *Where I come from, 4011 is a prime number.*

Typically, however, the speaker has a more restricted spatio-temporal constellation in mind. This is most likely the case in 1; it is not very likely that the speaker wants to say by uttering 1 that it is snowing in all worlds at any place in the past. But it is not excluded, and if the speaker wants to avoid potential misunderstandings, he or she has to make this restriction explicit, for example by adverbials, as in 3b. In this example, two characteristics of the topic situation of 1 were considered to be crucial:
- the „topic time", for example Jan. 25, 2005 vs Jan. 29, 2005;
- the „topic place", for example Riva Faraldi vs Bergen.

Metaphorically speaking, the combination of these two characteristics, be it by adverbials or via inference from context, defines the „canvas", on which the „assertion proper", here expressed by *It was snowing*, paints certain descriptive properties. But many others features of a situation may be used to define the „canvas":
- the „topic entity", for example the agent (which would not make sense in 1, but in 2a)
- the „topic world", for example the „real world" or the world created by a novel.

These four features seem to be particularly important for TS identification, and they are often encoded by special devices. But the topic situation may also be characterised by many other types of information:
- the TS may be a „consequence situation", as in *Therefore, John left early;*
- it may be a „first time situation", as in *For the first time, John left early;*
- it may be an „example-situation", as in *For example, the light was on;*
- it may be the continuation of some other situation, as in *Noch war das Licht an.*

In fact, almost all types of expressions can be used to characterise the situation talked about; bare prepositions or modal particles such as (in German) *wohl, doch, ja* might be exceptions.

1.3

The term „topic situation" is, of course, reminiscent of the notion „topic" - one of the key notions of information structure (see Lambrecht 1994, Krifka 2004; Schwabe and Winkler 2007). As has often been noted, this term is not one of the best-defined in linguistic theory (see, e.g., Büring 1999). We find purely structural as well as functional definitions. A typical example for the former is: „the first major constituent in a clause"; this idea also underlies the notion of „topicalisation", i.e., a process which moves some element in „topic position". Functional definitions typically use one of the two main dichotomies of information structure, the „from known to unknown" dichotomy, as introduced by Henri Weil (1844), and the „psychological subject - psychological predicate" dichotomy, as introduced by Georg von der Gabelentz (1869). The notion of „topic" is then defined as that constituent which encodes „given/old/maintained" information, or else as that part „about which" something is said. Very often, both characteristics go hand in hand. I will not try here to examine these and other definitions found in the literature - this would require a paper on its own -, but draw attention to some points which I believe are different under the present approach.

Under this approach, the „topic" is not a person or an object - it is always a SITUATION. This makes it different from all other approaches I am aware of. The topic is the situation about which the sentence says something. In declarative sentences, it is the situation to which the speaker's assertion is confined; in questions, it is the situation about which the addressee is asked to say something (this will be relativized in section 2.4), and in a command, it is the situation which the addressee is asked or forbidden to make real. Sentence 5, for example, is not just „about John", nor must *John* express given information - it is about a situation which involves John as an agent. The constituent *John* may be marked in a special way as contributing to IDENTIFY the topic situation, and that's why John is called a „topic entity", just as *At five* helps to identify the time of the topic situation in 5, and *To the left* helps to identify the place of the topic situation in 6:

(5) At five, John had left.

(6) To the left, there was a red sign post.

In both cases, the initial adverbial in itself does not suffice to identify the TS - but it narrows the options down. In 5, the assertion is explicitly confined to situations whose time is five o'clock (and which are preceded by a time at which John left). In 6, the assertion is explicitly confined to situations whose place is „to the right".

Under this view, seemingly „topic-less" sentences such as 1 also have a topic - that is, they have a topic situation to which the assertion is confined.[2] This

---

2 Marty 1884, in his discussion of thetic sentences, also assigns a „psychologisches Subjekt" to these: „Das psychologische Subj. ist also in dem Satze *es brennt* [nicht] ausgedrückt. Aber man darf sich dadurch nicht zu der Ansicht verleiten lassen, dass überhaupt keins vorhanden ist. Auch hier findet eine Verknüpfung zweier Vorstellungen statt. Auf der einen Seite steht die Wahrnehmung einer konkreten Erscheinung [also das psych.Subjekt], auf der anderen die

becomes particularly clear when we look at the negation of 1, i.e., the sentence *It was not snowing*. Ever since the antiquity, it has been assumed that this sentence is true when 1 is false, and vice versa. But this is only correct when the topic situation of both sentences is the same. If 1 is about Bergen at a given time, and the negative counterpart is about Riva Faraldi at the same time, then there is no need to assume that both utterances are mutually exclusive.

How is the notion of topic situation related to the given-new dichotomy, which is also often used to tell „topic" apart from other elements of a sentence? The interlocutor must be able to identify TS. This is the case if TS is „known", because it is maintained or can be derived from earlier discourse or general context. Therefore, elements in a sentence which help to describe TS often contain given information. In other words, there is a natural connection between „givenness" and „topic elements". But this connection is in no way mandatory. In 6, for example, the expression *to the left* indicates the topic place - but this information need not be maintained. If this sentence is used as an answer to the question *And what is to the left?*, it is maintained. If it shows up as a part of larger text, for example a picture description, it is probably not maintained.

1.4

At this point, one might ask: „Isn't the topic situation just the situation described by the sentence?" But which situation is described by the sentence? A sentence as simple as 1 can be about infinitely many different spatio-temporal constellations. In one way or the other, it must be fixed which one of those constellations the sentence is about. Unless this is the case, the speaker will not be able to judge whether the sentence is true or not; and if he just believes it to be true, he does not know of which situation he believes the assertion to be true.

Compare the following three sentences:

(7) a. At five, John left.
b. At five, John was leaving.
c. At five, John had left.

They all involve a situation which can be described by *John leave*, and they all link it to a temporal interval described by *at five*. But for 7a to be true, John must achieve to leave within this interval, whereas in 7b, the assertion made by the speaker is confined to some subinterval of John's leaving - in fact, the speaker is not committed to the claim that John indeed left (he may have had a heart attack). And in 7c, the assertion is confined to a time, and thus a situation, which is *after* John's leaving. In 7a, the „leaving-situation" includes the topic situation, in 7b, the topic situation is included in the leaving-situation, and in 7c, the topic situation is after the leaving-situation. So, we have a clear difference between the „topic situation" and „the situation proper", i.e., the situation which is described by the descriptive content of the sentence.

---

schon in der Seele ruhende Vorstellung von Brennen und Feuer, unter welche sich die betreffende Wahrnehmung unterordnen lässt. (§91)" (cit. Krifka 2004: p. 3).

In each of these case, TS is characterised by the initial adverbial *at five*, that is, by the specification of a time. Note that this time is not the topic - it is a property of the topic, that is, of TS. Does TS also involve John, or is John only a component of the „situation proper"? This is not an easy question, but it is at least partly answered by familiar life-time effects, as in 8:

(8) Einstein has visited Princeton.

This sentence, when uttered now, is odd for those who know that Einstein is not alive right now. The topic time is „right now", as indicated by the present tense form *has*. The oddness is easily explained if we assume that the topic situation also involves Einstein - the assertion is about a „Einstein-right-now situation". But there is no such situation, because Einstein is dead. The effect does not occur if the topic time is not „right now":

(9) Einstein had visited Princeton.

But it re-appears, when the topic time is in the past but a time at which Einstein is dead (and this is known to the speaker):

(10) In 1998, Einstein had visited Princeton.

In English and many other languages, the „time talked about" is grammaticalised by tense, and in these cases, clashes between the „situation proper" and the topic situation are very salient.

Compare now the sentences in 11:

(11) a. It was snowing.
  b. In Bergen, it was snowing.

Both sentences describe a „snowing-situation". If 11a is true, is then 11b true, as well, and vice versa? This question cannot be answered, unless we do know which place 11a relates to. The context might make clear that it is Bergen, as well, and then, their topic situation is the same (barring other sources of variation). So, both sentences describe the same situation, but in 11b, it is made clear that this description relates to a „Bergen-situation", whereas in 11a, this is left open. The crucial issue is therefore not whether the „topic situation" and the „situation described by the sentence" are the same or not, but how it is made clear which situation the sentence is about.[3]

---

3 Note that just as one and the same sentence can be about many different situations, one and the same situation can be described at varying degrees of explicitness: *He left - John left - John left London. - John left London yesterday. - John left London yesterday at five - John Barleycorn left London yesterday at five by train - ...* - they all can be used to talk about the same topic situation. I am sorry to mention this triviality here. But if we say that „the situation" is what the sentence describes, then this may easily lead into confusion, because the descriptions provided by these sentences are clearly not the same.

2 Topic situation identification
2.1

The speaker may have a very clear idea about the TS. But how does the interlocutor know? How can he identify the TS? He must know *what* is asserted, and he must know *in relation to which situation* it is asserted. But all he hears or reads is a sentence with a certain descriptive content, which results from the lexical meaning of the words and they way in which they are put together. There are two ways to solve this problem:

(a) the „topic situation identification" is sentence-external, i.e., information sources different from what the sentence itself provides are used;
(b) the descriptive content of the sentence is somehow split between parts which help to identify TS, and parts which do not serve this function.

This split, I believe, is what underlies the fundamental dichotomy which is traditionally covered by oppositions such as „psychological subject vs psychological predicate", „topic vs comment", „presupposition vs focus", „background vs focus", and similar ones. It is related to, but in principle independent of, the distinction between „given" information and „new" information.

Typically, external and internal topic situation identification (henceforth abbreviated TSI_e and TSI_i, respectively) interact in a given communicative situation. In this and the next section, I will consider some aspects of TSI_e, and then turn to TSI_i.

2.2

TSI_e may come from situational information, text structure principles, and explicit setting of TS by a question. Here are some examples.

(a) *Situational identification*

(12) a. [Event on soccer field] Offside!
b. [Sudden silence] The refrigerator has turned off.

This external identification can but need not be supported by sentence-internal information. A typical case are pointing gestures (sentence-external) with or without a demonstrative pronoun (sentence-internal). Such gestures are often used as external topic-identifiers, although they are not restricted to this function („And the murderer is - HE!").

(b) *Identification by text structure principles*

(13) We arrived around 10. Mary opened the kitchen door. The light was on.

Here, the two first sentences „set the stage" for the third sentence: the interlocutor will understand that the topic time of this sentence is around ten, and the topic place is the kitchen.

(c) *Identification by explicit question*

The fact that questions determine the distinction between „psychological subject" („topic") and „psychological predicate" („comment/focus") was already noted by Gabelentz (1868) and illustrated by Paul (1880), and wh-questions are still often used as a method to determine the information structure of the answer. Under the present view, such questions fix a situation about which something is to be said by the interlocutor. This function can be served by wh-questions as well as by yes-no-questions:

(14) a. What did you notice? - The light was on.
b. Was the light on? - Yes, the light was on.

In this case, the TS of the question and of the answer is the same. This need not be the case, however. The question often functions rather as a more global stage setter, which has to be resumed and further processed by the answer. We will examine this in more detail in section 2.3.

Possibility (b) can be seen as a special case of (a), if we assume that questions can be answered by a full text, rather than by a single sentence. The question can be explicit but also only implied. So, texts should be seen as an answer to a „Quaestio" which can be explicitly asked by some interlocutor or even by the speaker of the text, or which the speaker just imagines to have been asked (Klein and von Stutterheim 1987). Under this view, a single sentence answer is just a borderline case of a full text answer.

2.3

The pragmatic function of a question is something like: „Tell me something about xyz!", where the „something" as well as the „xyz" can be more or less restricted. The speaker can comply in various ways with this challenge, for example by not answering at all. But if he is not evasive, then there are various ways to deal with what the question is about - that is, the topic situation. As was just said, he may decide to distribute the answer over several sentences, and to this end, he has to split up the TS, as set by the question, in several sub-TS. He may also choose to answer in a single sentence (or even a reduced sentence). In this case, there are still various possibilities:

(a) *TS is taken over as is:*

(15) [Who won the cup final last year?] - Pontefract won the cup final last year.

(b) *TS is narrowed down:*

(16) [Who won the cup final?] - Last year, Pontefract won the cup final.

Note that in this case, the question may already relate to the „last-year-cup-final situation", although this is not made explicit. In this case, there is an immediate take-over of TS. If the question is meant to be more general - as a question about „cup-final situations" in general[4] - then, it is narrowed down. In this case, the

---

4 Throughout this paper, I will not look at the possibility that a sentence is not about a single

answer often leads to a text answer: *and the year before, Pontefract won the cup final, as well* or *and 1999, Surbiton won the cup final.*

Such an explicit narrowing down of TS introduces a sort of contrast: I, the speaker, now confine my claim to that particular topic situation, and in a later sentence, I (or someone else) may say something about a different (but related) topic situation. There is no such flavour of constrast, if the answer just takes over the topic situation, as set by the question.

(c) *The speaker may explicitly mark elements as belonging to TS which are already introduced as such by the question:*

In 17, there are three ways to answer the question in a full sentence (it can, of course, also be answered by elliptic *um vier*):

(17) [Wann hat er angerufen] - a. Er hat er um vier angerufen.
   b. Um vier hat er angerufen.
   c. Angerufen hat er um vier.

How do these possibilities differ? In each case, the answer is about the TS set by the question; in each of them, *um vier* – the part which fills the missing information – is intonationally highlighted; it is „focussed". But there is a salient difference between 17a, b on the one hand, and 17c, on the other: 17c somehow EXPLICITLY marks that the claim is only about a „anrufen-situation"; thus, it creates the impression that there is a different TS about which one could or should say something. Neither 17a nor 17b invoke this impression. In 17a, it could be created by a special accent (rise within *er*) – thus giving rise to what has sometimes be called „contrastive topic" (Büring 1997). In 17b, the adverbial, albeit in initial position, is marked by falling intonation as information which does not serve to identify the topic; everything else is de-stressed and therefore somewhat neutral with respect to its status as a topic-marking part of the utterance.

Let us now look at four possible answers to a yes-no-question (here, too, we could have a maximally elliptic answer - bare *ja*):

(18) [Hat er angerufen?] - a. Ja, er hat angerufen.
   b. Ja, angerufen hat er.
   c. Ja, angerufen.
   d. Ja, er.

Of these, only 18a lacks a contrastive flavour[5]. In 18b, the speaker indicates that his assertion is confined to an „angerufen-TS", in contrast to the possibility that the claim is about some, for example, a „writing-TS" of the same person. Note, however, that 18b can come with (at least) two intonational patterns. There may be

---

topic situation but about a set of topic situations. As a rule, such a set can be construed as a single „big topic situation", which extends over a larger time, involves a larger place, or a group of people.

5   I am ignoring here various intonational realisations of this sentence; it is possible, for example, to highlight the finite element *hat*; but the most natural intonation is just as if there were no preceding yes-no-question at all. This, incidentally, shows that prosody does not just reflect the distribution of new and old information (in particular as regards the „focus constituent").

a main accent nn *hat* (possibly accompagnied by a rise in *angerufen*) and a final fall afterwards, or else, there may be already a final fall in *angerufen*, with everything else being de-accented. The impression that the speaker wants to confine the claim to an „angerufen-situation" shows up only in the former case. Exactly this is also the particular flavour of 18c; the other intonation and impression is not possible here. Sentence 18d, finally, is constrastive in the same way as 18c. Gott, ist das verwickelt.

If the speaker chooses to answer the question (or the abstract „quaestio") in a series of sentences, then this may lead to complex patterns. The initial TS, as set by the question, may be interpreted as a FRAME which the speaker divides up in various ways; for example by talking successively about a different times, different places, or different entities. It may also serve as a POINT OF DEPARTURE, which is used as the starting point of a series of topic situations. The speaker may interrupt any such flow by utterances which do not directly take up the question but give all sorts of background material, thus giving rise to the distinction between the „main structure" of the text and various „side structures", etc. This is not the place to elaborate on these possibilities, see, e.g., Klein and von Stutterheim 1987, or von Stutterheim 1997.

2.4

The question sets a TS which the speaker has to take up in the answer. In the simplest case, the TS is exactly taken over. There is an immediate consequence: the TS of the answer is GIVEN/MAINTAINED/OLD INFORMATION. Under a somewhat broader interpretation of „given/maintained/old", this is also true in cases in which TS is not exactly taken over but somehow elaborated on. This just like in an anaphoric sequence such as *John left early. He was fed up* versus *John left early - his brother stayed for a while*; in the latter case, the subject as such is not maintained but a part of its descriptive content is. In this broader sense, an externally identified TS is always given/maintained/old. This does not imply, however, that some part of the descriptive content of a sentence has to be given/maintained/old. Consider the following two sentences:

(19) [What do you expect to happen?] - Many countries will be overflooded.

(20) [Why did John leave early?] - There was a storm warning on the radio.

In 19, the interlocutor is supposed to say something about the future; hence, the topic situation must be AFTER the moment of speech. The answer takes up this topic situation - but no lexical element in the answer expresses maintained information. The answer relates to that topic situation, and thus its tense form is future. But this form is not maintained from the question. In 20, the TS is a „cause-of-John leave-early situation". The answer makes an assertion about this TS - but again, no element is maintained. The tense is past in both sentences, but note that the time of John's leaving is not the time of the storm warning.

In other words, we must clearly distinguish between maintenance of the topic situation, one the one hand, and maintainence of some part of the sentence's descriptive content, on the other. This is important when we look at the way in which elements are marked as „given/maintained/old", and at the way in which elements in a sentence are marked as the „topic situation identifiers".

The difference between „maintained topic situation" and „maintained descriptive content" has interesting consequences. Just one example:

(21) a. What did you notice, when you came in? - The LIGHT was on.
(neutral answer; stress on *on* would be contrastive.)
b. Was the light on, when you came in? - Yes, the light was ON.
(neutral answer; stress on *light* would be contrastive).

The difference is clearly that in 21b, the entire lexical content is maintained, whereas in 21a, it is entirely new.

So far about external TSI. Before turning to internal TSI in more detail, we will have a brief look at the notion of presupposition.

3 Topic situation and presupposition

3.1

There is an apparent relation between „presupposition" and what is called here „topic situation". This relation surfaces, for example, in early work on information structure in generative linguistics, see Akmajian 1970, as well as in more recent treatments of focus (Geurts and van der Sandt 2004). In this work, a distinction is made between the „presupposition" and the „focus" of sentence. The latter is normally the constituent which carries the main accent, the former is the remainder under existential closure. Consider 22:

(22) Surbiton won the cup final.

Here, the (normal) focus is *the cup final*, and the presupposition is: „There is an x such that Surbiton won x." This is crudely simplified but sufficient in the present context, in which I will only briefly discuss the question of whether one could not try to reconstruct the notion of topic situation in terms of the well-established notion of presupposition. I do not think that this is possible. Quite apart from the fact that this notion itself is anything but clear (see, e.g., Seuren 1993), the mere fact that a sentence has a certain presupposition does not necessarily mean that the speaker wants to make a claim about the situation described by that presupposition. And on the other hand, the fact that a speaker wants to say something about a topic situation does not mean that this situation is presupposed (at least under the most common definition of „presupposition" – i.e., A is a presupposition of B, if A follows from B as well as from non-B).

3.2

Wh-questions set the TS of the answer (in the sense described in section 2). It is often assumed that a wh-question carries a presupposition defined by existential closure of the wh-word: *Who killed Davey Moore?* carries the presupposition „There is an x such that x killed Davey Moore." It is arguable whether this is really the case, but if it is, it often leads to strange results. Consider the following examples:

(23) What is a prime number? - Presupposition: A prime number is something. (Note that the question - in its normal reading[6] - does not ask for the subject but for the predicate.)

(24) Where have you been yesterday? - Presupposition: You have been somewhere yesterday.

(25) Who is your father? - Presupposition: Your father is someone.

In all of these cases, the presupposition is not very telling, and one does not have the impression that it has much to do with the external TS identification.

4 Internal topic situation identification

4.1

If a speaker should be able to evaluate the truth of a sentence, she must understand (a) what is asserted and (b) in relation to which situation it is asserted. The latter is at least partly done by external topic situation idenification; but to the extent, to which this is not done, part of the sentence base itself must be used to this end. This is what I call „internal TSI", and it is this part of the sentence which underlies the conventional notion of „topic".

In principle, any bit of sentence base can be used to identify TS. The result is always a partitioning of the sentence in a part which is TSI-marked and a part which is not TSI-marked. The latter part is either neutral, so it could belong to TSI, but this is not made explicit; or else it is explicitly marked as „not-TSI"; in accordance with a familiar terminology, I will say that it is „comment-marked (CM-marked)". I indeed believe that there is such a marking; but this is not really crucial to the argument. For present purposes, it would be enough to say: it is explicitly marked as „non-TSI". Hence, the entire lexical content of a sentence linked to a topic situation has three parts:

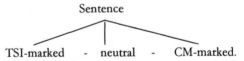

Sentence

TSI-marked - neutral - CM-marked.

Languages use many devices for TSI-marking, the most important of which are briefly discussed here. Four points should be kept in mind. First, most devices serve other functions than TSI-marking, as well. Word order, for example, is also used to indicate scope, and intonation may indicate the illocutionary role. Second, we often find a strong interaction between various devices. Third, we are talking here about what which elements of the lexical content are MARKED as contributing to TSI. This does not preclude that other elements also describe the TS; they are just not marked as TS-identifiers. And fourth, languages vary in all of these respects.

---

6 The normal answer would be: „A prime number is a number which cannot be divided ...", rather than „Seven is a prime number."

The following considerations are meant to illustrate the functioning of internal TSI marking; they are neither exhaustive, not worked out in any detail, and much of what is said here is speculative; but it may suffice to render the nature of TSI_i and its interaction with TSI_e clear.

4.2 Word order

4.2.1

In many languages, there seems to be a general principle which can be stated as follows:

> (26) Unless marked otherwise, TSI-elements came first.

Thus, the interlocutor regularly interprets the initial part of an utterance as TSI-elements.[7] The following points, however, should be noted:
(a) The principle is a default - it can be overruled by other explicit markers. In other words, the first constituent often belongs to TSI_i; but it need not, on the one hand, and TSI_i can also come at the end of a sentence; but then, this must be explicitly marked, for example by de-stressing.
(b) The TSI-part need not be a constituent - it can be any series of constituents.
(c) The principle does not say where the TSI-string ends. It could be very short, it could be very long. It is an interesting question whether it can include the entire lexical content of the utterance.
(d) It can include GIVEN as well as NEW information. If the TS is already identified due to external TSI, then it is still open whether certain bits of the lexical content are maintained from the preceding utterances (see previous section).
(e) If an element of the lexical content describes a TS which is introduced before (and thus externally identified), then this does not necessarily mean that this element belongs to TSI_i. Consider 27:

> (27) Who won? - Liverpool won.

In this sentence, the predicate *won* is maintained from the question, and it serves to describe the situation about which the claim is to be made. But it is not MARKED AS AN IDENTIFIER OF TS - neither by position nor by intonation nor by any other device. If anything is TSI-marked in 27, then it is the subject (according to 26). But even this need not be the case. The default principle stated in 26 does not preclude that there is no TSI-marker at all. I believe in fact that in 27, the initial constitutent is CM-marked by intonation, and thus, there is no TSI-marked component in 27 at all.

It may be useful to reconsider interrogatives here (cf. 18):

---

7 This, I believe, is very much in agreement with the Prague School notion of communicative dynamism, see, e.g., Sgall et al 1973.

(28) Hat er angerufen. - (a) Ja. Er hat angerufen.
                          (b) Ja. Angerufen hat er.

In both answers, the entire lexical content is maintained information. Moreover, the entire lexical content is used to describe the situation talked about. But this does not necessarily mean that it serves to identify TS in 28 itself. In 28a, *er* is normally interpreted as belonging to TS, and so is *angerufen* in 28b. But at least in the latter case, this marking is primarily done by intonation (rise), and in 28a, we also have two intonational patterns, one of which leaves *er* neutral and one which marks it as TSI element.[8]

This gives a natural answer to an old puzzle: Is the maintained (and often elided) part in an answer its „topic", and the „answer part proper" is its „focus"? The answer is „yes and no". It is „topic" due to TSI_e - it describes a part of the situation which is EXTERNALLY identified as the topic situation. It is not „topic" due to INTERNAL TSI: in other words, it does not belong to the TSI of the answer, unless, of course, it is marked as such by an appropriate device.

4.2.2

In German, there is a complex interaction between TSI and the finite component of the verb (= FIN). Roughly speaking, the TSI-part is „around FIN" (in declarative clauses). Now, this is already covered by 26. But it could be that the END of the TSI-part is indicated by FIN, or, alternatively, that the „weak position" after FIN at the same time is the final part of what is TSI-marked.

Principle 26 is a default. It could be overruled, for example, by certain syntactic constraints which disturb the elementary play of TSI_i marking. Suppose we have a „normal order"[9] of the sentence base, for example *Hans Maria gestern angerufen haben*. Then, TSI-marking functions in the following steps:
1. The appropriate order according to 26 is achieved, i.e., TSI-elements come first.
2. The topmost verbal element is made finite and placed after the first constituent (or into some other appropriate position). This grammatical process does not affect its status as TSI-marked elements. As a result, the lexical content of the verb may violate 26.

Under this assumption, the first constituent is not moved „in font of FIN". Except for the finite verb itself, there is only movement within the sentence base, and this movement affects TSI-status (in interaction with intonational marking).

---

8 Note, incidentally, that cases like 28 - and they are not uncommon - cast doubt on the possibility to define the topicality in terms of „what is activated", and similar ones. In 28a as well as in 28b, the entire sentence content is „activated", but there is a clear difference between both word orders.

9 This order could result from preference principles such as „agent first", „scope goes to the right", and similar ones.

4.2.3

Another vexing problem is the role of „true expletives", i.e., empty elements which occupy a structural position and which are not part of the argument structure, as defined by the verb. In other words, these elements do not belong to the sentence base - they are part of TSI$_i$. But what exactly is their function? Compare:

(29) a. Jemand hat angerufen. -   b. Es hat jemand angerufen.
(30) a. Das Licht war an. -   b. Es war das Licht an.

In 30b, the definite NP is slightly odd; but in general, the definiteness effect is much less strong in German than in English; thus, *Denn es war das Licht an.* is perfectly fine. The difference between 29a and 29b is hard to pin down. Historically, expletives are closely related to anaphors. They are not stressable - that is, they cannot neither be TSI-marked nor CM-marked by intonation - it is „neutral". It could be, therefore, that *es* is a sort of anaphorical element which takes up an externally identified TS].

4.3 Intonation

Next to word order, intonation - and in particular pitch - is usually considered to be the most important topic marker. In fact, it is more often considered as a „focus marker": elements which are intonationally highlighted are „focus" and thus non-topic. This picture is clearly misleading, as has been shown by many authors (see, e.g., Klein and von Stechow 1982, Büring 1997). There is also something like „contrastive topic marking".

4.3.1

Following Klein and von Stechow 1982, I assume that in German, there are three elementary rules. They all relate to the „pivot" of a constituent, i.e., a distinct spot within the constituent around which major pitch changes are positioned[10]. Very roughly, we may say:
(a) „Rise" with respect to the pivot indicates TS-marking.
(b) „Fall" with respect to the pivot indicates CM-marking (or, if the term „comment" is to   be avoided, „non-TSI-marking").[11]
(c) „Level" with respect to the pivot is neutral.
Complications arise from two types of interaction. First, „given" material is often de-stressed; this also seems to lead to Level. But it is surely not true that TS-neutral

---

10 In Klein and von Stechow (1982), this pivot is called „target point": „Each constituent has a specific „target point". In words, this is the syllable top (relative intensity center) of the lexically stressed syllable. In higher constituents, it is between elements, for example between DET and N."
11 Rather than speaking of „comment-intonation", it might be better to speak of „illocution intonation", with assertion being a special case (assertion is characterised by a fall). But note that intonational falls also may have other reasons.

elements are always maintained information. Second, rises and falls have other functions, as well; in particular, they are related to the illocutionary role.

4.3.2

Intonation can overrule other principles of TSI. A particularly important case are answers in which the „answer constituent" is in initial position, as in 27. Here is a somewhat different example:

> (31) Wen hat er angerufen? - Hans hat er angerufen.

Here, the question identifies TS. Some parts of the answer which describe this situation are maintained and de-stressed. Intonationally, they are neutral, and they are not marked as TSI by position, either (according to 26).[12] Only the initial part could be TSI; but exactly this part is marked as non-TSI by falling intonation. Hence, the answer in 31 has no (internally marked) TSI-elements at all. But it has a large component which resumes an external TSI. And, of course, it is marked as an assertion.

4.3.3

How is topic situation identification by intonation related to the familiar notion of „focus"? This depends on whether the notion of „focus" is defined: is it characterised in terms of prosodic highlighting („the element which bears the main stress", or the like), or is it also defined in terms of a specific semantic/pragmatic function (for example, „the element which expresses new information", or the like). I prefer to use it here in the first sense – it is just some part of the sentence which sticks out perceptually. Sharp pitch movements lead to such a highlighting[13]. But there are (at least) two possibilities for such a a sharp pitch movement: „rise" and „fall" around the pivot; these two intonational foci have two totally different functions.[14] Under a functional definition of term „focus" – for example „the constituent which names a particular alternative from those defined by the topic component" –, it is often seen as a counterpart to the „topic". But this is not the meaning in which „topic" is understood here.

4.4 Particles

Some languages use special segmental elements to mark TSI. The best-known case is probably Japanese *wa*. Typically, it is associated with just one constituent - the „topic" in some conventional interpretations. But in fact, it can be attached to

---

12 Note, incidentally, that answers of this sort would follow under the analysis of a „topic-last language", a claim sometimes found in the literature. Under the present approach, this assumption is not necessary.
13 Additionally, a certain level of intensity may be required; there are also pitch movements under low intensity, which are not perceived as highlighting.
14 This does not mean, of course, that there could not be other reasons for highlighting, nor does it mean that there could not be other ways to highlight something than sharp pitch movements.

several constituents each of which is considered topical. This particle seems to indicate the end of the TSI-part.[15]

4.5 Inflectional morphology

The TS can also be encoded in the morphological system. The clearest case is tense marking – the finite part of the verb indicates the topic time, no matter whether it is maintained or not. Note, however, that this marking is often very vague, both with respect to its position on the time axis and its duration: in the terminology of Klein 1994, it is never „duration-definite", and it need not be „position-definite". An explicit marking of the topic time comes from temporal adverbials which are marked by devices such as word order or intonation.

According to van Valin (p.c.), some languages also mark the focus constituent(s) by case, thus precluding these elements to be „topical". In a way, this can be seen as an indirect TSI by inflectional morphology.

4.6 Topic drop

Elements which belong to TSI can often be „p-reduced", i.e., the segmental information is elided. The best-known case here is what is traditionally described as „topic drop":

(32) (Den) kenne ich nicht.

(33) (He) was a nice chap.

As a rule, this concerns only elements in a certain position, and may also be restricted to words which express maintained information (normally - as we have seen - not a prerequisite of TSI-elements).

In German, topic drop is not uncommon. Note, however, that it is only possible before FIN; thus, the mere fact that some element serves to identify TS is not enough to license topic drop, because such elements can also be after FIN.

5 Problems and issues

I believe there are three major problems with the present approach to grasp the difficult notion of topic:

1. How is this in subordinate clauses?

The main source of trouble is that in some respects, subordinate clauses behave as if they had a TSI-marking, and in other respects, they do not. Intonation is a good example. The intonational markings mentioned under 4.3 are also found in some subordinate clauses. There are differences, though, in e.g. causal clauses and relative clauses. A relative pronoun, for example, cannot have TSI-intonation (I believe), whereas this is possible for subordinate conjunctions.

---

15 There are many other segmental units which are usually not considered from this point-of-view, for example Chinese *shi*, which is often seen as a kind of copula. But it may well also have some TSI-function.

Subordinate clauses also have an underlying „sentence base", and they describe a situation; hence, there is also the need for the interlocutor to identify this situation. But there is no illocutionary role, comparable to assertion, question, or command. If – as was briefly speculated above - the „comment marking" is nothing but the marking of the illocutionary role, then subordinate clauses may have an internal topic situation identification – but nothing that compares to the „final fall" or „final rise" in main clauses. On the other hand, a subordinate clause is, of course, a constitutent of its main clause, and as any other constituent, this one may be marked for TS or for CM of THIS MAIN CLAUSE. Consider 34:

(34) a. When Mary began the ceremony, John was leaving.
 b. When Mary began the ceremony, John left.
 c. When Mary began the ceremony, John had left.

In all of these cases, the initial temporal clause defines the topic time of the entire clause - which is a subinterval of John's leaving, includes John's leaving, or is after John's leaving (cf. exx. 7, in which are exactly parallel except that the topic time is described by the adverbial *at five*. Similarly, such a temporal clause could be in final position, and then, it might be CM-marked by intonation. So, a subordinate clause may carry two types of intonational topic situation identification – the one for the subordinate clause, and the one of the main clause, similarly for CM-marking.

The case is further complicated for non-finite predications. Compare the following two German constructions:

(35) a. In dem bei Jena gelegenen Dorfe ...
 b. Das Dorf war bei Jena gelegen.

The expanded attribute in 35a also describes a full situation. Do such constructions also have a TSI_i-marked part?

2. Is there something like „the scope of assertion marking"?

Under a simple approach, one might argue that whatever is not TSI-marked belongs to the scope of assertion – unless marked otherwise. How does this relate to the fixed position of FIN, in particular to the role of FIN as a carrier of the illocutionary role?

3. How does TSI interact with the marking of givenness vs newness?

In principle, these two dimensions of information structure are independent, as was argued above. But there is a natural coalition between TSI-marked elements and givenness.[16]

6   A concluding remark

If human language were such that it is always clear about which situation a given sentence is, then the distinction between a „topic part" and a „non-topic part"

---

16 Another interesting problem in this connection are echo-questions. How do they fit into the picture? They only express maintained information, and they end with a rise (+ Level).

were superfluous. But human language is not that way. Therefore, TSI is a fundamental trait of sentence structure, and therefore, we need information structure, or rather the „aboutness dimension" of information structure. The other main dimension of information structure is along the distinction between „given information" and „new information". Here, we are faced with the somewhat puzzling question why it should be important to signalize this distinction. After all, the interlocutor is not stupid and should therefore know anyway which information is new and which information is not. It is surely true that, if some referent is given in context, less descriptive information is needed in order to identify it. Therefore, we may say *he* rather than *my late uncle Richard's best friend in school*, when this person was talked about before. But there is little reason to assume that „givenness" or „newness" must be MARKED, unless the speaker has reason to assume that the addressee suffers from Alzheimer.

References

Akmajian, Adrian (970): Aspects of the grammar of focus in English. Doctoral dissertation, MIT.
Büring, Daniel. 1997. The 59th Street Bridge Accent. London: Routledge.
Büring, Daniel (1999): Topic. In: P. Bosch/R. van der Sandt (eds.): Focus. Linguistic, cognitive and computational perspectives, Cambridge, Cambridge University Press, 142-165.
Chafe, William (1976): Givenness, contrastiveness, definiteness, subjects, topics and point of view. In: Charles Li (ed.): Subjects and Topics. New York: Academic Press.
Comrie, Bernard (1978): Aspect. Cambridge University Press.
von der Gabelentz, Georg (1869): Ideen zu einer vergleichenden Syntax. Zeitschrift für Völkerpsychologie und Sprachwissenschaft 6, 376 - 384.
Geurts, Bart, and van der Sandt, Rob (2004): Interpreting focus. In: Theoretical Linguistics.77-86
Klein, Wolfgang (1992): Time in Language. London: Routledge.
Klein/von Stechow (1982): Intonation und Fokus in einfachen Fällen. Arbeitspapiere des Sonderforschungsbereichs „Linguistik", Universität Konstanz, Nr. 77.
Klein/von Stutterheim (1987): Quaestio und referentielle Bewegung in Erzählungen. Linguistische Berichte, 109, 163-183.
Krifka, Manfred (2004): Informationsstruktur: Prosodische, syntaktische, semantische und pragmatische Aspekte. Lecture Notes, HU Berlin.
Lambrecht, Knud (1994): Information Structure and Sentence Form. Cambridge. Cambridge University Press.
Paul, Hermann (1880): Principien der Sprachgeschichte. Jena. Niemeyer.
Schwabe, Kerstin/Winkler, Susanne, (ed.) (2007): On information structure, meaning and form. Amsterdam: Benjamins.
Seuren, Peter (1992): Präsuppositionen. In: Wunderlich, D./von Stechow, A. (eds.): Semantik - Semantics. Berlin: de Gruyter, 286-318.
Sgall, Petr/Hajicova, Eva/Benesova, Eva (1973): Topic, Focus, and Generative Semantics. Kronberg: Scriptor.
Weil, Henri (1844): De l'Ordre des Mots dans les Langues Anciennes Comparées aux Langues Modernes. Paris: F. Vieweg.

Martina Rost-Roth
Freie Universität Berlin

Der zweitsprachliche Erwerb der Interrogation. Theoretische Implikationen und empirische Befunde

?sagst du eh:+2+ eh ob ich glaube + eh dass-e mein deutsch ist besser + eh jeden monat?

1 Theoretische Implikationen

1.1 Interrogationen als Ausdruck von Erotetizität

Interrogationen als Ausdruck von Erotetizität können in Anschluss an die Bestimmung von Satzmodi bei Altmann (1987: 22ff) als 'komplexe sprachliche Zeichen' betrachtet werden. Frageformen können über die Analyse der Ausdrucksseite erfasst werden, Fragefunktionen über Illokutionen im Sinne eines Informationsbegehrens und einer damit einhergehenden Aufforderung zu einer Antwortreaktion.[1]

Der gegebene zur Kürze zwingende Rahmen wird zum Anlass genommen, Gedanken zur Analyse von Interrogationen in zweitsprachlichen Erwerbsprozessen komprimiert darzulegen und mit einzelnen Beispielen zu illustrieren. Dabei werden anderweitig ausführlicher dokumentierte Datenerhebungen und Projekte resümiert, Befunde mit einer Fallstudie illustriert und hieraus abzuleitende Annahmen als Grundlage für weitere Untersuchungen skizziert.[2]

1.2 Fragen – Nachfragen - Echofragen

Bei der empirischen Untersuchung von Fragen sind aus pragmatischen, formalen und semantischen Gründen thematisch weiterführende Fragen (vgl. Bsp. 1) und Nachfragen (vgl. Bsp. 2 und 3) zu unterscheiden:

(1) E-A: *zucker @nimm dir selbst@*
    I-F: *eh + danke (xx) + ?du willst auch?*
    E-A: *nein danke + ja okay (P-MoLL, Franca, 26. Mon. ID 374)*

(2) E-G: *du kannst schon viel deutsch + du sprichst schon viel +*
    I-F: *?viel?=*
    E-G: *=ist gut mhm^ (Franca 4.Monat, ID 81)*

---

1 In Anschluss an relevanztheoretische sowie konversationsanalytische Überlegungen ist dabei unerheblich, ob tatsächlich ein Informationsdefizit vorliegt. Entscheidend ist, dass eine Antwortreaktion aus verschiedenen Gründen als relevant angesehen werden kann.
2 Norbert Dittmar sei an dieser Stelle noch einmal mein Dank dafür ausgesprochen, dass er die Arbeit mit den Daten des DFG-Projekts P-MoLL (Modalität in Lernervarietäten im Längsschnitt) ermöglicht und vor allem weitere Datensammlungen und Arbeitsmöglichkeiten unterstützt hat.

(3) E-L: *steht da das wäre wieviel demark das wert ist + was da drin ist*
I-F: *wert eh e/ m/ dem/ ?wieviel mark-e ich-eh bezahle für die pakete?*
E-L: *.mhm (Franca, 18. Mon., ID 250)*

Während sich die Frage in Bsp. (1)*?du willst auch?* auf Wissensbestände bezieht, die nicht direkt zuvor verbalisiert wurden, beziehen sich die Fragen in Bsp. (2) und (3) *?viel?* und *?wieviel mark-e ich-eh bezahle für die pakete?* auf vorausgehende Äußerungen der Gesprächspartner. Fragen dieser Art werden im Folgenden als Nachfragen (abgekürzt NF) bezeichnet. Bei letzteren kann wiederum zwischen Nachfragen unterschieden werden, die auf der Wiederholung vorausgehender Äußerungen beruhen (Echofragen) (Bsp. 2) und solchen, die mit anderen Mitteln auf vorausgehende Äußerungen Bezug nehmen (Bsp. 3). Unterschiede zeigen sich darin, dass NF im allgemeinen Nebensequenzen einleiten, Bestandteile von Reparatursequenzen sind und daher häufig elliptische realisiert werden. Semantisch beziehen sie sich als Interrogationen auf vorausgehende Äußerungen (Rost-Roth 2006a). Andere, thematisch weiterführende Fragen (im folgenden abgekürzt: aF) haben demgegenüber andere Bedingungen.[3]

Der Erwerb beider Arten von Fragen (aF und NF) stellt damit auch unterschiedliche Anforderungen und ist gesondert zu untersuchen, was in vielen erwerbsorientierten Untersuchungen bislang nicht der Fall ist.

1.3 Interrogationen als komplexer Erwerbsbereich

Der Erwerb der Interrogation ist für die Spracherwerbsforschung — ähnlich wie der Erwerb von Negation oder Temporalität — im Rahmen eines konzeptorientierten Ansatzes von Interesse (von Stutterheim/Klein 1987). Der Ausdruck von Wissensdefiziten kann mit unterschiedlichen Mitteln bewerkstelligt werden: Syntax (Verbstellung), Lexik (Fragewörter, *ob*-Insertion), Prosodie (Frageintonation). Dabei zeichnen sich unterschiedliche Komplexitäts- und Schwierigkeitsgrade ab, die für den Erwerb der Ausdrucksmittel von Bedeutung sind. Auch pragmatisch handelt es sich um einen heterogenen Bereich, da Fragen nicht nur zur Deckung von Wissensdefiziten und Verständnissicherung, sondern auch in anderen Funktionen wie z.B. Aufforderungen und Höflichkeitsstrategien eingesetzt werden können. Fragen stellen hiermit einen in sich komplexen Erwerbsbereich an der Schnittstelle von Grammatik (Frageform als Satzmodus) und Pragmatik (Fragefunktion als Sprechhandlung) dar.

1.4 Fragen in der Erwerbsforschung

Fragen haben in der Erwerbsforschung einen wichtigen Stellenwert eingenommen. Dabei haben sich Interessen und Schwerpunkte verlagert. Während früher neben Syntax auch Lexik/Fragewörter und Rezeptionsaspekte von Bedeutung waren (vgl. z. B. Felix 1978: 157 ff.), ist in neueren syntaktisch orientierten Ansätzen eine Konzentration auf Verbstellungsmuster und hier Inversion zu beobachten. Der Erwerb

---

3 Vgl. hierzu auch die Unterscheidung von Refokussierungen und Neu-Fokussierungen bzw. Fokus-Weiterführungen bei Selting (1995).

der Inversion, wie er für Standardformen der Interrogation im Deutschen sowohl für Ergänzungs- als auch Entscheidungsfragen Voraussetzung ist *(?was ist das?, ?ist das x?')*, wird als wesentlicher Entwicklungsschritt und Indikator für Erwerbsprozesse allgemein angesehen (Pienemann 1999: 45, Meerholz-Härle/Tschirner 2001).

Pragmatischen Aspekten wurde in erwerbsorientierten Studien weniger Beachtung geschenkt, obgleich gerade sie auch als Grund gesehen werden, dass entsprechende Strukturen früher in Interrogationen als in anderen Bereichen beobachtet wurden (Lund 1997, Meerholz-Härle/Tschirner 2001).

Untersuchungen zur Pragmatik von Fragen liegen vor allem aus Studien zu interaktiver Verständnissicherung vor und zielen oft eher auf Vergleiche von nichtmuttersprachlichen mit muttersprachlichen Kompetenzen (Bremer et al. 1993, Bremer 1997). Hier finden sich zwar aufschlussreiche Analysen zu Formulierungen von Nachfragen bei Nichtmuttersprachlern, zweitsprachliche Entwicklungen sind jedoch noch nicht ausreichend untersucht.

Im Folgenden wird dafür plädiert, pragmatischen Aspekten verstärkt Aufmerksamkeit zu schenken, und dabei auch für die Erfassung struktureller Entwicklungen konsequent zwischen thematisch weiterführenden und auf vorausgehende Äußerungen bezogenen Nachfragen zu unterscheiden.

1.5 Strukturen

Bei der Beschreibung von Fragestrukturen ist über bisherige Formbestimmungen hinauszugehen. Gängige Beschreibungen fassen zu kurz; die vorwiegend auf Intuition beruhenden Beschreibungen werden der strukturellen Vielfalt gesprochener Sprache nicht gerecht (vgl. ausführlich Rost-Roth 2006a: 130ff. und 161 ff.). Dies gilt in besonderem Maße für Nachfragen, da hier Intonation, Bezugsäußerung und Kontexte in besonderem Maße interagieren und nicht übergreifend mitgedacht werden können. Auch für andere Phänomene wie z.B. höfliche Fragen oder Redewiedergaben zeigen empirische Befunde, dass sie in ihrer Komplexität weit über bestehende Standard-Beschreibungen hinausgehen können (vgl. hierzu auch Rost-Roth 2006b).

2 Empirische Befunde

2.1 Desiderate

Vorliegende Befunde zum Erwerb der Interrogation zeigen erhebliche Einschränkungen: Es wurden vor allem Anfangsstadien des Erwerbs untersucht; die Datenlage wird auch in der Literatur selbst in Bezug auf fortgeschrittenere Stadien als ungenügend eingestuft. Felix stellt z.B. in Hinblick auf Fragewörter fest, dass viele offensichtlich erst nach dem von ihm analysierten Erhebungszeitraum erworben werden (vgl. Felix 1978: 165). Clahsen/Meisel/Pienemann (1983: 144) beklagen, dass zu wenig Fragen belegt sind.[4]

---

4 Als ausreichend werden nur die Daten von 2 Lernern angesehen, von denen 39 und 40 Fragen belegt sind, was an sich wiederum eine sehr geringe Belegzahl ist.

Da sich Fragerealisierungen als stark kontextabhängig erweisen, ist es angeraten, auf Korpora zurückzugreifen, in denen verschiedene Lerngruppen, verschiedene Diskurstypen sowie verschiedene Erwerbsniveaus (auch mit Longitudinaldaten) repräsentiert sind.

Die Beobachtung von Entwicklungsprozessen muss des Weiteren Vergleiche zu zielsprachlichen Realisierungen von MS einschließen. Da sowohl in Hinblick auf pragmatische als auch strukturelle Aspekte vorliegende Beschreibungen von Interrogationen kein vollständiges Bild liefern (vgl. Rost-Roth 2006a: 130ff.), ist die Analyse der Komplexität und Vielfalt der hier zum Einsatz kommenden Mittel auch für die Sprachwissenschaft und die Untersuchung gesprochener Sprache allgemein von Interesse.

2.2 Fragestrukturen im gesprochenen Deutsch

In Rost-Roth (2006a: 161ff.) wurden unter Einbezug von Daten aus unterschiedlichen Situationen und Kontexten[5] die folgenden Möglichkeiten zur Realisierung von Fragestrukturen bei Muttersprachlern differenziert:

Tabelle 1a. Fragestrukturen im gesprochenen Deutsch - Entscheidungsfragen

Entscheidungsfragen (n = 477)		Thematisch weiterführende Fragen (aF)	Nachfragen (NF)
Entsch-V1 (Verb-Erst)	?darf man eh sie 'aufnehmn?	134 (52,54%)	13 (5,85%)
Entsch-V2 (Verb-Zweit)	?und die kameras laufen jetzt schon?	47 (18,43%)	37 (16,66%)
Entsch-oV (ohne Verb/elliptisch)	?also &lieber& diese schrift?	18 (7,05%)	130 (58,55%)
Entsch-oS (ohne Subjekt/elliptisch)	?ging?	5 (1,96%)	9 (4,05%)
Entsch-VL (Verb-Letzt)	?ob ich da überhaupt n schein machen kann?	12 (4,70%)	3 (1,35%)
Entsch-Vor-V2 (Vorfeld nicht Subjekt):	?dort ham sie schon angefang zu studiern?	29 (11,37%)	20 (9,00%)
sonstige		10 (3,92%)	10 (4,50%)
Summe Entscheidungsfragen		255 (100,00%)	222 (100,00%)

---

5 1) Ein Korpus mit Gesprächen aus Sprechstunden und Studienberatungen aus dem Bereich 'Kommunikation in der Hochschule' (KIH, 394 Belege). 2) Ein Korpus mit informellen Gesprächen mit Telefongesprächen und geselligen Anlässen im privaten Bereich (INF, 221 Belege). 3) Ein Korpus mit experimentellem Erhebungsdesign, das verschiedene Diskurstypen wie Narrationen, Instruktionen, freie Konversationen, und Argumentationen von Muttersprachlern und Nichtmuttersprachlern umfasst (P-MoLL, DFG-Projekt unter der Leitung von Norbert Dittmar, vgl. Dittmar et al. 1990). Für weitere Angaben vgl. Rost-Roth (2006: 150ff).

Der zweitsprachliche Erwerb der Interrogation 311

Tabelle 1b. Fragestrukturen im gesprochenen Deutsch - Ergänzungsfragen

Ergänzungsfragen (n = 265)		Thematisch weiterführende Fragen (aF)	Nachfragen (NF)
Erg-FW-SA (FW-Satzanfang)	?was willst du 'drapieren?	119 (85,61%)	34 (26,98%)
Erg-FW-SI/SE (FW-satzint.ern/final)	?&wenn&du 'was^?	3 (2,15%)	15 (11,90%)
Erg-FW-holo (FW-holophrastisch)	?wo?	2 (1,43%)	68 (53,97%)
Erg-oFW (ohne Fragewort)	?äh für die +?	2 (1,43%)	4 (3,17%)
Erg-VL (Fragewort-V-Letzt)	?was ich dazu meine^?	12 (8,63%)	2 (1,59%)
sonstige		1 (0,71%)	3 (2,38%)
Summe Ergänzungsfragen		139 (100%)	126 (100%)

In Hinblick auf weiterführende Fragen zeigt sich, dass das strukturelle Spektrum weiter ist als vielfach beschrieben. Neben den als Standard angesehenen Realisierungen von Verb-Erst bei Entscheidungsfragen (Entsch-V1)und Satzanfangspositionen von Fragewörtern bei Ergänzungsfragen (Erg-FW-SA) sind in gesprochener Sprache auch bei MS weitere Fragestrukturen wie Verb-Zweitstrukturen mit Inversion bei adverbialer oder topikalisierender Vorfeldbesetzung sowie insbesondere die Häufigkeit elliptischer Strukturen auffällig. Von Interesse ist des Weiteren, dass sich bei NF und aF unterschiedliche Frequenzen und Strukturen zeigen. Auffallend sind vor allem höhere Anteile von elliptischen Strukturen und V2-Strukturen bei NF.

Entsprechende Strukturanalysen sind auch in Hinblick auf die Beschreibung von Lernervarietäten aufschlussreich.

2.3 Strukturelle Entwicklungen bei Entscheidungsfragen

Im Folgenden wird als Fallstudie am Beispiel einer italienischsprachigen Deutschlernerin (Deckname ‚Franca' aus dem Projekt P-MoLL) dargestellt, in welcher Reihenfolge diese Fragestrukturen in den lernersprachlichen Daten erscheinen (vgl. Tab. 2.)[6]

---

6 Die Daten wurden zu 21 Zeitpunkten erhoben, die Aufnahmen beginnen im 4. Aufenthaltsmonat, die Aufgabenstellungen wurden in in 3 Zyklen wiederholt (1. Zykl. = 4.-20. Mon., 2. Zykl. = 24.-31. Mon., 3 Zykl. = 34.-38. Mon. Einzelne Aufnahmen liegen auch aus dem 53. und 63. Mon. vor (für weitere Angaben vgl. Dittmar et al. 1990).

In den frühen Erwerbsstadien überwiegen elliptische Strukturen (Entsch-oV und -oS). Als typisch erscheinen hier lernersprachliche Strukturen wie *?arbeit marco?* und *?italienisch antonella?*, die einmal als NF, einmal als aF eingesetzt werden.

Tabelle 2. Strukturtypen Entscheidungsfragen - Erstvorkommen (Franca, P-MoLL)

Zeitpunkt	Beispiele Entscheidungsfragen	Strukturtyp
04. Mon.	*?arbeit marco? (ID 57, NF)* *?italienisch antonella? (ID 52, aF)*	Entsch-oV (elliptisch-ohne Verb)
	?wohnte? (ID 49, NF) *?verst/ verst/ ?mh (ID 32, aF)*	Entsch-oS (elliptisch – ohne Subjekt)
	?du ehm ++ ver/ verstie/ verstiesse/ verstehen..ital? *(ID 41, aF)* *?du bist laureata mit laurea ? (ID 28, aF)*	Entsch-V2 (Verb-Zweit)
	?kann/ kannst du? (ID 60, NF) *?kennst du basement? (ID 64, aF)*	Entsch-V1 (Verb-Erst)
11. Mon.	*?hast du geld? (ID 204, aF)*	
21. Mon.	*?sagst du eh: +2+ eh ob ich glaube + e dass-e meine deutsch ist besser jede monat? (ID 294, NF)*	Entsch-VL (Verb-Letzt)
25.-28. Mon.	*?diese sommer + ?meinst du?* *(V2, ID 348, NF, 25. M.)* *?vielleicht das wasser ist es ist nich eh: nicht..?* *(V3, ID 365, aF, 26. Mon.,)* *?ei/ eigene: kinder^wün/ möchten sie nicht?* *(V2, ID 425, NF, 28. Mon.,)*	Entsch-Vor-V2/V3 (Adverbiale/ Topikalisierung im Vorfeld)

Daneben werden V2-Strukturen produziert. In den ersten Aufnahmen sind auch zwei V1-Strukturen mit Inversion belegt (einmal für NF einmal für aF), bei denen jedoch davon auszugehen ist, dass formelhafter Gebrauch vorliegt *(?kennst du...?, ?kannst du...?)*. Erst ab dem 11. Monat scheinen V1-Strukturen regelhaft produziert zu werden. Verb-Letzt-relevante-Strukturen sind erstmalig im 21. Monat bei Nachfragen zu beobachten. Es handelt sich hier zugleich um ausgebautere Strukturen mit Frageeinleitung *(?sagst du ob...?)* und Erweiterungen über einen Nebensatz *(?dass....?)*. In Anschluss an die ob-Insertion erscheint die Verbstellung an der Oberfläche zielsprachenkonform *(?ob ich glaube?)*; allerdings ist diese Struktur ambigue, da sie sowohl als V-Letzt als auch als V2 interpretiert werden kann. Für Letzteres spricht, dass bei der Lernerin ansonsten in Nebensätzen nur V2-Strukturen zu beobachten sind, wie auch im direkt anschließenden Nebensatz *(?dass-e meine deutsch ist besser jede monat'?)*, in dem V-Letzt deutlich nicht realisiert ist. Auch ansonsten bleiben ausgebaute Fragestrukturen mit V-Letzt-relevanten NS-Einleitungen sehr selten und sämtliche ohne Verb-Letzt-Realisierung.[7]

Die inversionsrelevante Strukturform ‚Besetzung des Vorfelds mit Adverbialen' (Vor-V2) ist in Frageeinleitungen erst relativ spät belegt. Hierfür gibt es bei Fragen nur einen Beleg aus dem 26. Mon., in dem keine Inversion vorgenommen wird

---

[7] Nur 7 bei insgesamt 587 Fragerealisierungen, auch im 3. Zyklus bei 113 Fragerealisierungen nur 1 = 0,88 %.

(?vielleicht das wasser ist es ist nich eh: nicht..?). Inversion ist jedoch zuvor (25. Mon.) bei Formulierungen zu beobachten, in denen zielsprachliche Lexik thematisiert wird *(?diese sommer + meinst du?*, bzw. *?... sagt man?)* und ab dem 28. Mon. bei Vorfeldbesetzung mit Topikalisierung anderer Elemente *(?eigene Kinder wün/möchten sie nicht?)*.

2.4 Strukturelle Entwicklungen bei Ergänzungsfragen

Bei Ergänzungsfragen zeigen sich die folgenden Entwicklungen:

Tabelle 3. Strukturtypen Ergänzungsfragen – Erstvorkommen (Franca, P-MoLL)

Zeitpunkt	Beispiele Ergänzungsfragen	Strukturtyp
04. Mon.	*?was? (ID 1, NF)*	Erg-FW-holo (FW holophrastisch)
	?komm? (ID 5, NF)	Erg-oFW (ohne FW)
05. Mon.	*?was ist parete? (ID 132, aF)*	Erg-FW-SA (FW initial)
	?was ist er en? (ID 120 NF)	
	?oliver was? (ID111, NF)	Erg-FW-SI/SE (FW nicht-initial)
14. Mon.	*?was hast du gesagt? (ID 98, NF)*	Erg-FW-SA (FW-inititial)
18. Mon.	*?weisst du *wo ist anfall? (ID 260, aF)*	Erg-VL (Verb-Letzt, eingeleitete Fragen)
	*?weisst du wo/ *wie funktioniert wie? (ID 249, aF)*	

Von 50 Ergänzungsfragen im 4. Mon. sind 16 holophrastische Fragewortverwendungen (Erg-FW-holo). Bei weiteren 11 handelt es sich um Realisierungen ohne Fragewörter (Erg-oFW), sämtliche werden in der Funktion von Nachfragen realisiert.[8]

Eine Frageformulierung mit Positionierung des FW in satzinitialer Position (Erg-FW-SA) ist erst im 5. Mon. belegt und erscheint bis einschließlich 9. Mon. bei insgesamt 6 Belegen ausschließlich in Formulierungen wie *?was ist x?*, in der die Positionierung des Fragewortes und Inversion als formelhafter Gebrauch angesehen werden kann. Diese Formel erweist sich für rudimentäre Lernervarietäten als besonders zweckmäßig, da sie sowohl bei zielsprachlichen Produktionsproblemen (Ausdrucksschwierigkeiten) als auch als Nachfrage bei Rezeptionsproblemen (Verständnisschwierigkeiten) eingesetzt werden kann. Zu gleicher Zeit sind auch Strukturen mit nicht-initialer Position *(?oliver was?)* zu beobachten (vgl. hierzu ausführlicher 2.7).

Regelhafte Bildungen von Ergänzungsfragen mit FW-SA, die über die genannten Formeln hinausgehen, sind erst ab dem 14. Monat zu beobachten.

Eingeleitete Ergänzungsfragen werden erstmalig im 18. Monat produziert *(?weisst du wo ist anfall?)*. Die an die einleitenden Matrixsätze anschließenden Frageformulierungen, die eigentlich als Nebensatzkonstruktionen mit Verb-Letzt erfolgen müss-

---

8 Die restlichen 23 Fragen werden in der Erstsprache realisiert und sind durch Ausdrucksschwierigkeiten motiviert *(?come si dice...?)*.

ten, werden mit Verb-Zweit realisiert, und könnten im Prinzip auch selbständig vorkommen. Hierfür gibt es zwei Belege. Weitere V-Letzt-Konstruktionen sind bei Ergänzungsfragen nicht belegt.

Unabhängig von V-Letzt scheinen komplexere Fragen auch in späteren Erwerbsstadien noch Probleme aufzuwerfen:

(4) *I-F: so + ?und eh: 'ja + wenn ehm + diese 'mann wäre^ eh schon eh in/ in/ + in vergangenheit verheiratet^ oder eh: + mit 'kinder ?was? (Franca, 28. Mon.*, ID 419)

Die gesonderte Betrachtung von Nachfragen und anderen Fragen erweist, dass Nachfragen beim Erwerb von Fragen auch über formelhafte Verwendungen hinaus eine besondere Rolle spielen. Im 4. Monat werden abgesehen von Rückgriffen auf die Erstsprache ausschließlich NF produziert (insgesamt 27). Darüber hinaus werden alle Frageworte (mit Ausnahme von *wieso*, das erstmalig im 28. Mon. belegt ist) zuerst in Nachfragen verwendet (*was, warum, wo, wann, wie, wieviel, wer, welch-*).[9]

2.5 Erwerb von Regeln zur Bildung der Interrogation

Clahsen/Meisel/Pienemann (1983) sehen für den Erwerb der Interrogation die folgenden Regeln als wesentlich an:

> Jeder Fragesatz wird durch die Anwendung von maximal zwei dieser Regeln realisiert. Für die einzelnen Fragetypen sind dabei folgende Regeln notwendig:
> 1. direkte W-Frage: W-VOR, INVERSION
> 2. direkte Alternativfrage: INVERSION
> 3. indirekte W-Frage: W-VOR, V-ENDE
> 4. indirekte Alternativfrage: ob-INSERTION, V-ENDE. (Clahsen/Meisel/Pienemann 1983: 116).

Bezogen auf die Franca-Daten ergibt sich folgendes Bild: Regel 1 und 2, die als grundlegend anzusehen sind, werden – abgesehen von der Formel „*was ist x'* – erst relativ spät produktiv (Regel 1 hier Erg-FW-SA: 14. Monat, Regel 2 hier Entsch-V1: 11. Mon.). Entscheidend scheint zu sein, dass zunächst formelhafter Gebrauch zu beobachten ist (vor allem bei Regel 1 „*was ist....*"). Belege für den Erwerb von Regel 3 (hier Erg-V-Letzt) und Regel 4 (hier Entsch-V-Letzt) gibt es im Prinzip nicht; sie sind als nicht erworben anzusehen. Dieser Befund zeigt Übereinstimmung mit den von Pienemann (1999: 45) beschriebenen Erwerbsstufen, nach denen ,stage x + 3 Inversion' (hier belegt) vor ,stage x + 4 verb final' (hier nicht belegt) erfolgt.

Über die von Clahsen/Meisel/Pienemann beschriebenen Strukturen hinaus sind jedoch weitere Aspekte für den Erwerb der Interrogation von Interesse: Zum einen ist die Frage, was passiert, bevor diese Regeln erworben werden, wobei sich zeigt, dass empirisch Frageformulierungen zu beobachten sind, die aus pragmatischer Hinsicht sehr effektiv sind.

Zum anderen ist zwar zutreffend, dass für den Erwerb von Entscheidungsfragen V1 bzw. Inversion entscheidend ist, jedoch ist für den zielsprachlichen Gebrauch auch die Variation zwischen V1 und V2 – und zwar nicht nur für NF sondern auch für aF – von Bedeutung (vgl. Tabelle 1). Des Weiteren zeigt sich eine relativ hohe

---

9 Fragewörter wie *wofür/ worüber/ wodurch* u.ä. sind bezeichnenderweise nicht belegt.

Frequenz elliptischer Frageformulierungen, die jedoch mit muttersprachlichem Gebrauch (vgl. ebenso Tabelle 1) abzugleichen sind. Darüber hinaus zeigt sich, dass gerade bei der Formulierung komplexerer Fragestrukturen, wie eingebetteten Fragen mit Frageeinleitungen und anderen Fragen mit Nebensatzkonstruktionen, nicht nur Probleme mit Verb-Letzt, sondern auch weitere Erwerbsprobleme beim Ausbau der Komplexität vorliegen.

2.6 Erwerb der Inversion

In Hinblick auf die Frage, ob Inversion zuerst in Entscheidungsfragen vorkommt und dann in Ergänzungsfragen wie dies Beobachtungen von Felix (1978: 180) entspricht, oder eher gleichzeitig bei beiden Fragearten zu beobachten ist, wie dies Clahsen/Meisel/Pienemann 1983: 146 sehen, bzw. diesbezüglich auch Variation zu beobachten ist, werden in Tabelle 4 die Befunde für Entscheidungsfragen und Ergänzungsfragen sowie Beobachtungen zu Inversion in anderen Bereichen resümiert.

Tabelle 4. Erstvorkommen Inversion

Zeitpunkt	Interrogationen		Assertionen
	Entscheidungsfragen	Ergänzungsfragen	
04. Mon.	Entsch-V1+Inv (2x in Formeln) *kennst du/ kannst du*		Adv+Inv bei Kopula *hier ist x*
05. Mon.		Erg-FW-SA+Inv (in Formeln) *was ist...*	
11. Mon.	Entsch-V1+Inv (produktiv) *hast du geld*		
14. Mon.		Erg-FW-SA+Inv *was hast du gesagt*	Adv+Inv bei Vollverb *so kommt ein polizist*
26. Mon.	*Entsch-Vor -V3- (Adv-Vor ohne Inv) *vielleicht das wasser ist*		
28. Mon.	Vor-V2+Inv (Topikalisierung) *eigene: kinder^wün/ möchten Sie nicht*		
38. Mon.		*FW-SA ohne Inv *wieso sie ist nicht ...)*	

Produktiver Gebrauch von Inversion zeigt sich hier zuerst bei Entscheidungsfragen (11. Monat), dann bei Ergänzungsfragen (14. Monat), wobei bei letzteren NF eine herausragende Rolle zu spielen scheinen. Bezeichnenderweise ist bei beiden Arten von Fragen zunächst Inversion in formelhaftem Gebrauch zu beobachten. Abgesehen von formelhaftem Gebrauch scheint Inversion in Interrogationen nicht früher als in Assertionen vorzuliegen (vgl. *hier ist x.* im 4. Monat).

Bis auf eine Ausnahme werden alle Ergänzungsfragen mit Fragewörtern mit Verb-Zweit-Stellung und, sofern sie sowohl Subjekt- als auch Verbkonstituenten beinhalten und somit inversionsfähig sind, korrekt mit Inversion gebildet. Lediglich in Verbindung mit dem Fragewort *wieso* scheinen hier Probleme zu bestehen. Dieser Befund zeigt Entsprechung zu den Befunden von Labov/Labov (1976: 55ff.), die für den erstsprachlichen Erwerb der Syntax von Ergänzungsfragen festgestellt haben, dass die Anwendung der Inversionsregel Unterschiede in Bezug auf die Verbindung zu einzelnen Fragewörtern zeigen können.

2.7 Positionierung des Fragewortes

In Hinblick auf die Annahme, eine w-Bewegung des Fragewortes könne Lernern möglicherweise Schwierigkeiten bereitet zeigt sich, dass es bei Franca ebenso wie bei anderen untersuchten Erwerbsverläufen nicht zu höheren Frequenzen von satzinternen Positionierungen kommt (vgl. z.B. Felix 1982: 39f.).

Nur in zwei bzw. drei Fällen werden Strukturen mit auffälligen Fragewortpositionierungen produziert:

(5) I-F.   *ein loch^?was? (Franca, 5. Mon., ID 111)*

(6) I-F.   *oliver was? (Franca, 5. Mon., ID 98)*

Zunächst werden thematische Aspekte und Bezüge genannt, dann die Fragewörter gesetzt. Diese Strukturen sind insofern bemerkenswert, als sie deutlich vom zielsprachlichen Standard abweichen und als typisch für rudimentäre Lernervarietäten angesehen werden können. Strukturen dieser Art sind nicht nur in den P-MoLL-Daten sondern auch in Daten für andere Lerngruppen belegt.[10] Auch Wode findet Belege für Endstellung, die nach Felix (1978: 179) schwer erklärt werden können. Eine mögliche Interpretation ergibt sich unter Rückgriff auf Dik (1997: 264f.), der Fragewörtern intrinsische Fokus-Funktionen zuschreibt und konstatiert, dass in vielen Sprachen w-Ausdrücke wie Fokus-Konstituenten behandelt werden. Hierüber ergibt sich Übereinstimmung mit dem von Klein/Perdue (1997) für Basic Varieties beschriebenen Prinzip ‚Controller first – focus last'.

Wohl nicht zufällig ist eine Positionierung des FW am Äußerungsende auch in einem fortgeschrittenerem Stadium noch einmal bei einer komplexeren Frageformulierung zu beobachten (s.o. Bsp. 4).

Ansonsten scheint für den Ausbau von Ergänzungsfragen tragend zu sein, dass einerseits zunächst holophrastischer Gebrauch und langsamer Ausbau von Einwort- zu Mehrwortäußerungen und andererseits Formeln und feste Wendungen zu beobachten sind: In den Franca-Daten bestätigt sich auch die in anderen Untersuchungen (vgl. Wode 1976: 105f. und Wode 1988: 267) festgestellte Tendenz, dass eine holophrastische Verwendung von Fragepronomen dem Einsatz in komplexe-

---

10 Vgl. hierzu die folgenden Beispiele von Lernerinnen aus Mütter-Elternkursen an Volkshochschulen: *?die wochenende was'?* (tam10, ID 1797), *?deine kinder . deine kinder .. wie viel? ... wie viel?* (ara 12, ID 1862), *?hm äh wört worte lernen wie'?* (tür 34, ID 1768) (zu dieser Lerngruppe vgl. Rost-Roth 2005).

ren Strukturen vorausgeht[11] (*was* 4. vs. 5. Mon., *wo* 5. vs. 18. Mon., *wann* 5. vs. 26. Mon., *wie* 8. vs. 18. Mon., *wer* 11. vs. 23. Mon., *welch-* 14. vs. 23. Mon.[12]).

Während eine satzinterne Positionierung des FW bereits komplexere Strukturen voraussetzen würden; ist empirisch ein Ausbau von Ein-Wort-Äußerungen zu Zwei- und Mehrwort-Strukturen beobachtbar. Bei diesem Ausbau von 'links nach rechts' bleibt das Fragewort äusserungsinitial.

(7) I-F: *?was is/ was eh:* + *was? &?was?&-* (*Franca, 8, Mon.ID 177*)

Auch die Übernahme von Formeln mag die Anfangsstellung begünstigen, da bis einschließlich 11. Monat als Ergänzungsfragen mit Fragewort in Satzanfangsposition ausschließlich *was ist x*-Strukturen belegt sind. Im 14. Monat erscheint dann zweimal mit *?was hast du gesagt?* eine andere Konstruktion, die ebenso eine häufig gebräuchliche Wendung repräsentiert. Erst ab dem 20. Monat sind weitere Verb-Verbindungen und Inversions-Varianten in Fragen zu beobachten:

2.8 Entwicklungen bei Nachfragen

Da sich in verschiedenen Aspekten gezeigt hat, dass Nachfragen beim Erwerb der Interrogation eine besondere Rolle spielen, sollen abschließend Frequenzen von Nachfragen genauer betrachtet werden:

Tabelle 5. Anteile von Nachfragen im Erwerbsverlauf (Franca, P-MoLL)

Frageformulierungen (n=552)	1. Zyklus	2. Zyklus	3. Zyklus
Nachfragen (NF)	192 (66,89%)	61 (40,13%)	14 (12,28%)
Thematisch weiterführende Fragen (aF)	89 (31,01%)	87 (57,23%)	96 (84,95%)
sonstige	6 (2,09%)	4 (2,63%)	3 (2,65%)
Fragen insgesamt	287 (100,00%)	152 (100,00%)	113 (100,00%)

Der Anteil von Nachfragen an der Gesamtheit aller Fragen ist anfänglich ausserordentlich hoch: Er liegt im 1. Zyklus bei 66,89%, sinkt im 2. Zyklus auf 40,13% und sinkt im 3. Zyklus auf 12,28%.

Höhere Anteile von Nachfragen bei Nichtmuttersprachlern im Vergleich zu Nichtmuttersprachlern mit gleichzeitig zu beoachtenden strukturellen Einschränkungen sind auch für andere Daten und Kontexte belegt (vgl. Rost-Roth 2004 für Kommunikationen in universitären Sprechstunden und Beratungen).

Der relativ hohe Prozentsatz von Nachfragen in frühen Erwerbsstadien kann darauf zurückgeführt werden, dass anteilmäßig mehr Verständnisprobleme bearbeitet werden, was die These stützt, dass auch pragmatische Aspekte wesentlicher Antrieb und Einflußfaktor für die Entwicklung grammatischer Strukturen sind.

---

11 Dies gilt auch unter Berücksichtigung der unter Beispiel (5) und (6) genannten Auffälligkeiten aus dem 5. Monat.
12 Ausgenommen hiervorn sind nur Fragewörter, die erst zu späteren Zeitpunkten produziert werden (*wieviel* 9. Mon., *warum* 23. Mon., *wieso* 28. Mon.).

3 Fazit

Im Rahmen eines konzeptorientierten Ansatzes zur Erfassung von Entwicklungen im Bereich der Interrogation zeigt sich, dass es eine enge Verquickung von pragmatischen Erfordernissen und dem Einsatz und Ausbau formaler grammatischer Mittel gibt: Zum einen scheinen für typisch lernersprachliche Realisierungen pragmatische Prinzipien tragend. Zum anderen zeigt sich in frühen Erwerbsstadien ein besonders hoher Bedarf in Hinblick auf die Realisierung von Nachfragen. Zur Erfüllung dieser Erfordernisse ist vielfach formelhafter bzw. reduzierter Einsatz von Strukturen zu beobachten, die erst später in anderen Formulierungen produktiv werden und einen zunehmenden Ausbau an Komplexität erfahren.

Eine Betrachtung von Nachfragen ist daher nicht nur aus pragmatischen Gesichtspunkten bedeutsam, sondern weil sie auch für die Entwicklung struktureller Aspekte als wesentlicher Antrieb und Faktor gesehen werden können.

Während Einschränkungen in Formen und Funktionen in frühen Erwerbsständen relativ leicht nachvollziehbar sind, werden Beschränkungen bei fortgeschritteneren Nichtmuttersprachlern erst deutlich, wenn man direkte Vergleiche mit sprachlichen Realisierungen von Muttersprachlern vornimmt, die in ihrer Vielfalt und Komplexität auch über gängige bzw. vorliegende Beschreibungen zu Interrogationen in der Literatur hinausgehen. Die Empirie kann sich hier – nicht nur für die Erwerbsforschung – als bereichernd für die Theorie erweisen.

Literatur

Altmann, Hans (1987): Zur Problematik der Konstitution von Satzmodi als Formtypen. In: Meibauer, J. (ed.): Satzmodus zwischen Grammatik und Pragmatik. Tübingen: Niemeyer, 22-56.
Bremer, Katharina (1997): Verständigungsarbeit. Problembearbeitung und Gesprächsverlauf zwischen Sprechern verschiedener Muttersprachen. Tübingen: Narr.
Bremer, Katharina/Broeder, Peter/Roberts, Celia/Simonot, Margaret/Vasseur, Marie T. (1993): Ways of Achieving Understanding. In: Perdue, C. (ed.): Adult Language Acquisition: Cross-Linguistic Perspectives. Vol. II: The Results. Cambridge: Cambridge University Press, 153-195.
Clahsen, Harald/Meisel, Jürgen M./Pienemann, Manfred (1983): Deutsch als Zweitsprache. Der Spracherwerb ausländischer Arbeiter. Tübingen: Narr.
Dik, Simon C. (1997): The Theory of Functional Grammar. Part 1: The Structure of the Clause. Berlin u. New York: de Gruyter.
Dittmar, Norbert/Reich, Astrid/Schuhmacher, Magdalena/Skiba, Romuald/Terborg, Heiner (1990): Die Erlernung modaler Konzepte des Deutschen durch erwachsene polnische Migranten. Eine empirische Längsschnittstudie. In: Info DaF, 17,2, 125-172.
Felix, Sascha W. (1982): Psychologische Aspekte des Zweitspracherwerbs (insbes. Kap. Der Erwerb der Interrogation).
Labov, William/Labov, Teresa (1976): Das Erlernen der Syntax von 'Fragen'. In: Zeitschrift für Literaturwissenschaft und Linguistik, 23,24, 47-82.
Lund, Karen (1997): Do all learners follow the natural sequences?. In: The Clarion. Magazine of the European Second Language Association, 2, No. 3, 4-8.
Meerholz-Härle, Birgit/Tschirner, Erwin (2001): Processibility Theory: eine empirische Untersuchung. In: Aguado, K./Riemer, C. (eds.): Wege und Ziele. Zur Theorie, Empirie und

Praxis des Deutschen as Fremdsprache (und anderer Fremdsprachen). Festschrift für Gert Henrici zum 60. Geburtstag. (Perspektiven Deutsch als Fremdsprache) Schneider, 155-175.

Pienemann, Manfred (1999): Language Processing and Second Language Development. Processibility Theory. (Studies in Bilingualism 15) Amsterdam, Philadelphia: John Benjamins.

Rost-Roth, Martina (2003): Fragen - Nachfragen - Echofragen. Formen und Funktionen von Interrogationen im gesprochenen Deutsch.. In: Linguistik Online. Festschrift für Harald Weydt, 13, 1,. http://www.linguistik-online.de/13_01/rostRoth.html (43 S.).

Rost-Roth, Martina (2004): Strukturelle Komplexität von Nachfragen: Muttersprachler und Nichtmuttersprachler im Vergleich. In: Quetz, J./Solmecke, G. (eds.): Brücken schlagen. Fächer – Sprachen – Institutionen. Dokumentation zum 20. Kongress für Fremdsprachendidaktik der Deutschen Gesellschaft für Fremdsprachenforschung (DGFF), Frankfurt am Main, 2.-4. Oktober 2003 . Berlin: Pädagogischer Zeitschriftenverlag, 39-49.

Rost-Roth, Martina (2005): "Mütterkurse". Förderung pragmatischer Kompetenzen in Deutschkursen für Frauen mit Migrationshintergrund - Lernvoraussetzungen und Kommunikationsbedürfnisse, In: Wolff, A./Riemer, C./Neubauer, F. (eds.): Sprache lehren - Sprache lernen. Beiträge der 32. Jahrestagung des Fachverbandes Deutsch als Fremdsprache 2004, Regensburg: Fachverband Deutsch als Fremdsprache, 129-154.

Rost-Roth, Martina (2006): "Komplexe Fragerealisierungen. Deutsch als Zweitsprache und Deutsch als Erstsprache bei Schülerinnen und Schülern der 3. und 4. Grundschulklasse". In: Ahrenholz, B. (ed.): Kinder mit Migrationshintergrund. Spracherwerb und Fördermöglichkeiten. Freiburg i. Br.: Fillibach, S. 241-265.

Rost-Roth, Martina (2006): Nachfragen. Formen und Funktionen äußerungsbezogener Interrogationen. Berlin, New York: De Gruyter.

Stutterheim, Christiane v./Klein, Wolfgang (1987): A Concept-Oriented Approach to Second Language Studies. In: Pfaff, C. W. (ed.): First and Second Language Acquisition Processes. Cambridge: Newbury House, 191-205.

Wode, Henning (1976): Der Erwerb von Fragestrukturen in der Kindersprache. In: Drachmann, G. (ed.): Akten des 1. Salzburger Kolloquiums über Kindersprache. Tübingen: Narr, 101-112.

Wode, Henning (1988): Einführung in die Psycholinguistik. Theorien, Methoden, Ergebnisse. München: Hueber.

Wode, Henning (1976): Some stages in the acquisition of questions by monolingual children. In: Word, 27, Special issue 'Child language', 261-310.

Ulrich Steinmüller
Technische Universität Berlin

Die Mutter ist die Schnecke, und die ist hier zur Hälfte aufgeschnitten. Gesprochene Fachsprache im akademischen Unterricht

1 Zum Stand der Forschung

Fasst man die Ergebnisse der neueren Forschungen zur gesprochenen Sprache in fachlichen Kontexten zusammen, so kann man feststellen, dass die mündliche Fachkommunikation als Gegenstand der Fachsprachenforschung im Vergleich zur schriftlichen nach wie vor eine untergeordnete Rolle spielt (vgl. etwa Fügl 2001). Allerdings nimmt das Interesse an Untersuchungen der mündlichen Fach-kommunikation in jüngster Zeit erkennbar zu (vgl. etwa Becker-Mrotzek 2002, Brünner 2005 oder auch Reuter/Piitulainen 2003). Die zögerliche Annäherung der Forschung an die mündliche Fachkommunikation hat sicherlich auch Ursachen darin, dass schriftliche Texte leichter zugänglich und für die Forschung eher verfügbar sind als mündliche, wie z.b. auch Lenz (1993: 348) bereits feststellt.

Bezogen auf natur- und ingenieurwissenschaftliche Fachsprachen wurden deren spezifische Merkmale bisher vor allem an der geschriebenen Sprachverwendung untersucht. Die gesprochene Sprache in Lehrveranstaltungen und im akademischen Diskurs wurde dagegen weitgehend vernachlässigt. Hier liegt daher der Schwerpunkt der Untersuchungen eines Projekts, das in interdisziplinärer Zusammenarbeit von Linguisten, Fremdsprachdidaktikern, Elektrotechnikern und Maschinenbauern an der Technischen Universität Berlin durchgeführt wurde. Das Erkenntnisinteresse dieser Untersuchung ist nicht nur fachsprachenlinguistisch sondern auch durch die genannten Desiderate bei der Untersuchung gesprochener Sprache begründet. Auch hochschuldidaktische Gesichtspunkte spielen eine Rolle, zumal im didaktischen Selbstverständnis der Ingenieurwissenschaften Vorlesungen und Übungen, d.h. Formen der überwiegend mündlichen Wissensvermittlung, nach wie vor die zentralen Erscheinungsbilder der akademischen Lehre darstellen. Dieses Überwiegen des mündlichen fachsprachlichen Diskurses in den Ingenieur-wissenschaften gilt sogar bis in die Prüfungssituationen.

2 Problemstellung

Für den Verstehens- und Lernprozess ausländischer Studierender stellt es jedoch eine zusätzliche Erschwernis dar, relativ anspruchsvolle, in der Regel abstrakte Sachverhalte, Zusammenhänge und Prozeduren nur im Medium der gesprochenen Sprache zu rezipieren und in kognitiven Prozessen zu verarbeiten. Hier fehlen alle die Hilfsmittel, die die geschriebene Sprache zur Verfügung stellt, so z.B. die Wiederholbarkeit durch mehrfaches Lesen, die Möglichkeit des Lernenden, das Lerntempo selbst zu bestimmen. Das gesprochene Wort ist flüchtig und ohne nennenswerte Dauer. Nicht der Lernende bestimmt das Rezeptionstempo, sondern der Lehrende. Darüber hinaus besteht kein Anlass zu der Vermutung, das die mündliche Sprachverwendung im fachlichen Kontext nicht die Besonderheiten der allgemeinsprachlichen mündlichen Kommunikation aufweise wie z.b. elliptische Äußerungen, Anakoluthe, Unterbrechungen des Gedankengangs usw. Brünner weist bereits daraufhin, dass mündliche Fachkommunikation und mündliche allgemeinsprachliche Kommunikation wesentliche Eigenschaften gemeinsam haben wie z.b. „Mehrfunktionalität, Kontextabhängigkeit und Interpretationsbedürftig-keit" (vgl. Brünner 1993: 733). Auch ist ihrer Feststellung zuzustimmen, dass nor-mative Vorstellungen von Fachsprache im Sinne von Eindeutigkeit, reiner Sach-orientierung, Präzision und sprachlicher Ökonomie durch die Orientierung an der geschriebenen Fachsprache entstanden sind und für die mündliche Fachkommuni-kation, wie in der allgemeinsprachlichen, nur bedingt zutreffen. Das im Titel angeführte Zitat aus einer Maschinenbau-Einführungsvorlesung kann hierfür als Beleg angesehen werden.

In der Regel wird auch in der akademischen Fachvorlesung nicht immer mit der gleichen Stringenz der Argumentation, des Satzbaus, der Gedankenführung zu rechnen sein, wie sie sich im geschriebenen Text findet. Auch der Registerwechsel ist in der mündlichen Sprachverwendung in Lehrveranstaltungen zu erwarten, so dass sich die Studierenden durchaus mit mehreren Varietäten des Deutschen im gleichen gesprochenen Text konfrontiert sehen.

Im Folgenden möchte ich einige Ergebnisse dieses Interdisziplinären Forschungsprojekts „Deutsch als Fremdsprache: Ingenieurwissenschaftliche Fachsprachen" darstellen (vgl. auch Monteiro et al. 1997).

3 Studienvoraussetzungen der ausländischen Studierenden

Offensichtlich ist die Population der ausländischen Studierenden an der Technischen Universität Berlin deutlich anders zusammengesetzt als an anderen deutschen Universitäten, oder das Qualifikationsniveau ausländischer Studierender hat sich in den letzten Jahren entschieden verändert. Während nämlich in früheren vergleichbaren Untersuchungen wie z.B. in der von Schleyer aus dem Jahr 1984 „allgemeine Mängel in der Vorbildung" und „Mängel allgemeiner und technischer Vorkenntnisse" als häufig zu beobachtende Defizite bei ausländischen Studierenden vermerkt werden (vgl. Schleyer 1984: 6), handelt es sich bei unserer Population mehrheitlich um bereits qualifizierte Fachleute: ca. 75% von ihnen haben schon im Herkunftsland studiert, davon 65,8% mit einem einschlägigen Abschluss, und mehr als 50% von diesen haben bereits eine berufliche Tätigkeit im Zusammenhang mit ihrem aktuellen Studium ausgeübt.

Fast ausnahmslos sind die hier untersuchten Studierenden in herkömmlichen Spracheinrichtungen im Herkunftsland oder auch in Deutschland mit den marktüblichen Lehrmaterialien für Deutsch als Fremdsprache unterrichtet worden; das bedeutet, dass sie allgemeinsprachlich und nicht fachsprachlich qualifiziert wurden. Demzufolge geben ca. 20% von ihnen an, große und ca. weitere 35% mittlere sprachliche Schwierigkeiten in Vorlesungen und Übungen zu haben. Nur knapp 7% gaben an, keine Sprachprobleme in Vorlesungen und Übungen zu haben. Durchgängig wurde jedoch die fehlende oder nicht ausreichende fachsprachliche Vorbereitung bemängelt.

4 Analyse der Sprachverwendung in Lehrveranstaltungen

Unsere linguistische Analyse der Sprachverwendung in Vorlesungen und Übungen bezieht sich auf die Ebenen der Textstruktur, der Syntax und Morphologie sowie der Lexik, wobei sowohl Hypothesen bezogen auf eine Weiterentwicklung der Fachsprachentheorie überprüft wurden als auch solche mit Relevanz für die sprachdidaktische Umsetzung in der Entwicklung von Unterrichtskonzepten und Lehrmaterialien für den Unterricht Deutsch als Fremdsprache. Als Konsequenz von Ergebnissen der ersten Projektphase wurden für die Zwecke der Analyse die untersuchten Vorlesungen nicht mehr zeitlich, im Ablauf der Vorlesungsstunden und Semesterwochen, sondern thematisch sequenziert, wobei sich je nach Disziplin und Dozent thematisch zusammenhängende Einheiten von zwei bis vier Sitzungen zu je 90 Minuten ergaben. Auf diese Weise wurde eine Problemstellung gelöst, dass sich nämlich in einer zeitlich terminierten Sequenz keine überzeugenden strukturellen Gliederungen der Vorlesungen erkennen ließen (vgl. Monteiro/Rösler 1993: 62). Im Klartext bedeutet dies, dass zumindest in den von uns untersuchten Vorlesungen der Ingenieurwissenschaften auf die Zeiteinheit einer Vorlesungssitzung von 90 Min. bezogen keine didaktische oder methodische Strukturierung zu erkennen war, mithin die Präsentation von Informationen für die Studierenden nicht erkennbar gegliedert und scheinbar beliebig und willkürlich begonnen und beendet wurde. Durch die Betrachtung der thematischen Vorlesungssequenz als Analyseeinheit wird eine Struktur deutlich, in der sowohl obligatorische als auch fakultative Elemente wie auch deren Stellung in Relation zu anderen Struktursegmenten klar erkennbar sind. Damit wird ein von Hoffmann formulierter Mangel bisheriger Untersuchungen zur Struktur von Vorlesungen und damit in der aktuellen Fachsprachenforschung behoben, dass nämlich „das Auftreten textsortenspezifischer Phänomene" meist „nur für den Text insgesamt, zu selten für feste Positionen im Text oder in seinen Textteilen" herausgearbeitet wurde (vgl. Hoffmann 1991: 135).

Bei der Analyse der Textstruktur konnten wir drei spezifische Arten von Textsegmenten der mündlichen Sprachverwendung identifizieren, die sich jeweils wieder durch für den ingenieurwissenschaftlichen Diskurs spezifische Textsorten auszeichnen. Es handelt sich dabei um
- strukturbestimmende Textsegmente,
- stellungsabhängige Textsegmente und
- stellungsunabhängige Textsegmente.

Die erste Kategorie umfasst obligatorische Textsorten, die immer und immer in einer festgelegten Reihenfolge in der Vorlesungssequenz auftauchen, nämlich die Benennung und Paraphrase des *Sequenzthemas* so wie die *Fragestellung* und die *Bear-*

beitung dieser Fragestellung. Die zweite Kategorie umfasst Textsorten, die fakultativ auftreten können, die aber, wenn sie vorkommen, immer an einer bestimmten Stelle der Vorlesung platziert sind. Dazu gehören innerhalb des Sequenzthemas die *Überleitung* und die *Rekapitulation* – jeweils mit Bezug zur vorhergehenden Sequenz – sowie fakultativ ein *Nachtrag* zur vorhergehenden Sequenz und innerhalb der Fragestellung die *Zusammenfassung* und der *Abschluss*. Die dritte Kategorie sind Textsorten, die innerhalb einer Vorlesungssequenz beliebig oft und an mehr oder weniger beliebigen Stellen vorkommen können und in der Regel fakultativ sind. Insbesondere diese Texte sind durch spezifische Merkmale der gesprochenen Sprache charakterisiert, von ihren Sprechern als auflockernde, teilweise scherzhafte Einschübe zur Entlastung der Zuhörer verstanden, in Wahrheit aber besonders verständnishemmend. (Für eine differenzierte Aufschlüsselung dieser Textsorten cf. Monteiro et al. 1997: 42 ff.).

(Zur Notation: Die Transkription der folgenden Textpassagen orientiert sich an der kodifizierten Orthografie, nur besonders auffällige dialektale oder ideolektale Ab-weichungen werden markiert. Auf Satzzeichen wird verzichtet, Sprechpausen werden durch „/" gekennzeichnet, ihre Länge durch mehrfache „/". Besonders lange Sprechpausen werden mit „–" wiedergegeben.)

4.1 Strukturbestimmende Textsegmente

Sequenzthema
und das erste / was wir jetz machen ist / dass wir uns mit der Hydrostatik beschäftigen /

Sequenzthema
so damit möchte ich die -äh- die Widerstände abschließen / und zu den -äh- Berechnungsgrundlagen der elektrischen Netzwerke übergehen

Fragestellung
Ankündigung
So / jetzt noch von der Größe her

Bearbeitung der Fragestellung
also wenn wir -äh- I größer als eins haben / dann wäre der Abtrieb auf jeden Fall langsamer / und wenn wir / kleiner eins haben / dann wäre der Abtrieb schneller / wir sprechen in beiden Fällen von ner Übersetzung

4.2 Stellungsabhängige Textsegmente

Begrüßung
So / meine Damen und Herren // begrüße Sie

Überleitung
Bisher ham wer uns beschäftigt mit Körpern die fest sind / wie man das so schön sagt / also mit Festkörpermechanik (...) und die Körper die sich davon unterscheiden / das sind / wie man das so im Umgangsdeutsch nennt / die flüssigen oder gasförmigen Körper / un die werden nicht unter dem Etikett Festkörper behandelt / weil die eben nicht fest sind / sonder sie werden unter der Bezeichnung Hydromechanik behandelt / und damit werden wir uns in absehbarer Zeit / beinahe noch den ganzen Rest dieses Semesters // nich nur bis Weihnachten // beschäftigen

Verabschiedung
So //// das für heute / am äh --- Donnerstag sehen wir uns wieder

4.3 Stellungsunabhängige Textsegmente

Bewertung
Das heißt / der Preis für die // äh // Verzahnung oder für die Benutzung eines Zahnradgetriebes is der / dass ich zehn Prozent mehr Kraft abstützen muss als ich eigentlich nutzen will / aber dis is ne sehr preiswert Angelegenheit

Konvention
Un wenn ich denn saache / es gibt ideale Flüssigkeiten / dann muss es auch // un das is jetzt n ganz schlechter Ausdruck / nicht-ideale geben / die nennt man aber nicht so / sondern wir / der Gegensatz von ner Idee is die Wirklichkeit / und das sind die wirklichen Flüssigkeiten / und diese wirklichen Flüssigkeiten / die nennt man auch die Newtonschen Flüssigkeiten

Humor
So / also zunächst mal wieder zum Zahnarzt (im Kontext der Beschäftigung mit Zahnradgetrieben)

Bemerkungen zur Technikgeschichte
Henry war ein Physiker im vorjen Jahrhundert / man versucht ja solche Leute zu ehren dadurch // dass man Ihnen eine Einheit widmet

Persönliche Bemerkungen
Und -äh- falls es Sie interessiert / ich hab damals auch als / ich weiß nich / in den Siebzigern mal bei einer Firma in Wolfsburg war und die Konstrukteure ganz stolz erzählten / wie groß oder wie klein der Modul in einem GTI-Getriebe ist / ja ich erinnere mich an eine bekannte Frage meines Mechanik-Professors / der fraachte immer wie groß is der E-Modul / -äh- das is eine / ein Zahlenwert / den Sie auch irgendwann mal kennen müssten

Didaktischer Kommentar
Dann kann –ch also nur noch mal appellieren / das jetzt entweder schnell zu lernen / ich mach s Ihnen kurz vor / aber nicht in jeder Einzelheit / Sie müssen das können / das gehört zur mathematischen Ausbildung / und –äh- in der Mathematik wird das ja auch geübt / und hier ham wa noch ganz einfache Gleichungen / Matrizengleichungen / -äh- die wir zu lösen ham / also stürzen Se sich mal da hinein

Mit diesen Beobachtungen ist eine Voraussetzung für didaktische Entscheidungen im DaF-Unterricht für die Auswahl und Behandlung von Vorlesungstexten und -textteilen geschaffen und damit die Möglichkeit, Lehrmaterialien mit Bezug zu im akademischen Diskurs tatsächlich auftauchenden Textsorten und Formen der mündlichen Sprachverwendung zu gestalten. Ein ähnlich klares Ergebnis lässt sich für die zweite untersuchte Form akademischer Lehre der Ingenieurwissenschaften, die Übung, nicht feststellen. „Übung" ist eine Sammelbezeichnung für vielfältige Erscheinungsformen akademischer Lehre. Die Vielfalt der Übungstypen entsteht zum einen durch die im Komplex der Vorlesungsreihe zugewiesene Funktion, zum anderen durch das Lehrverhalten der Übungsleiter oder der dort eingesetzten Tutoren. Unter dem Gesichtspunkt der mündlichen Sprachverwendung wurden die untersuchten Übungen daher nach den in ihnen verwendeten charakteristischen Arbeitsformen klassifiziert, da hierin die sprachlichen Anforderungen an die Studierenden und die dazu erforderlichen sprachlichen Fertigkeiten erkennbar werden.

Diese Analyseform führt zur Isolierung zweier grundsätzlich unterschiedlicher Lehrformen, der vortrags- oder vorlesungsähnlichen und der interaktiven Übung. In beiden sind die Sprachverwendungsweisen und damit die Anforderungen an die Sprachbeherrschung und die Sprachfertigkeiten der Studierenden deutlich unterschieden. Auch hieraus lassen sich Konsequenzen für die sprachliche Vorbereitung ausländischer Studierender ziehen, allerdings sind ohne Zweifel weitere Untersuchungen erforderlich.

Die Untersuchung der von den Dozenten in den Lehrveranstaltungen verwendeten mündlichen Sprache bringt auf der Satzebene Ergebnisse, die teilweise im Widerspruch zu vergleichbaren Untersuchungen stehen, so etwa bei der Häufigkeit bestimmter Satzarten oder Verbformen (vgl. etwa Stegner 1986). Hier kann in Übereinstimmung mit Fluck (2000) und Brünner (1993) vermutet werden, dass diese Diskrepanzen den Unterschieden zwischen schriftlicher und mündlicher Fachkommunikation geschuldet sind.

In den von uns untersuchten ingenieurwissenschaftlichen Vorlesungen überwiegt die Verwendung von Aussagesätzen. Aufforderungs- und Fragesätze sind dagegen deutlich seltener. Dieses Analyseergebnis steht in Widerspruch zu den Beobachtungen z.B. von Stegner (1986: 55). Die unterschiedliche Häufigkeit in der Verwendung der Satzarten ist in engem Zusammenhang mit den von uns identifizierten verschiedenen Textsorten zu sehen: So werden z.B. in den strukturbestimmenden Textsegmenten wie den *Fragestellungen*, in denen das jeweilige Thema präsentiert wird, kaum Aufforderungssätze und Fragesätze verwendet. Diese tauchen eher in den stellungsabhängigen und den fakultativen stellungsunabhängigen Textsegmenten auf. Auch bei den Nebensätzen sind deutliche Befunde zu verzeichnen. So finden sich Objektsätze auf dem ersten Platz in der Häufigkeitsskala, Relativ- und Konditionalsätze treten weniger häufig auf. Auch diese Ergebnisse stehen im Widerspruch zu anderen einschlägigen Untersuchungen (vgl. z.B. Stegner 1986: 59 oder Hofmann 1989: 83). Diese Widersprüche führe ich darauf zurück, dass unser Textcorpus tatsächlich aus authentischer gesprochener Sprache besteht und nicht aus Texten, die für die Zwecke der Untersuchung geglättet und damit der geschriebenen Fachsprache angenähert wurden. Für die Erstellung von Unterrichtskonzepten und Materialien für Sprachkurse sind diese Beobachtungen von beachtlicher Bedeutung.

5 „Phonisierter Text" versus authentische Vorlesung

Bei Hofmann (1989, Anlage 8, 49) findet man z.B. den folgenden Textausschnitt als Exempel für gesprochene Fachsprache in einer Vorlesung:

> „Unsere heutige Vorlesung, die ca. 55 Minuten umfassen wird, beschäftigt sich mit einer Thematik (...). Ich gebe Ihnen zunächst einen Überblick über die Folge der einzelnen Gliederungsabschnitte, damit Sie die wesentlichen Informationen übersichtlich gegliedert, in verkürzter Form mitschreiben können und wir im Anschluss an diese Vorlesung darüber in einem Seminar diskutieren können."

Diese Vorlesungen gibt es wahrscheinlich, es gibt aber auch die folgende:

„so /// damit möchte ich die -äh- Widerstände abschließen und // zu den -äh- Berechnungsgrundlagen der /// elektrischen Netzwerke übergehn /// in dem Blatt ET 13 sind die ausgemalt und die möcht ich jetz erstmal grundsätzlich behandeln"

Besonders deutlich, inzwischen aber schon als fast selbstverständlich zu erwarten, sind die Diskrepanzen der Ergebnisse im Vergleich geschriebener und gesprochener Fachsprachen. Dies gilt auch für den Vergleich unserer Ergebnisse mit denen aus Untersuchungen von idealtypischen Konzeptionen von Vorlesungen, die eher dem entsprechen, was Benes als „phonisierte Schriftsprache" bezeichnet (vgl. Benes 1982: 11), so etwa bei Röder, für deren Untersuchungscorpus die verschriftlichte Form der Vorlesungen „von der lesenden Kraft selbst oder von einer sowjetischen Kollegin nachkorrigiert" wurden (vgl. Röder 1989: 41), so dass es sich also nicht im eigentlichen Sinne um authentische mündliche Sprachverwendung handelt und die Ergebnisse Röders daher nicht unter dieser Überschrift diskutiert werden sollten.

Die in der zweiten Projektphase durchgeführten morpho-syntaktischen Untersuchungen haben die statistischen Ergebnisse der ersten Projektphase über Frequenzen und Verteilungen verschiedener Wortarten auf eine breitere Vergleichsbasis gestellt und um semantische Analysen erweitert. Außerdem wurden allgemeine Vergleiche mit der schriftlichen Fachsprache angestellt. Dabei bestätigten sich die Befunde, dass zumindest im Bereich der gesprochenen Fachsprache dem Verb eine größere Bedeutung zuzumessen ist, als dies in einschlägigen Untersuchungen der geschriebenen oder nachträglich verschriftlichten Form von Vorlesungen der Fall ist (vgl. z.B. Stegner 1986: 71). Anders als bei den Verben sind bei Substantiven die häufigsten Vorkommen dem engen fachlich und thematisch bestimmten Fachlexikon zuzurechnen. Beide Beobachtungen müssen Konsequenzen für eine sprachliche Vorbereitung ausländischer Studierender haben, die sich nicht nur auf die Beschäftigung mit der geschriebenen Fachsprache beschränken kann.

Unsere Analysen der in den Lehrveranstaltungen verwendeten Sprache machen deutlich, dass die Dozenten angesichts der von ihnen verwendeten syntaktischen Charakteristika durchaus die Möglichkeit haben, ohne auf eine unzulässige sprachliche oder fachliche Simplifizierung zurückzugreifen, ihre sprachliche Präsentation des Lehrgegenstandes so zu formulieren, dass unnötige Verständnis-barrieren vermieden werden.

Die linguistischen Ergebnisse unseres Projekts zusammenfassend lässt sich feststellen, dass die Befunde wichtige Tendenzen aufweisen, die einen Beitrag zur weiteren Erforschung gesprochener Fachsprachen leisten. Besonders hervorzuheben ist dabei der Untersuchungsansatz, der davon ausgeht, dass gesprochene Fachsprachen nicht mit den gleichen Verfahren untersucht werden können wie geschriebene. Dies hat sich vor allem in den Analysen auf der Textebene gezeigt, gilt aber auch für die anderen linguistischen Analyseebenen. Danach erscheint es erforderlich, das Verständnis von Fachsprache – besonders im Hinblick auf den Fachsprachenunterricht – zu erweitern und von der Orientierung an idealisierten Formen der Sprachverwendung Abstand zu nehmen, die ausschließlich die geschriebene Variante der Fachsprache zur Grundlage nehmen.

6 Sprachdidaktische Konsequenzen

Unsere Analysen der Befunde über die tatsächliche Sprachverwendung in ingenieurwissenschaftlichen Lehrveranstaltungen und die sich daraus ergebenden erkennbaren Anforderungen an die Sprachbeherrschung ausländischer Studierender in den entsprechenden Studiengängen machen die Notwendigkeit einer angemessenen sprachlichen Vorbereitung ausländischer Studierender auf ein ingenieurwissenschaftliches Studium in Deutschland sehr deutlich. Eine vordringliche Aufgabe besteht in diesem Kontext in der Entwicklung adäquater Lehrmaterialien und Kurskonzepte zur Vorbereitung auf die Sprachverwendungssituationen der mündlichen Fachkommunikation. Fachlich adäquates Lehrmaterial kann allerdings nicht von den Fremdsprachenlehrern allein ohne Rückkoppelung mit Fachexperten erstellt werden. Lässt man Sprachlehrer mit dieser Aufgabe allein, greifen sie meist auf die Teile in Fachlehrbüchern zurück, die sie selbst noch am ehesten ansprechen, die jedoch häufig nicht zum Kernbereich eines Faches gehören. Typisch hierfür sind Unterrichtstexte, die historische Entwicklungen wissenschaftlicher Disziplinen beschreiben, die Biographien bedeutender Wissenschaftler enthalten oder Textpassagen, die in den Fachlehrwerken einführende Funktionen wahrnehmen. Häufig ist auch die Flucht in populärwissenschaftliche Texte zu beobachten. Fachlich zentrale Sprachverwendungsweisen, wie wir sie in unserer Textsortenanalyse herausgearbeitet haben, bleiben dagegen unterrepräsentiert.

Literatur

Alderman, David L. (1982): Language Proficiency as a Moderatorvariable in Testing Academic Aptitude. Journal of Educational Psychology 74, 580-587.

Becker-Mrotzek, Michael (2002): Unternehmenskommunikation. (=Forum für Fachsprachen-Forschung 58). Tübingen.

Benes, Emil (1982): Zur Didaktisierung der gesprochenen Wissenschaftssprache. Fachsprache 1, 11-18.

Brünner, Gisela: Mündliche Kommunikation in Fach und Beruf. In:Fachsprachentheorie. Konzeptionen und theoretische Richtungen. Bd. 2. Hrsg. v . T. Bungarten. Tostedt 1993, 730-771.

Brünner, Gisela: Kommunikation in institutionellen Lehr-Lernprozesssen.Elektronische Neuauflage 2005 unter http://www.verlaggespraechsforschung.de/2005/bruenner.htm.

Fluck, Hans-R. (2000): Fachsprachen. Zur Funktion, Verwendung und Beschreibung eines wichtigen Kommunikationsmittels in unserer Gesellschaft. In: Kain, M., C. Eichhoft, R. Hoberg (Hrsg.) (2000): Die deutsche Sprache zur Jahrtausend-Wende, Bd.1. Mannheim, 89-107.

Fügl, Ulrike (2001): Probleme der Fachsprachenvermittlung im Unterricht Deutsch als Fremdsprache. In: Germanistisches Jahrbuch Polen – Convivium 2000. Poznan, 351-367.

Görts, Wim (1993): Didaktische Analysen ingenieurwissenschaftlicher Vorlesungen und Schlußfolgerungen für einen fachsprachlich orientierten Deutschunterricht. In: Steinmüller, Ulrich (1993), 277-288.

Hoffmann, Lothar (1991): Fachsprachenlinguistik zwischen Praxisdruck und Theoriebedarf. Deutsch als Fremdsprache 3, 131-140.

Hofmann, Ingrid (1989): Sach- und sprachstoffliche Grundlagen für die Herausbildung der Zieltätigkeiten Hören und Sprechen im studienbegleitenden Deutschunterricht für ausländische Biologiestudenten. Univ. Greifswald. Diss. A (Manuskript).

Jordan, Irina (2007): Entwicklung der mündlichen Kommunikationsfähigkeit im fachsprachlichen Unterricht Deutsch als Fremdsprache. TU Berlin. Magister-Arbeit (Manuskript).

Lenz, Friedrich (1993): Ansätze zur Analyse mündlicher Fachkommunikation. In: Bungarten, T. (Hrsg.) (1993): Fachsprachentheorie. Konzeptionen und Theoretische Richtungen (Bd.1) Toestedt, 324-343.

Monteiro, Maria/Rösler, Dietmar (1993): Eine Vorlesung ist nicht nur eine Vorlesung. Überlegungen zur Beschreibung eines kommunikativen Ereignisses in der Lehre an Hochschulen. Fachsprache 1/2, 54-67.

Monteiro, Maria/Rieger, Simone/Skiba, Romuald/Steinmüller, Ulrich (1997): Deutsch als Fremdsprache: Fachsprache im Ingenieurstudium. Frankfurt/M.: IKO-Verlag.

Pishwa, Hanna/Maroldt, Karl (Hrsg.) (1995): The Development of Morphological Systematicity. A Cross-linguistic Perspective. Tübingen: Gunter Narr Verlag.

Reuter, Ewald/Piitulainen, Marja-Leena (2003): Internationale Wirtschaftskommunikation auf Deutsch. Frankfurt/Main.

Röder, Ingrid (1989).: Fachtextlinguistische Untersuchungen zu russischsprachigen Vorlesungen und Seminaren. Pädagogische Hochschule Zwickau. Diss. A.

Schleyer, Walter und Rohr, M. (1983/84): „Verstehen". Zur Ermittlung von Lernzielen Arbeitsverfahren für studienbegleitende Lehrveranstaltungen. Info DaF 6, 5-25.

Skiba, Romuald (1998): Fachsprachenforschung in wissenschaftstheoretischer Perspektive. Tübingen: Gunter Narr Verlag.

Skiba, Romuald/Steinmüller, Ulrich (1995): Pragmatics of compositional word formation in technical languages. In: Pishwa, Hanna/Maroldt, Karl (1995), 305-321.

Stegner, J. (1986): Mündliche Wissenschaftssprache in Lehrveranstaltungen. München (Manuskript).

Steinmüller, Ulrich (1990): Deutsch als Fremdsprache: didaktische Überlegungen zum Fachsprachenunterricht. Zielsprache Deutsch 2, 16-23.

Steinmüller, Ulrich (Hrsg.) (1993): Deutsch international und interkulturell. Aspekte der Sprachvermittlung Deutsch als Zweit-, Fremd- und Fachsprache. Frankfurt/Main: IKO-Verlag.

Maik Walter und Karin Schmidt
Freie Universität Berlin

Und das ist auch gut so!
Der Gebrauch des satzinitialen *und* bei fortgeschrittenen Lernern des Deutschen als Fremdsprache

Spätestens seitdem in Berlin ein Bürgermeister *in spe* nicht zuletzt mit einem *Und das ist auch gut so!* eine Wahl gewann, dürften derartige Satzanfänge zumindest einen beträchtlichen Gewinn an Prestige erfahren haben, auch wenn sie in der geschriebenen Sprache – insbesondere in den akademischen Genres – weiterhin als markiert gelten. Diese Art feiner Unterschiede zwischen den Genres zu erkennen und in der eigenen Sprachproduktion umzusetzen, zählt zu den schwierigen Aufgaben fortgeschrittener Lerner. Einen Satz mit *und* zu beginnen ist nicht ungrammatisch, aber in einem wissenschaftlichen Text fällt ein solcher Satz zumindest auf. In Lernerkorpusanalysen des Englischen als Fremdsprache (s. u.) wurde gezeigt, dass Lerner einen deutlichen Overuse beim entsprechenden satzinitialen *and* aufweisen, und zwar im Verhältnis 1:6. Unser Beitrag behandelt die Frage, ob solche Satzanfänge auch von Lernern des Deutschen als Fremdsprache in weitaus stärkeren Maße verwendet werden als von nativen Schreibern. Wir analysieren dazu Daten verschiedener Subkorpora des Lernerkorpus Falko, das wir zwischen 2004 und 2007 gemeinsam mit dem Bereich Korpuslinguistik der Humboldt-Universität zu Berlin aufgebaut haben (www2.hu-berlin.de/korpling/projekte/falko). Zunächst geben wir einen kurzen Überblick über das Phänomen des satzinitialen *und*, anschließend stellen wir das Design und die Ergebnisse der Lernerkorpusanalyse vor, um dann abschließend nach zwei Einsichten eine Aussicht zu formulieren.

1 Und wo ist das Problem? Die Struktur in der theoretischen Beschreibung

Die koordinierende Konjunktion *und* zählt als Funktionswort zu den hochfrequenten Wörtern der deutschen Sprache. In den Textkorpora des Instituts für deutsche Sprache Mannheim (www.ids-mannheim.de/kl/30000wordforms.dat) besetzt *und* die dritte Stelle in der Häufigkeitsliste der unlemmatisierten Wortformen. Eine fast identische Rangfolge – *und* belegt lemmatisiert in der Häufigkeit den dritten und nichtlemmatisiert den zweiten Platz – weist Tschirner (2005) in der Auswertung des Korpus des Wortschatzprojektes der Universität Leipzig (wortschatz.uni-leipzig.de) nach.

Und dient dem Ausdruck der Koordination. Jede Sprache benötigt Mittel, um ein Konzept der Vereinigung von formatidentischen Strukturen auszudrücken (zu den verschiedenen Möglichkeiten in den Sprachen der Welt vgl. Haspelmath 2004). Es liegen zahlreiche Beschreibungen vor, wobei Koordination als ein semantisches (vor allem in der Nachfolge von Lang 1977), ein syntaktisches (van Oirsouw 1993) oder aber verstärkt pragmatisches Phänomen (Brettschneider 1978) analysiert wird;

in funktionaler Perspektive ist insbesondere Zifonun et al. 1997, 2359 ff. einschlägig. Eine ausgesprochen detaillierte Beschreibung, die den Funktionswortdiskurs der letzten dreißig Jahre konzise bündelt, bietet das Handbuch der Konnektoren (HdK), dessen Behandlung von *und* wir im nächsten Abschnitt kurz darstellen. Hierbei wird lediglich das satzverbindende *und* dargestellt. Andere koordinierte Strukturen – wie z. B. koordinierte Nominalphrasen (*Berlin und Brandenburg*) oder aber Adjektivphrasen (*arm und reich*) – werden ausgeblendet.

1.1 Und was wird verbunden? Der Ansatz des HdK

Konnektoren sind satzverbindende Elemente. Die verbundenen Elemente werden allgemein auch als ‚Konnekte' bezeichnet. *Und* zählt zur Untergruppe der Konjunktoren, die sich durch die drei folgenden Eigenschaften auszeichnen (vgl. Pasch et al. 2003: 481): Sie sind nicht in eines der Konnekte integrierbar, sie regieren keines der beiden Konnekte und sie sind obligatorisch zwischen den Konnekten positioniert. *Und* ist mit Abstand der prominenteste Vertreter einer Gruppe von 13 weiteren Konjunktoren (Pasch et al. 2003: 453 ff.).

Das satzinitiale *und* widersetzt sich nun diesem Schema. Zwar ist das zweite Konnekt offensichtlich gut zu identifizieren[1], zu Problemen kommt es aber bei der Bindung des ersten Konnekts: Dieses ist nicht zwingend eindeutig aus dem Ko(n)text herauszufiltern, denn es muss erstens nicht in der unmittelbaren Nähe des Konnektors stehen und zweitens muss es nicht notwendigerweise ausgedrückt sein, z.B. bei Liedanfängen, die als Textbeginn (vgl. (1)) fungieren. Die Struktur des satzinitialen *und* wird unter den Beispielen der „korrekten Verwendung" des Konnektors nicht aufgeführt (ebd.: 454). Die koordinative Konstruktion ist unvollständig, denn sie besitzt lediglich ein zweites Konnekt, jedenfalls in der – qua Orthographie – gesetzten Satzbegrenzung. Zwei Gebrauchsvarianten werden im HdK differenziert: Von dem stark markierten **Gebrauch in literarischen Texten** müssen **situative Ellipsen** unterschieden werden. Für die erste Klasse werden zumeist Anfänge von Liedern (1) und Gedichten (2), Film- (3) oder Buchtiteln (4) sowie die biblische Sprache ((5) vgl. Weinrich 1993: 806) angeführt.

(1) **Und** *der Haifisch, der hat Zähne* [Brecht, Bertolt 1928 *Die Moritat von Mackie Messer*, sämtliche Hervorhebungen in den Beispielen des Beitrags gehen auf uns zurück]
(2) **Und** *mein Jahrhundert ist mir Züchtigung* [Hölderin, Friedrich 1799 *Der Jüngling an die klugen Ratgeber*]
(3) **Und** *täglich grüßt das Murmeltier* [Regie: Ramis, Harold, 1993]
(4) **Und** *sagte kein einziges Wort* [Böll, Heinrich, 1953]
(5) **Und** *da er von dem Wein trank, ward er trunken und lag im Zelt aufgedeckt.* [1. Mose 9,21]

Pasch et al. (2003: 458f.) gehen hier von ritualisierten literarischen Ausdrucksweisen aus, in denen das erste Konnekt fehlt; der dadurch auszudrückende Sachverhalt bleibt vage. Der poetische Effekt ist in unseren Augen demnach nicht zufällig, son-

---

[1] Diese Eigenschaft führt neben prosodischen Eigenschaften bei Zifonun et al. (1997), 2361 dazu, dass der Konjunktor eine Konstituente mit dem zweiten Konnekt bildet und erst diese an das erste Konnekt gebunden wird: [[XP]₁[[und][XP]₂]].

dern wird durch die Vagheit begünstigt: Die eröffnete Leerstelle, das erste Konnekt, führt zu einem Lesartenpotenzial, das der Rezipient mit Ko(n)textelementen füllt. In situativen Ellipsen hingegen ist „das nicht durch ein Konnekt ausgedrückte Argument der Konjunktorbedeutung jeweils ein ganz spezifischer Sachverhalt, eine Tatsache" (Pasch et al. 2003: 459).

(6) [A. gibt B. wortlos ein Messer, B. fragt:] *Und was soll ich damit?*

Durch einen Kommentar der Handlung kann dieses Konnekt verbalisiert werden. In (6) wäre laut HdK ein handlungsbegleitender Kommentar beispielsweise *Du hast mir ein Messer gegeben!* Solche Äußerungen werden aber – so die pragmatische Erklärung des HdK – als unangemessen betrachtet, da es im Kontext evident ist und der Griceschen Maxime der Quantität widersprechen würde. Diese beschriebene Struktur wird durch ihre enge Bindung an den situativen Kontext zumeist in den Registern der gesprochenen Sprache zu finden sein, wie (6) illustriert. Beispiel (7) zeigt eine weitere Verwendung des (satzinitialen) *und*: die Möglichkeit der Bildung komplexer Konnektoren wie *und dann, und zwar* oder *und dennoch*. *Und dann* wird als das klassische Mittel der Narration, als „die Grundform allen Erzählens"[2] gesehen.

(7) *Und dann kommt die Polizei und schlägt mit dem Knüppel rein. Und dann ist eigentlich noch immer nichts passiert, aber zwei Tage später tobt die Springer-Presse über dieses Ereignis und sagt, sie wollen Berlin aufgeben und verraten, und eine neue Epoche beginnt. Und das Schöne an diesem Buch ist, dass es dieses kleinliche, fast spießige Ereignis und diesen Umschlag in sozusagen eine Veränderung eines Paradigmas der Weltpolitik sehr gut fasst.* [Karasek, Hellmuth im Literarischen Quartett vom 10. Oktober 1997 (dwds.de)]

Weder auf diese komplexen Formen noch auf die Verwendung in der gesprochenen Sprache werden wir in diesem Beitrag eingehen können, da unsere Analyse auf geschriebenen argumentativen Lernertexten basiert.[3]

1.2 Und wenn es am Anfang steht?

Studien zur Verwendung des satzinitalen *und* im Deutschen sind rar (vgl. Baumgarten 2006, 2006a, Fernandez-Bravo 2001). In den wenigen vorhandenen Arbeiten konstatieren die Verfasserinnen wiederholt eine höhere Frequenz in der gesprochenen als in der geschriebenen Sprache (vgl. auch Zifonun et al. 1997: 2363). Mit Verweis auf präskriptive Stilnormen wird die vergleichsweise geringe Präsenz in akademischen Textsorten der geschriebenen Sprache begründet (Baumgarten 2006: 138 f.). In ihrer Analyse vergleicht Baumgarten das satzinitiale *und* mit dem satzinitialen *and* in populärwissenschaftlichen Zeitungstexten aus dem Bereich der Naturwissenschaft. Das zentrale Ergebnis ihrer Studie (Baumgarten 2006: 142 f.) ist, dass zwar eine Zunahme des satzinitialen *und* auch im Deutschen beobachtet[4], diese je-

---

2 Müller (1947): Die Bedeutung der Zeit in der Erzählkunst, S. 10, zitiert nach Lämmert (1980: 21).
3 Eine vergleichbare Studie zum Gebrauch von Konjunktoren im Bereich der gesprochenen Lernersprachen liegt mit Birkner et al. (1995) vor.
4 Baumgarten (2006) untersuchte den Zeitraum zwischen 1978 und 2002. In Baumgarten (2006a) wird die Analyse im Rahmen der Rhetorical Structure Theory erweitert.

doch nicht als direkter Einfluss des Englischen[5] erklärt werden kann. Dies wird mit unterschiedlichen Verwendungspräferenzen begründet. Im Unterschied zum Englischen kommt das satzinitiale *und* häufig in nicht-finiten und elliptischen Sätzen vor (ebd.: 144) und wird als expressives Stilmittel in aufreihenden Kontexten eingesetzt (ebd.: 149). Ähnlich beschreibt Fernandez-Bravo (2001) mögliche Funktionen der Struktur: *und* als Einleitung einer rhetorischen Frage, als emphatische Einleitung, als Zeichen einer Meta-Äußerung, als Mittel zur narrativen Verkettung oder als Abgrenzungs- und Anknüpfungszeichen.

1.3 Und diese Merkmale werden untersucht: Das Analyseraster

In der Forschung wurde auf den Faktor der Narrativität in der Verwendung des satzinitialen *und* hingewiesen, dies legt einen durch das **Genre** evozierten Unterschied im Gebrauch der Struktur nahe. Darüberhinaus geben die Studien von Baumgarten und Fernandez-Bravo Hinweise darauf, dass der **Satzwert** und der **Satzmodus** bei der Realisierung der Struktur eine Rolle spielen. Dies soll in den Lernerdaten überprüft werden. Dazu wird in erster Annäherung die **Satzfunktion** des durch *und* eingeleiteten Satzes ermittelt: Handelt es sich hierbei um einen Matrixsatz (,Matrix') oder einen Konstituentensatz (,Konst')? Der Satzwert wurde dahingehend bestimmt, ob alle Argumentstellen im komplexen Satz realisiert wurden. War dies nicht der Fall, haben wir dies vereinfacht als elliptische Struktur (,Ellipse') festgehalten, andernfalls als satzwertige Struktur (,Satz'). Sätze ohne Finitum wurden ebenfalls als ,Ellipse' kategorisiert. Beim Satzmodus wurde bestimmt, ob eine Assertion oder eine Interrogation vorlag, weitere Modi wurden in den Korpora nicht realisiert.

2 Und was machen die Lerner? Eine Lernerkorpusanalyse

Im Folgenden werden wir der Frage nachgehen, wie Lerner des Deutschen als Fremdsprache mit dem Phänomen umgehen. Dazu werten wir Lernerkorpusdaten aus. Ein Lernerkorpus ist eine maschinenlesbare Sammlung von Lerneräußerungen, die nach bestimmten Designkriterien kompiliert wurde (Granger 1998). Lernerkorpora dienen der Analyse von Lernervarietäten (zum theoretischen Status des Begriffs der Lernervarietäten vgl. Dittmar (1997: 240-244); Beiträge in Grommes/Walter (eds.: 2008)). Für das Englische wurde auf der Basis des International Corpus of Learner English (cecl.fltr.ucl.ac.be/Cecl-Projects/Icle/icle.htm) ein Overuse des satzinitialen *and* nachgewiesen.[6] Studien zum Gebrauch des satzinitialen *und* in Lernersprachen des Deutschen als Fremdsprache liegen unseres Wissens nicht vor. In der vorliegenden Analyse konzentrieren wir uns auf zwei Genre: Zusammenfassungen und Essays. Diese Lernerdaten werden mit dem Analyseraster aus Abschnitt 1.3 ausgewertet.

---

5 Zum satzinitialen *and* vgl. die korpusbasierte Darstellung von Biber et al. (2006: 83 ff.) und die funktionale Analyse von Dorgeloh (2004).

6 Vgl. Rundell/Fox 2007, IW 4. Eine Lernersprachenanalyse mit der L2 Englisch und der L1 Japanisch zum satzinitialen *and* liegt mit Yoneoka (1998) vor.

2.1 Design der Untersuchung

Die Lernerdaten sind dem Lernerkorpus Falko entnommen. Das fehlerannotierte Lernerkorpus Falko wird seit 2004 in Kooperation zwischen der Freien Universität Berlin und der Humboldt-Universität zu Berlin entwickelt. Es enthält zwei genrespezifische Subkorpora, in denen Texte fortgeschrittener, studentischer Lerner des Deutschen als Fremdsprache enthalten sind[7]. Für die Erhebung der Zusammenfassungen erhielt eine Gruppe ausländischer Studierender an der Freien Universität Berlin die Aufgabe, einen germanistischen Fachtext zusammenzufassen. Zur Elizitierung der Essays sollten die Studierenden (im In- und Ausland) ein Essay zu einem kontrovers zu diskutierenden Thema verfassen. Die Themenstellung erfolgte in Anlehnung an das International Corpus of Learner English. Die Bearbeitungszeit betrug jeweils 90 Minuten. Die Texte wurden ohne Hilfsmittel und unter Aufsicht verfasst. Alle Texte wurden korpuslinguistisch aufbereitet und mithilfe des CQP-Webinterface[8] ausgewertet. Die Daten sind automatisch wortartengetaggt und lemmatisiert worden.[9] Als Kontrollkorpus verwenden wir das Korpus Akademisches Deutsch 2006.[10] Es enthält Texte von „professionellen" Schreibern, die sich am Ende eines Ausbildungsabschnitts befinden, an dem ein zusammenhängendes Produkt der geschriebenen Sprache, die Dissertation, steht. Mehr als 3000 Abstracts von Dissertationen aus den Jahren 1990-2006 sind in diesem Korpus enthalten. Die Rohdaten wurden analog zu den Falko-Korpora aufbereitet. Insbesondere wurden auch diese Daten automatisch wortartengetaggt und lemmatisiert. Damit sind die beiden Korpora gut vergleichbar (vgl. Tabelle 1). Um das satzinitiale *und* zu untersuchen, wurde ein Satzschlusszeichen – gefolgt von einem groß geschriebenen *und* – gezählt.[11]

---

7 Ein drittes Subkorpus enthält Longitudinaldaten amerikanischer Studierender, die uns von der Georgetown University, Washington, D.C., für Falko zur Verfügung gestellt wurden. Diese Daten konnten für die hier vorgestellte Analyse nicht berücksichtigt werden.
8 Corpus Query Processor ist eine Abfragesprache (vgl. Christ/Schulze 1995).
9 Zu den Details vgl. Lüdeling et al. (2005), Lüdeling et al. (eingereicht) sowie die Informationen auf der Falko-Website (www2.hu-berlin.de/korpling/projekte/falko).
10 Das Korpus wurde im Rahmen des TransCoop-Projektes "Die Entwicklung diskursiver Schreibfertigkeiten fortgeschrittener DaF-Lerner" zwischen der Georgetown University Washington, D.C. und der Freien Universität Berlin, gefördert von der Alexander-von-Humboldt-Stiftung, von Petra Prochazková kompiliert und ist über die Korpora der Humboldt-Universität im WWW frei zugänglich.
11 Operationalisiert wurde dies in CQP mit der Anfrage [pos="\$.\"][word="Und"].

Tabelle 1. Größe, Anzahl der Schreiber, der Texte und der Sätze, durchschnittliche Satz- bzw. Textlänge, Anzahl der normalisierten Sätze (per 10.000 token) in den Korpora Falko Essay 1.0, Falko Summary 1.0 und Akademisches Deutsch 2006[12]

Korpus	Größe	Schreiber	Texte	Textlänge(Ø)	Sätze	Satzlänge(Ø)	Sätze*
Falko Essay 1.0	66.989	103	136	493	3.421	20	511
Falko Summary 1.0	40.592	99	107	379	2.087	19	514
Akademisches Deutsch 2006	841.483	3.215	3.215	262	36.926	23	439

2.2 Ergebnisse der Analyse

Die Lerner verwenden das satzinitiale *und*, wie in (8) und (9) angeführt, häufiger als native Schreiber.

(8) **Und** *wieso kann eine Theorie nicht auf die Wirklichkeit vorbereiten?* [Falko Essay 1.0, 45057]

(9) *Um die Stellung der Position A zu untermauern, werden zum Schluß noch zwei Verben als Beispiele genommen.* **Und** *mit deren Hilfe wird der Zusammenhang von Valenz und Bedeutung deutlicher gemacht.* [Falko Summary 1.0, 27069]

Tabelle 2 zeigt die Verteilungen des Konjunktors *und*, wobei die absoluten Werte, die normalisierten Werte – bezogen auf 10.000 Sätze (*) und 100.000 token (**) – angegeben werden. Hierbei repräsentiert ‚Und' die satzinitiale, ‚und' die nichtsatzinitiale Verwendung und ‚UND' beide Verwendungen.

Tabelle 2. Die Häufigkeit des Konjunktors *und*

Korpus	Und	Und*	Und**	und	Und/UND
Falko Essay 1.0	61	91	178	1.408	4,2%
Falko Summary 1.0	10	25	48	883	1,1%
Akademisches Deutsch 2006	28	3	8	23.513	0,1%

Um einen Einfluss des Genres auszuschließen, wurden zum Vergleich L1 – L2 nur die Daten aus Falko Summary 1.0 mit dem Korpus Akademisches Deutsch 2006 verglichen, denn bei den Texten dieser beiden Korpora handelt es sich ausschließlich um summarische Texte, die sich typischerweise dadurch auszeichnen, Informationen eines Ausgangstextes bewertend zu verkürzen, indem die wesentlichen

---

12 Die Sätze wurden mithilfe des CQP-Webinterface gezählt, und zwar mit der Suchabfrage [pos="\$.\"], wobei die satzbeendende Interpunktion erfasst wird, gezählt wurden lediglich ‚.', ‚!' und ‚?'. In Falko wird das Wortartentagset STTS verwendet. Text- bzw. Satzlänge steht für durchschnittliche Text- bzw. Satzlänge. Die Anzahl der Sätze wurde auf ein Korpus mit 10.000 token normalisiert (‚Sätze*').

Argumentationslinien aufgezeigt werden. In der Tendenz zeigt sich in den Daten ein deutlicher Overuse der untersuchten Struktur bei den L2-Schreibern. Bei den normalisierten Werten entfallen 89% der Belege auf das Korpus Falko Summary 1.0, wenn man die Anzahl der Sätze als Bezugsgröße der Normalisierung nutzt.[13] Der Anteil der satzinitialen Verwendungen im Vergleich zur Anzahl aller *und*-Belege (vgl. die letzte Spalte in der Tabelle 2) ist bei den Lernern sogar zehnmal höher. Neben den Unterschieden zwischen den Lernern und den nativen Sprechern konnten auch Unterschiede zwischen den beiden untersuchten Genre bei den Lernern festgestellt werden, dazu vergleichen wir im Folgenden die Korpora Falko Summary 1.0 und Falko Essay 1.0.

Lerner verwenden das satzinitiale *und* fast viermal häufiger in den Essays als in den Zusammenfassungen. Die genrespezifischen Unterschiede lassen sich des Weiteren auch in den unmittelbaren Folgeelementen von *und* beobachten, die auf Narrativität verweisen (können). Nur in den Essays wird *und* in Verbindung mit temporalen oder iterativen Elementen verwendet: In mehr als 10% der Belege finden wir hier Kombinationen wie: *und dann, und jedes Mal, und wieder, und langsam, und immer noch, und nach 4 Jahren, und wieder*[14]. Das Fehlen solcher Belege in den Zusammenfassungen der Lerner ist u. E. ein deutlicher Genre-Effekt, der durch die Rolle der Narrativität bedingt ist. Diese Beobachtung wird durch das Verhalten der nativen Schreiber gestützt, denn in den Abstracts findet sich ebenfalls kein einziger Beleg solcher Folgeelemente. Sehen wir uns nun die Resultate der ausgewerteten Merkmale an, ergibt sich in der Deskription ein differenzierteres Bild. Bei den untersuchten Parametern konnten wir die in den Tabellen 3 bis 5 angeführten Verteilungen feststellen.

Das satzinitiale *und* steht am häufigsten in Matrixsätzen (10). Ein Konstituentensatz wie in (12) ist in allen drei untersuchten Korpora selten.

(10) **Und** *gleichzeitig: wenn ich jetzt sehe, was den Feminismus erreicht hat, wie er das Leben normaler Frauen verbessert hat und wie er die Geschlechtsperspektive der akademischen Welt verändert hat, glaube ich jedoch dass der Feminismus einen Sinn hat...* [Falko Essay 1.0, 18151]

Im Korpus Akademisches Deutsch 2006 beträgt der Anteil der Konstituentensätze an den Belegen lediglich 7%. Der Anteil der Konstituentensätze bei den Lernern hingegen ist mit 10% (Essays) und 20% (Zusammenfassungen) zwar höher, aber aufgrund der niedrigen Absolutwerte kann daraus statistisch nichts abgeleitet werden (vgl. Tabelle 3).

---

13 Ein signifikanter Unterschied konnte jedoch aufgrund der zu kleinen Datenbasis nicht festgestellt werden. Der Chi²-Test kann nicht durchgeführt werden, da der Erwartungswert der L2-Sprecher, die satzinitiales *und* verwenden, bei 3 liegt.

14 Belege mit *und wenn* wurden wegen der Ambiguität zwischen einer temporalen oder konditionalen Lesart von dieser Zählung ausgeschlossen.

Tabelle 3. Satzfunktion beim satzinitialen *und*[15]

Korpus	Satzfunktion					
	Matrix	Matrix*	Matrix**	Konst	Konst*	Konst**
Falko Essay 1.0	55	160,8	82,1	6	17,5	9,0
Falko Summary 1.0	8	38,3	19,7	2	9,6	4,9
Akademisches Deutsch 2006	26	7,0	3,1	2	0,5	0,2

Die Verteilung der „Ellipsen" (vgl. zu den zwei Gruppen den Abschnitt 1.3) bietet ein anderes Bild: Der Anteil der „Ellipsen" an der Zahl der untersuchten Belege ist im Korpus Akademisches Deutsch 2006 mit 11% am höchsten, gefolgt von den Zusammenfassungen der L2-Schreiber mit 10% und den Essays mit 5% (vgl. Tabelle 4). Bei Folgeuntersuchungen wäre an diesem Punkt genauer zu schauen, ob sich dieses Merkmal als ein Genre-Effekt herausstellt. Aufgrund der geringen Belegzahlen können wir hierüber keine Aussagen machen. Bei den „elliptischen" Strukturen wurden insbesondere zwei Konstruktionen von den Lernern verwendet: Entweder wurde wie in (11) eine Frage ohne finites Verb konstruiert oder aber ein über die Satzgrenze fortgeführter Parallelismus, der mit einem satzinitialen *und* in einer abgrenzten syntaktischen Struktur erscheint (12):

(11) **Und** *dann kurz- oder langfristig?* [Falko Essay 1.0, 10641]

(12) *Auf der anderen Seite kann man auch die Universitätsausbildung verteitigen, und sagen, dass ein Universitätsabschluss Wert an sich selbst hat.* **Und** *dass man in einer Universität Sachen lernt die in einer Gesellschaft, und auch im Arbeitsleben, nachgefragt, sowohl als auch notwendig, sind.* [Falko Essay 1.0, 38477]

In (12) handelt es sich um einen sehr typischen Beleg. Hierbei wird der Konnektor verwendet, um ein weiteres Argument anzufügen. Der mit *und* eingeleitete Satz ist formatidentisch mit der adjazenten syntaktischen Struktur – in (12) ist dies ein mit *dass* eingeleiteter Komplementsatz – und müsste an das erste Konnekt direkt angebunden werden. Das Argument, das durch das zweite Konnekt ausgedrückt wird, bewertet der Lerner u. E. als so stark, dass er eine neue syntaktische Struktur eröffnet. Es dient dazu, ein Argument im Diskurs hervorzuheben und als besonders wichtig zu markieren.

---

15 Die Notationen werden zu Beginn des Abschnitts 2.2 erklärt.

Tabelle 4. Satzwert beim satzinitialen *und*

Korpus	Satzwert					
	Ellipse	Ellipse*	Ellipse**	Satz	Satz*	Satz**
Falko Essay 1.0	3	8,8	4,5	58	169,5	86,6
Falko Summary 1.0	1	4,8	2,5	9	43,1	22,2
Akademisches Deutsch 2006	3	0,8	0,4	25	6,8	3,0

Kommen wir als Letztes zum Satzmodus (vgl. Tabelle 5). In den Daten finden sich keine Exklamativsätze. In ca. 90% der Sätze, die mit *und* eingeleitet werden, liegen Assertionen vor: Das Akademische Deutsch 2006 weist hier eine Häufigkeit von 93%, Falko Summary 1.0 eine Häufigkeit von 90% und Falko Essay 1.0 eine Häufigkeit von 87% auf.

Tabelle 5. Satzmodus beim satzinitialen *und*

Korpus	Satzmodus					
	Assertion	Assertion*	Assertion**	Interrogation	Interrogation*	Interrogation**
Falko Essay 1.0	53	154,9	79,1	8	23,4	11,9
Falko Summary 1.0	9	43,1	22,2	1	4,8	2,5
Akademisches Deutsch 2006	22	6,0	2,6	6	1,6	0,7

Im Folgenden werden wir uns auf die Interrogationen konzentrieren. Da die drei untersuchten Korpora nicht syntaktisch getaggt sind, konnten wir keine Aussagen zu den Verteilungen der Konstituentensätze und auch zu den „Ellipsen" in den Gesamtkorpora anführen. Beim Satzmodus hingegen ist es möglich, mit der Anzahl der Satzschlusszeichen ein solches Verhältnis automatisch zu approximieren: Nach einer solchen Zählung ist der Anteil an Fragesätzen im Verhältnis zu Interrogationen, Assertionen und Exklamationen insgesamt im Akademischen Deutsch 2006 mit 0,5% am geringsten und in Falko Essay 1.0 mit 6% am höchsten. Hier ist ein Genre-Faktor zu vermuten, denn auch in den Zusammenfassungen der Lerner ist der Anteil der Interrogationen zwar höher als bei den nativen Schreibern, mit 2% jedoch immer noch deutlich niedriger als in den Essays. Analog ist auch der Anteil der mit satzinitialem *und* begonnenen Fragen im Essaykorpus mit 4% am höchsten. Interessanterweise können wir jedoch keinen lernerspezifischen Overuse in den Zusammenfassungen feststellen: Die Lerner beginnen 2% ihrer Fragen mit *und*, die professionellen Schreiber des Akademischen Deutsch 2006 hingegen geringfügig häufiger, nämlich 3%. Aber auch hier können wir bei der geringen absoluten Anzahl von Belegen keine eindeutigen Schlussfolgerungen ziehen. Hinsichtlich der

Verwendungen im Akademischen Deutsch 2006 müssen wir uns deshalb auf zwei tentative Beobachtungen beschränken: a) in mit *und* eingeleiteten Fragesätzen wird das *und* häufig graphisch abgetrennt (vgl. auch (10)), wodurch dem Konnektor und dem zweiten Konnekt besonderes Gewicht verliehen wird; b) mit *und* eingeleitete Fragesätze werden häufig genutzt, um eine der Forschungsfragen mit zuvor und anschließend genannten Aspekten oder Fragestellungen zu verbinden. Ein solcher Parallelismus wird – wie auch die graphische Abtrennung – am Beispiel (13) illustriert.

(13) *Die forschungsleitenden Fragen lauten: Welche Internationalisierungskonzepte haben die deutschen Kunstbuchverlage entwickelt und angewendet? Welche Interessen und Motive hatten sie dabei? Welche Phasen der Internationalisierung sind dabei seit 1990 erkennen?* **Und:** *Wie erfolgreich war die Internationalisierung für die Unternehmen? Welches sind ihre Zukunftsperspektiven?* [AD 2006, 151940]

Hinsichtlich der Verwendung von satzinitialem *und* in Fragesätzen können wir die von Fernandez-Bravo beobachtete Verwendung von *und* zur Einleitung rhetorischer Fragen in den Essays gleichfalls vergleichsweise häufig feststellen, nämlich in der Hälfte der realisierten Fragen[16], wie (8) oder (14) exemplarisch zeigen.

(14) **Und** *wo haben diese berühmte Menschen ihre Ideen entwickelt , wenn nicht in der Universität?* [Falko Essay 1.0, 23611]

3   Und das war's! Eine Aussicht und zwei Einsichten

In unserer Lernerkorpusanalyse konnte gezeigt werden, dass Lerner in summarischen Texten deutlich häufiger einen Satz mit *und* beginnen als L1-Schreiber. Darüberhinaus konnte nachgewiesen werden, dass das Genre die Verwendung des satzinitialen *und* beeinflusst: In den Essays wurde die Struktur von den Lernern deutlich häufiger genutzt als in den Textzusammenfassungen.

Das Ergebnis unserer Analyse lässt sich jedoch aufgrund des genrespezifischen Materials und auch der Größe der untersuchten Korpora nicht ohne Weiteres verallgemeinern. Zwar handelt es sich bei den für den L1-L2-Kontrast untersuchten Texten um summarische Texte. Ein solcher Vergleich ist aber mit den beiden ausgewählten Korpora problematisch: Zum einen wird sich eine Textzusammenfassung des eigenen Textes (Akademisches Deutsch 2006) von der eines fremden Textes (Falko Summary 1.0) unterscheiden. Zum anderen differieren die sozialen Rahmenbedingungen der beiden Gruppen stark. Um diese beiden Faktorenkomplexe besser zu kontrollieren, wird derzeit ein eigenes Vergleichskorpus mit Schreibern der L1 Deutsch erhoben. Diese L1-Schreiber erhalten hierfür die identischen Schreibimpulse bzw. Textvorlagen, die auch für die Produktion der L2-Texte verwendet wurden. Damit steht in Zukunft auch für das zweite Genre ein L1-Vergleichskorpus zur Verfügung. Ein solches genrespezifisches Vorgehen ist notwendig. Denn – wie wir mit den beschriebenen Genre-Kontrasten gezeigt haben – formulieren natürlich auch Lerner genrespezifisch. Dieser Aussicht folgt noch eine

---

16 Eine Lerneräußerung war nicht eindeutig analysierbar und konnte deshalb in dieser Zählung nicht berücksichtigt werden.

zweite Einsicht. Sie betrifft die schon problematisierte Größe der verwendeten Korpora. L2-Korpora sind im Allgemeinen kleiner als L1-Korpora. Die Größe von Falko bedingt jedoch für sehr viele Forschungsfragen Probleme in der statistischen Auswertung, denn viele quantitative Verfahren sind mit der Anzahl und Größe der vorliegenden Texte nicht anwendbar. Deshalb ist es wichtig, größere annotierte Lernerkorpora zu kompilieren, wie sie für die L2 Englisch seit längerer Zeit vorliegen. Ein erster Schritt wurde mit dem Aufbau des Lernerkorpus Falko für die L2 Deutsch vollzogen. *Und das ist auch gut so!*

Dank

Wir danken ganz herzlich Anke Lüdeling und Max Möller für die vielen hilfreichen Kommentare sowie Emil Kroymann und Marc Reznicek für die unermüdliche technische Unterstützung. Die inhaltlichen Überlegungen wurden auf zwei Workshops des TransCoop-Projektes „Die Entwicklung diskursiver Schreibfertigkeiten bei fortgeschrittenen Lernern des Deutschen als Fremdsprache" vorgestellt; den Teilnehmern dieser Workshops möchten wir für ihre wertvollen Anregungen und die hilfreiche Kritik danken, der Alexander-von-Humboldt-Stiftung für die großzügige finanzielle Förderung dieser Workshops und des gesamten Projekts.

Literatur

Baumgarten, Nicole (2006): Konventionen der Kohäsionsbildung in deutschen und englischen Texten: AND und UND als makrosyntaktische Verknüpfung in populärwissenschaftlichen Zeitschriftenartikeln. In: Wolff, D. (ed.): Mehrsprachige Individuen – Vielsprachige Gesellschaften. Frankfurt: Peter Lang, 133-153.

Baumgarten, Nicole (2006a): Converging conventions? Macrosyntactic conjunction with English *and* and German *und*. In: Arbeiten zur Mehrsprachigkeit/Working Papers in Multilingualism Folge B/Series B 72/2006. Sonderforschungsbereich Mehrsprachigkeit: Universität Hamburg.

Biber, Dougloas et al. (2006): Longman Grammar of Spoken and Written English. London: Longman.

Birkner, Karin et al. (1995): Der adversative Konnektor *aber* in den Lernervarietäten eines italienischen und zweier polnischen Lerner des Deutschen. In: Handwerker, B. (ed.): Fremde Sprache Deutsch: Grammatische Beschreibung – Erwerbsverläufe – Lehrmethodik. Tübingen: Gunter Narr, 65-118.

Brettschneider, Gunter (1978): Koordination und syntaktische Komplexität. München: Fink.

Christ, Oli/Schulze B. Maximilian (1995): Ein flexibles und modulares Anfragesystem für Textcorpora. In: Tagungsbericht des Arbeitstreffen Lexikon + Text. Tübingen: Niemeyer, 121-134.

Dittmar, Norbert (1997): Grundlagen der Soziolinguistik – Ein Arbeitsbuch mit Aufgaben. Tübingen: Niemeyer.

Dorgeloh, Heidrun (2004): Conjunction in sentence and discourse: sentence-inital *and* and discourse structure. In: Journal of Pragmatics 39/2004, 1761-1779.

Fernandez-Bravo, Nicole (2001): Initiales *und* in einer textorientierten Perspektive. In: Cambourian, Alain (ed.): Textkonnektoren und andere textstrukturierende Eigenschaften. Tübingen: Stauffenburg, 201-222.

Granger, Sylviane (1998): The computer learner corpus: a versatile new source of data for SLA research. In: Granger, Sylviane (ed.): Learner English on computer. London, New York: Longman, 3-18.
Grommes, Patrick/Walter, Maik (eds., 2008): Fortgeschrittene Lernervarietäten: Korpuslinguistik und Zweitsprachenerwerbsforschung. Tübingen: Niemeyer.
Haspelmath, Martin (ed., 2004): Coordinating constructions. (Typological studies in language 58) Amsterdam, Philadelphia: Benjamins.
Lämmert, Eberhard (1980): Bauformen des Erzählens. Siebte, unveränderte Auflage. Stuttgart: Metzler.
Lang, Ewald (1977): Semantik der koordinativen Verknüpfung (studia grammatica XIV) Berlin: Akademie.
Lüdeling, Anke et al. (2005): Multi-level error annotation in learner corpora. In: Proceedings of Corpus Linguistics 2005, Birmingham [http://www.corpus.bham.ac.uk/PCLC/Falko-CL2006.doc].
Lüdeling, Anke et al. (eingereicht): Das fehlerannotierte Lernerkorpus Falko. Erscheint in: Deutsch als Fremdsprache.
van Oirsouw, Robert R. (1993): Coordination. In: Jacobs, Joachim et al. (eds.): Syntax. Ein internationales Handbuch der zeitgenössischen Forschung. (HSK 9.1) Berlin, New York: Walter de Gruyter, 748-763.
Pasch, Renate et al. (2003): Handbuch der deutschen Konnektoren. Linguistische Grundlagen der Beschreibung und syntaktische Merkmale der deutschen Satzverknüpfer (Konjunktionen, Satzadverbien und Partikeln). Berlin, New York: Walter de Gruyter.
Rundell, Michael/Fox, Gwyneth (eds.) 2007): Macmillan English Dictionary for advanced learners. Second edition. Oxford: Macmillian.
Tschirner, Erwin (2005): Korpora, Häufigkeitslisten, Wortschatzerwerb. In: Heine, Antje, Hennig, M./Tschirner, E. (eds.): Deutsch als Fremdsprache – Konturen und Perspektiven eines Fachs. München: Iudicium, 133-149.
Weinrich, Harald (1993): Textgrammatik der deutschen Sprache. Unter Mitarbeit von Maria Thurmair, Eva Breindl, Eva-Maria Willkop. Mannheim u.a.: Dudenverlag.
Yoneoka, Judy (1998): "But they do it": Using Corpora to Research Sentence-Initial *Ands* and *Buts* (SIABs) in Academic Writing. In: English Corpus Studies 5/1998, 15-26.
Zifonun, Gisela et al. (1997): Grammatik der deutschen Sprache. Berlin, New York: Walter de Gruyter.

Heide Wegener
Universität Potsdam

*Häsen und *Hünde. Irreguläre Pluralformen beim DaZ-Erwerb

1 Fragestellung

Alle Lerner einer Sprache, sowohl die L1- als auch die L2-Lerner im natürlichen SE und in geringerem Maße sogar die Schüler im FSU, produzieren Flexionsformen, die zwar mögliche Formen dieser Sprache sind, aber so in der ZS nicht existieren. Sie bilden also potentielle, aber faktisch nicht existierende Pluralformen und beweisen damit Kreativität. Sie tun dies, indem sie einen für die grammatische Kategorie Plural existierenden Marker der Zielsprache (im Deutschen Suffix und Umlaut) auf einen Stamm anwenden, der, da er einer anderen Flexionsklasse angehört, diesen Marker gerade nicht selegiert. Sie übergeneralisieren also den entsprechenden Marker. Beispiele für Übergeneralisierungen kennen wir aus den Bereichen der Flexion, wo mehrere Flexionsklassen existieren und somit die jeweiligen Marker miteinander konkurrieren, beim Verb die Formen des Präteritums und des Partizips, beim Nomen die des Plurals.[1] In (1-4) gebe ich einige Beispiele für übergeneralisierte Pluralformen, gefolgt von den korrekten Formen, daneben führe ich rechts die Suffixe und Formen derjenigen Flexionsklassen an, die hier übergeneralisiert wurden:

1 *Frosche/Frösche   ~   -e   Hund-e
2 *Froschen/Frösche   ~   -en   Frau-en
3 *Pünkte/Punkte   ~   -"e   Frösch-e
4 *Söhner/Söhne   ~   -"er   Hühn-er

Rein formal scheint es keine Rolle zu spielen, ob wie bei 1) und 2) die Marker einer großen oder wie bei 3) und 4) die einer kleinen Flexionsklasse übergeneralisiert werden. Diese Frage ist jedoch keineswegs trivial.

Wenn wir nämlich große Flexionsklasse mit dominantem Pluralmarker gleichsetzen, so geht es um die Frage, ob nur die regulären Pluralmarker übergeneralisiert werden oder alle, auch die irregulären. Und diese Frage spielt für die Erklärung der Übergeneralisierungen und damit des Erwerbs eines morphologisch so komplexen Systems wie des der deutschen Pluralbildung eine entscheidende Rolle.

In den beiden derzeit in der Spracherwerbsforschung diskutierten Lernmodellen sind Übergeneralisierungen die wichtigsten Indikatoren für die im Lerner ablaufenden Lernprozesse. Die Verfechter des Duale-Routen-Modells (DRM), vor allem Clahsen u.a. (1992, 1999), gehen davon aus, dass Übergeneralisierungen dadurch zustande kommen, dass nur für die regulären Formen eines morphologischen Systems symbolische Regeln aufgebaut werden, nach denen Affixe an Stämme zu fügen sind, dass die unregelmäßigen Formen dagegen durch Auswendiglernen, mo-

---

1 Theoretisch könnten auch Genitiv Singularformen übergeneralisiert werden, also starke statt schwacher Formen oder umgekehrt (*des *Staaten, des *Herres*) gebildet werden; da Genitivformen im DaZ-Erwerb extrem selten sind, ist mir jedoch kein solcher Fall bekannt.

derner gesagt: durch Speichern, gelernt werden. Die Regeln erfordern eine kognitive Abstraktionsleistung, die den Lerner ermächtigen, unbeschränkt produktiv neue Formen zu bilden, welche der einmal gelernten - im natürlichen Spracherwerb selbst erkannten - Regel folgen, sie verkürzen den Spracherwerb ungemein, aber nach den Regeln lassen sich *per definitionem* nur die regulären Formen bilden, alles andere muss durch pure Gedächtnisleistung bewältigt werden. Der Erwerb erfolgt also auf zwei völlig verschiedenen Wegen oder Routen, durch zwei qualitativ unterschiedliche Arten kognitiver Leistung.

Die Verfechter von Netzwerkmodellen (NM) oder konnektionistischer Modelle (Bybee 1988, 1995, Köpcke 1988, 1993, Menzel 2004) gehen dagegen davon aus, dass der Erwerb komplexer morphologischer Systeme nach einem einheitlichen kognitiven Verfahren erfolgt, und zwar durch assoziatives Verknüpfen, was zum Aufbau von Netzwerken führt, in denen einerseits die Formen der Paradigmen, hier also Singular- und Pluralformen, andererseits die verschiedenen Pluralformen einer Flexionsklasse miteinander verknüpft sind. Durch das assoziative Verknüpfen der Pluralformen untereinander bildet der Lerner Muster oder Schemata aus dafür, wie Pluralformen im Deutschen (bzw. in einer Flexionsklasse des Deutschen) auszusehen haben, durch die Verknüpfung der Pluralformen mit den Singularstämmen bildet er Schemata aus dafür, welche Pluralformen zu welchen Stämmen gehören. Die Muster erlauben ihm dann, auch zu neuen Stämmen Pluralformen zu bilden.

Innerhalb von Netzwerken können alle Formen übergeneralisiert werden, wenn auch in unterschiedlicher Zahl, da für die Stärke eines Musters die Typefrequenz eine Rolle spielt. Je größer die Typefrequenz eines Markers, desto größer die Chance, dass dieser als Pluralmarker erkannt und (über)generalisiert wird. Hohe Tokenfrequenz einer Pluralform erhöht dagegen die Chance, dass diese ganzheitlich gespeichert wird, und verringert zugleich die Chance, dass ihre Struktur analysiert und der Pluralmarker erkannt und dann (über)generalisiert wird.

2 Die regulären und die irregulären Pluralformen im deutschen Grundwortschatz

Für die Frage, ob nur die regulären oder auch die irregulären Formen übergeneralisiert werden, ist zunächst zu klären, welche Formen als regulär gelten können. Eines der Kriterien für Regularität ist die statistische Dominanz eines Pluralmarkers innerhalb einer Flexionsklasse. Tabelle 1 gibt die Verteilung der Pluralklassen im Grundwortschatz (GWS) wieder, wobei angenommen wird, dass für die hier untersuchten Kinder der GWS den relevanten Input darstellt (genauer zu den Pluralklassen und den Pluralregeln s. Wegener 2002, 2007).

Nach der statistischen Dominanz ist -(e)n (= -en und -n, dessen Schwa nach einer Schwa-Silbe getilgt wird: *Bank-en, Ranke-n*) regulär für die schwache Flexionsklasse (das heisst fast alle Feminina und die nach unabhängigen Kriterien[2] erkennbaren schwachen Maskulina wie *Hase, Student*), ebenso ist -(e) (= -e und -0

---

[2] Diese Kriterien sind Auslaut auf -e oder betonte Endsilbe und das semantische Merkmal +belebt.

nach Schwatilgung: *Haar-e, Fahrer-*) dominant und regulär für die starke Flexionsklasse. Innerhalb dieser Klasse gibt es dann noch zwei kleine, statistisch gesehen irreguläre Pluralklassen, die auf -"(e) und die auf -"er: *Söhne, Hühner*. Diese sind stärker restringiert als das dominante *e*-Suffix, da -"*e* fast nur bei Maskulina, -(")*er* vor allem bei Neutra, nie bei Feminina auftritt. Die gemischt flektierenden Wörter (meist Latinismen und Graecismen wie *Globen, Museen*) können vernachlässigt werden, da sie in der Kindersprache nicht vorkommen.

Tabelle 1. Pluralformen im GWS (Oehler 1966/1994), Types, N = 953

	Regulär			Irregulär		
Types	schwach: -(e)n	stark:-(e)	speziell: -s	gemischt:-(e)n	stark:-"(e)	stark:-er
	38,3	34	2,1	3,3	16,1	6,2
Σ		74,4 %			25,6 %	

Nicht zu vernachlässigen ist dagegen der *s*-Plural. Dieser ist zwar statistisch unbedeutend, aber nach einem anderen Kriterium ebenfalls als regulär einzustufen, nämlich dem der Restriktionen, denen er unterliegt. Während die nativen oder Schwa-Suffixe an die Flexionsklassen 'stark' und 'schwach' gebunden sind (zu ihrer Definition s. Wegener 2002), die weitgehend über die Genera bestimmbar sind, ist dies Suffix phonologisch restringiert. Es tritt unabhängig vom Genus nur an Wörter einer bestimmten phonologischen Struktur, solche mit Auslaut auf unbetonten Vollvokal (*Omas, Opas, Autos*), sowie an Wörter spezieller Wortarten, nämlich Eigennamen und Onomatopoetika. Diese Verteilung ist funktional: Während das nicht-silbische *s*-Suffix im ersten Fall einen Hiat verhindert (**Uhue/Uhus*), bewahrt es im zweiten im Gegensatz zu den Resyllabierung erzwingenden Schwa-Suffixen die Struktur der lautlich bzw. semiotisch speziellen Wörter (**Kuckucke/Kuckucks*, die **Koche/*Köche/Kochs*). Innerhalb dieser Wortklassen ist der *s*-Plural daher regulär.[3]

Die auftretenden Übergeneralisierungen geben daher auch Aufschluss darüber, welche Merkmale und Restriktionen von den Lernern zuerst erkannt werden. Verwenden die Lerner -*en* statt -*e* oder umgekehrt, bilden sie etwa *Jahren bzw. *Uhre, so verletzen sie die Flexionsklassen/Genusrestriktionen. Verwenden sie dagegen -*s* statt einem Schwa-Suffix oder umgekehrt (*Punkts, *Uhue), so verletzen sie die phonologischen und prosodischen Restriktionen.

2.1 Die zu erwartenden Übergeneralisierungen

Für Verfechter des DRMs ist die Regularität eines Pluralsuffixes das wichtigste Kriterium für die Ausbildung einer Regel und ihre (Über)Anwendung. Werden symbolische Regeln ausgebildet, so sollten Übergeneralisierungen also nur mit den regulären Pluralsuffixen -(*e*)*n*, -(*e*) und -*s* auftreten. Mit den anderen Pluralsuffixen,

---

3 Der *s*-Plural ist aber, entgegen Clahsen (1999), nicht "freely generalizable", er unterliegt zwar keinen Genusrestriktionen, aber er unterliegt anderen, nämlich phonologischen und Wortartrestriktionen.

also -(")er und -"(e), die ich hier wegen ihres gemeinsamen Merkmals Umlautplurale nenne,[4] sollten keine bzw. deutlich weniger Übergeneralisierungen auftreten, da für diese als irregulär anzunehmenden Pluralmarker ja keine Regeln ausgebildet werden. Wenn überhaupt, so sollten mit diesen Suffixen höchstens aufgrund von Ähnlichkeit zu existierenden Pluralformen neue Formen gebildet werden, wobei Frequenzeffekte zu erwarten sind. Die regulären Suffixe -(e), -(e)n und -s sollten dagegen an beliebigen Stämmen unabhängig von deren phonologischer Struktur und Frequenz auftreten, an ein- und mehrsilbigen, vokalisch und konsonantisch auslautenden.

Es sollten also nur Formen auftreten wie *Burge, *Bergen, *Enkeln, *Kugel, *Villas und doppelt markierte wie *Kindern und *Kinders.

Für Verfechter konnektionistischer Modelle sind Übergeneralisierungen für alle Pluralsuffixe zu erwarten, da der Lerner nicht von einer Regel ausgeht, sondern für alle Formen und Suffixe, die er im Input vorfindet, Muster ausbildet. Nach dem Muster

Burg > Burgen kann also auch Kuh > *Kuhen, nach
Hund > Hunde auch Burg > *Burge und Frosch > *Frosche, nach
Frosch > Frösche aber auch Hund > *Hünde, nach
Huhn > Hühner auch Sohn > *Söhner und nach
Oma > Omas auch Villa > *Villas auftreten.

Die vorliegende Arbeit versucht, durch Analyse der Übergeneralisierungen, insbesondere die der irregulären Formen, die beim DaZ-Erwerb von 6-10jährigen Grundschulkindern mit L1 Türkisch, Polnisch und Russisch[5] auftraten, einen Beitrag zur Diskussion um das adäquate Lernmodell zu leisten.

3 Der Umlaut in der Pluralbildung des Deutschen

Da die gemischt flektierende Klasse vernachlässigt werden kann, weist die Mehrzahl der irregulären Pluralformen Umlaut des Stammvokals auf, der Umlaut kann geradezu als Merkmal der Irregularität gelten. Die Umlautformen, die sowohl nach dem Kriterium der niedrigen Frequenz als auch nach dem der zusätzlichen Restriktionen irregulär sind, sind für die Frage, welches Lernmodell den Lernprozess adäquat erklären kann, daher von besonderem Interesse. Da die Nomen, deren Plural Umlaut aufweist, sich nicht als eine phonologisch, semantisch oder auf dem Genus basierende Klasse definieren lassen,[6] ist allgemeine Annahme, dass keine symbolischen Regeln für die Umlautplurale ausgebildet werden, sondern dass die Gesamtheit der Umlautformen durch Speichern gemeistert wird. Folglich sollten Übergeneralisierungen mit Umlaut nicht auftreten.

---

4 Irregulär sind allerdings auch die er-Formen zu Stämmen mit vorderem Vokal, die nicht umlauten können.
5 Eine genauere Beschreibung der Daten und der Lerner findet sich in Wegener (2007).
6 Zu einem Versuch, die Maskulina mit −e + Umlautplural zu definieren, s. Köpcke (1994). Die vorgeschlagenen Kriterien überzeugen nur teilweise und sind für Lerner kaum zugänglich.

Für die Vertreter des NM stellen die Umlautformen dagegen kein Problem dar. Sie nehmen an, dass auch für sie Muster extrahiert und miteinander verknüpft werden,[7] so dass Teil-Netzwerke für die Klassen mit Umlaut aufgebaut werden, in denen der Stamm mit der Pluralform und analoge Pluralformen untereinander verknüpft sind. Übergeneralisierungen sind auch hier möglich, da ja sämtliche Formen des Pluralsystems nach einheitlichem Verfahren gelernt werden, mit nur graduellen Unterschieden aufgrund unterschiedlicher Token- und Typefrequenzen und daraus folgend unterschiedlicher lexikalischer Stärke eines Musters.

Für die vorliegende Untersuchung wurden deshalb die Pluraldaten meines Augsburger Korpus[8] auf Übergeneralisierungen hin erneut ausgewertet und dabei besonders auf jene von irregulären, vor allem Umlautformen geachtet. Diese sind insofern komplex, als zwei Marker eingesetzt werden, Suffix + Umlaut. Ihre Bildung stellt eine doppelte Aufgabe dar, und sie enthält zwei Fehlerquellen. Eine Pluralform zu einem Stamm mit hinterem Vokal kann mit falschem Suffix, aber hinsichtlich des Umlauts korrekt gebildet sein (*Mäusen, *Haaren, *Uhre), in diesem Fall wird nur das Suffix als Übergeneralisierung gewertet, die Formen gelten als U-konform. Fehlt bei einer umzulautenden Pluralform der Umlaut, gilt dies als fehlender Umlaut (-U, *Frosche), tritt der Umlaut bei einer nicht umzulautenden Pluralform auf, wird dies als hyperkorrekter Umlaut gewertet (+U, *Häsen). Diese Formen gelten als nicht U-konform.

4 Die Übergeneralisierungen

4.1 Quantitative Analyse

In den Daten der Augsburger Grundschulkinder aus Polen, Russland und der Türkei treten Übergeneralisierungen für alle Pluralsuffixe sowie den Umlaut auf, wenn auch in unterschiedlicher Häufigkeit. Beispiele:

-en:	*Haaren, *Freunden, *Schuhen, *Baumen,
-en + Umlaut:	*Bäumen, *Hühnen, *Häsen
-e:	*Stocke, *Elefante, *Bette, *Frosche,
-e + Umlaut:	*Hühne, *Hünde, *Pünkte,
-er:	*Streichholzer, *Pferder,
-er + Umlaut:	*Söhner, *Bäller,* Sträußer,
-n:	*Apfeln, *Uhun, *Karusseln,
-n + Umlaut:	*Vögeln,
-s:	*Kugels, *Mädchens, *Vogels, *Muttiges
-s + Umlaut :	*Traktörs

Zahlenmäßig differieren die Übergeneralisierungen für die einzelnen Suffixe stark, wie aus Tabelle 2 hervorgeht. Dativ-Pluralformen wurden nicht gezählt. Mit großem Abstand ist -en das meist übergeneralisierte Suffix.

---

7 Eine graphische Darstellung eines solchen Netzwerks findet sich in Bybee (1995:429) und in Wegener (2007).
8 Siehe Fussnote 5.

Tabelle 2. Anteil der Pluralmarker an den Übergeneralisierungen der türkischen und der Aussiedlerkinder, Types

	-en	-n	-e	-s	-er	+U	-U
TK	62,3	6,5	13	16,5	1,6	5,2	17,9 %
AK	58,5	7,3	27	7,4	6,2	8,96	27 %

Daraus ergibt sich folgende Hierarchie der übergeneralisierten Pluralmarker:
TK: -en > -s > -e > -n > U > -er.
AK: -en > -e > U > -s > -n > -er.

Die statistische Auswertung der Übergeneralisierungen bringt folgendes erstes Ergebnis: Übergeneralisierungen treten bei beiden Kindergruppen für sämtliche Pluralsuffixe und den Umlaut auf. Dies deutet auf eine einheitliche Verarbeitungsstrategie durch Musterextraktion und assoziatives Verknüpfen dieser Muster hin und spricht gegen qualitativ unterschiedlichen Erwerb der regulären und der irregulären Formen. Das Ergebnis ist konform mit den Ergebnissen, die zum Plural im L1-Erwerb von Behrens (2001), Bittner (2000), Bittner/Köpcke (2001) und Szagun (2001) gefunden wurden. Die Übergeneralisierungen beider Kindergruppen weisen deutliche graduelle Unterschiede auf: während bei allen Kindern die Übergeneralisierungen mit -en klar dominieren, liegen bei den Aussiedlerkindern für -n, -s, -er und Umlaut, bei den türkischen Kindern für -n und Umlaut einerseits, für -e und -s andererseits ähnliche, aber deutlich niedrigere Werte vor. Diese Unterschiede beruhen zum Teil auf den unterschiedlichen Type- und Tokenfrequenzen und damit der unterschiedlichen Stärke der einzelnen Pluralformen und -muster, zur Untergeneralisierung von -n s.u.

Die höchsten Werte für -en beruhen nicht nur auf dessen hoher Type-Frequenz, die im GWS (s. Tabelle 1) ja kaum über der von -e liegt, sondern auch auf seiner hohen Ikonizität und Salienz (als einziges Suffix mit 2 hörbaren Segmenten), höheren Signalstärke und Validität (-en tritt in Singularformen fast nie auf). Selbst wenn die Kinder eine *en*-Regel ausgebildet haben, nach der sie dies Suffix an neue Stämme applizieren, so gehen sie dabei doch outputorientiert vor und streben die Realisierung eines optimalen Pluralschemas an. Die hohen Werte für -en bestätigen die Stärke des prototypischen Schemas. Die Kinder nutzen das im Input vorgefundene Material zum Aufbau von Pluralschemata in optimaler Weise, indem sie das „beste" Suffix zur Pluralbildung verwenden.

Die *en*-Übergeneralisierungen ohne Umlaut könnten also durch Regelbildung für dies optimale Suffix erklärt werden. Gegen Regelbildung als ausschließliche oder vorherrschende Erwerbsstrategie spricht aber die gleichzeitig auftretende sehr hohe Zahl von Auslassungen des *n*-Suffixes an Wörtern, die das Pluralschema 'Trochäus mit finaler Schwa-Silbe' bereits erfüllen (*viele *Blume, drei *Kugel*, s. hierzu Wegener 2007) und deshalb für die Kinder offenbar Pluralformen darstellen, sowie die Übergeneralisierungen der irregulären Pluralmarker (Formen mit fehlendem oder hyperkorrektem Umlaut sind unterstrichen, alle anderen sind U-konform):

-er (+ Umlaut):	*Bäller, *Sträußer, *Söhner,
-er	*Fischer, *Pferder, *Schiffer, *Streichholzer
-en + Umlaut:	*Stühlen, *Fröschen, *Bällen, *Tüchen, *Mäusen, *Bäumen, *Füßen, *Händen, *Nüssen, *Zöpfen, *Hühnen,, *Söhnen, *Häsen,
-e + Umlaut:	*Hünde, *Pünkte, *Hühne, *Zitröne, *Träktor
-s + Umlaut:	*Traktörs

Die Tatsache, dass sämtliche Pluralmarker übergeneralisiert werden, spricht für eine einheitliche Lernstrategie. Ein möglicher Einwand gegen diese Interpretation ist allerdings die relativ geringe Zahl dieser übergeneralisierten Umlautformen.

Von Interesse ist daher nicht nur das bloße Auftreten von Übergeneralisierungen irregulärer Formen, sondern die Frage, wie diese zustande kommen. Zu deren Beantwortung ist eine qualitative Analyse dieser Übergeneralisierungen notwendig, bei der es um die „Korrektheit" des Umlauts, also die Umlaut-Konformität geht. Denn für die Frage, welches Lernverfahren dem Pluralerwerb zugrunde liegt, sind gerade die korrekter- oder fälschlicherweise (nicht) umgelauteten Formen unter den Übergeneralisierungen von Relevanz.

4.2 Qualitative Analyse

Wenn die Kinder eine Regel für -e bzw. -er + Umlaut ausbilden, so müssten sie diese auf beliebige Stämme (mit umlautfähigem Vokal) anwenden, unabhängig von der Frage, ob dieser Stamm tatsächlich umlautet oder nicht. U-konforme und nicht U-konforme Pluralbildungen müssten dann in gleicher Weise auftreten. Eine genaue Analyse der übergeneralisierten Pluralformen, die von 3 Kindern, je eines mit L1 Polnisch, Russisch und Türkisch, zu Stämmen mit hinterem Stammvokal gebildet wurden, zeigt, dass dies nicht der Fall ist.

In den Daten der 3 Kinder finden sich insgesamt 129 übergeneralisierte Pluralformen von Stämmen mit Umlaut-fähigem Vokal, davon treten hier 46 mit, 83 ohne Umlaut auf (in der Zielsprache treten 68 mit, 61 ohne Umlaut auf). Von den 129 übergeneralisierten Formen sind

51 (39,5 %)	U-konforme Pluralformen ohne Umlaut (*Haaren*),
36 (27,9 %)	U-konforme Pluralformen mit Umlaut (*Nüssen*),
32 (24,8 %)	nicht U-konforme Pluralformen mit fehlendem Umlaut (*Froschen*),
10 (7,4 %)	nicht U-konforme Pluralformen mit hyperkorrektem Umlaut (*Häsen*).

Von den 129 übergeneralisierten Formen mit umlautfähigem Vokal sind 87=67,44 % U-konform, nur 42=32,2 % sind nicht U-konform (vgl. Tab. 3). Gut zwei Drittel der Übergeneralisierungen zu Stämmen mit umlautfähigem Vokal weisen also nur das falsche Suffix auf, nur ein Drittel ist bezüglich des Umlauts falsch gebildet.

Tabelle 3. Umlautkonformität der Übergeneralisierungen bei den einzelnen Kindern

Kind	umlautkonform			nicht umlautkonform		
	- U	+ U	Σ	- U	+ U	Σ
	*Haaren	*Zöpfen		*Fuchse	*Hünde	
Eu	13	14	27	16	4	20
An	24	6	30	9	4	13
Ne	14	16	30	7	2	9
Σ	51	36	87	32	10	42

Schauen wir uns die umlautenden und die nicht umlautenden Stämme getrennt an, so zeigt sich, dass der verlangte Umlaut für 36 der 68 Stämme, d.h. 53 %, korrekt gebildet wird, die verlangte Nicht-Umlautung sogar in 51 von 61, d.h. 83,6 % korrekt realisiert wird. Nur bei 47 % der umzulautenden Stämme fehlt der Umlaut, nur bei 16,4 % der nicht umlautenden Stämme wird er hyperkorrekt gebildet.

Tabelle 4. Übergeneralisierungen mit/ohne Umlaut

		Umlaut ist verlangt			kein Umlaut verlangt	
	Σ	+ U	- U	Σ	- U	++ U
		*Zöpfen	*Frosche		*Haaren	*Hünde
129	68	36	32	61	51	10
U-konform		53 %			83,6%	
nicht U-konform			47 %			16,4%

In der Frage, ob der Vokal umzulauten ist oder nicht, sind die Kinder also sehr viel sicherer als in der Frage, welches Suffix zu selegieren ist. Woher haben sie dieses Wissen?

Eine symbolische Regel für die Suffixe wie von den Verfechtern des DRM angenommen, könnte die korrekterweise nicht umgelauteten Formen durch Addition des falschen Suffixes an den Stamm erklären, Beispiel *Haaren. Bei den umzulautenden Stämmen könnte sie auf diese Weise allenfalls die Formen mit fehlendem Umlaut erklären (*Frosche, *Baumen). Sie kann den Anteil der umgelauteten Formen an den Übergeneralisierungen ebenso wenig erklären wie die Tatsache, dass die Mehrzahl der umzulautenden Stämme auch dann korrekt umgelautet wird, wenn das Kind die Pluralform nicht aus dem Gedächtnis abrufen kann, sondern tentativ eine Pluralform bildet. Dass es dabei die Frage der Umlautung sehr viel sicherer löst als die Selektion des Suffixes, bleibt ungeklärt.

5. Ergebnis

Wenn U-konforme Formen unter den Übergeneralisierungen deutlich überwiegen, wie das hier der Fall ist, so ist dies Evidenz für das Vorliegen von Musterextraktion und deren assoziativer Verknüpfung zu Netzwerken. Denn diese mehrheitlich U-konformen Bildungen deuten darauf hin, dass die Lerner eine ungefähre Vorstellung vom richtigen Muster entwickelt haben, die Verknüpfung aber nur unvollkommen herstellen. Offenbar haben sie eine Vorstellung hinsichtlich des Vokals der Pluralform. Sie folgen also keiner Regel, sondern einem Muster, das sie aus den im Input vorgefundenen Formen extrahiert und durch Verknüpfung mit ähnlichen Formen zu einem Schema aufgebaut haben.

Musterextraktion und Analogiebildung besteht in der Konnektion zwischen Singular- und Pluralform einerseits und der zwischen verschiedenen Pluralformen eines Musters andererseits. Dafür spielt der betonte Stammvokal eine zentrale Rolle.

Dass der Umlaut häufiger fehlt als dass er hyperkorrekt gebildet wird, entspricht der Erwartung, denn die Umlautung des Vokals ist eine zusätzliche Manipulation des Stamms, die diesen von der Singularform deutlich hörbar abweichen lässt. Die Untergeneralisierung des Umlauts kann konnektionistisch erklärt werden: Fehlende Umlautung beruht auf zu enger Bindung des Lerners an den Singular bzw. zu enger Verknüpfung der Pluralform mit dem Singularstamm - von *Fuchs* gelangt man leichter zu *Fuchse als zu *Füchse*. Hyperkorrekte Umlautung beruht dagegen auf zu enger Verknüpfung der Pluralformen einer Umlaut-Klasse untereinander: von *Füchse* gelangt man leichter zu *Hünde als zu *Hunde*.

Wie in 2 angekündigt, geben die Übergeneralisierungen auch Aufschluss darüber, welche Restriktionen von den Kindern erkannt sind und welche nicht. Die zahlreichen Verwendungen von *-en* anstelle eines der Suffixe der starken Flexionsklassen zeigen, dass von den Kindern die Flexionsklasseneinteilung des Deutschen ebenso wenig wie die Genusklassen erkannt sind.[9] Die wenigen Übergeneralisierungen mit *-s* und vor allem die Tatsache, dass die Kinder dies Suffix niemals für native Einsilber verwenden, zeigt dagegen, dass ihnen die phonologischen Restriktionen und das prosodische Muster deutscher Pluralformen durchaus schon vertraut sind, wenn sie anfangen, Pluralformen kreativ zu bilden.

Literatur

Behrens, Heike (2001): Learning Multiple Regularities: Evidence from Overgeneralization Errors in the German Plural, in Proceedings of the Annual Boston University Conference on Language Development, Anna H.-J. Do e.a. (Hgg), 72-83. Somerville/MA: Cascadilla.

Bittner, Dagmar (2000): Sprachwandel durch Spracherwerb? - Pluralerwerb, in: Angemessene Strukturen, Andreas Bittner u.a. (Hgg), 123-140, Hildesheim: Olms.

Bittner, Dagmar & Köpcke, Klaus-Michael (2001): Acquisition of the German plural markings. A case study in natural and cognitive morphology, in Naturally! Chris Schaner-Wolles u.a. (Hgg), , 47-58. Turin: Rosenberg & Sellier.

---

9 Zur Frage, wie die fortgeschrittenen Lerner ein Bewusstsein der Flexionsklassen und der Genera entwickeln, s. Wegener (2007).

Bybee, Joan L. (1988): Morphology as Lexical Organization. In: Theoretical Morphology; Approaches in Modern Linguistics, 199-141. Hammond, M./Noonan, M. (eds.), San Diego.

Bybee, Joan L. (1995): Regular Morphology and the Lexicon. Language and Cognitive Processes 10: 425-455.

Clahsen, Harald (1999): Lexical entries and rules of language: A multidisciplinary study of German inflection, Behavioral and Brain Sciences 22, 991-1013.

Clahsen, Harald u.a. (1992): Regular and irregular inflection in the acquisition of German noun plurals. Cognition, 45:225-255.

Köpcke, Klaus-Michael (1988): Schemas in German Plural Formation, Lingua 74, 303-335.

Köpcke, Klaus-Michael (1993): Schemata bei der Pluralbildung im Deutschen, Tübingen: Narr.

Köpcke, Klaus-Michael (1994): Zur Rolle von Schemata bei der Pluralbildung monosyllabischer Maskulina. In: Köpcke, K.M. (ed.), Funktionale Untersuchungen zur deutschen Nominal- und Verbalmorphologie, 81-96. Tübingen: Niemeyer.

Menzel, Barbara (2004): Genuszuweisung im DaF-Erwerb, Psycholinguistische Prozesse und didaktische Implikationen. Berlin: Weißensee.

Oehler, Heinz (1966): Grundwortschatz Deutsch, Stuttgart, Klett

Slobin, Dan I. (1973): Cognitive prerequisites for the development of grammar. in Studies of child language development. C. A. Ferguson & D. I. Slobin (eds.), 175-208, New York: Holt, Rinehart, and Winston.

Szagun, Gisela (2001): Learning different regularities: The acquisition of noun plurals by German-speaking children. First Language 21, 109-141.

Wegener, Heide (2002): Aufbau von markierten Pluralklassen im Deutschen - eine Herausforderung für die Markiertheitstheorie, Folia Linguistica 36, 261-295.

Wegener, Heide (2004): Pizzas und Pizzen - die Pluralformen (un)assimilierter Fremdwörter im Deutschen. Zeitschrift für Sprachwissenschaft 23, 47-112.

Wegener, Heide (2007): Der Erwerb eines komplexen morphologischen Systems in DaZ - der Plural deutscher Substantive. In: Grommes, P./Walter, M. (eds.): Fortgeschrittene Lernervarietäten. Tübingen: Niemeyer 2007 (Linguistische Arbeiten), i.D.

Schriften von Norbert Dittmar

Schriften von Norbert Dittmar

1 Monographien

(2004) Transkription. Ein Leitfaden mit Aufgaben für Studenten, Forscher und Laien. Wiesbaden: VS Verlag für Sozialwissenschaften (2., neu bearbeitete Ausgabe).

(2002) Transkription. Ein Leitfaden mit Aufgaben für Studenten, Forscher und Laien. Wiesbaden: VS Verlag für Sozialwissenschaften.

(1999) (zusammen mit Bredel, Ursula) Die Sprachmauer. Die Verarbeitung der Wende und ihrer Folgen in Gesprächen mit Ost- und Westberlinerinnen. Berlin: Weidler.

(1997) Grundlagen der Soziolinguistik – Ein Arbeitsbuch mit Aufgaben. Tübingen: Niemeyer.

(1996) Studienbibliothek Soziolinguistik. Heidelberg: Julius Groos.

(1989) Variation delectat. Le basi della sociolinguistica. Galatina: Congedo.

(1989) (zusammen mit Klein, Wolfgang) Developing grammars. The acquisition of German syntax by foreign workers. Heidelberg/New York: Springer.

(1978) Handboek van de sociolinguistiek. Utrecht/Antwerpen: Uitgeverij Het Spectrum.

(1977) (zusammen mit Gutmann, Margrit/Klein, Wolfgang/Rieck, Bert-Olaf/Senft, Gunter/ Senft, Ingeborg/Steckner, Wolfram/Thielicke, Elisabeth) Heidelberger Forschungsprojekt „Pidgin-Deutsch spanischer und italienischer Arbeiter in der Bundesrepublik": Die ungesteuerte Erlernung des Deutschen durch spanische und italienische Arbeiter. Eine soziolinguistische Untersuchung. Osnabrücker Beiträge zur Sprachtheorie. Beihefte 2 (OBST).

(1976) Sociolinguistics. A critical survey of theory and application. London: Edward Arnold.

(1975) (zusammen mit Becker, Angelika/Klein, Wolfgang/Rieck, Bert-Olaf/Thielicke, Elisabeth/Wildgen, Wolfgang) Sprache und Kommunikation ausländischer Arbeiter. Analysen, Berichte, Materialien. Kronberg: Scriptor. (= Heidelberger Forschungsprojekt „Pidgin-Deutsch").

(1973) Soziolinguistik. Exemplarische und kritische Darstellung ihrer Theorie, Empirie und Anwendung. Mit kommentierter Bibliographie. Frankfurt am Main: Athenäum Fischer.

2 Herausgaben

(2006) (zusammen mit Ammon, Ulrich/Mattheier, Klaus/Trudgill, Peter) Soziolinguistik. Ein internationales Handbuch zur Wissenschaft von Sprache und Gesellschaft. 2. vollständig neu bearbeitete und erweiterte Auflage. 3. Teilband. Berlin / New York: de Gruyter.

(2005) (zusammen mit Ammon, Ulrich/Mattheier, Klaus/Trudgill, Peter) Soziolinguistik. Ein internationales Handbuch zur Wissenschaft von Sprache und Gesellschaft. 2. vollständig neu bearbeitete und erweiterte Auflage. 2. Teilband, Berlin/New York: de Gruyter.

(2004) (zusammen mit Ammon, Ulrich/Mattheier, Klaus/Trudgill, Peter) Soziolinguistik. Ein internationales Handbuch zur Wissenschaft von Sprache und Gesellschaft. 2. vollständig neu bearbeitete und erweiterte Auflage. 1. Teilband, Berlin/New York: de Gruyter.

(1999) (zusammen mit Giacalone Ramat, Anna) Grammatik und Diskurs/Grammatica e Discorso. Studien zum Erwerb des Deutschen und Italienischen. Tübingen: Stauffenburg.

(1995)   (zusammen mit Rost-Roth, Martina) Deutsch als Zweit und Fremdsprache. Frankfurt am Main: Lang.

(1994)   (zusammen mit Klein, Wolfgang) Interkulturelle Kommunikation. Zeitschrift für Literaturwissenschaft und Linguistik, Jg. 24, H. 93, Göttingen: Vandenhoeck & Rupprecht.

(1993)   (zusammen mit Reich, Astrid) Modality in Second Language Acquisition/Modalité et Acquisition des Langues. Berlin: de Gruyter.

(1992)   Topic – From Grammar to Discourse. Linguistics. Special Issue. Vol. 30 (1).

(1989)   (zusammen mit Cadiot, Pierre) La sociolinguistique en pays de langue allemande. Lille: PUL.

(1988)   (zusammen mit Ammon, Ulrich/Mattheier, Klaus) Soziolinguistik. Ein Internationales Handbuch zur Wissenschaft von Sprache und Gesellschaft.. Bd. 2. Berlin / New York: de Gruyter.

-   (zusammen mit Schlobinski, Peter) Wandlungen einer Stadtsprache – Berlinisch in Gegenwart und Vergangenheit, Berlin: Colloquium.

-   (zusammen mit Schlobinski, Peter) The sociolinguistics of urban vernaculars. Basic concepts and methods. Berlin/New York: de Gruyter (= Sociolinguistics and Language Contact, Vol. 1).

-   Sprache und Therapie. Themenheft Linguistische Berichte 113. Braunschweig: Westermann.

(1987)   Variation and Discourse. Special Issue of Linguistics. Den Haag/Berlin: de Gruyter.

(1984)   Soziolinguistik. Themenheft Linguistische Berichte 90. Braunschweig: Westermann.

(1982)   (zusammen mit Schlieben-Lange, Brigitte) La Sociolinguistique dans les pays de langue romane. Tübingen: Narr.

(1981)   (zusammen mit Königer, Paul) Proceedings of the Second Scandinavian – German Symposium on the Language of Immigrant Workers and their Children. Berlin-West, September 21-26 (1981). Linguistische Arbeiten und Berichte (LAB), No. 16, Berlin-West: Fachbereich Germanistik.

(1980)   (zusammen mit Rieck, Bert-Olaf) William Labov: Sprache im sozialen Kontext, Bd. 2 . Königstein: Scriptor.

-   Grammaticalization. Special Issue of: Studies in Second Language Acquisition (SSLA), Vol. 14. Bloomington: Indiana University.

(1979)   Zweitspracherwerb. Themenheft der Linguistischen Berichten (LB) 64. Wiesbaden: Westermann.

-   (zusammen mit Haberland, Hartmut/Skutnabb-Kangas, Tove/Telemann, Ulf) Papers of the First Scandinavian German Symposium on the Language of Immigrants and their Children. Roskilde: Universitet Roskilde.

-   (zusammen mit Rieck, Bert-Olaf) William Labov: Sprache im sozialen Kontext. Bd. 1 . Königstein: Scriptor.

(1972)   (zusammen mit Jäger, Siegfried) Soziolinguistik. Themenheft der Zeitschrift für Literaturwissenschaft und Linguistik (LiLi), Jg. 2, Heft 7, Göttingen: Vandenhoek & Rupprecht.

3 Beiträge in Zeitschriften und Sammelbänden

(i- Dr.) Ethnolektale Varietäten des Deutschen. Eine soziolinguistische Herausforderung. In: Allemann-Ghionda, C./Pfeiffer, S. (eds.): Bildungserfolg, Migration und Zweisprachigkeit – Perspektiven für Forschung und Entwicklung, Berlin: Frank & Timme.

- (zusammen mit Müller, Hanne) Paramètres discursifs des récits conversationnels: la chute du mur de Berlin. In: Caudal, P./Carruthers, J. (eds.): Oral Narration/La Narration Orale, Amsterdam/New York: Rodopi.

- (zusammen mit Skiba, Romuald/Bressem, Jana) Planning, collecting, exploring, and archiving longitudinal L2 data: Experiences from the P-Moll project. In: Ortega, L./Byrnes, H. (eds.): The longitudinal study of advanced L2 capacities, New York: Erlbaum Taylor and Francis.

2007 ,Da rannten ganz viele über den Platz, aber Lola ist am schnellsten gerannt.' Präteritum und Perfekt im Narrathonlauf. Die ersten 42 Stunden nach dem Fall der Mauer in Erzählungen von Ost- und Westberlinern. In: Lenk, H. E./Walter, M. (eds.): Wahlverwandtschaften: Valenzen – Verben – Varietäten. Festschrift für Klaus Welke zum 70. Geburtstag. Germanistische Linguistik 188-189. Hildesheim, Zürich, New York: Georg Olms. 298-303.

- (zusammen mit Steckbauer, Daniel) Urbane Linguotope: am Puls der Polyphonie. In: Zeitschrift für Literaturwissenschaft und Linguistik (LiLi), Jg 37, Heft 148, 63 – 88.

2006 (zusammen mit Forsthofer, Irene) Book review of the Handbook of Discourse Analysis. In: Journal of Pragmatics 38, 1521-1527.

- (zusammen mit Özçelik, Tiner) DaZ in soziolinguistischer Perspektive. In: Ahrenholz, B. (ed.): Kinder mit Migrationshintergrund. Spracherwerb und Fördermöglichkeiten. Freiburg im Breisgau: Fillibach. 303-321.

2005 Möglichkeiten und Grenzen einer soziolinguistischen Theorie. In: Ammon, U./Dittmar, N./Mattheier, K.J./Trudgill, P. (eds.): Soziolinguistik. Ein internationales Handbuch, Bd. 2, Berlin/New York: de Gruyter. 930-945.

- Implikationsanalyse. In: Ammon, U./Dittmar, N./Mattheier, K.J./Trudgill, P. (eds.): Soziolinguistik. Ein Internationales Handbuch zur Wissenschaft von Sprache und Gesellschaft.. Bd. 2. Berlin/New York: de Gruyter. 1171-1186.

- Sociolinguistique et analyse du discours: quel type d'interface? In: Langage & Société 114, 49-72.

- (zusammen mit Bressem, Jana) Syntax, Semantik und Pragmatik des kausalen Konnektors *weil* im Berliner ,Wendekorpus' der neunziger Jahre, in: Schwitalla, J./Wegstein, W. (eds.): Korpuslinguistik deutsch: synchron, diachron, kontrastiv, Tübingen: Niemeyer. 99-125. (= Würzburger Kolloquium).

2004 Sprache und Umbruch. In: Bungaku, D. (ed.): Neue Beiträge zur Germanistik, Bd. 3, Heft 1, München: Iudicium. 131-151.

- Forschungsgeschichte der Soziolinguistik. In: Ammon, U./Dittmar, N./Mattheier, K.J./Trudgill, P. (eds.): Soziolinguistik. Ein internationales Handbuch zur Wissenschaft von Sprache und Gesellschaft, Bd. 1, Berlin/New York: de Gruyter. 698-720.

- Umgangssprache. In: U. Ammon/N. Dittmar/K. J. Mattheier/P. Trudgill (eds.): Soziolinguistik. Bd. 1, Berlin/New York: de Gruyter. 250-262.

- Register. In: Ammon, U./Dittmar,N./Mattheier, K./Trudgill, P. (eds.): Soziolinguistik. Bd. 1. Berlin/New York: de Gruyter. 216-226.
- (zusammen mit Steckbauer, Daniel) Zur Sprache und Kommunikation in Hausgemeinschaftsleitungen. In: Reiher, R./Baumann, A. (eds.): Vorwärts und nichts vergessen. Sprache in der DDR: was war, was ist, was bleibt. Berlin: Aufbau. 170-183.

2002 Lakmustest für funktionale Beschreibungen am Beispiel von *auch* (Fokuspartikel, FP), *eigentlich* (Modalpartikel, MP) und *also* (Diskursmarker, DM). In: Fabricius-Hansen, C./Leirbukt, O/Letnes, O. (eds.): Modus, Modalverben, Modalpartikel. Trier: WVT Wissenschaftlicher Verlag Trier. 142-177. (= Reihe: Fokus 25, Linguistisch- Philologische Studien).

- Multidimensionales kubistisches und grotesk-überrealistisches Theater: Methusalem oder Der ewige Bürger von Yvan Goll (1891-1950). In: Zenmella, T. (ed.): Yvan Goll. Intersezioni testuali e multimediali. Bologna: Cooperativa Libraria Universitaria Editrice Bologna. 77-91.
- Changes in East German Society in the 1990s: The Disintegration of Identity and its Reconstitution within its own Native Language. In: Jelen, E./Rauen, M./Swiatek, M./Winiarskiej, J. (eds.): Language Dynamics and Linguistic Identity in the Context of European Integration. Krakow: Goethe Institut Inter Nationes. 69-78.
- Zur Ungleichzeitigkeit des Gleichzeitigen. Umbruchstile: terra incognita. In: Keim, I./Schütte, W. (eds.): Soziale Welten und kommunikative Stile. Festschrift für W. Kallmeyer zum 60. Geburtstag. Tübingen: Narr. 281-314.
- (zusammen mit Forsthoffer, Irene) Konversationsanalyse. In: Kühl, S./Strodtholz, P. (eds.): Methoden der Organisationsforschung. Ein Handbuch. Reinbek: Rowohlt. 395-425. (= Rowohlts Enzyklopädie).

2001 Deutsch-deutsche Sprach- und Kommunikationserfahrungen nach der Wende aus westdeutscher Perspektive. In: Antos, G./Fix, U./Kühne, I. (eds.): Deutsche Sprach- und Kommunikationserfahrungen zehn Jahre nach der „Wende", Frankfurt am Main/Berlin: Peter Lang. 101-140.

- (zusammen mit Schmidt-Regener, Irene) Soziale Varianten und Normen. In: Helbig, G. (ed.): Handbuch Deutsch als Fremdsprache. Berlin/New York: de Gruyter. 520-532. (= Reihe: HSK 19, Art .53).

2000 Soziolinguistischer homo faber als Grenzgänger zwischen Form und Funktion der gesprochenen Sprache. In: Sociolinguistica 14. Tübingen: Niemeyer. 90-98. (= Internationales Jahrbuch für Europäische Soziolinguistik).

- Sozialer Umbruch und Sprachwandel am Beispiel der Modalpartikeln *halt* und *eben* in der Berliner Kommunikationsgemeinschaft nach der ‚Wende'. In: Auer, P./Hausendorff, H. (eds.): Kommunikation in gesellschaftlichen Umbruchsituationen. Mikroanalytische Arbeiten zum sprachlichen und gesellschaftlichen Wandel in den neuen Bundesländern. Tübingen: Niemeyer. 199-234.
- (zusammen mit Glier, Melanie) Zur Wissenschaftsgeschichte der Soziolinguistik im deutschsprachigen Raum. In: Häcki –Buhofer, A. (ed.): Vom Umgang mit sprachlicher Variation. Soziolinguistik, Dialektologie, Methoden und Wissenschaftsgeschichte. Marburg: Francke. 71-86. (= Reihe: Basler Studien zur deutschen Sprache und Literatur 8).

- (zusammen mit Glier, Melanie) Abbruch, Aufbruch, Umbruch? Im Schatten der alten und im Flutlicht der neuen Sprache. In: Reiher, R./Baumann, A. (eds.): Mit gespaltener Zunge? Die deutsche Sprache nach dem Fall der Mauer. Berlin: Aufbau. 241-272.

1999 Der Erwerb der Fokuspartikeln *auch* und *nur* durch die italienische Lernerin Franca. In: Dittmar, N./Giacalone Ramat, A. (eds.): Grammatik und Diskurs/Grammatica e Discorso. Tübingen: Stauffenburg. 125-144.

1998 Wer A sagt muß auch B sagen oder: Wie verläßlich lassen sich Sprecher nach sprachlichen Merkmalen auf Implikationsskalen (IPS) ordnen? In: Ammon, U./Mattheier, K.J./ Nelde, P. (eds.): Sociolinguistica. Internationales Jahrbuch für Europäische Soziolinguistik. Special Issue. Tübingen: Niemeyer. 85-116.

- (zusammen mit Bredel, Ursula) „naja dit sind allet so + verschiedene dinge die einem da so durch-n kopp gehn ... zuviel neues mi eenem schlach." Verfahren sprachlicher Bearbeitung sozialer Umbruchsituationen. In: Reiher, R. (ed.): Sprache als Mittel zur Identifizierung und Distanzierung. Bern/Frankfurt am Main: Peter Lang. 83-105

- (zusammen mit Spolsky, Bernard/Walters, Joel) Language and Identity in Immigrant Language Acquisition and Use: A Framework for Integrating Sociological, Psychological and Linguistic Data. In: Regan, V. (ed.): Contemporary Approaches to Second Language Acquisition in Social Context. Dublin: University College Press. 124-136.

1997 Sprachliche und kommunikative Perspektiven auf ein gesamtdeutsches Ereignis in Erzählungen von Ost- und Westberlinern. In: Barz, I./Fix, U. (eds.): Deutsch-deutsche Kommunikationserfahrung im arbeitsweltlichen Alltag. Heidelberg: Winter. 1-32.

- (zusammen mit Spolsky, Bernard/Walters, Joel) Grammaticalization and Social Convergence in Second Language Acquisition. In: Trends in Linguistics, Studies and Monographs 101. The Hague/Paris/New York: de Gruyter. 1713-1732.

1996 Die Berliner Sprachgemeinschaft nach dem Fall der Mauer: Varietäten im Kontakt, Kommunikation im Konflikt. In: Thelander, M. (ed.): Sampsel & Variation. Spraliga studier tillägnade Bengt Nordberg pa 60-arsdagen. Uppsala: Uppsala Universitet. 87-103.

- Explorations in 'Idiolects'. In: Sackmann, R. (ed.): Theoretical Linguistics and Grammatical Description. Amsterdam: Benjamins. 109-128.

- Corpus de langue allemande écrite et parlée. Documentation sur les données techniques et organisationnelles. In: Revue Française de Linguistique Appliquée. Corpus : De leur constitution à leur exploitation. Volume 1-2. Amsterdam: Editions De Werelt.

- (zusammen mit Haust, Delia) Taxonomic or Functional Models in the Description of Codeswitching? Evidence from Mandinka and Wolof in African Contact Situations. In: Jacobson, R. (ed.): Codeswitching Worldwide. Berlin: de Gruyter. 262-276.

1995 Correlational Sociolinguistics. In: Verschueren, J. (ed.): Handbook of Pragmatics, Antwerpen: Benjamins. 1- 15.

- Register. In: Verschueren, J. (ed.): Handbook of Pragmatics, Antwerpen: Benjamins. 16-31.

- Sistemi a contatto nell'area berlinese. In: Società di Linguistica Italiana. Dialetti e lingue nazionali. Atti del XXVII Congresso. Rom: Bulzoni. 337-360.

- Was lernt der Lerner und warum? Was DaF-Lehrer schon immer über den Zweitspracherwerb wissen wollten. In: Dittmar, N./Rost-Roth, M. (eds.): Deutsch als Zweit- und Fremdsprache. Frankfurt am Main: Peter Lang. 107-140.
- Sociolinguistic Style Revisited. The Case of the Berlin Speech Community. In: Werlen, I. (ed.): Verbale Kommunikation in der Stadt. Tübingen: Narr. 111-133.
- Theories of Sociolinguistic Variation in German. In: Stevenson, P. (ed.): The German Language and the Real World. Oxford: University Press. 135-167.
- (zusammen mit Ahrenholz, Bernt) The Acquisition of Modal Expressions and Related Grammatical Means by an Italian Learner of German in the Course of 3 Years of Longitudinal Observation. In: Giacalone Ramat, A./Crocco Galeas, G. (eds.): From Pragmatics to Syntax. Modality in Second Language Acquisition. Tübingen: Narr. 197-232.
- (zusammen mit Dimroth, Christine/ Birkner, Karin) Der adversative Konnektor *aber* in den Lernervarietäten einer italienischen und zweier polnischer Lerner des Deutschen. In: Handwerker, B. (ed.): Fremde Sprache Deutsch. Grammatikalische Beschreibung – Erwerbsverläufe – Lehrmethoden. Tübingen: Narr. 65-118.

1994 Second Language Acquisition: Semantics. In: Asher, R. E. (ed.): The Encyclopaedia of Languages and Linguistics, Vol. 7. Oxford/New York/Seoul/Tokyo. Oxford: Oxford University Press. 3732-3736.

- Grammaticalizzazione come comparazione tedesco-italiano. In: Società di Linguistica Italiana (ed.): Italiano Lingua Seconda/Lingua Straniera. Atti del XXVI Congresso. Rom. 249-271.
- Probleme der soziolinguistischen Sprach- und Varietätentypologie in mehrsprachigen Gemeinschaften. In: Truchot, C. (ed.): Le plurilinguisme européen. Théories et pratiques en politique linguistique. Paris: Champion. 69-96.
- (zusammen mit Klein, Wolfgang) Interkulturelle Kommunikation: Einführung. In: Dittmar, N./Klein, W. (eds.): Zeitschrift für Literaturwissenschaft und Linguistik, Jg. 24, H. 93. 7-8.

1993 Proto-semantics and Emergent Grammars I. In: Dittmar, N./Reich, A. (eds.): Modality in Language Acquisition/Modalité et acquisition de langues. Berlin: de Gruyter. 213-233.

- Sprachlicher Januskopf Ost-West. Zur Gleichzeitigkeit des Ungleichzeitigen. In: Klein, W./Paul, P.(eds.): Sprachliche Aufmerksamkeit. Glossen und Marginalien zur Sprache der Gegenwart. Heidelberg: Winter, 35-41.
- La sémantique en construction. In: Langage et société 50 & 51. Paris: Editions de la Maison des Sciences de l'homme. 39-66.
- (zusammen mit Schlobinski, Peter) Stile und Polyphonie des Berlinischen: Dialekt und Identitätssymbolik. In: Janota, J. (ed.): Vielfalt der kulturellen Systeme und Stile. Tübingen: Niemeyer. 118-128.

1992 Erwerbsprofil und Lernstil – Überlegungen zu einer Erklärung von Lernerfolg auf der Folie empirischer Beobachtungen zum soziokognitiven Stil einer polnischen Lernerin in der Interaktion. In: Wiss. Zeitschrift der Humboldt-Universität zu Berlin. 7-25. (=Reihe Geistes- und Sozialwissenschaften 41).

- (zusammen mit Skiba, Romuald) Zweitspracherwerb und Grammatikalisierung. Eine Längsschnittstudie zur Erlernung des Deutschen. In: Leirbukt, O./Lindemann, B. (eds.):

- (zusammen mit Skiba, Romuald) Pragmatic, semantic and syntactic constraints and grammaticalization: a longitudinal perspective. In: Studies in Second Language Acquisition (SSLA) 14. 323-349.

1991 Berliner Längsschnittstudie zum Deutscherwerb von polnischen Migranten. In: Linguistische Berichte 131. 37-44.

- La costituzione della temporalità nella prospettiva comparazione degli apprendimenti. In: Guiliano Bernini, G./Giacalone Ramat, A. (eds.): La temporalità nell'acquisizione di lingue seconde. Materiali Linguistici. Milano: Franco Angeli. 199-218.

- „Charlie komm arbeit *aber* nich gut ..." Le connecteur *aber* comme metteur en scène du discours en allemand L2. Une étude en perspective longitudinale. In: Russier, C./Stoffel, H./Véronique, D. (eds.): Modalisations en langue étrangère. Aix-en-Provence: Publications de l'Université de Provence. 123-132.

- (zusammen mit Terborg, Heiner) Modality and second language learning: A challenge for linguistic theory. In: Ferguson, Ch. A./Hübner, T. (eds.): Second Language Learning and Linguistic Theory. Amsterdam: Benjamins. 347-384.

1990 (zusammen mit Reich, Astrid/Schumacher, Magdalene/Skiba, Romuald/Terborg, Heiner) Die Erlernung modaler Konzepte des Deutschen durch erwachsene polnische Migranten. In: Informationen Deutsch als Fremdsprache, Nr. 2, 17. Jg. 125-172.

1989 Prolegomena zu einer diskursanalytischen Bestimmung der Themakonstitution in Gesprächen. In: Linguistische Studien, Reihe A, Kommunikationstagung Wulkow. Leipzig: VEB. 100-115.

- Die Konstitution von Temporalität.. In: Katny, A. (ed.): Studien zur kontrastiven Linguistik und literarischen Übersetzung. Bern/Paris: Peter Lang. 115-137 (= Publications Universitaires Européennes Vol. 76).

- Soziolinguistischer Stilbegriff am Beispiel der Ethnographie einer Neuköllner Fußballmannschaft. In: Zeitschrift für Germanistik 4 (10), Leipzig. 423-414.

- Acquisition of Semantics. In: Annual Review of Applied Linguistics (ARAL) IX, Special Issue: Second Language Acquisition. 54-71.

- Soziolinguistik. In: Bausch, H./Christ, B./Hüllen, W./Krumm, H.J. (eds.): Handbuch Fremdsprachenunterricht. Tübingen/Basel: Francke. 38-45.

- (zusammen mit Schlobinski, Peter) La lingua urbana di Berlino: Metodologia di descrizione e resultati. In: Klein, G. (ed.): Parlare in città. Studi di sociolinguistica urbana. Galatina: Congedo. 63-92.

- (zusammen mit Sobrero, Alberto) L'italiano in Europa: Della parte di chi emigra. In: Lo Cascio, V. (ed.): L'italiano all'estero. Amsterdam: Benjamins. 94 – 118.

- (zusammen mit Tempestà, Immacolata) Competenza e uso della lingua degli emigranti italiani all'estero e al ritorno. In: Kremer, D. (ed.): Actes du XVIIIe Congrès International de Linguistique et de Philologie Romane, Université de Trèves 1986. Tübingen: Niemeyer. 451-456.

1988 Qualitative und quantitative Methoden. In: Ammon, U./Dittmar, N./Mattheier, K. (eds.): Soziolinguistik. Ein Internationales Handbuch zur Wissenschaft von Sprache und Gesellschaft. Berlin/New York: de Gruyter. 879-893.

- A-propos de l'interaction entre la construction du thème et l'organisation de la conversation: l'exemple du discours thérapeutique. In: Cadiot, P./Fradin, B. (eds.): Le thème en perspective. Langue Française 78. 88 – 100.

- The Sociolinguistics of Berlin Vernacular. In: Rickford, J. et al. (eds.): Proceedings of the NVAW Symposium in Stanford, Fall 1987. Stanford: Stanford University Press. 86-98.

- Zur Interaktion von Themakonstitution und Gesprächsorganisation am Beispiel des therapeutischen Diskurses. In: Dittmar, N. (ed.): Sprache und Therapie. Linguistische Berichte 113. 64-85.

- (zusammen mit Hädrich, Doris) Gibt es die „Berliner Schnauze"? Der „Berliner Stil" in einer Neuköllner Fußballmannschaft aus ethnografischer Kleingruppenperspektive. In: Dittmar, N./Schlobinski, P. (eds.): Wandlungen einer Stadtsprache. Berlinisch in Gegenwart und Vergangenheit. Berlin: Colloquium. 83-102.

- (zusammen mit Kuhberg, Heinz) Der Vergleich temporaler Ausdrucksmittel in der Zweitsprache Deutsch in Lernervarietäten zweier elfjähriger Kinder mit den Ausgangssprachen Polnisch und Türkisch anhand von Longitudinaldaten. In: Vater, H./Ullmer-Ehrich, V. (eds.): Temporalsemantik. Tübingen: Narr. 308-329.

- (zusammen mit Schlobinski, Peter) Implikationsanalyse. In: Ammon, U./Dittmar, N./ Mattheier, K. (eds.): Soziolinguistik. Ein Internationales Handbuch zur Wissenschaft von Sprache und Gesellschaft. Berlin/New York: de Gruyter. 1014-1026.

- (zusammen mit Schlobinski, Peter) Convergence, discourse and variation. In: Auer, P./ Di Luzio, A. (eds.): Variation and Convergence. Studies in Social Dialectology. Berlin: de Gruyter. 157-175.

- (zusammen mit Schlobinski, Peter/Wachs, Inge) Variation in a divided speech community: The urban vernacular of Berlin. In: Dittmar, N./Schlobinski, P./Wachs, I. (eds.): The Sociolinguistics of Urban Vernaculars. Berlin: de Gruyter. 3-18.

- (zusammen mit Schlobinski, Peter/Wachs, Inge) The social significance of the Berlin urban vernacular. In: Dittmar, N./Schlobinski, P./Wachs, I. (eds.): The Sociolinguistics of Urban Vernaculars. Berlin: de Gruyter. 19-43.

- (zusammen mit Schlobinski, Peter/Wachs, Inge) Berlin style and register. In: Dittmar, N./Schlobinski, P./Wachs, I. (eds.): The Sociolinguistics of Urban Vernaculars. Berlin: de Gruyter. 44 – 113.

- (zusammen Schlobinski, Peter/Wachs, Inge) Components of an overarching theoretical perspective in sociolignuistics. In: Dittmar, N./Schlobinski, P./Wachs, I. (eds.): The Sociolinguistics of Urban Vernaculars. Berlin: de Gruyter. 114 – 144.

1987 La RID e la sociolinguistica: Un bilancio dall'esterno. In: Dieci anni della RID, dieci anni della dialettologia. Numéro speciali de la Rivista Italiana di Dialettologia 11. 27-37.

- (zusammen mit Apitzsch, Gisela) On the contact between German and Turkish adolescents. A case study. In: Knapp, K./Enninger, H./Knapp-Potthof, A. (eds.): Analyzing Intercultural Communication. Berlin: de Gruyter. 51-72.

1986 (zusammen mit Apitzsch, Gisela) Un système d'apprenant élémentaire. In: Actes du colloque international sur l'acquisition d'une langue étrangère, Aix-en-Provence, mai

1984. In: Giacomi, A./Véronique, D. (eds.): Acquisition d'une langue étrangère: Perspectives et recherches. Aix-en-Provence: Publications Université de Provence. 519-538.

- (zusammen mit Stutterheim, Christiane von) Sul discorso dei lavatori immigrati. Comunicazione interetnica e strategie comunicative. In: Giacalone Ramat, A. (ed.): L'apprendimento spontaneo di una lingua seconda. Bologna: Il Molino. 149-196.

1985 Zur Soziolinguistik von Erzählungen. In: Gülich, E./Kotschi, Th. (eds.): Grammatik, Konversation, Interaktion. Beiträge zum Romanistentag 1983. Tübingen: Narr. 179-218.

- (zusammen mit Apitzsch, Gisela) Die elementare Lernervarietät von Innocente Z.: Eine semantische und pragmatische Fallstudie. In: Linguaggi, Vedovelli. M. (ed.) Themenheft: Gli italiani in Germania: problemi linguistici e socioculturali. Atti del convegno internazionale di studi, Cosenza (Università di Calabria), 16-20 marzo, 1984. 23-36.

- (zusammen mit Schlobinski, Peter) Die Bedeutung von sozialen Netzwerken für die Erforschung von Ortssprachen. In: Besch, W./Mattheier, K. (eds.): Ortssprachenforschung. Beiträge zu einem Bonner Kolloquium. Berlin: Erich Schmid. 158-188.

- (zusammen mit Stutterheim, Christiane von) On the discourse of immigrant workers: Interethnic communication and communication strategies. In: Van Dijk, T. (ed.): Handbook of discourse analysis, Vol 4.: Discourse Analysis in Society, London: Academic Press. 125-152.

1984 Interethnic communication. In: Auer, P./Di Luzio, A.. (eds.): Interpretive Sociolinguistics. Migrants – Children – Migrant Children. Tübingen: Narr. 179-214.

- Per una sociolinguistica ecologica. In: Linguaggi 3. 3-16.

- Semantic features of pidginized learner varieties. In: Anderson, R. W. (ed.): Second Languages. Cross-linguistic series on second language acquisition. Rowley, Mass: Newbury. 243-270.

1983 L'apprentissage non-dirigé de l'allemand par des travailleurs espagnols et italiens. In: Paris, R. G. (ed.): Vivre dans deux cultures. La condition socio-culturelle des travailleurs migrants et de leurs familles. Paris: UNESCO. 135-181.

- Descriptive and Explanatory Power of Rules in Sociolinguistics. In: Bain, B. (ed.): The Sociogenesis of Language and Human Conduct. Toronto/New York: Plenum. 225-255.

- (zusammen mit Schlieben-Lange, Brigitte) Stadtsprache. Forschungsrichtungen und -perspektiven einer vernachlässigten soziolinguistischen Disziplin. In: Bausch, K. H. (ed.): Mehrsprachigkeit in der Stadtregion. Düsseldorf: Schwan. 9-86.

- (zusammen mit Schlieben-Lange, Brigitte/Schlobinski, Peter) Teilkommentierte Bibliographie zur Soziolinguistik von Stadtsprachen. In: Bausch, K. H. (ed.): Mehrsprachigkeit in der Stadtregion. Düsseldorf: Schwan. 391-423.

1982 Soziolinguistik. Theorie, Methodik und Empirie ihrer Forschungsrichtungen. In: Studium Linguistik 12 .20-52.

- Soziolinguistik in der BRD. In: Studium Linguistik 14. 20-57.

- „Ich fertig arbeite – nich mehr spreche Deutsch". Semantische Eigenschaften pidginisierter Varietäten des Deutschen. In: Zeitschrift für Literaturwissenschaft und Linguistik (LiLi) 45. 9-34.

1981 Les travailleurs migrants en R. F. A.: à quoi bon apprendre l'allemand? In: Gouvernement de Québec, Office de la Langue Française (eds.): L'état et la planification linguistique, Tome II. Montréal. 71-116.

- On the verbal organization of L2 tense marking in an elicited translation task by Spanish immigrants in Germany. In: Studies in Second Language Acquisition (SSLA), Vol. 3 (2). 136-164.

1980 Utilité d'une étude de l'apprentissage non-dirigé de l'allemand par des travailleurs immigrés pour l'élaboration de son enseignement. In: Encrages. Enseignement – Recherche: théories et Pratiques. Université Paris VIII à St. Dénis. 40-78.

- Die „Zweite Generation": Gastarbeiterkinder zwischen zwei Sprachen und Kulturen. In: Mundart '80. 70-91.

- Ordering Adult Learners According to Language Abilities. In: Felix, S. (ed.): Second Language Development. Tübingen: Narr. 205-231.

- Warum sollen Arbeitsmigranten Deutsch lernen ? In: Department of Germanic Languages and Literatures (ed.): Michigan Germanic Studies. An interdisciplinary journal of Germanic studies. The University of Michigan. Vol VI, No. 2. 190 – 218.

- (zusammen mit Wildgen, Wolfgang) Pragmatique psychosociale: Variation linguistique et contexte social. In: Parret, H.(ed.): Le langage en contexte. Etudes philosophiques et linguistiques de pragmatique. Amsterdam: Benjamins. 633-721.

1979 Der Niederschlag von Erfahrungen ausländischer Arbeiter mit dem institutionellen Kontext des Arbeitsplatzes in Erzählungen. In: Söffner, H.G. (ed.): Interpretative Verfahren in den Text- und Sozialwissenschaften. Stuttgart: Metzler. 65-103.

- Fremdspracherwerb im sozialen Kontext. Das Erlernen von Modalverben – eine lexikalisch-semantische Analyse. In: Klein, W. (ed.): Sprache und Kontext. Zeitschrift für Literaturwissenschaft und Linguistik (LiLi) 33 . 84-103.

- Zum Nutzen von Ergebnissen der Untersuchung des ungesteuerten Zweitspracherwerbs ausländischer Arbeiter. In: Klöpfer, R. (ed.): Bildung und Ausbildung in der Romania. Band II: Sprachwissenschaft und Landeskunde. München: Fink. 371-396.

- Warum sollen Arbeitsimmigranten Deutsch lernen? In: Deutsch lernen 4 . 28-46.

- (zusammen mit Becker, Angelika/Klein, Wolfgang) Sprachliche und soziale Determinanten im kommunikativen Verhalten ausländischer Arbeiter. In: Quasthoff, U. (ed.): Sprachstruktur – Sozialstruktur. Königstein: Scriptor. 158-192.

- (zusammen mit Gutfleisch, Ingeborg/Rieck, Bert-Olaf) Interimsprachen- und Fehleranalyse. Teilkommentierte Bibliographie zur Zweitspracherwerbsforschung 1967-1978. In: Dittmar, N. (ed.): Linguistische Berichte 64. Teil 1. 1105-142.

- (zusammen mit Gutfleisch, Ingeborg/Rieck, Bert-Olaf) Interimsprachen- und Fehleranalyse. Teilkommentierte Bibliographie zur Zweitspracherwerbsforschung 1967-1978. In: Dittmar, N. (ed.): Linguistische Berichte 65. Teil 2. 51-81.

1978 Zum Forschungsstand der Erzählanalyse. In: Linguistische Berichte 58. 77-82.

- Syntaktische Merkmale des Pidgin-Deutsch ausländischer Arbeiter. Eine Fallstudie. In: Grazer Linguistische Studien 3. 36-53.

- Datenerhebung und Datenauswertung im Heidelberger Forschungsprojekt „Pidgin-Deutsch ausländischer Arbeiter". In: Bielefeld, H. U. et al. (eds.): Soziolinguistik und

Empirie. Beiträge zum Berliner Symposium „Corpusgewinnung und Corpusauswertung". Wiesbaden: Athenäum. 59-89.

- (zusammen mit Rieck, Bert-Olaf) Zum Sprachunterricht für ausländische Arbeiter: Überlegungen zu seinen Voraussetzungen und Zielen anhand einer explorativen empirischen Studie zu seinen linguitischen Grundlagen. In: In: Kühlwein, W./Radden, G. (eds.): Sprache und Kultur : Studien zur Diglossie, Gastarbeiterproblematik und kulturellen Integration. Tübingen: Narr. 161-224. (= Tübinger Beiträge zur Linguistik 107).

- (zusammen mit Rieck, Bert-Olaf) Reihenfolgen im ungesteuerten Erwerb des Deutschen. Zur Erlernung grammatischer Strukturen durch ausländische Arbeiter. In: Dietrich, R. (ed.): Aspekte des Fremdsprachenerwerbs. Beiträge zum 2. Fortbildungskurs „Deutsch als Fremdsprache". Heidelberg: Scriptor. 119-145.

- (zusammen mit Wildgen, Wolfgang) Empirische Grundlagen des Sprachunterrichts für Arbeitsimmigranten. In: Arbeitsgemeinschaft der katholischen Studenten und Hochschulgemeinden (ed.): Materialien zum Projektbereich „Ausländische Arbeiter", Heft 11. 32-38.

1976 Pour un fondement empirique de la théorie des actes de parole. Beitrag zum 8. World Congress of Sociology in Toronto, Aug. 1974. In: Verdoodt, A./Kjolseth, R. (eds.): Language in Sociology. Löwen: Peeters. 11-37.

1975 Situation of Sociolinguistics in the Federal Republic of Germany. In: Sociolinguistic Newsletter VI, Nr. 3. 6-12.

- Soziolinguistik. In: Stammerjohann, H. (ed.): Handbuch der Linguistik. München: Nymphenburger Verlagshandlung. 389-410.

- (zusammen mit Klein, Wolfgang) Untersuchungen zum Pidgindeutsch spanischer und italienischer Arbeiter in der Bundesrepublik: Ein Arbeitsbericht. In: Wierlacher, A. (ed.): Jahrbuch Deutsch als Fremdsprache. Band I. Heidelberg: Springer. 170-194.

- (zusammen mit Becker, Angelika/Klein, Wolfgang/Rieck, Bert-Olaf/Thielicke, Elisabeth/ Wildgen, Wolfgang) Zur Sprache ausländischer Arbeiter: Syntaktische Analysen und Aspekte des kommunikativen Verhaltens. In: Zeitschrift für Literaturwissenschaft und Linguistik (LiLi) 5. H. 18. 78-121. (= Heidelberger Forschungsprojekt „Pidgin-Deutsch")

1972 Die Rolle der Studenten bei der Linguistik in der BRD. In: Hartmann, P. (ed.): Zur Lage der Linguistik in der BRD. Frankfurt am Main: Athenäum. 161-171.

- (zusammen mit Klein, Wolfgang) Die Codetheorie Basil Bernsteins. In: Klein, W./Wunderlich, D. (eds.): Aspekte der Soziolinguistik. Frankfurt am Main: Fischer Athenäum. 15-35.

1971 Möglichkeiten einer Soziolinguistik: Zur Analyse rollenspezifischen Sprachverhaltens. In: Sprache im technischen Zeitalter 38. 87-105.

- Kommentierte Bibliographie zur Soziolinguistik. Teil I. In: Linguistische Berichte 15. 103-128.

- Kommentierte Bibliographie zur Soziolinguistik. Teil II. In: Linguistische Berichte 16. 97-126.